दलित और प्रकृति

जाति और पर्यावरण आन्दोलन

मुकुल शर्मा

वाणी प्रकाशन

वाणी प्रकाशन
4695, 21-ए, दरियागंज, नयी दिल्ली 110 002
फ़ोन : +91 11 23273167 फ़ैक्स : +91 11 23275710
शाखाएँ
अशोक राजपथ, पटना 800 004, बिहार
कॉफ़ी हाउस कैम्पस, महात्मा गांधी मार्ग, इलाहाबाद 211 001, उत्तर प्रदेश
महात्मा गांधी अन्तरराष्ट्रीय हिन्दी विश्वविद्यालय, वर्धा 442 001, महाराष्ट्र
सुल्तानिया रोड, मोतिया पार्क, भोपाल 462 001, मध्य प्रदेश
www.vaniprakashan.com
marketing@vaniprakashan.in
sales@vaniprakashan.in

DALIT AUR PRAKRATI
by Mukul Sharma

ISBN : 978-93-89563-66-5
Social Science/Dalit Studies

पेपरबैक प्रथम संस्करण 2020

मूल्य : ₹ 399

सिटी प्रेस, दिल्ली-110 095 में मुद्रित

वाणी प्रकाशन का लोगो मक़बूल फ़िदा हुसेन की कूची से

दिवंगत बहन नूतन की स्मृति में

और

साथी/संगठनों के सफ़र के साथ :

विजय प्रताप, वसुधैव कुटुम्बकम्;

अशोक भारती, दलित संगठनों के राष्ट्रीय कॉन्फ़ेडरेशन;

दीपक भारती, लोक शक्ति संगठन

आभार

2000 साल की शुरुआत थी जब मैं विश्व सामाजिक मंच में भागीदारी के ज़रिये भारत, नेपाल, पाकिस्तान और बांग्लादेश के कई दलित संगठनों, कार्यकर्ताओं, बुद्धिजीवियों और आन्दोलनों के क़रीबी सम्पर्क में आया। मैं 2002–2003 में दिल्ली और हैदराबाद में दलित मानव अधिकार राष्ट्रीय अभियान (एन.सी.डी.एच.आर.) के पॉल दिवाकर से मिला, और हमने एशिया सामाजिक फोरम, हैदराबाद, जनवरी 2003 में एक संयुक्त कार्यक्रम की परिकल्पना की। लोकतन्त्र, विकास, बहिष्कार, अलगाव, मानव अधिकार पर कई चर्चाओं में हमने देश के पर्यावरण आन्दोलनों की भी समीक्षा की। एन.सी.डी.एच.आर. के अन्य सक्रिय व्यक्ति विन्सेंट मनोहरन से मैंने पहली बार पर्यावरण और दलित के जटिल अन्तःसम्बन्धों पर बात की और उनके साथ कुछ लिखा–पढ़ी भी की। बाद में मेरे आग्रह पर विन्सेंट ने इस विषय पर एक छोटी टिप्पणी भी लिखी जिससे मेरे विचार आगे बढ़े। मुझसे वो टिप्पणी तो गुम हो गयी, पर मुझे उनके तर्क याद हैं। धन्यवाद विन्सेंट!

2001 से 2010 के बीच मैंने दलित संगठनों के राष्ट्रीय कॉन्फेडरेशन (नैकडोर), विश्व सम्मान मंच और दलित नेता अशोक भारती के साथ सघन और सक्रिय रूप से काम किया। पेशे से इंजीनियर, अपनी पसन्द से एक अनथक और असीम आशावादी कार्यकर्ता, नैकडोर के संस्थापक अशोक मेरे जीवन के एक निर्णायक तत्त्व बन गये और उन्होंने कई प्रकार से मेरे इस काम को प्रेरित किया। हमने सालों–साल कई कार्यक्रम, यात्राएँ, विचार–विमर्श साथ–साथ आयोजित किये। इस शोध समेत दलित–सम्बन्धी मेरे कई और कामों की जड़ें नैकडोर और अशोक भारती में हैं। उनके लिए धन्यवाद या आभार बेहद छोटा शब्द है, फिर भी मैं यहाँ तहेदिल से याद करते हुए उन्हें अपनी किताब समर्पित करता हूँ। उनके ज़रिये मेरा देश–भर के कई दलित संगठनों, आन्दोलनों और विचारकों के साथ

सम्पर्क हुआ जिससे इस विषय पर मेरी दिलचस्पी और जानकारी विस्तृत हुई। मैं ख़ासकर भगवान दास, ए. पद्मनाभन, रजनी तिलक, रमानाथ नायक, राकेश बहादुर, दुर्गा, हरभजन लाल, नितिन चौधरी, मनसुख राठोड़, पुष्पा विवेक, राहुल मानव, पुष्पा भारती, तबस्सुम, अच्युतन और अरशद कुरैशी के योगदान का उल्लेख करना चाहता हूँ।

विश्व सम्मान मंच में हमने काफ़ी संगठनों और लोगों के साथ साझा किया। इनमें विशेषकर अशोक चौधरी, नेशनल फ़ोरम ऑफ़ फ़ॉरेस्ट पीपुल एंड फ़ॉरेस्ट वर्कर्स; अली अनवर अंसारी, आल इंडिया पसमांदा मुस्लिम महाज और दीपक भारती, लोक शक्ति संगठन ने दलितों की आजीविका, जंगल, खान–पान, पानी, स्थल और पर्यावरण–विषयक नज़रिये पर मेरी जानकारी में काफ़ी इज़ाफ़ा किया। इन संगठनों और व्यक्तियों से मैं लगातार ज्ञान और अनुभव हासिल करता रहता हूँ।

अकादमिक जगत में जवाहरलाल नेहरू विश्वविद्यालय के प्रोफ़ेसर प्रदीप कुमार दत्ता (पी.के.) ने इस किताब का हर अध्याय पढ़ा है और उसकी सकारात्मक समीक्षा की है। पी.के. के विचारों से मुझे इस किताब को शक्ल देने और पूरा करने में काफ़ी मदद मिली है। मैं उन्हें सम्मान और प्रशंसा से याद करता हूँ। दिल्ली विश्वविद्यालय के प्रोफ़ेसर उज्ज्वल कुमार सिंह ने भी इस शोध के प्रबन्ध में महत्त्वपूर्ण भूमिका निभाई है जिसके बग़ैर यह काम पूरा नहीं होता। प्रोफ़ेसर गोपाल गुरु और प्रोफ़ेसर महेश रंगराजन ने कुछ अध्याय पढ़े और समय–समय पर अपने आलोचनात्मक सुझाव दिये। एस. आनन्द और रोहन डी सूजा उन शुरुआती लोगों में हैं जिन्होंने इस विषय पर मेरे शोध की परिकल्पना पर अपने विचार व्यक्त किये। शोध की शुरुआत में रामचन्द्र गुहा ने कुछ अच्छे सन्दर्भ दिये थे जो काफ़ी उपयोगी साबित हुए। इन सबको मैं सादर धन्यवाद देता हूँ और उम्मीद करता हूँ कि मैं उनकी कसौटियों पर खरा उतरा।

इस अध्ययन के लिए देश के कई हिस्सों में मौक़ाई सर्वेक्षण करना था, जो कई साथियों और जानकारों के सहयोग के बिना सम्भव नहीं था। अशोक कुमार अंज, तुषार व्यास, चन्द्रेश और सुभाष गताडे ने काफ़ी उदारता से मुझे अपना समय, सम्पर्क और साधन मुहैया कराया। मुझे कई भाषाओं से अनुवाद की ज़रूरत थी जिसके लिए मैंने निवेदिता मेनन, सुहेल हाशमी, साना दास और शिबा मैथ्यू से सम्पर्क किया और उन्होंने विभिन्न प्रदेशों में मुझे अपने सम्पर्क दिये। हिमा एस., कपिलाश, मेहुल

मंगुबहेन और मधु धर ने मलयालम, उड़िया, गुजराती और हिन्दी से अनुवाद किया। उन सबका भरपूर धन्यवाद।

कई मित्रों, परिचितों, सहकर्मियों, रिश्तेदारों की जानकारी, प्रतिक्रिया, सामग्री, समर्थन और उत्साह से मुझे काफ़ी बल मिला। मैं ज़रूर ही उनका उल्लेख करना चाहता हूँ पर केवल धन्यवाद शब्द काफ़ी नहीं है उनके लिए : जेरेमी सीब्रुक, आनन्द तेलतुम्बडे, सुमेधा बसु, ईशान शर्मा, असीम श्रीवास्तव, आशीष कोठारी, गंगेश गुंजन, इतिश्री कानूनगो, मधुश्री बी. एन. संजय कुमार, विद्या रवीन्द्रनाथन और असीम प्रकाश।

किताब की पाण्डुलिपि तैयार करने में मैं श्रीकृष्ण जी के सहयोग के लिए काफ़ी आभारी हूँ। उन्होंने लम्बा साथ दिया। उनके साथ–साथ मैं आनन्द प्रधान जी के सम्पर्क सहयोग का भी शुक्रगुज़ार हूँ।

तद्‌भव पत्रिका और उसके जाने–माने सम्पादक अखिलेश जी ने इस शोध के प्रति उत्साहवर्द्धक प्रतिक्रिया ज़ाहिर की और काफ़ी लम्बाई के बावजूद दो शोध लेख प्रकाशित किये। उनका बहुत–बहुत धन्यवाद, उनके ज़रिये ही हिन्दी पाठकों को सबसे पहले इस काम की जानकारी मिली और किताब तैयार करने के लिए मेरा मन मज़बूत हुआ।

मेरे दोस्त आनन्द स्वामी की पिछले कई दशकों से मेरी ज़िन्दगी में अहम मौजूदगी रही है और अपने कई व्यक्तिगत और कामकाजी मसलों के लिए मैं उनपर निर्भर रहता हूँ। इस शोध के लिए भी मुझे समय–समय पर कई किताबों और लेखों की ज़रूरत थी और मैं इसे बेशर्मी से आनन्द स्वामी से माँगता–मँगवाता रहा। आनन्द का सदाबहार समर्थन और प्यार मेरे जीवन का सम्बल है और यह किताब भी इसकी एक निशानी है।

चारु गुप्ता, कई अन्य शोधों की तरह, मेरे इस शोध की भी प्रेरणा है। उनकी भूमिका बहु–आयामी है–व्यक्तिगत, बौद्धिक, टिप्पणीकार, पाठक, समीक्षक और इससे भी ज़्यादा जिसे सरल शब्दों में वर्णित नहीं किया जा सकता है। उनकी ताज़ा पुस्तक 'जेंडर ऑफ़ कास्ट' से भी मेरे शोध को काफ़ी मदद मिली। उनका प्यार और समर्थन अनन्त है जो इस किताब के हर पन्ने में समाहित है।

अनुक्रम

भूमिका

ओ अश्वेत लड़की
तुम काटती हो गेहूँ की फ़सल
तुम्हारे हँसुए काटते हैं हर फ़सल
आओ! काली के रौद्र के साथ आओ!

ओ अश्वेत शेर के बच्चे
तुम मिट्टी को काला रंग देते हो
तुम हो शेर और तेंदुए के बच्चे
इमारतों के गारे के साथ
काला की रस्सियों के साथ
आओ लम्बे डग भरते हुए असुरों की तरह!

तुम बन गये हो मिट्टी के खाद
नदी के रंग
तुम्हें जीते जी धकेला गया है
कीचड़ के नीचे गारे की तरह
जैसे कई पुलाया के सर काटे गये
और खेतों और मैदानों में उनके ख़ून बहाये गये।

—के.के.एस. दास, मलयाली दलित लेखक[1]

मेरी आँखें खुली और
मैंने आसमान को टुकड़ा—टुकड़ा देखा, आन्दोलित, जो
खिड़कियों की चौखट में जकड़ा था

—अजय नवारिया, हिन्दी लेखक[2]

वेद मन्त्रोच्चार के साथ ब्राह्मण आहुति देने लगे
अब बलिदान विधि का मुहूर्त आ गया
रक्त के फ़व्वारे छूटे, पोखर से भी पानी की धारा छूटी...

पानी नहीं वह थी कृपा प्रभु की
वह था अछूतों का उद्धार रे...
जिसके रक्त का बना पानी रे...

उसी पानी से नहाये शिवती...नहाये ब्राह्मण
राजा–प्रजाजन सब नहाये रे...
दुखों को जिसने दूर किया था
बारहवीं सदी का तू सन्त कहलाया,
महासप्तमी प्रकाशित
लेकिन समाज ने उसकी क़द्र कभी न की

—मायावेल, एक गुजराती दलित लोक गीत जिसमें एक अभिशप्त, सूखे तालाब में पानी लाने के लिए दलित माया के बलिदान की गाथा गायी गयी है।[3]

जाति और प्रकृति भारत में आन्तरिक और जटिल रूप से जुड़े हैं, फिर भी इनके अन्तःसम्बन्धों की कोई समीक्षा नहीं हुई है। सच यह है कि एक श्रेणीबद्ध सामाजिक व्यवस्था में दलितों के रोज़ाना अनुभवों और वृत्तान्तों में प्रकृति के बोझ भरे हैं। ज़मीन की छवियों में जाति द्वन्द्व जनित श्रम, रक्त और दासता सजीव होते हैं। सूखे इलाक़ों में दलितों को पोखरों और जलस्रोतों के पुनःभरण के लिए अनिवार्यतः अपनी बलि देनी है। विभिन्न स्थलों और स्थानों में—गाँव से शहर, मन्दिर से स्कूल—प्रदूषण, अशुद्धि और गन्दगी जैसे जाति के रूपक दलितों की मौजूदगी—भर से भारी ख़तरे की आशंका बताते हैं। जंगल दलितों के लिए या तो स्वर्ग, नहीं तो नरक साबित होता है। नदी मुर्दे को विसर्जित करने की जगह है। भय और हिंसा, आतंक और हाड़—तोड़ मेहनत, ख़ून—ख़राबा और युद्ध से क़रीबी से जुड़ी प्रकृति के साथ दलितों के अनुभव अलग और विशिष्ट हैं। उदाहरण के लिए केरल के भूमिहीन खेत मज़दूरों के गीतों में जंगल, जानवर, लकड़ी और मौसम की ऐसी स्मृतियाँ हैं :

जंगल में लकड़ियाँ चुनते
जंगली जानवरों से सामना
मौसम है हमारे ख़िलाफ़[4]

साथ–ही–साथ दलितों के पर्यावरण अनुभवों की अपनी ज्वलन्तता और गतिशीलता है। प्रकृति के साथ अपना जीवन जीते हुए वे लगातार जाति आधिपत्य से संवाद और संघर्ष करते हैं और पर्यावरण के कल्पना चित्र भी उकेरते हैं। दलित चिन्तकों और समकालीन दलित स्मृतियों की दुनिया में हमें पर्यावरण के इर्द–गिर्द विविध और सशक्त सामाजिक और स्थानिक रूपक मिलते हैं। यह किताब प्रकृति में दलितों की अपनी जगह की खोज की पड़ताल करती है। यह दलितों की अलग–अलग आवाज़ों–अतीत के बँधुआ मज़दूरों के गान और बयान, अग्रणी दलित बुद्धिजीवियों, नेताओं और लेखकों की रचनाओं, दलितों के प्रकृति आधारित रूपक और स्मृतियाँ, उनके आन्दोलनों, संगठनों, आग़ाज़ों के ज़रिये दर्शाती है कि किस प्रकार जाति–संचित प्रकृति में दलित अपने को पहचानने और बतलाने की विविध कोशिशें करते हैं। किताब में 'दलित' का प्रयोग एक व्यापक, बहुआयामी, संयुक्त पद के रूप में किया गया है जिसमें कभी मछुआरे, नाविक, नटी भी शामिल हैं। प्रकृति–जाति विरोधाभास का फ़लक व्यापक है जो वंचितों के स्व, शरीर, सान्निध्यता, अवस्था को प्रभावित करता है। जाति और प्रकृति का ऐसा गूँथन भारतीय पर्यावरणवाद के लिए गम्भीर चुनौती है जिसमें इन सम्बन्धों की अब तक अनदेखी की गयी है। यह अध्ययन पर्यावरणवादियों की इस रिक्तता को भरने की कोशिश करता है। साथ–ही–साथ, प्रकृति और दलितों के जटिल रिश्तों के अध्ययन से पर्यावरण और दलित, दोनों के कुछ नये पहलू उजागर होते हैं। यह अध्ययन मुख्यतः तीन आधारों पर टिका है जिसके ज़रिये दलित और पर्यावरण की जातिगत संकल्पनाओं को समझने की कोशिश की गयी है। पहला, भारत में बलवान और बेसंकोच ब्राह्मणवाद और पर्यावरणवाद की एक विशेष धारा। दूसरा, दलित पर्यावरण सोच–मिथक, उपाख्यान, सैद्धान्तिक और सचेतन। और, तीसरा, दलित आन्दोलन और संगठन जिनकी नयी सार्वजनिकता और सामूहिकता जैसी कुछ आत्मसात धारणाएँ हैं। इन तीनों आधारों में आपसी सम्बन्ध है जिनके ज़रिये दलित पर्यावरणवाद का एक व्यापक फ़लक–पर्यावरणीय संघर्ष और समायोजन सिद्धान्त और प्रयोग–देखा गया है। हमें पता चलता है कि किस प्रकार

पर्यावरण के दलित अर्थ नव–ब्राह्मणवाद के विचारों और व्यवहारों और पर्यावरणवाद की कुछ धाराओं को चुनौती देते हैं। हमारे सामने यह तथ्य भी उभरकर आता है कि तमाम अस्पष्टताओं और विविधताओं के बावजूद दलित विचारों में स्थानिक समानता के रूप में पर्यावरण की एक नयी समझदारी और जाति के बोझ से मुक्त पर्यावरणवाद मौजूद है। अध्ययन में कोई एक इकहरा दलित विचार या पर्यावरण की एक मुकम्मल समझ नहीं है, बल्कि इसमें ऐसे बहुल और समृद्ध बौद्धिक संसाधन हैं जिससे प्रकृति को एक सामाजिक, राजनीतिक और सांस्कृतिक टेक मिलती है।

1. प्रकृति और जाति

अकादमिक और पर्यावरण विमर्श में प्रकृति और जाति को शायद ही साथ–साथ समझा गया है। प्रकृति को प्राकृतिक, सार्वजनिक, आन्तरिक मानते हैं; और जाति को एक निर्मित और विशिष्ट ऐतिहासिक और सामाजिक संस्था समझते हैं जो भारत के लिए अनूठी है और सामाजिक वर्गीकरण और हिन्दू समाज के विभाजन पर आधारित है। पर भारत में दोनों के बीच गहरा रिश्ता है। कई हिन्दू जातिवादी प्रकृति की तरह ही वर्गीकृत सामाजिक व्यवस्था को यौगिक, प्राकृतिक, स्वाभाविक मानते हैं जिसकी उत्पत्ति ब्रह्माण्ड के निर्माण के साथ–साथ या उन्हीं पलों में आदिम मानव–पुरुष–के शरीर के बलिदान से हुई थी। साथ ही, विद्वानों ने यह भी रेखांकित किया है कि न केवल जाति बल्कि ज़मीन, जंगल और जल भी एक जटिल ऐतिहासिक और सामाजिक निर्मिति हैं। इस तथाकथित प्राकृतिक दुनिया के बहुलांश पर इन्सानों और ग़ैर–इन्सानों के कार्यकलापों की अमिट छाप है।[5] प्रकृति के बृहद् रूपों–भूमि उपयोग, नदी, पहाड़, वनस्पति, जलवायु–पर मानवीय गतिविधियों का असर है। ऋग्वेद[6] में एक असमान सामाजिक व्यवस्था के 'प्राकृतिकीकरण' से लेकर समकालीन बौद्धिक विमर्श में मानवीय व्यवहारों के जाति निर्धारकों का औचित्य साबित करने तक के सफ़र में जाति और प्रकृति कई रास्तों, समयों और मुक़ामों पर बार–बार मिलते रहे हैं। जाति और प्रकृति के अन्तःसम्बन्धों से कुछ ख़ास क़िस्म के सांस्कृतिक चित्रण की स्वीकृति–अस्वीकृति होती है; स्थान, स्थल और लोग वैधानिक या अवैधानिक क़रार होते हैं; सामाजिक श्रेणियाँ बनती और विकसित होती हैं; द्वन्द्व और हिंसा पनपते हैं; साथ–ही–साथ

वर्चस्व को चुनौती देने की सृजनात्मक सम्भावनाएँ सामने आती हैं। जाति जनित प्रकृति की कुछ ख़ासियतें हैं, जो प्रकृति के साथ हमारे सम्बन्धों के सन्दर्भ में प्राकृतिक संसाधनों की सुलभता के सार्वजनीन सवाल से अलग है। गाँव, पेशा, कृषि, खाद्य, पानी, ज़मीन और सिंचाई जाति वर्गीकरण की सत्ता के मज़बूत पाए रहे हैं, और जाति अर्थव्यवस्था प्राकृतिक संसाधनों के उपयोग और उपभोग पर फलती–फूलती है। यह सवाल ज़रूर उठता है कि प्रकृति के विभिन्न प्रयोजनों से जाति वर्गीकरण किस प्रकार निर्मित या पुनर्निर्मित होते हैं? पवित्रता और प्रदूषण की क्या भूमिका है? प्राकृतिक संसाधनों पर अधिकार और बहिष्कार, गम्यता और अगम्यता के संरचनात्मक सिद्धान्त क्या हैं? क्या ये आमतौर पर स्पर्श या वर्गीकरण से निर्धारित होते हैं? या इसके अलावा भी जाति वर्गीकरण के अलग उपादान सक्रिय हैं? जल की जाति क्या है? जाति सम्बन्धों से एक गाँव की सिंचाई व्यवस्था कैसे निर्मित होती है? पानी के परम्परागत स्रोतों और पद्धतियों के प्रति दलित आख़िरकार क्यों और कैसे नज़दीकी महसूस करें जिनके स्वामित्व का सवाल तो दूर; यहाँ तक कि उन कुओं, तालाबों, बाबड़ियों के क़रीब जाना भी दूभर है।[7] क्यों और कैसे जाति और इसकी संस्कृति खान–पान को शुद्ध और अशुद्ध, उचित और अनुचित बना देती है? कैसे जातियों के ज़रिये जानवरों का उपयोग वैध या अवैध क़रार होता है? दलित आजीविका के पारम्परिक जाति आधारित साधनों के लिए क्योंकर संघर्ष करें जबकि इनकी वजह से भी वे कूपमण्डूक, नागरिक समाज और बाज़ार के हाशिये पर रहे हैं। किस प्रकार किसी ख़ास पर्यावरणीय और पेशेवर ढाँचे के तहत एक ख़ास जाति पर्यावरण की दुनिया और राजनीति के पूरी तरह अन्दर या बाहर हो जाती है? किस प्रकार पर्यावरण के कुछ चौराहों पर, जैसे दक्षिण भारत में तालाब सिंचाई की तकनीक और व्यवहार, जाति और दलित एक–दूसरे के साथ आ जाते हैं। कैसे दैहिक और सामाजिक पर्यावरण से बस्तियाँ–उत्तर भारत में चमार टोला, दक्षिण में चेरी, और पश्चिम में वाडा–नामांकित होती हैं? कैसे अस्पृश्यता (प्रदूषण, गन्दगी, मैल, कलंक, अलगाव) दलित पर्यावरण विषय वस्तु के निर्माण के लिए एक ठोस सन्दर्भ है?

इतिहास में जातिवाद और प्राकृतिकवाद के अन्तःसम्बन्धों की कई मिसालें हैं। अलग–अलग समय और काल में इस युग्मता के भिन्न उदाहरण मिलते हैं। ऋग्वेद के अनुसार सर्वव्यापक पृथ्वी और इसके

सारे जीव, शाश्वत जीवन, हवा, जानवर–सब कुछ पुरुष के अर्पण और त्याग के परिणाम हैं। ब्रह्माण्ड की संरचना ब्राह्मण के मस्तक और क्षत्रिय की भुजाओं से हुई है। जाँघ से वैश्य और पैर के पंजे से शूद्र बनाये गये। सम्पूर्ण जगत–चाँद और सूरज, आसमान और समुद्र, लोग और उनके अस्तित्व में वर्णाश्रम या चतुर्वर्णीय व्यवस्था अन्तर्निहित है जिसके तहत लोग प्राकृतिक विशेषताओं और पेशेवर रुझानों के साथ जन्मते हैं। इसके बाद, कुछ पर्यावरण विमर्श भी जाति व्यवस्था का समर्थन करते हैं। ब्राह्मणवादी सोच के साथ गठबन्धन और जाति प्रेम के कारण प्रकृति की एक ऐसी शब्दावली बनती है जिसमें दलित और उनके रोज़ाना पर्यावरण अनुभवों पर ग्रहण लग जाता है।[8] समकालीन दौर में जातिगत प्रकृति एक रणस्थल भी बन गये हैं जिसमें प्राकृतिक संसाधनों के वर्चस्व को चुनौती देते हुए न केवल नयी सांस्कृतिक छवियों और प्रतिनिधित्व पर ध्यान गया है बल्कि दलितों के पर्यावरण वर्जन पर भी चर्चा हुई है। इस प्रकार प्रकृति के वर्णन से लेकर इसके निर्माण तक के विभिन्न ऐतिहासिक दौरों में जाति बार–बार उपस्थित और प्रस्तुत होती है, और विविध राजनीतिक दृष्टिकोण भी सामने लाती है।

प्रकृति और पर्यावरण के बारे में हमारी समझदारी की विविधता, संश्लिष्टता, टिकाव और लचीलापन और जाति के सिद्धान्त और व्यवहार की ऐतिहासिकता, विशिष्टता, जटिलता और असमानता को एक साथ लाने में शक्ति, सत्ता और प्रभुत्व का भी योगदान है जिससे मानव नियति प्रभावित होती है। शक्ति और सत्ता, पारम्परिक और आधुनिक दोनों रूपों में, प्रकृति के माध्यम से काम करती है। 'प्राकृतिक' और सामाजिक संरचना के निर्माण और मज़बूती में जाति एक महत्त्वपूर्ण कर्ता और कारक होती है। प्राकृतिक दुनिया के मायने और मूल्यांकन करने का मानवीय इतिहास बेहद लम्बा और गहन है जिसकी नैतिक, सात्विक, रूमानी, आध्यात्मिक समेत कई लड़ियाँ हैं। इस प्राकृतिक जगत ने प्रायः मानवीय क्रिया–कलापों को सूचित और प्रेरित करने के लिए एक स्थायी, सार्वभौमिक, समृद्ध और सजीव कम्पास का काम किया है और साथ ही एक पर्यावरणीय और राष्ट्रीय पहचान सृजित की है। प्रकृति शक्तिशालियों के हाथों में शक्ति का एक औज़ार भी है और लोगों के लगाव और अलगाव, स्वीकार और बहिष्कार की राजनीति से जुड़ी है। पर्यावरण की दुनिया में कौन है 'दूसरा', सामाजिक प्रदूषण में क्या वर्जित और

प्रतिबन्धित है, कैसे गन्दगी और कीचड़ कुछ समुदायों का अस्तित्ववाचक हो जाता है, कैसे सार्वजनिक स्थलों में बहते पानी को रोका जाता है–इन सभी मामलों में प्रकृति सत्ता की अभिव्यक्ति के माध्यम और पैग़ाम होते हैं। यहाँ सत्ता, प्रकृति और जाति के ऐसे संगम से हम लोगों, स्थानों, पहचानों को विभिन्न रूपों में निर्मित, समावेशित, अनुशासित और परिवर्तित होते हुए देखते हैं। प्रकृति और जाति के आधार पर अधिगृहीत सत्ता बेहिसाब निर्मम हो सकती है। पर यहाँ सत्ता को चुनौती देने की स्थितियाँ भी बनती हैं। इस प्रक्रिया में प्रकृति, जाति और संस्कृति के गलियारे में सत्ता की दुनिया में कई उतार–चढ़ाव भी आते रहते हैं। इस सन्दर्भ में, लिंग और जाति के बीच के शक्ति सम्बन्धों और लिंग और प्रकृति के सम्बन्धों पर समृद्ध शोध और प्रकाशनों से हमें दलित और प्रकृति के रिश्तों को समझने में मदद मिल सकती है।[9]

भारत में आधुनिकता के इस दौर में भी हमें जाति के नये अवतार मिलते हैं। कई जाने–माने विचारक जाति को विकास की एक कुंजी, एक प्रकार का सामाजिक निवेश मानते हैं जो हमारी संस्कृति और विलक्षणता में रचे–बसे हैं। यह समझ लोकतन्त्र और राजनीति के क्षेत्र में जाति की समकालीन प्रासंगिकता के अवलोकन से एकदम अलग है।[10] यह 'नव–जातिवाद'[11] है जिसकी मुख्यतः दो धाराएँ हैं : जाति–आधारित पेशों का महिमामण्डन और संरक्षण और पूँजी और बाज़ार के विकास के लिए जाति और इससे सम्बन्धित तन्त्र का इस्तेमाल और ईजाद।[12] 'नव–जातिवाद' प्रायः 'नव–प्राकृतिकवाद' के कन्धों पर सवार होता है जिसमें प्रकृति का उपयोग और दुरुपयोग विशेष विचार श्रृंखला, सम्बन्धों, स्थानों और दृश्यावलियों की स्थापना के लिए होता है। यह स्थापना नये राजनीतिक और आर्थिक माहौल में सामाजिक अस्मिताओं और सम्बन्धों का नया प्राकृतिकीकरण करती है। साथ ही, प्राकृतिक परिवेश न केवल आर्थिक विकास के लिए बल्कि दलित, पिछड़ों, ग़रीबों के लिए उपयोग, शासित और संक्रमित करने का एक महती प्रयोजन भी बन जाता है। इस प्रकार 'नव–प्राकृतिकवाद' एक निर्देशात्मक और क़ानूनी व्यवस्था भी बनाता है जिसके तहत राष्ट्र राज्य के लिए प्रकृति और प्रकृतिवासी को नियन्त्रित और शासित किया जा सकता है। प्रकृति और प्रकृतिवासी दोनों का ही प्रतिनिधित्व और नियमन ख़ास विशेषज्ञों और तकनीकी संस्थाओं के द्वारा होता है। ये दोनों ही अपने स्रोतों और स्मृतियों से जुदा करके

पर्याप्त परिमार्जित और परिवर्तित किये जाते हैं। भारतीय समाज में क्षेत्रों, भाषाओं और संस्कृतियों की भिन्नता के कारण जाति और प्रकृति के जुड़ाव के चरित्र और चित्रण भले बदलते हों, पर ये सभी आधुनिकता के मौजूदा प्रकल्प के क़रीबी सहयात्री रहे हैं।

2. जाति का पर्यावरण

भारत के पर्यावरण के इतिहास में यह विस्तार से चर्चा की गयी है कि किस प्रकार औपनिवेशिक शासन ने प्राकृतिक संसाधनों और लोगों की ज़िन्दगी में दख़ल दिया और प्रबन्धन की केन्द्रीय, अधिकारी, वैज्ञानिक और कथित आधुनिक व्यवस्था स्थापित की जिससे बेहद असन्तोष और आन्दोलन की स्थितियाँ पैदा हुईं। पर्यावरण की राजनीति की विवेचना करने वालों ने प्राकृतिक संसाधनों के स्वामित्व, उपयोग और उपलब्धता और इसमें राज्य, समुदाय और बाज़ार की भूमिका जैसे महत्त्वपूर्ण मुद्दों पर भी काफ़ी ज़ोर दिया है। पर्यावरण अकादमिशियनों और कार्यकर्ताओं ने ग़रीबों के प्राकृतिक संसाधनों के अलगाव और विस्थापन और देश के आर्थिक विकास और आधुनिकता के लिए उन पर आरोपित बोझ पर भी ध्यान दिया है। स्त्रीवादियों और मानव विज्ञानियों ने प्राकृतिक व्यवस्था के 'प्राकृतिकीकरण' की समालोचना करते हुए लिंग, जाति और प्रकृति के रेशों में सत्ता की पैठ देखी है।[13] फिर भी, प्रकृति और इसके सामाजिक इतिहास को जाति के नज़रिये से कभी आँका नहीं गया है। भारत में प्रकृति के दायरे में जाति की राजनीति और दलितों पर इसके असर और मायने एक अँधेरे कुएँ की तरह है जिसमें झाँका नहीं गया है।

पर्यावरण और जाति के अन्तःसम्बन्धों की—जिसे मैं पर्या—जातिवरण कहता हूँ—भारत में लम्बी मिसाल है जिसका प्रकृति और ब्राह्मणवादी हिन्दू धर्म के इतिहास के साथ गहरा नाता है। जाति के इतिहास ने भारत में पर्यावरण के इतिहास को कई प्रकट तरीक़े से प्रभावित किया है। पहला, जाति ने प्राकृतिक और सामाजिक व्यवस्था की अवधारणा बनायी जिसके तहत लोग, जगह, पेशे और ज्ञान, आदि प्रदूषण, संस्कारों और रस्मों से तय होते हैं, जहाँ गहरे वर्गीकरण और सीमाबन्दियों के कारण लोगों के शरीर, व्यवहार, परिस्थिति, ओहदा और काम 'अस्पृश्य', 'अनुचित' और 'अलग' क़रार हो जाते हैं।

गोपाल गुरु कहते हैं कि *"सामाजिक पारिस्थितिकी के कारण गन्दगी और अशुद्धि दलितों के अस्तित्व के भागी बन जाते हैं जिससे दलित हर समय और स्थान में निचलेतर और अपमानजनक वर्णनों से गुज़रते हैं। पारिस्थितिकी की सामाजिक संरचना में दलित गन्दगी है और गन्दापन दलित है।"*[14]

दूसरा, जाति ने ब्राह्मण और ग़ैर–ब्राह्मण, दोनों के पर्यावरण प्रवृत्तियों और मूल्यों को आकार दिया है। तीसरा, जाति के वर्चस्व के कारण ब्राह्मणों ने आबादी के कुछ हिस्सों को किनारे और अपने अधीन करके प्राकृतिक संसाधनों पर मालिकाना क़ायम किया है। चौथा, निम्न जातियों ख़ासकर अस्पृश्यों ने पर्यावरण और प्राकृतिक संसाधनों के बारे में अपनी अलग दृष्टि विकसित की है जिसमें प्रेम और क्लेश, पीड़ा और हर्ष, अलगाव और लगाव, दोनों का वास है। डी.आर. नागराज की टिप्पणी है कि *"दलित–बहुजन के ऐतिहासिक वजूद बनाने की चुनौती के रास्ते का एक केन्द्रीय काम है–हिन्दू संकीर्णतावाद और ब्राह्मणवाद की स्व–व्याख्याओं का विखण्डन करना।"*[15]

यह अध्ययन पर्या–जातिवरण के कुछ प्रमुख मक़ाम पहचानने की कोशिश करता है। समकालीन पर्या–जातिवरण भारतीय पर्यावरणवाद का एक विशिष्ट रूप है जिसमें जाति व्यवस्था का प्रत्यक्ष–परोक्ष समर्थन किया जाता है, साथ–ही–साथ आधुनिकता और आधुनिक ज्ञान का विरोध। एक विस्तृत और स्थूल 'सामाजिक–पर्यावरणीय' व्यवस्था के अन्तर्गत जाति, श्रम के विभाजन और पारम्परिक पेशों को संरक्षित–सतत विकास की अवधारणा का जनक माना जाता है। यह भी कहा जाता है कि जाति व्यवस्था 'जनता के बीच से संरक्षण', 'पारिस्थितिकीय अनुकूलनता की बेहतरीन व्यवस्था' और 'उच्च स्तर की विशेषज्ञता' है जिसमें विभिन्न जाति समूह 'एक पारस्परिक समर्थक सम्बन्धों के बन्धन में' संसाधनों के संरक्षण में सहयोग करते हैं।[16]

जाति व्यवस्था का कामकाजी औचित्य बताने के अलावा पर्या–जातिवरणवादियों ने प्रकृति और जाति के अन्तःसम्बन्धों की स्थापना के लिए कई बिखरे हुए, इधर–उधर के पर्यावरण तर्क भी दिये हैं। ऐसी एक व्याख्या के अनुसार प्राकृतिक पर्यावरण से सामाजिक ढाँचा निर्धारित होता है और हमारे ज्ञान, कौशल और संस्कृति निर्माण में मानव विकास, इतिहास, सामाजिक संस्थाओं और व्यक्तिगत उद्यमों से कहीं

ज़्यादा प्रकृति का असर होता है। प्रकृति के सदियों पुराने जटिल विकास और इस प्रक्रिया में मानव और पर्यावरण की अन्तःक्रिया से भारतीय समाज में जाति व्यवस्था और ज़्यादा स्थायी, बहुआयामी और सचेतन हो गयी है। इसलिए यह निष्कर्ष निकाला गया कि वर्ण व्यवस्था 'अनिवार्यतः अपनी तार्किकता में पर्यावरणीय है।'[17] पर्या–जातिवरण के कई अन्य प्रकार भी हैं। जैसे, यह दावा किया गया है कि गंगा के मैदानी भाग, जैसे कृषि जलवायु क्षेत्रों ने अपने समृद्ध प्राकृतिक संसाधनों के कारण लोगों के जीवन–यापन को इस तरह से ढाला कि श्रमिकों के कुछ हिस्से पारम्परिक ज्ञान पद्धतियों के अक्षय कोष बन गये।[18] कुछ लोगों ने जिनमें नामी–गिरामी मार्क्सवादी विचारक ई.एम.एस. नम्बूदरीपाद भी शामिल हैं, उलट तर्क मारा कि लोग और भूमि के ख़ास सम्बन्धों के कारण कुछ जातियों ने ज्ञान, सृजनात्मकता और समृद्ध संस्कृति हासिल की और इस प्रकार श्रम विभाजन ने 'अभिजात/उच्च संस्कृति' के निर्माण में योगदान किया : *"यदि ये दो व्यवस्थापन (जाति और भूस्वामित्व व्यवस्था) नहीं होते, तो नम्बूदरियों के लिए सांस्कृतिक गतिविधियों में शरीक होना और विज्ञान एवं साहित्य के विकास में योगदान करना सम्भव नहीं होता और नायर अपनी कृषि पद्धतियों और सामरिक एवं भौतिक कौशल उन्नत नहीं कर पाते।"*[19]

जाति की ऐसी समझदारियाँ जो प्रकृति और मानवों के बीच ख़ास रिश्ते जोड़ती हैं, कुछ अन्य विषय वस्तुओं से भी जुड़ती हैं जिन्हें मैं 'पर्या–जैवीकरण' और 'पर्या–प्राकृतिकीकरण' कहता हूँ और इनका 'पर्या–जातिकरण' से क़रीबी नाता है। 'पर्या–जैवीकरण' प्रकृति के प्रति 'भारतीय' नज़रिया है जिसके अनुसार पर्यावरण दैवी, पवित्र, अलौकिक और आन्तरिक है जो प्रकृति के नियमों का अनुपालन करता है। समाज को भी प्राकृतिक समझा जाता है जो 'प्राकृतिक सिद्धान्तों' पर आधारित है। यहाँ आधुनिकता, उद्योग, विज्ञान और प्रौद्योगिकी को पश्चिमी, भौतिकवादी और उपभोगवादी क़रार किया जाता है, इसलिए वह 'अप्राकृतिक' और 'असांस्कृतिक' है। इस समझदारी के अनुसार भारतीय पर्यावरण पर बाहरी ताक़तों का ख़तरा है। इसलिए, पर्यावरण की रक्षा भारतीय संस्कृति, परम्परा और राष्ट्र की रक्षा से जुड़ी है। यहाँ भारतीय संस्कृति में व्यापक तौर पर हमारा परिवार, विधि–विधान, कर्मकाण्ड, आस्था, पद्धति, आयोजन, सामाजिक रीति, मूल्य, आचार–विचार शामिल हैं। एक विशुद्ध

जैविक भारतीय पहचान के लिए भारतीय जीवन की सम्पन्नता और प्रकृति में इसकी अभिव्यक्ति को मान्यता देने की ज़रूरत है। 'भारतीय' और 'पश्चिमी' के विभाजन पर ज़ोर देने वाला पर्यावरण साहित्य बहुतायत में है जिसमें भारतीयता, ब्राह्मणत्व और हिन्दुत्व को घोल-मोल कर सीधे-सपाट समाधान सुझाये गये हैं :

"वैश्विक पर्यावरण संकट का कारण है ज़रूरत से ज़्यादा भौतिक वस्तुओं की खोज। यह भी भौतिकवादी विश्वदृष्टि का परिणाम है...यदि तकनीकी और भौतिक विकास आत्मा की ज़रूरतों की अनदेखी करते हैं, तो क्या यह वास्तविक विकास है?...यह दुर्भाग्यपूर्ण है कि हमने अच्छी ज़िन्दगी की जगह असबाब-भरी ज़िन्दगी अपना ली है। यह मानना मूर्खता है कि हम केवल अपनी इच्छाओं को बढ़ाकर ख़ुशी हासिल कर सकते हैं। जितनी ज़्यादा हमारी इच्छाओं की पूर्ति होगी, उतनी ही ज़्यादा इच्छाएँ बढ़ती जायेंगी। मनुस्मृति (4.2) का कहना है : आनन्द की प्राप्ति उसे सीमित करने में निहित है; इसका उलटा होने से दुख होता है?"[20]

पर्या-प्राकृतिकीकरण के अनुसार पर्यावरण की रक्षा जीवन की उसकी प्राकृतिक प्रणाली में रक्षा के साथ जुड़ी हुई है। इस विचार में मानव ने अपने-आपको ग़लत तरीक़े से प्रकृति के ऊपर मान लिया है, जबकि उन्हें अपने को प्रकृति में देखना-समझना चाहिए। प्रकृति समृद्ध, स्थायी और सांस्कृतिक है और प्रायः मानवीय गतिविधियों को राष्ट्रीय मूल्य देती है। पर्या-प्राकृतिकीकरण के कई रूप हो सकते हैं : प्रकृति सर्वोपरि है जिसके सामने मनुष्य को ज़रूर समर्पित होना चाहिए; प्रकृति और इसके शिक्षण राजनीति और अर्थशास्त्र के नियमन के लिए आदर्श हैं; एक पर्यावरण आधारित समाज प्रकृति के नियमों और चक्रों के आधार पर संचालित होता है; हमारे बीच पर्यावरण समुदाय और समाज मौजूद हैं जो कुछ ख़ास परम्परा, संस्कृति, धर्म और राष्ट्रीयता से जुड़े हैं; और हमें ज़रूर प्रकृति में वापस लौटना है। पर्या-प्राकृतिकीकरण जीवन के प्रमुख क्षेत्रों में खान-पान, रोज़गार, जानवर-'प्राकृतिक व्यवस्था' की सर्वोच्चता स्थापित करने के लिए प्रकृति का प्रयोग करता है और यह व्यवस्था आमतौर पर रूढ़िवादी हिन्दू ब्राह्मणवादी विश्वासों का पर्याय होती है। जैसे, इस व्यवस्था में खाद्य परम सत्य, ब्राह्मण का एक हिस्सा है। यह संस्कृति प्रदत्त है जिसके साथ सामाजिक-धार्मिक संस्कार जुड़े हैं।

इसके अन्तर्गत खाद्यों का एक निश्चित वर्गीकरण है जिससे सही और ग़लत खाने और पीने के नियम निर्धारित होते हैं।[21] इस रूपरेखा के तहत *"बैल धर्म, नैतिक सिद्धान्तों और गाय पृथ्वी का प्रतिनिधित्व करते हैं...यह दुखद है कि आधुनिक समाज गाय और बैल की सेवा करने का महत्त्व नहीं समझता है, और इसके बदले उनकी हत्या करता है और उन्हें खाता है...मनुस्मृति, हिन्दू धर्म के बुनियादी नियम शास्त्र, जानवरों को मारने वालों को हत्यारा मानता है। शास्त्र के अनुसार इस कृत्य में शामिल सारे लोग–पशु वध करने वाला, कसाई, रसोइया और मांस खाने वाला–प्रकृति की सजा का भागी है।'*[22]

हमारे शरीर की शुद्धि और अशुद्धि, स्पर्श, स्वाद, समय, स्थान और लोग जाति के प्रमुख चिन्हक हैं जो प्रकृति की दृश्यावली के अन्दर और बाहर अपना ख़ास वजूद और विभिन्नता स्थापित करते हैं। प्रकृति ख़ुद किसी जगह की पहचान नहीं बना सकती है, पर जाति सत्ता सम्बन्ध और सामाजिक व्यवस्था स्थापित करने वाले प्राकृतिक भाव और माहौल बनाती है। इसलिए, भारत में शुद्धता और प्रदूषण के व्यापक फ़लक हैं जो जाति पहचान, वर्चस्व और बहिष्कार की कठोर पाबन्दियाँ बरतते हैं। चाहे पवित्र उपवन हों या प्राकृतिक जलस्रोत, चाहे गाँव हो या शहर–प्राकृतिक और सामाजिक विन्यास संस्कृत और असंस्कृत, पवित्र और अपवित्र के बीच सरहदबन्दी करते हैं। जगह की जाति कई प्रकार से अंगीकार की जाती है–गाँव की सीमाएँ जाति से पहचानी जाती हैं, कुएँ, तालाब और नदियों के हिस्से जाति से सीमांकित होते हैं; कचरा स्थल की जाति है। इस प्रकार 'शक्ति, वर्गीकरण और असमानता की एक स्थानिक रूपरेखा है।'[23]

प्रदूषण का डर केवल बाहरी प्राकृतिक परिवेश से नहीं बल्कि आन्तरिक प्रकृति से भी है जिसे शरीर और मस्तिष्क में अनुभव किया जाता है। यह भी सच है कि जाति आधारित समाज में पवित्रता और प्रदूषण लोगों को स्थानिक स्तर पर एकजुट करने या बिखराने, जोड़ने या तोड़ने के लिए नकारात्मक या सकारात्मक उत्प्रेरक बन सकता है। इसलिए कई स्थान/स्थल जाति एकजुटता के आधार पर निर्मित होते हैं, और कई बार ऐसे स्थलों का सीमांकन या अतिक्रमण योजनाबद्ध तरीक़ों या ताक़त से, एक राजनीतिक कार्रवाई होती है। यही कारण है कि 'पवित्र' और 'प्रदूषित' स्थल हमारे देश में संघर्ष के मैदान बन गये हैं। यह कहा गया है : *"प्राकृतिक पदार्थ अपनी स्वेच्छा से नहीं बोलते हैं : उन्हें एक मध्यस्थ*

की ज़रूरत होती है—एक प्रतिनिधि, एक वक्ता, और एक सक्रिय कर्ता की—अपनी स्पष्ट अभिव्यक्ति के लिए।"[24]

पर्या–जातिवरण प्रकृति और पर्यावरण का एक निरूपण है जो ख़ासकर सवर्ण ब्राह्मणवादी है। जातीय ढाँचे के दबदबे के कारण दलित पर्यावरणवाद के अपने स्वर और वर्णन भी दब जाते हैं। पर्यावरण इतिहासकार और बुद्धिजीवी, नागरिक समाज के संगठन, सामाजिक आन्दोलन और संघर्ष ने पर्या–जातिवरण के इस इकहरे और प्रभुत्वशाली राजनीति के विकास में जाने–अनजाने मदद की है। पर्यावरण के क्षेत्र में ऐसे ख़ासे उदाहरण हैं जब दलितों की सोच–समझ को दरकिनार किया गया है और सवर्ण हिन्दू नज़रिये को तरजीह दी गयी है। भारतीय पर्यावरण साहित्य–अकादमिक, वैज्ञानिक, राजनीतिक, आर्थिक, काव्यात्मक, भावात्मक, मिथकीय, नीतिपरक पर एक उड़ती नज़र भी डालें तो यहाँ रामायण, महाभारत, वेद, धर्म, शास्त्र और स्मृति जैसे धार्मिक सन्दर्भ; राम, कृष्ण, अर्जुन जैसे हिन्दू देवी–देवता; गंगा और यमुना जैसी नदियाँ और दुर्गा पूजा और देवी पूजा जैसे त्योहारों के हवाले छाये रहते हैं। ये भारत के गौरवशाली अतीत, परम्परा और संस्कृति के एकमात्र प्रतीक होते हैं। इसके साथ–ही–साथ पाश्चात्य, भौतिकवाद और आधुनिकता को लेकर दुश्चिन्ताएँ रहती हैं जिन्हें भारतीय पर्यावरण और संस्कृति को मलिन करने का एक मुख्य कारक समझा जाता है। पर्यावरण विध्वंस में बढ़ोतरी के साथ–ही–साथ ब्राह्मणवादी परम्पराओं के संरक्षण पर ज़ोर ज़्यादा हुआ है : *"हिन्दू और बौद्ध परम्परा हमें यह समझने में मदद कर सकती हैं कि हमारी ज़िन्दगी यौगिक रूप से प्राकृतिक दुनिया और जानवरों के जीवन से जुड़ी हुई है। चाहे हम पुनर्जन्म में विश्वास करते हों या नहीं, फिर भी यह हमारी प्रवृत्ति ज़ाहिर करता है जो महत्त्वपूर्ण है।"*[25]

अगले हिस्से में मैं यह बताऊँगा कि किस प्रकार हिन्दू परम्पराओं को जो कि प्रायः अपने सार में ब्राह्मणवादी हैं, पर्यावरणवाद का मूल तत्त्व बताने–दिखाने से दलित और निम्न जातियाँ बहिष्कृत और कमतर होती हैं। पर्या–जातिवरण की प्रवृत्ति हमेशा हिंसक नहीं होती है, बल्कि यह हमारे सामाजिक और राजनीतिक विमर्श के स्तर पर और भारतीय पर्यावरण संस्कृति के बारे में हमारे विश्वासों, मूल्यों और समझदारियों को प्रभावित करने में काफ़ी अहम और निर्णायक है।

3. पर्यावरण और दलित

दलितों का बौद्धिक चिन्तक ऐतिहासिक तौर पर भारतीय राजनीति और नागरिक अधिकारों के लिए एक महत्त्वपूर्ण कसौटी रहा है। मेरे शोध के आधार पर यह कहा जा सकता है कि प्रकृति के साथ हमारे सम्बन्धों की समझदारी विकसित करने में भी दलितों का ख़ासा योगदान है। दलित और पर्यावरण के आपसी रिश्ते कभी स्थिर नहीं रहे हैं; वे समय और काल के हिसाब से और प्राकृतिक एवं सामाजिक स्थितियों के सन्दर्भ में बदलते रहे हैं। साथ ही, दलितों की भी कोई एक श्रेणी और पहचान नहीं है, न ही उनके व्यवहारों और परम्पराओं को किसी एक साँचे में ढाला जा सकता है। दलित और उसके तहत आने वाली विभिन्न उप–जातियों के बीच प्रकृति, प्राकृतिक संसाधनों और पर्यावरण के बारे में विविध, जटिल और सकारात्मक विवरण है। विचारों और व्यवहारों की इन तमाम विभिन्नताओं के बावजूद हम दलितों में प्रकृति और प्राकृतिक संसाधनों को लेकर कुछ समान और साझे विचार देख सकते हैं। भारत के उत्तर, मध्य और पश्चिमी प्रदेशों के अध्ययन से मुझे पता चला है कि प्रकृति और प्राकृतिक संसाधन एक सामूहिक दलित पहचान बनाने का भी काम करते हैं। इसके अलावा, प्रकृति और संसाधनों के संघर्ष–भरे मैदान में ब्राह्मणों और शूद्रों, उच्च जातियों और दलितों, शूद्रों और अस्पृश्यों के बीच हमेशा आर–पार या जीवन–मरण की लड़ाई ही नहीं होती रही है। पर्यावरण, प्रकृति और समुदायों के बीच कई जटिल, परस्पर विरोधी जुड़ाव और खिंचाव रहे हैं जो लोगों के साथ–साथ जीने, काम करने और लड़ते रहने के विविध अनुभवों का नतीजा हैं।

इस अध्ययन में सीधे तौर पर ऐसा कोई दावा नहीं है कि दलितों की पर्यावरण प्रवृत्ति और व्यवहार 'सर्वोत्तम' या 'आदर्श' है। बल्कि मैं पर्यावरण को दलित आँखों से देखना चाहता हूँ और इस प्रक्रिया में पर्यावरण और दलित शोध, दोनों के लिए कुछ नये चित्र उकेरने की कोशिश करता हूँ। कुछ दलित बुद्धिजीवियों ने तर्क दिया है कि दलित प्रकृति के ज़्यादा निकट हैं, इसलिए उनमें औरों की तुलना में कहीं ज़्यादा सांस्कृतिक और पर्यावरणीय ऊर्जा और सृजनात्मकता है। 'उत्तर–हिन्दू' भारतीय जीवन के विभिन्न हलकों में दलितों की भूमिका और योगदान की सम्भावनाएँ बताने के लिए उनके 'मौलिक' पर्यावरण, प्रौद्योगिकी, वैज्ञानिक और उत्पादक

ज्ञान की चर्चा की गयी है।[26] दलित प्राकृतिकीकरण या आदर्शीकरण भी एक प्रकार का पर्या–जातिवरण और जाति अनिवार्यता है। इसमें आश्चर्य नहीं है कि ख़ुद दलित कई बार प्राकृतिक और प्रकृति के नज़दीक होने का दावा करते हुए अपनी जाति पहचान और चेतना पर गर्व महसूस करते हैं। पर्यावरण इतिहास लेखन की सीमा रेखाओं को लाँघने और प्रकृति के साथ दलितों के सम्बन्धों की लम्बाई और गहराई को अंकित करने का उपक्रम 'दलितों के स्वर्णिम अतीत का मिथक'[27] क़ायम करना नहीं है। न ही यह कहा जा सकता है कि दलित, शासक या शासित के रूप में, प्रकृति के साथ सम्पूर्ण सामंजस्य में थे।

दलित और पर्यावरण के अन्तःसम्बन्ध जटिल और तनावपूर्ण हैं। पर्यावरण की मनुष्य केन्द्रित अवधारणाओं में मुख्यतः मानवीय अनुभवों पर ध्यान रहता है। पर एक अस्पृश्य या जाति बहिष्कृत या एक बँधुआ मज़दूर को जिन्हें एक इन्सान से कमतर माना जाता है, मनुष्य/प्रकृति के युग्मक में नहीं समाते हैं। हमें चुनौती पेश आती है कि मानवीय अस्तित्व के हाशिये या उसके बाहर जीनेवाले लोगों के लिए प्रकृति के अर्थों और प्रभावों को कैसे समझा जाये। इसके अलावा पिछले कुछ दशकों में 'विभिन्न प्रकार के पर्यावरणवाद'[28] से उत्तर और दक्षिण के देशों में ग़रीबों की एक सामूहिक पहचान क़ायम हुई है। फिर भी यह बार–बार दर्ज किया गया है कि इन पर्यावरण आन्दोलनों में 'अस्पृश्यों' और दलितों को जगह नहीं मिली है–या तो उनके भारी पर्यावरण क्षतियों और जोख़िमों की अनदेखी हुई है या उन्हें 'ग़रीब' के एक अमूर्त खाने में डाल दिया गया है। भारत के पर्यावरण संगठन और आन्दोलन ने पर्यावरणवाद में निहित आभिजात्य रुझान को जाना है और हाशिये के लोगों के मुद्दों, मूल्यों और आवाज़ों को समझने की कोशिश की है। पर यहाँ भी सामूहिकता और सार्वजनिकता की शब्दावली और समझ का बोलबाला रहता है। इससे भी बढ़कर हमने पाया है कि नागरिक समाज और इसकी सक्रियता के दायरे में 'एक संक्रमित उच्च जातीय आधुनिक भारतीय स्वयं वास करता है जो निरन्तर जाति को नकारता है।'[29] दलित विचारकों ने हमारे प्रसिद्ध पर्यावरण आन्दोलनों जैसे नर्मदा बचाओ आन्दोलन को पाटीदार भूमि बचाओ आन्दोलन क़रार करके आलोचना की है जो प्रायः हमारे 'क्रूर अतीत' और 'दमनकारी स्थानीय संस्थाओं' को महिमामण्डित करता है।[30] कुछ अकादमिशियनों के मैदानी सर्वेक्षण और शोध ने यह रेखांकित किया

है कि किस प्रकार नर्मदा बचाओ आन्दोलन के बाँध–विरोधी संघर्ष में दलित और जाति वर्चस्व के मुद्दे लुप्त कर दिये गये थे।[31]

दलितों का अपना समृद्ध और विविध पर्यावरण इतिहास और संवेदनशीलता है। उनका पर्यावरण रिश्ता ब्राह्मण–प्रधान पर्या–स्थल के साथ समझौते और संघर्ष और अपने ख़ुद के स्वायत्त स्थल के सृजन, दोनों में अभिव्यक्त होता है। यह भी सच है कि दलितों की पर्यावरण अभिव्यक्ति आमतौर पर 'सामाजिक' धारा के तहत हुई है, न कि प्रकट 'पर्यावरण' की तरह। यह कई बार मुख्य धारा की जगह हाशिये पर, राष्ट्रीय की जगह स्थानीय स्तर पर और परिष्कृत न होकर अनगढ़ दिखी है। उदाहरण के लिए, उत्तर भारत के चमारों ने 1950 के मध्य–दशक में जातिगत पेशों के ख़िलाफ़ नारा–मवेशी आन्दोलन किया था[32] जो उनके श्रम, रोज़गार, पशु और पर्यावरण के साथ गहरे रूप से जुड़ा हुआ था। 1960 और 70 के दशक में भूमि मुद्दों का उभार इसके स्वामित्व, विभाजन, संरक्षण, विकास, स्मृति, संस्कृति की चर्चा करता था। जाति–विरोधी विचारों और आन्दोलनों में ऐतिहासिक तौर पर ऐसी संवेदना और समझदारी मिलती है। अम्बेडकर, फुले और पेरियार के विचारों में गाँव, भूमि, कृषि, जल और जंगल के मुद्दों पर काफ़ी सोच–विचार है। दलित कल्पना हमारे पर्यावरण विमर्श को विस्तृत और सम्पन्न करती है। दलितों का पर्यावरण साहित्य–कविता, कहानी, चित्र, संगीत, लोककथा–भरा–पूरा है जो अलग–अलग समुदायों और क्षेत्रों की देन है। मायावेल और जश्मा, दीना और भद्री जैसे दलित मिथक और पूर्वज प्रकृति के साथ उनके सम्बन्धों के सपने और आकांक्षाएँ, उनकी पीड़ा, त्याग और लगाव की सुन्दर झलकें देते हैं। उनके अपने देवी और देवता, पूजा और त्योहार हैं जो कई कठिनाइयों के बीच दलितों की पर्यावरणीय सम्बद्धता और सम्बन्ध ज़ाहिर करते हैं। जैसे कट्टासाईसम्मा, जो पानी की देवी और तालाब व्यवस्था की अन्वेषक है; पोटाराजू जो मिट्टी और ज़मीन का संरक्षक है; चांडी तकनीकी ज्ञान की प्रणेता है; नुआखाई, दालखाई, दूमा और माटी देवी और अनेक प्रतीक हैं। दलित अपने–आप में पर्यावरण के सक्रिय कर्ता हैं और प्रकृति और उससे सम्बन्धित आचार नीति, संसाधनों के प्रबन्धन और उपयोग, श्रम और पर्यावरण की समझ सामाजिक न्याय के बोध और विवरण के साथ गुँथे हुए हैं।

मेरा अध्ययन विभिन्न क्षेत्रों में दलितों के विचारों और पद्धतियों की जानकारी हासिल करके उनकी पर्यावरण परम्पराओं को समझने की एक

कोशिश है। मैं दलितों के लेखन और अन्य विवरणों और जाति उन्मूलन और समानता के समर्थक दलित विचारकों के सैद्धान्तिक कार्यों पर नज़र डालता हूँ। मेरा मक़सद यह समझना है कि दलित किस प्रकार प्राकृतिक दुनिया के साथ अपने सम्बन्धों को अनुभव और अभिव्यक्त करते हैं, जो उनके सामाजिक, आर्थिक, राजनीतिक और पर्यावरणीय सन्दर्भों से गहरे प्रभावित होता है। विभिन्न ऐतिहासिक खण्डों और भौगोलिक क्षेत्रों से बटोरे हुए दलितों के लघु चित्रों और दृश्यों में हमें श्रम, भूमि, जल, कृषि, स्थान, मिथक, संगीत और सामाजिक न्याय प्रमुखता से प्रतिबिम्बित होते हैं। पर्यावरण पर दलित आन्दोलनों और विचारों में ऐतिहासिक, मिथकीय और समकालीन संदर्भों में स्थानों और स्थलों को सार्वजनिक और सामूहिक बनाने और समझने की कोशिश पुरज़ोर है। दलितों के लिए प्रकृति में नये सार्वजनिक और समान स्थलों की पहचान और इस तक पहुँच की सार्वभौमिक स्वीकृति का लोक ख़ुलासा निर्णायक महत्त्व का है। उदाहरण के लिए, मिथकीय मायावेल या गंगा मुक्ति आन्दोलन या समकालीन दशरथ माँझी के ज़रिये पर्यावरण की राजनीति और राजनीति के पर्यावरण में स्थानिक सम्बन्धों के आधार पर नये सामूहिक और सार्वजनिक जल, जंगल और ज़मीन की तलाश की जाती है। पर नये सामूहिक स्थलों का सामाजिक, राजनीतिक, आर्थिक और प्रतीकात्मक मूल्य है जो पर्यावरण, लोग और समाज की एक नयी सामूहिक पहचान गढ़ता है। दलित सामाजिक टकराव के ताने–बाने और भाँति–भाँति की राजनीतिक दृष्टियों से पहाड़ों, नदियों, तालाबों, जंगलों को नये–नये तरह से देखते–दिखाते हैं जो अन्ततः एक समतावादी पर्यावरणीय विचार, संस्कृति और समाज की संकल्पना और सन्देश के लिए महत्त्वपूर्ण मंच बन सकता है। ये विचार और कर्मभूमि जाति, प्रकृति और दलित के विविध आपसी सम्बन्धों की खोज के लिए हमारे रोशनीघर बन जाते हैं।

4. विषय और अध्याय

आने वाले अध्यायों में ऊपर उल्लेखित विषय विस्तार में बताये गये हैं। पहले अध्याय 'पर्या–जातिवरण' में जाति जनित पर्यावरण के मुख्य तत्त्वों की समीक्षा की गयी है। यह बताया गया है कि पर्या–जातिवरण और इससे जुड़े पर्या–जैविकीकरण और पर्या–प्राकृतिकीकरण के मायने क्या

हैं जो आधुनिक भारत में भी बलशाली ब्राह्मणवाद की जानकारी देता है। यह अध्याय ख़ासकर सामाजिक विमर्श, स्वच्छता और सफ़ाई और एक जाने–माने विकास संगठन पर है–किस प्रकार पर्यावरणवाद पर ब्राह्मणवाद के काफ़ी छींटे हैं जिसमें 'अस्पृश्यों' के साथ सहानुभूति की भाषा बरती जाती है और प्रायः प्रौद्योगिकी का इस्तेमाल हिन्दुत्व की परम्परा, संस्कृति और अतीत के पुनर्गठन के साथ होता है। प्रसिद्ध विकास संगठन सुलभ इंटरनेशनल के मेहतर, सफ़ाई, पर्यावरण प्रदूषण, ग़ैर–पारम्परिक ऊर्जा, स्वास्थ्य, स्वच्छता, ग्रामीण विकास और देसी, सस्ती और सुलभ तकनीक के विकास के कामों की व्याख्या से ब्राह्मणवादी पर्यावरण और अस्पृश्यता, गन्दगी और प्रदूषण पर इसके परिप्रेक्ष्य की जानकारी मिलती है। मैला ढोना और मेहतर भारतीय समाज की एक कड़वी सच्चाई है। यह जाति व्यवस्था से जुड़ी है और इस समस्या का समाधान मुश्किल है। सुलभ और इसके अग्रणी बिन्देश्वर पाठक समेत कइयों की मान्यता है कि हिन्दू धर्म और ख़ासकर ब्राह्मणवाद का हमारे अतीत में महती योगदान रहा है जिससे लोगों के श्रम, मूल्य और गुणवत्ता सकारात्मक रूप से प्रभावित हुए हैं। पर पाश्चात्यकरण, आधुनिकता और विकास ने हमारे आन्तरिक और बाह्य जगत को प्रदूषित किया है और हमें अपने प्राकृतिक और जड़ों से दूर किया है। जाति व्यवस्था मेहतरों के लिए अभिशाप है और समकालीन समाज में अपनी पारम्परिक प्रासंगिकता खो चुका है। इसलिए यह चुनौती है कि हम तकनीकी समाधानों और क़ानून, नीति, अमल और सामाजिक हस्तक्षेप के ज़रिये मेहतरों को मैला ढोने से मुक्त कराएँ जो साथ–साथ हिन्दू धर्म में सुधार और मेहतरों की धर्म–वापसी के उत्साही उपक्रमों से जुड़ सकता है। सुलभ के लिए हिन्दू धर्म सर्वव्यापी और सर्वग्राह्य है और दलित शब्द बहिष्कृत है। 'जाति निरपेक्ष' चालू मुहावरा है और यहाँ तक कि मेहतरों के साथ काम करते हुए भी जाति के सवाल उठाना लगभग प्रतिबन्धित है। मेहतरों के तमाम समर्थन के बावजूद हिन्दू धर्म और ब्राह्मणवाद का ऐसा आलिंगन इस आस्थापूर्ण समझ से पैदा होता है कि हमारा समाज जाति आधारित व्यक्तियों और समुदायों से निर्मित होने के बजाय अनिवार्य और अन्तरंग तौर पर एक प्राकृतिक, जैविक समाज है। एक एकताबद्ध और निश्चित पर्यावरण व्यवस्था में 'प्राकृतिक' को सामाजिक, सांस्कृतिक और धार्मिक मूल्य निर्धारित करने का सिद्ध अधिकार है। मेहतरों की मुक्ति मुख्यतः एक निर्धारित पर्या–व्यवस्था/

धर्म/जाति के अन्दर ही सम्भव है और इससे बाहर जाने की कल्पना नहीं की जा सकती है। प्राकृतिक और सामाजिक पर्यावरण की शुद्धि प्राकृतिक रूप से पर्यावरण सन्तुलन की बहाली पर निर्भर करती है जिसमें हिन्दू व्यवस्था के शुद्ध और ख़ास तत्त्वों का संरक्षण भी शामिल है। सुलभ की सोच–समझ और कार्ययोजना के तहत मुक्त हुए मेहतरों को हिन्दू धर्म के प्राचीन और शाश्वत मूल्यों और कर्मकाण्डों, पूजा और त्योहारों जैसे मनुस्मृति, छठ, महाशिवरात्रि और कुम्भ स्नान को अनिवार्यतः समझना और अंगीकार करना है। इस प्रबन्धन और परियोजना में पर्यावरण व्यवस्था न केवल जातिवादी है, बल्कि यह 'अस्पृश्यों' के आचार–विचार और व्यवहार को ख़ास तरह से ढालती है।

अगला अध्याय 'दलित पर्यावरणवाद' विविध पर्यावरण परम्पराओं और रोज़ाना के जीवन में उनकी अभिव्यक्तियों पर है। मैं दलित साहित्य, लोककथा, मिथक, संगीत, गीत, त्योहार और समारोह के विशाल ख़ज़ाने की मदद लेता हूँ। दलितों के विवरण प्रत्यक्ष तौर पर पर्यावरणीय नहीं लग सकते हैं पर उनमें प्रकृति और पर्यावरण के प्रतीक–जल, जंगल, नदी, समुद्र भरपूर हैं। वे बेहद काल्पनिक, बहुआयामी तरीक़ों से प्रकृति की बात करते हैं जो हमारे मौजूदा पर्यावरण साहित्य में इज़ाफ़ा करती है। भारत में प्रकृति और पर्यावरण लेखन में शायद ही इस साहित्य को शुमार किया गया है। दलित अपने ऐतिहासिक, सामाजिक और सांस्कृतिक यात्राओं और पड़ावों के ज़रिये यह बताते हैं कि पृथ्वी, भूमि, जल, कृषि और जंगल केवल जगह या स्थल–भर नहीं हैं, वे स्पर्श, अहसास या खान–पान के आधार पर स्वीकार और अस्वीकार, प्रवेश और निषेध से संचालित व्यवस्थाएँ हैं। दलित आख्यान प्रकृति से उनके सम्बन्धों के बारे में कोई एक सीधा जवाब मुहैया नहीं कराते क्योंकि प्रकृति उनके लिए सुख और सन्ताप, प्रताड़न और त्योहार, दोनों रहे हैं। कुछ के लिए पृथ्वी जीवनदायी और शक्तिशाली है जिसमें जीवन की उत्पत्ति और अर्थ छिपा है; कुछ के लिए पृथ्वी प्राचीन ईश्वर पात्र है जिसने सदियों से उन्हें जीवनदान दिया है। पर कई यह मानते हैं कि पृथ्वी एक अभिशप्त और अधम जगह है जो उन्हें दासता, बन्धन और जीवन के ह्रास की याद दिलाती है। विभिन्न पृष्ठभूमियों के दलित बुद्धिजीवियों और लेखकों के साहित्य का एक विहंगम सर्वेक्षण करने के बाद मैंने तीन अपेक्षाकृत कम जाने–माने दलित लेखकों और कलाकारों--केरल के सी.जे. कुट्टपन, उड़ीसा के वासुदेव

सुनानी और गुजरात के दलपतभाई श्रीमाली की विस्तृत चर्चा की है। वह अलग–अलग सृजनात्मक रूपों से भूमि और श्रम, जल और जख़्म, स्थान और संस्कृति के बीच के सम्बन्धों को सामने लाता है। भूमि, जल, कृषि और खेती–बाड़ी में दलित श्रम समाहित है और उनके पर्यावरण सम्बन्धों में प्रकृति की बार–बार रचना–पुनर्रचना होती है। श्रम उनका अपना है, पर यह जाति और प्रकृति की सत्ता से रेखांकित है। प्रकृति और सामाजिक क्रम ने विविध रूपों में उनके शरीर और श्रम को 'मेहनती', 'मज़बूत', 'निम्न', 'सुस्त' और 'निर्जीव' शिल्पित किया है। दलितों के कुछ वर्णनों में खेती त्योहार और ख़ुशी का रूपक बन जाती है–जिन्हें ज़मीन नहीं है, उन्हें भी फ़सल में एक गौरव का भान होता है। उनके लिए कृषि एक ख़ज़ाना है–जीवन्त प्रकृति का प्रतिनिधि। मिट्टी, बीज, खेती–बाड़ी, पौधे, अनाज, जल, वर्षा और जीव जाति इतिहास और अनुभवों के साथ मिलकर विभिन्न प्रकार के सांस्कृतिक, सामाजिक और नैतिक अर्थ ग्रहण करते हैं। मैं इस हिस्से में ध्यान धरता हूँ कि किस प्रकार दलित श्रमिक जाति के साथ जीते हुए और उसकी बन्दिशों को तोड़ते हुए, अपने आन्तरिक और बाहरी क्षमता का विकास करते हुए प्रकृति के साथ क्रीड़ा–कौमुद करते हैं। इसके अलावा दलित जानवर, वन्यजीव, खाद्य और स्वाद को अपने अलग और विशिष्ट रूप में जानते–समझते हैं और अपने पूर्वजों के साथ भी एक पर्यावरणीय रिश्ता जोड़ते हैं। इस अध्याय में जाति विरोध के अग्रणी विचारकों–फुले, पेरियार के लेखन की भी विवेचना की गयी है जिन्होंने दासता, विषमता और बहिष्कार की आलोचनाओं के साथ जोड़कर अपनी एक पर्यावरण विरासत छोड़ी है। उन्होंने प्राकृतिक संसाधनों के स्वामित्व और कृषि सुधार के सवाल उठाये और इनके विशेष मानवीय पहलुओं पर ध्यान दिया जिससे हम पर्यावरण की और बेहतर समझ बना सकते हैं।

तीसरा अध्याय 'अम्बेडकर और पर्यावरण सोच' देश के एक बेहद महत्त्वपूर्ण विचारक और राजनीतिक नेता अम्बेडकर पर केन्द्रित है। अम्बेडकर के राजनीतिक विचारों और उपलब्धियों पर काफ़ी ध्यान दिया गया है। पर पर्यावरण के क्षेत्र में उनकी उपेक्षा हुई है। जबकि उन्होंने प्रकृति, गाँव, भूमि, कृषि, जल, समुदाय, उद्योग, प्रौद्योगिकी, विज्ञान, विकास और आधुनिकता जैसे मुद्दों पर व्यापक चिन्तन–मनन और लेखन किया है। राजनीतिक और अकादमिक क्षेत्र में अम्बेडकर का महत्त्व बढ़ने के साथ–साथ यह उम्मीद

स्वाभाविक थी कि उनके कार्यों को पर्यावरण के नज़रिये से भी समझने की कोशिश होगी, पर ऐसा नहीं हुआ है। पर्यावरण इतिहासकारों और लेखकों ने महात्मा गाँधी, जवाहरलाल नेहरू और यहाँ तक इन्दिरा गाँधी पर लेखन किया है, पर अम्बेडकर को एक किनारे कर दिया है।

अम्बेडकर ने भारतीय समाज की व्यापक समालोचना की और एक नये गणराज्य की उनकी परिकल्पना में विविध सामाजिक, राजनीतिक, ऐतिहासिक, आर्थिक और नैतिक धाराएँ हैं जो बुनियादी तौर पर प्रकृति के विभिन्न पहलुओं का अन्वेषण है। इसलिए अम्बेडकर ने प्राकृतिकवाद और हिन्दू सामाजिक व्यवस्था, बाह्य, सार्वजनिक और सामाजिक प्रकृति; समकालीन प्रकृति और सामाजिकीकरण, विकास और प्रकृति, गाँव और समुदाय पर काफ़ी चिन्तन और प्रकाशन किया। इन सबको गूँथा जाये तो हमें अम्बेडकर की कृषिक दृष्टि बनाने में मदद मिलती है। यह दृष्टि है दलितों का भूमि स्वामित्व और भूमि सुधार के लिए गहरी अपेक्षा, सवर्ण किसानों जैसी स्वाधीनता और समानता की चाहत, स्वामियों के नियन्त्रण से जलस्रोतों की मुक्ति और व्यक्तिगत स्वतन्त्रता और राजनीतिक–सामाजिक समानता के नज़रिये से 'प्राकृतिक' दुनिया पर दलित नियन्त्रण और हस्तक्षेप की कोशिश। अम्बेडकर की महाराष्ट्र में दमनकारी वातनदार महार व्यवस्था समाप्त करने की सोची–समझी कोशिश, 'खोटी' भू–अधिकार व्यवस्था को चुनौती, भूमि संयुक्तीकरण और संरक्षण के विचार, वनभूमि सम्बन्धी प्रस्ताव, महाड़ सत्याग्रह और मनुस्मृति का दहन, स्वाधीन भारत में जल संसाधनों के नियोजन और सिंचाई परियोजनाओं में अग्रणी भूमिका, आदि बताते हैं कि किस प्रकार पर्यावरण, अर्थव्यवस्था, राजनीति, संस्कृति, न्याय और नैतिकता के मूल्य उनकी जीवन दृष्टि में समाहित थे। अम्बेडकर के आधुनिकता और विकास सम्बन्धी विचारों को एक व्यापक ऐतिहासिक, सामाजिक और राजनीतिक सन्दर्भों में भी समझने की ज़रूरत है। सन्दर्भ था–स्वाधीनता आन्दोलन और स्वतन्त्रता, लोकतन्त्र और विकास की यात्रा। उनकी आधुनिकता की परिकल्पना में दो अन्तःसम्बन्धित प्रवृत्तियाँ हैं : पहली सकारात्मक जो लोगों की भौतिक और आध्यात्मिक ज़रूरतों की पूर्ति के लिए वैज्ञानिक और प्रौद्योगिकी की सम्भावनाओं से जुड़ी है; और दूसरी नकारात्मक जिससे प्रकृति का शोषण और तीव्र होता है। अम्बेडकर प्रकृति और समाज के सम्बन्धों की अवधारणा विकसित करते हुए इन दोनों प्रवृत्तियों

के गुत्थम–गुत्था का अन्दाज़ नहीं कर पाये। बाद के दौर के आर्थिक और सामाजिक विकास में न केवल पर्यावरण संकट गहरा हुआ बल्कि दलित और पर्यावरण के बीच के सम्बन्ध भी क्लेशपूर्ण हुए हैं।

किताब के अगले अध्याय 'पानी की जाति' में दिखाया गया है कि दलित किस प्रकार सवर्णों से एकदम अलग पानी को देखते–अनुभव करते हैं। दलित न केवल पानी हासिल करने में जाति के अवरोध झेलते हैं जो सवर्णों के लिए सहज सुलभ है बल्कि उनके पास पानी की अलग स्मृतियाँ, मिथक और उसे याद करने के अलग तौर–तरीक़े हैं। भारत में पानी को लेकर कई तरह के टकराव होते रहे हैं। पानी जाति के रंग से इतना रँगा हुआ है कि इस कारण पानी, प्रभुत्वशाली हिन्दू विमर्श और दलितों के बीच तनावपूर्ण रिश्ता रहता है। जल प्रबन्ध के परम्परागत ज्ञान के पर्यावरणीय गुण–गान से इन व्यवस्थाओं में अन्तर्निहित असमानता और अन्याय की पूरी अनदेखी की गयी है। स्त्रियों और दलितों की आवाज़ मज़बूत होने और पानी के उपयोग के साथ–साथ इसके स्वामित्व, इसके बँटवारे, आजीविका, जैसे सवालों के उभार के बाद हमारे सामने एक तरह से 'पानी का पिटारा' खुल गया है। पर्यावरणवादियों ने पानी और लिंग के बीच के गहरे रिश्ते की पड़ताल की है जिससे हमारी दृष्टि गहरी और समृद्ध हुई है। लिंग के सवाल के साथ–साथ हाल के अतीत में कुछ अकादमिक कामों में जल में जाति और दलितों के विवरणों पर भी तीक्ष्ण नज़र डाली गयी है। कई दलितों की आत्मकथाओं में पानी के बेहद पीड़ादायक और भयंकर अनुभव हैं। पानी की एक पूरी सामाजिक दुनिया उजागर होती है जिसमें निम्न जातियाँ और दलित सांस्कृतिक संकल्पना और सामाजिक शोषण के दोहरे अनुभवों से गुज़रते हैं। इसके साथ–साथ, दलितों के जल अनुभव से उनकी अपनी पर्यावरण पहल भी निकली है। इस अध्याय में बिहार के दो क्षेत्रों का अध्ययन किया गया है जहाँ दलितों ने सामूहिक रूप से अपने पर्यावरण दृष्टि की अभिव्यक्ति पानी के ज़रिये है और इसके लिए धार्मिक, सांस्कृतिक और सामाजिक स्रोतों के ढेर से कई सन्दर्भ लिए हैं। दलितों ने बेहद प्रवीणता से दीना–भद्री और एकलव्य के सांस्कृतिक प्रतीकों और मिथकों को एक सामुदायिक औजार पेटी की तरह इस्तेमाल करके नदी और माहीगिरी के अधिकार माँगे हैं और अपने–आपको अतीत, स्थल और संसाधनों से क़रीबी से जोड़ा है। दलित मिथक और प्रतीक उनके पर्यावरणीय कल्पनाओं और सम्भावनाओं

की बानगी देते हैं जिससे न केवल उनका अतीत उजागर होता है बल्कि जाति व्यवहारों और हिन्दू मिथकों के दबदबे की सकारात्मक आलोचना भी होती है। यह एक साथ नकारात्मक और सकारात्मक जीवन चाल है जिससे निर्माण और विध्वंस, दोनों काम होते हैं। ऐसा प्रतीत होता है कि दलित जीवन में जल से जुड़ी यादों और मिथक किसी और मुद्दे की तुलना से सबसे ज़्यादा पर्यावरणीय सक्रियता की सम्भावना रखते हैं। यहाँ दलित मिथक और पूर्वज रूपान्तरित होते हैं और आज्ञाकारी की बजाय अक्खड़, दास की बजाय पर्यावरण कर्ता नज़र आते हैं। वे प्रकृति और अपने लोगों के कृतज्ञ हैं, उनसे इतना ज़्यादा प्रेम करते हैं कि अपनी जान भी न्योछावर कर सकते हैं। दलितों के प्रकृति अधिकारों की एक सामूहिक आवाज़ बनाने में वे महती और यादगार योगदान करते हैं।

अन्तिम अध्याय 'दलित पर्वत पुरुष और नये सामूहिक स्थल' सार्वजनिक भूमि को बिहार के अदम्य और अजेय 'पर्वत पुरुष' दशरथ माँझी के व्यक्तित्व और श्रम के माध्यम से देखने की कोशिश करता है। दशरथ माँझी ने अकेले, ख़ुद के अकथ परिश्रम से 360 फ़ीट लम्बे और 25 फ़ीट ऊँचे पहाड़ को काटा और एक दुर्गम, सामूहिक, पहाड़ी इलाक़े में 16 फ़ीट चौड़ा रास्ता बनाया। माँझी को पर्यावरण का आह्लाद कहा जा सकता है। हालाँकि वह मुख्यधारा के पर्यावरणवाद के दायरे से हमेशा बाहर थे। ख़ुद बनाये तिरपाल की झोंपड़ी में निवास, पुराने टायर के चप्पल, जूट की थैलियों से निर्मित जैकेट, सूखे पत्ते और जंगल में जड़ी–बूटी चुनते हुए दशरथ माँझी की छवि कई हैं, पर इन सबमें एक बात सामान्य है–उनकी वाणी और करनी में प्रकृति के बिम्ब–पानी, नदी, समुद्र, पहाड़, पक्षी, वर्षा, से भरे हुए हैं जिनसे वह दिली क़रीबी महसूस करते थे। अपनी व्यक्तिगत विलक्षण विशेषताओं के अलावा माँझी गाँव के 'सामूहिक' स्थलों से अलग थे और एक प्रतिकूल, प्रतिरोधी प्रकृति का भी रोज़ाना सामना करते थे। इस सबके बीच उन्होंने एक वैकल्पिक स्थलीय रूपक विकसित किया–'सामूहिक', 'सार्वजनिक' का एक सकारात्मक प्रतीक जिससे एक नयी व्यक्तिगत और सामाजिक पहचान सृजित हुई। पहाड़ के सीने से निकलता हुआ एक चौड़ा रास्ता, एक सड़क विकास का प्रतीक नहीं है बल्कि यह एक भीषण स्थल के रूपान्तरण की छवि है। इस नये स्थल से गुज़रता हुआ रास्ता केवल शहर, बाज़ार और काम की ओर बढ़ते हुए कुछ क़दम नहीं हैं बल्कि दलितों के अपने स्व, समाज

और पर्यावरण की खोज, निर्माण और उपलब्धि जताता है। हमारे अधिकांश पर्यावरण विमर्श में सामूहिक–सामुदायिक भूमि को उसकी विशिष्टता और उपयोगिता के कारण संरक्षित–परिरक्षित करने पर ज़ोर है। पर जब तक सामूहिक भूमि पर जाति प्रभुत्व है और उस पर दलितों का कोई हस्तक्षेप नहीं है, तब तक 'सामूहिक' से उनका जुड़ाव अनिश्चित है। दलित और सामूहिक के हलके में सार्वभौमिक पर्यावरणवाद–हम सबकी सम्बद्धता का आग्रह कमज़ोर पड़ जाता है। सामूहिक की प्रभुता का मतलब तब है जब यह दलित की प्रभुता से भी निकलती हो। पर्यावरणीय, सामाजिक और राजनीतिक सरोकारों के मुहाने पर मैं यह देखना चाहता हूँ कि हमारे महत्त्वपूर्ण पर्यावरण विमर्शों में सामूहिक के विचार किस प्रकार समाज और अर्थजगत के वर्चस्वशाली जाति विचारों के साथ मिलते–टकराते हैं। मैं इसके बरअक्स सामूहिक को देखने–समझने की दलित दृष्टि और उसके अलग पर्यावरणीय और सामाजिक अर्थ दिखाता हूँ। इस अध्याय में सार्वजनिक और जन स्थलों पर अफ्रीकी–अमेरिकी विचारकों के लेखन से भी प्रेरणा ली गयी है जो जाति, सार्वजनिक भूमि और पर्यावरण के सम्बन्धों पर कुछ नयी रोशनी डालती है।

प्रकृति का जीवन के लिए मूलभूत महत्त्व है, पर कई प्रकार के प्राकृतिकीकरण पर सवालिया निशान हैं। प्रकृति और जाति, दोनों ही ऐतिहासिक और सामाजिक निर्मिति हैं। जाति, दलित और पर्यावरण के बीच के द्वन्द्वात्मक सम्बन्धों की खोज करते हुए हम जाति और संस्कृति के पहिये पर प्रकृति की पुनर्खोज कर सकते हैं। मनुष्य प्रकृति का एक अंग है, पर प्रकृति पर उसके प्रभाव बृहद् हैं। जब प्रकृति भारत में सृजित और संरक्षित होती है, तो वह जाति में भी जातिमय हो सकती है। जाति का ऐतिहासिक तौर पर प्रकृति के ज़रिये प्राकृतिकीकरण हुआ है। जाति के प्रति आँख मूँदने की बजाय प्रकृति में जाति की उपस्थिति और प्रभाव को लेकर हमारी सजगता से पर्यावरण संघर्षों और चिन्ताओं के लिए एक नयी राजनीतिक ज़मीन मिलेगी। जब हम देश के विभिन्न हिस्सों में दलितों और उनके आन्दोलनों के नज़रिये और कार्यवाहियों से भारत की पर्यावरण राजनीति को देखने की कोशिश करते हैं, तो हम एक नयी पर्यावरण दुनिया, एक स्पष्ट दलित पर्यावरण सार्वजनिक स्थल का ताना–बाना भी बना रहे हैं जो आमतौर पर हमारे प्रबल पर्यावरण विचार रेखा से बाहर है। दलित पर्यावरणवाद कोई परिशोधित या पूर्ण प्रकल्प नहीं है। फिर भी

इसकी अपेक्षाकृत अनुपस्थिति सवर्ण जाति के प्राकृतिक वास का सूचव है जो सेक्यूलर आधुनिकता और नागरिकता के वेश में सक्रिय रहत है। पर्यावरण के सन्दर्भ में अलग–अलग तरह के कर्ताओं के निर्मा की प्रक्रिया समझकर और इसके साथ–ही–साथ सेक्यूलर पर्यावरणवा की सार्वजनिक गोपनीयताओं का खुलासा करके हम जाति, दलित औ पर्यावरणवाद को साथ–साथ पढ़ और समझ सकते हैं। भिन्न–भिन समयों और स्थानों में लिंग और प्रकृति, नस्ल और प्रकृति, प्रजातीयत और संस्कृति, लिंग और जाति, वर्ग और सत्ता के बीच के अन्तःसम्बन्ध की खोज से नयी राजनीतिक समझदारी और सम्भावना जन्मी है। य किताब ऐसे कई प्रयासों की एक छोटी कड़ी है।

सन्दर्भ

1. K.K.S. Das, 'The Black Dance' [मूल शीर्षक *Karumaadi Nritham*], अनुवा Ajay Sekher, in M. Dasan, V. Pratibha, Pradeepan Pampirikunn aı C.S. Chandrika (eds), *The Oxford India Anthology of Malayalam Da Writing*, Oxford University Press, New Delhi, 2012, pp. 15-6.
2. Ajay Navaria, 'उपमहाद्वीप', अनुवाद : Laura R. Brueck, in Laura R. Bruec *Writing Resistance: The Rhetorical Imagination of Hindi Dalit Literatur* Columbia University Press, New York, 2014, p. 134
3. 'मायावेल', अनुवाद : गुजराती से हिन्दी : मेहूल मंगूबहन, हिन्दी से अंग्रेज मधु धर। यह लोक गीत निम्न किताब से लिया गया है: Dalpatbh Shrimali, *Harijan Sant and Lok Sahitya : A Research-Work about Sai and Folk-literature of Backward Class*, Gujarat Granthratna Karyalay Ahmedabad, 1988, pp. 22-38.
4. दलित पुलाया कृषि मज़दूरों के गीत ऐसे अनुभवों की व्यापक अभिव्यक्ति कर हैं। विस्तार के लिए : Dona Baby & Kalyani Suresh, 'Voices of the "Peop of the Field" : Reflections about Oppression in the Pulaya Agrarian Fol Songs of Kerala, India', *Communicator*, XLVIII (1), January-Decembe 2013, p. 39.
5. कैथलीन मॉरिसन ने उत्तरी कर्नाटक के सन्दर्भ में बताया है कि कि प्रकार मनुष्यों ने भूमि और भू–परिदृश्य को नया रूप दिया है। Kathlee D. Morrison, 'The Human Face of the Land : Why the Past Matte for India's Environmental Future', Public Lecture at Nehru Memoria Museum and Library, New Delhi, 11 February 2013.

6. Ralph T. H. Griffith, *The Complete Rig Veda*, Classic Century Works, Barnes and Noble, New York, 2012.
7. Mukul Sharma, 'Where are Dalits in Indian Environmentalism', National Seminar on Dalit Studies and Higher Education : Exploring Content Material for a New Discipline, Delhi, 28 February 2004.
8. उदाहरण के लिए, Kailash Malhotra, quoted in : *The State of India's Environment 1984-85: The Second Citizen's Report*, Centre for Science and Environment, New Delhi, 1985, p. 162.
9. जाति और लिंग, लिंग और प्रकृति के अन्तःसम्बन्धों पर काफ़ी समृद्ध साहित्य उपलब्ध है। यहाँ कुछेक का उल्लेख है: Anupama Rao (ed.), *Gender and Caste*, Kali for Women, New Delhi, 2003; Sharmila Rege, *Writing Caste/Writing Gender: Reading Dalit Women's Testimonies,* Zubaan, New Delhi, 2006; Uma Chakravarti, *Gendering Caste: Through a Feminist Lens,* Stree, Calcutta, 2003; Charu Gupta, *The Gender of Caste : Representing Dalits in Print*, Permanent Black, Ranikhet, 2016; Bina Agarwal, *A Field of One's Own : Gender and Land Rights in South Asia,* Cambridge University Press, Cambridge, 1994; idem, *Gender and Green Governance : The Political Economy of Women's Presence Within and Beyond Community Forestry*, Oxford University Press, New Delhi, 2010; Vandana Shiva, *Staying Alive : Women, Ecology and Survival in India,* Kali for Women, New Delhi, 1988.
10. कई लेखक और बुद्धिजीवी जैसे एस. गुरुमूर्ति, गुरचरण दास, आर. वैद्यनाथन और स्वामीनाथन एस. अंकलेसरिया अय्यर जाति को एक सुरक्षा जाल, एक प्रकार का संकट मोचक, ज्ञान और पूँजी का एक स्रोत, समरस समुदाय निर्मित करने वाला एक सकारात्मक तत्त्व मानते हैं। Gurcharan Das, *India Unbound from Independence to the Global Transformation Age*, Penguin Books, New Delhi, 2002, p. 150; Swaminathan A Aiyar, 'Harness the Caste System', *The Times of India*, 4 June 2000, http://swaminomics.org/harness-the-caste-system/, accessed on 12 October 2015; R Vaidyanathan, 'India Growth: The Untold Story Caste as Social Capital', *India Behind the Lens (IBTL)*, 19 October 2012, *http://www.ibtl.in/column/1309/india-growth-the-untold-story-caste-as-social-capital/,* accessed on 13 October 2015.
11. केरल के दलित लेखक और सम्पादक टी.एस. यशुदासन ने 1992 में 'नव जातिवाद' का प्रयोग किया। उनके अनुसार यह एक ऐसी प्रवृत्ति और अवधारणा है जिसमें सतह पर प्रगतिशीलता और क्रान्तिकारी प्रतीत होने वाले उपायों और स्थितियों का उपयोग असलियत में परम्परागत रूप से वंचित सामाजिक समूहों को न्याय से दूर रखने और इसे टालने के लिए किया जाता है। केरल का भूमि सुधार इसका एक उदाहरण है जिसमें उन्हीं किसानों को ज़मीन दी गयी जो केवल सवर्ण जातियों के थे। T.M. Yesudasan, 'Towards a Prologue to Dalit

Studies', in K. Satyanarayana and Susie Tharu (eds.), *No Alphabet in Sight: New Dalit Writing from South India*, Penguin Books, New Delhi, 2011, pp. 615-7.

12. कई अध्ययन ज़ाहिर करते हैं कि बाज़ार की विचारधारा और विस्तार ने भारत के जाति–आधारित सामाजिक व्यवस्था के विघटन में आमतौर पर कोई भूमिका अदा नहीं की है। कुछ मायनों में इसने जाति पर अपनी मुहर ही लगाई है। Barbara Harriss-White, with Elisabetta Basile, Anita Dixit, Pinaki Joddar, Aseem Prakash, and Kaushal Vidyarthee, *Dalits and Adivasis in India's Business Economy : Three Essays and an Atlas*, Three Essays Collective, Gurgaon, 2014; Aseem Prakash, *Dalit Capital : State, Markets and Civil Society in Urban India,* Routledge India, New Delhi, 2015; Ashwini Deshpande, *The Grammar of Caste: Economic Discrimination in Contemporary India*, Oxford University Press, New Delhi, 2011.
13. कुछ ऐसे अध्ययन हैं : David Arnold and Ramachandra Guha (eds.), *Nature, Culture, Imperialism : Essays on the Environmental History of South Asia*, Oxford University Press, Delhi, 1996; Gunnel Cederlof and K. Sivaramakrishnan (eds.), *Ecological Nationalisms: Nature, Livelihoods, and Identities in South Asia*, Permanent Black, Delhi, 2005; Vasant Saberwal and Mahesh Rangarajan (eds.), *Battles Over Nature : Science and the Politics of Conservation*, Permanent Black, Delhi, 2003; Madhav Gadgil and Ramachandra Guha, *Ecology and Equity : The Use and Abuse of Nature in Contemporary India*, Penguin Books, New Delhi, 1995.
14. Gopal Guru, 'Freedom of Expression and the Life of the Dalit Mind', *Economic and Political Weekly*, XLVIII(10), 9 March 2003, p. 41.
15. D.R. Nagaraj, *The Flaming Feet and Other Essays: The Dalit Movement in India*, Permanent Black, Ranikhet, 2010, pp. 176-7.
16. Madhav Gadgil and Ramchandra Guha, *This Fissured Land : An Ecological History of India*, Oxford University Press, New Delhi, 1992, pp. 91-110.
17. Purnendu S. Kavoori, 'The Varna Tropic System : An Ecological Theory of Caste Formation', *Economic and Political Weekly*, 37 (12), 23-29 March 2002, pp. 1156-64.
18. Ashok Das Gupta, 'Is Caste System a Kind of Indigenous Knowledge System', *Antrocom Online Journal of Anthrology*, 8 (1), 2012, p. 63.
19. E.M.S. Namboodiripad, *Keralam Malayalikalude Mathrubhumi* [Kerala, the Motherland of the Malayalis], Deshabhimani Publications, Trichur, 1965, p. 105, quoted in : Dilip M. Menon, *The Blindness of Insight: Essays on Caste in Modern India,* Navayana, Pondicherry, 2006, p. 59.

20. K.L. Seshagiri Rao, 'The Five Great Elements (*Pancamahabhuta*) : An Ecological Perspective', in Christopher Key Chapple and Mary Evelyn Tucker (eds.), *Hinduism and Ecology : The Intersection of Earth, Sky, and Water*, Oxford University Press, New Delhi, 2000, p. 36.
21. R.S. Khare (ed.), *The Eternal Food : Gastronomic Ideas and Experiences of Hindus and Buddhists*, State University of New York Press, New York, 1992.
22. Ranchor Prime, *Vedic Ecology : Practical Wisdom for Surviving the 21st Century*, Mandala Publishing, CA, 2002, p. 139.
23. Menon, *Blindness of Insight*, p. 59.
24. D.S. Moore, J Kosek and A Pandian (eds.), *Race, Nature and the Politics of Difference,* Duke University Press, Durham, 2003, p. 38.
25. 'Forward', in David L. Gosling, *Religion and Ecology in India and Southeast Asia*, Routledge, London, 2001, p. xi.
26. *Kancha Ilaiah, Post-Hindu India : A Discourse on Dalit-Bahujan, Socio-Spiritual and Scientific Revolution*, SAGE, New Delhi, 2009.
27. मलयाली दलित लेखक के.के. कोचू ने बताया है कि केरल के दलित इतिहास लेखन में किस–किस प्रकार की जड़ और पूर्वाग्रहग्रस्त धारणाएँ व्याप्त हैं। K.K. Kochu's 'Writing the History of Kerala : Seeking a Dalit Space', trans., Rowena, in Satyanarayana and Tharu (eds.), *No Alphabet in Sight*, pp. 493-505.
28. इसे वंचित सामाजिक समूहों का, ग़रीबों का पर्यावरणवाद बताया गया है, जैसे किसान और मछुआरे जिनके संघर्ष प्राकृतिक संसाधनों पर नियन्त्रण और पहुँच पर केन्द्रित हैं। Ramachandra Guha and Juan Martinez-Alier, *Varieties of Environmentalism : Essays North and South*, Oxford University Press, Oxford, 1997.
29. आदित्य निगम नागरिक समाज और सेक्यूलर आधुनिक संस्थानों के हलकों में जाति को लेकर मौन और सेक्यूलर राष्ट्रवाद का जाति के बरअक्स बेहद असुविधाजनक और समस्याग्रस्त सम्बन्ध के बारे में चर्चा करते हैं। Aditya Nigam, *The Insurrection of Little Selves : The Crisis of Secular-Nationalism in India*, Oxford University Press, New Delhi, 2006.
30. दलित विचारक चंद्रभान प्रसाद के लेख : *http://www.ambedkar.org/chandrabhan/interview.htm*, accessed on 28/4/2011.
31. Alf Gunvald Nilsen, *Dispossession and Resistance in India : The River and the Rage*, Aakar Books, Delhi, 2013.
32. Badri Narayan, *The Making of the Dalit Public in North India : Uttar Pradesh, 1950-Present*, Oxford University Press, New Delhi, 2011, pp. 35-58.

पर्या-जातिवरण : सुलभ और दलित वर्जन

भारत के पर्यावरण के इतिहास में यह विस्तार से चर्चा की गयी है कि किस प्रकार औपनिवेशिक शासन ने प्राकृतिक संसाधनों और लोगों की ज़िन्दगी में दख़ल दिया और प्रबन्धन की केन्द्रीय, अधिकारी, वैज्ञानिक और कथित आधुनिक व्यवस्था स्थापित की जिससे बेहद असन्तोष और आन्दोलन की स्थितियाँ पैदा हुईं। पर्यावरण की राजनीति की विवेचना करने वालों ने प्राकृतिक संसाधनों के स्वामित्व, उपयोग और उपलब्धता तथा इसमें राज्य, समुदाय और बाज़ार की भूमिका जैसे महत्त्वपूर्ण मुद्दों पर भी काफ़ी ज़ोर दिया है। पर्यावरण अकादमिशियनों और कार्यकर्ताओं ने ग़रीबों के प्राकृतिक संसाधनों से अलगाव और विस्थापन तथा देश के आर्थिक विकास और आधुनिकता के लिए उन पर आरोपित बोझ पर भी ध्यान दिया है। स्त्रीवादियों और मानव विज्ञानियों ने प्राकृतिक व्यवस्था के 'प्राकृतिकीकरण' की समालोचना करते हुए लिंग, जाति और प्रकृति के रेशों में सत्ता की पैठ देखी है। फिर भी, प्रकृति और इसके सामाजिक इतिहास को जाति के नज़रिये से कभी आँका नहीं गया है। भारत में प्रकृति के दायरे में जाति की राजनीति और दलितों पर इसके असर और मायने एक अँधेरे कुएँ की तरह हैं जिसमें झाँका नहीं गया है।

भारतीय पर्यावरण चिन्तन में व्याप्त जाति अज्ञान, ख़ासकर दलित दृष्टियों और अभिव्यक्तियों की उपेक्षा की कई विशेषताएँ हैं।[1] यह अज्ञान या अन्धापन सायास–अनायास, चेतन–अचेतन, खुला–छिपा, प्रत्यक्ष–परोक्ष, अपक्व–परिपक्व हो सकता है, पर ये सभी जाति और दलित के सन्दर्भों से ब्राह्मणवादी हिन्दू धर्म का सुधार और पुनःसंस्करण चाहते हैं और उसे एक 'मानवीय चेहरा' भी देते हैं। यह अध्याय 1980 के दशक से भारत में पर्यावरण की मुख्य अवधारणाओं में ख़ासकर जाति और इसके छिपाव या खुलाव पर आलोचनात्मक नज़र डालता है। हमने यह दिखाने की कोशिश

की है कि किस प्रकार भारत के प्रमुख पर्यावरण विमर्श ब्राह्मणवादी धार्मिक परम्पराओं और विचारों से गहरे मेल खाते हैं। मैंने सफ़ाई और ग्रामीण विकास के क्षेत्र में सक्रिय एक महत्त्वपूर्ण संगठन सुलभ इंटरनेशनल का ख़ास अध्ययन किया है और यह पाया है कि मैला ढोने की व्यवस्था और मेहतरी प्रथा (यह हिन्दू जाति पद्धति से जन्मती है) के उन्मूलन के लिए काम करने वाली एक विख्यात, सद्इच्छापूर्ण और बेहद प्रशंसित पर्यावरण अभियान हिन्दू धर्म के पर्यावरण पोषण की भूमिका अख़्तियार कर लेता है। मेहतरों की मुक्ति, उनका सामाजिक बदलाव, पर्यावरण प्रदूषण पर नियन्त्रण, ग़ैर–पारम्परिक ऊर्जा स्रोतों का उपयोग, स्वैच्छिक रोज़गार के लिए प्रशिक्षण, सफ़ाई, स्वास्थ्य, आरोग्य, ग्रामीण विकास के क्षेत्र में सस्ते और सुलभ स्वदेशी तकनीक के विकास और प्रचार आदि जाति आधारित हिन्दू धर्म, समुदाय, संस्कृति और इसके रोज़ाना व्यवहार के साथ संचालित और आलंगित हैं। यह भी स्पष्ट होता है कि सुलभ संगठन में प्रौद्योगिकी की भूमिका जातिवाद के दबदबे और बहिष्कार की परम्पराओं के साथ फँसी हुई है। इससे सामाजिक पूर्वाग्रहों पर विजय के लिए प्रौद्योगिकी की सीमाएँ उजागर होती हैं। इस प्रकार के पर्यावरणवाद की प्रस्तावना में शामिल है दलितों को व्यापक, वर्चस्वपूर्ण हिन्दू दायरे में समाहित करना। साथ–ही–साथ इस प्रक्रिया का एक ऐसा स्थिर पर्यावरणीय निर्धारण करना जिसमें दलित स्वाधीन होकर भी पराधीन रहते हैं।

आज पर्यावरण एक बृहद् विचारधारा और क्षेत्र है जिसके तहत आधुनिक सभ्यता की कई महत्त्वपूर्ण गतिविधियों का सार शामिल है। 1970 के दशक में पर्यावरण ने राजनीतिक और सामाजिक जीवन में महत्त्वपूर्ण भूमिका अख़्तियार की और तब से यह लोगों के दिल–दिमाग़ को आन्दोलित कर रहा है। वर्तमान सन्दर्भों में विकास का पर्यावरण नज़रिये से सम्यक् मूल्यांकन लगभग अनिवार्य–सा है। औद्योगिकीकरण के कारण मानव जाति के प्राकृतिक पर्यावरण का स्खलन, बढ़ती आबादी के निरन्तर दबाव के कारण प्राकृतिक संसाधनों का क्षरण और पशुओं और पौधों की विभिन्न प्रजातियों की समाप्ति के कारण लोगों ने प्रकृति के बरअक्स विवेक और संज्ञान की अवधारणा पर ही सवाल उठाना शुरू कर दिया है। कई पर्यावरणवादियों ने तर्क दिया है कि हमें प्रकृति और संस्कृति के अन्तःसम्बन्धों की दार्शनिक समीक्षा करनी चाहिए और इस क्रम में गहराते हुए पर्यावरण संकट के समाधान के लिए उन्होंने जाति,

समुदाय, धर्म और परम्परा को पुनर्गठित किया है। उनके अनुसार हमारे मौजूदा आर्थिक और पर्यावरणीय समस्याओं के समाधान के लिए हमें हिन्दू धर्म और जाति व्यवस्था को ओर लौटना चाहिए। कई पर्यावरणवादियों ने पर्यावरण के क्षेत्र में जाति और धर्म के परिणामों पर लगातार पर्दा डालने का काम किया है। चाहे यह परम्परागत हो या कामकाजी, व्यावहारिक हो या धार्मिक, पर्यावरण संरक्षण के लिए जाति का औचित्य साबित करना या जाति के सवाल को पूरी तरह नज़रअन्दाज़ करना–ये दोनों ही पर्या–जातिवरण है–कोई एकदम नया दस्तूर नहीं है बल्कि हमारे सामाजिक जीवन में इसकी कई मिसालें हैं।

1. हमारा गलियारा : पर्यावरण पर दलित ध्वनि-प्रतिध्वनि

भारतीय पर्यावरण राजनीति को विभिन्न प्रकार से 'ग़रीबों का पर्यावरणवाद', 'देशज पर्यावरणवाद', 'मध्यवर्गीय पर्यावरणवाद', 'अभिजात पर्यावरणवाद', 'पर्या–नारीवाद', 'लाल और हरा', 'हरा और केसरिया', आदि–आदि परिभाषित किया गया है जो इसकी विविधता और गतिशीलता दर्शाता है। पर्यावरण मुद्दों और आन्दोलनों पर अध्ययन और विकास सम्बन्धी बहसों में स्त्रियों और आदिवासियों के नज़रिये पर भी ध्यान दिया गया है। दलित पर्यावरण आन्दोलनों में भारी संख्या में शरीक होते हैं, इसके बावजूद अधिकांश अध्ययनों में उन्हें एक अलग कोटि के रूप में नहीं देखा गया है और आमतौर पर उन्हें ग़रीब, हाशिएदार, कमज़ोर, विस्थापित, पर्यावरण शरणार्थी और प्रवासी जैसे सामान्य वर्णनों में समाहित कर दिया गया है।[2] पर्यावरण के क्षेत्र में जाति के सवाल पर या पर्यावरणीय राजनीति में दलितों की अपनी अलग समझदारी पर एक तरह का अन्धापन है। जबकि इन सवालों के शुमार से पर्यावरण के बारे में हमारी समझदारी और विचार–विभिन्नता और अन्तर को लेकर हम समझदार और संवेदनशील होंगे।

दलितों की भारतीय पर्यावरणविदों और कार्यकर्ताओं के बारे में दो गहरी आलोचनाएँ हैं : पहला, पर्यावरण विमर्श और संघर्षों में दलित मुद्दों की अनदेखी; और दूसरा, एक एकांगी और विशिष्ट पर्यावरण राजनीति का गठन जो कि न केवल ब्राह्मणवादी, हिन्दू और रूढ़िवादी है, साथ–ही–साथ 'नव जाति' और 'नव परम्परा' की भाषा से ओत–प्रोत

है।[3] हाल के वर्षों में, कुछ दलित और जाति–विरोधी बुद्धिजीवियों ने देश के समकालीन पर्यावरण अभिव्यक्तियों के राजनीतिक और प्राकृतिक सरोकारों पर सवाल उठाना भी शुरू कर दिया है। गेल ओमवेत के एक संक्षिप्त पर उल्लेखनीय लेख 'दलित क्यों नापसन्द करते हैं पर्यावरणवाद' में देश के दो सशक्त सामाजिक आन्दोलनों–जाति विरोधी आन्दोलन और पर्यावरण आन्दोलन–के बीच की दूरी की बात की गयी है।[4] चन्द्रभान प्रसाद ने एक अख़बारी लेख 'नव जीवन आन्दोलन बनाम नर्मदा बचाओ आन्दोलन' में अम्बेडकर के नव जीवन आन्दोलन की अवधारणा, उनके आधुनिकता सम्बन्धी विचारों और गाँधी के परम्परावाद की आलोचना के हवालों के ज़रिये आमतौर पर नर्मदा बचाओ आन्दोलन और विशेष तौर पर मेधा पाटकर को नकारा है।[5] प्रसिद्ध दलित विचारक कांचा इलैया मौजूदा पर्यावरणवाद को विशिष्ट और पृथ्वी पर पर्यावरण के निर्माताओं के सरोकारों और सपनों से अलग–थलग क़रार करते हैं। उनकी मान्यता है कि यह तथाकथित सेक्यूलर पर्यावरणवाद राष्ट्रवादी और शक्तिशाली सामाजिक संरचना के प्रति ज़रा भी चिन्तित नहीं है जो ब्राह्मणवाद ने निर्मित किया है।[6]

2. जाति और प्रभावशाली पर्यावरणीय विमर्श और आन्दोलन

कुछ प्रमुख पर्यावरण आन्दोलनों के उदाहरणों के ज़रिये हम उनकी जाति–अन्धता और ख़ासकर उनके जाति–समर्थक और दलित–विरोधी पूर्वाग्रह देखेंगे जो प्रायः अदृश्य रूप से घुला–मिला रहता है। दो प्रमुख पर्यावरण पहल के उदाहरणों के ज़रिये मैं यह बताने की कोशिश करूँगा कि किस प्रकार उनकी सोच और बोल में जाति ग्रन्थियाँ समायी हुई हैं। सबसे पहले हम वृन्दावन पुनरुद्धार परियोजना का उदाहरण लेते हैं जिसे वृन्दावन संरक्षण परियोजना के नाम से भी जाना जाता है। यह परियोजना एक विश्व प्रसिद्ध पर्यावरण संगठन विश्व प्रकृति निधि भारत द्वारा 1990 के दशक में शुरू की गयी।[7] अरसे से लोक कथाओं में वृन्दावन को कृष्ण की जन्मभूमि माना जाता है और हिन्दुत्व ताक़तों ने 'राम जन्मभूमि अभियान' और बाबरी मस्जिद ध्वस्त करने के बाद 'कृष्ण जन्मभूमि की मुक्ति' को अपना नया मुद्दा बनाया है। वृन्दावन के पर्यावरण संरक्षण के लिए प्रेरित इस परियोजना में शहर के चारों ओर 11

किलोमीटर के परिक्रमा मार्ग, एक तीर्थ स्थल पर वनीकरण का कार्यक्रम था।[8] इसलिए परियोजना में पर्यावरण संरक्षण, सुन्दरता और स्वच्छता के प्रतीक के रूप में कृष्ण की छवि का भरपूर इस्तेमाल हुआ जिससे हिन्दू सक्रिय रूप से भागीदारी करें।[9] परियोजना का दायरा क्रमशः बढ़ता गया और इसमें वनीकरण के साथ प्रकृति क्लब, सामाजिक जागरूकता, शिक्षा, नागरिक पहल, नदी अवलोकन, पावन पेड़ों की रक्षा, पर्यावरण रैली, रासलीला, पर्यावरण नाटक, कला प्रदर्शनी, वीडियो प्रदर्शन, पूजा वन्दना और व्याख्यान आदि शामिल हो गये।[10]

पर आन्दोलन के कुछ आधारभूत जाति पूर्वाग्रह थे; जैसे–वृन्दावन के बदहाल मल–प्रवाह की आलोचना करते हुए उन्होंने मल और गन्दगी निबटाने की पारम्परिक व्यवस्था की हिमायत की। 1970 के पहले यहाँ पारम्परिक शौचालय प्रचलित थे जिसमें मानव मल को खेतों में खाद की तरह इस्तेमाल किया जाता था। हम यह समझ सकते हैं कि इसके लिए दलितों को अपने सर पर मैला ढोने और सफ़ाई के कई अन्य गलीच काम करने पड़ते थे। शहर के मल–प्रवाह की आधुनिक व्यवस्था 1970 के बाद बनायी गयी जो अपने आप में अधकचरी थी और कभी पूरी तरह लागू नहीं हुई। पर इस आधुनिक व्यवस्था की आलोचना करते हुए वृन्दावन परियोजना के मुख्य प्रणेता और इस्कॉन के सदस्य रणछोड़ प्राइम का तर्क था कि गन्दगी निबटाने की पारम्परिक व्यवस्था बहाल की जानी चाहिए। अपने तर्क के समर्थन में उन्होंने मनुस्मृति का विस्तृत हवाला दिया जिसमें मल निबटाने की कथित सफल पद्धतियाँ और पूजनीय वर्जनाएँ हैं।[11] प्राइम ने मांसाहार को भी एक गम्भीर पर्यावरण समस्या बताकर उसके निषेध का सुझाव दिया। उनके अनुसार मांस का सेवन करने वाले हत्यारे हैं जिन्हें अपने बुरे कर्मों का फल भुगतना पड़ेगा।[12]

वृन्दावन में काफ़ी दलित आबादी है–चमार, वाल्मीकि, कोरी, खटीक और धोबी जो परियोजना क्षेत्र में बसते हैं। शहर के केन्द्र में किशोरपुरा वाल्मीकि बस्ती है। चौधरी भगवान दास वाल्मीकि का परिवार यहाँ पिछली तीन पीढ़ियों से रह रहा है और उनका दावा है कि प्रसिद्ध बाँके बिहारी मन्दिर उनके पूर्वजों के श्रम से निर्मित है। भगवान दास विश्व प्रकृति निधि के सफ़ाई और संरक्षण अभियान में शरीक़ थे। उन्होंने अपना अनुभव बताया : 'मैं परियोजना के सफ़ाई अभियान, ख़ासकर बाँके बिहारी मन्दिर के आस–पास के इलाक़े में सक्रिय था। पर परियोजना से सम्बद्ध पुरोहितों

और कृष्ण भक्तों ने मन्दिर के 100 मीटर तक के दायरे में हमारी मौजूदगी पर ख़ासा एतराज़ जताया। उनकी आपत्ति थी कि हम भंगी लोगों, उनके रास्तों और मन्दिर को प्रदूषित कर रहे हैं।[13] ऐसे माहौल में हमारा भगवान कृष्ण से क्या लेना–देना, उनके नाम पर संरक्षण में शामिल होने की बात तो दूर है। यहाँ हमारी हालत दयनीय है।'[14]

चरणदास जाटव अपने को असली ब्रजवासी कहते हैं, जिनका परिवार पिछली सात पुश्तों से वृन्दावन में है। पर वह भी वृन्दावन संरक्षण परियोजना के बारे में कटु हैं : *'ब्रजभूमि ब्राह्मणभूमि है। वृन्दावन की समस्याओं के लिए वन विनाश या प्रदूषण नहीं बल्कि तीन 'ब'–ब्राह्मण, बाबाजी और बन्दर ज़िम्मेवार हैं। परियोजना में पौधारोपण हुआ पर जल्दी ही पानी के अभाव में पौधे सूख गये। हम कभी भी वृन्दावन संरक्षण परियोजना के अंग नहीं हुए क्योंकि हमें कभी भी कृष्ण का अंग नहीं समझा गया है।'*[15]

मेरा दूसरा उदाहरण है, अण्णा हजारे के नेतृत्व में रालेगण सिद्दी गाँव का जल संचय आधारित पर्यावरण कार्यक्रम। अपने पहले के शोध में मैंने रालेगण सिद्दी के पर्यावरण कार्यक्रमों के सन्दर्भ में 'नैतिक एकाधिकारवाद' की चर्चा की थी जिसमें आग्रह के साथ–साथ दबाव और नियन्त्रण का इस्तेमाल होता है। मैंने यह भी दिखाया कि किस प्रकार यह हिन्दू परम्परा, संस्कृति और धर्म के साथ जुड़ता है।[16] इस आन्दोलन में भी दलितों को लेकर कई दुराग्रह हैं। दलितों को आन्दोलन से जोड़ने की कुछ कोशिशों के बावजूद इसकी भाषा प्रायः पितृअधिकारपूर्ण, सुधारवादी, गाँधीवादी या ब्राह्मणवादी है। अण्णा हजारे ख़ुद शाकाहार के प्रबल समर्थक हैं और इस सन्दर्भ में दलितों के बारे में उनके विचार देखिए : 'हम कभी–कभी उनके इलाक़ों में जाते थे और किसी घर के सामने बैठ जाते थे। लोग वहाँ जमा हो जाते और आश्चर्य करते कि यह ऊँची जातिवाला कैसे हमारे घर आया है। इस प्रकार एक विश्वास का रिश्ता बनता था और हम वहाँ बार–बार आते–जाते रहते थे। हम कभी उनसे पीने का पानी माँगते थे और कभी उनके साथ खाना खाते थे। इस प्रकार से बनाये आपसी रिश्ते के आधार पर हमने उनसे यह कहना शुरू किया कि क्यों लोग उनसे दूर रहते हैं और इसके क्या कारण हैं। हमने उन्हें यह समझाया कि समाज उन्हें इसलिए नीचा देखता है क्योंकि उनका रहन–सहन गन्दा है, उनका खान–पान गन्दा है और उनकी सोच

गन्दी है। इसलिए आपको अपने आपको बदलना होगा। इस बात पर बार–बार ज़ोर देते रहने के कारण अन्ततः सारा गाँव शाकाहारी हो गया और दलित भी शाकाहारी हो गये।'[17]

रालेगण सिद्दी में मराठों का दबदबा है पर कुछ महार, चमार और मतंग परिवार भी हैं।[18] अण्णा हजारे छुआछूत की समाप्ति के लिए निरन्तर सक्रिय रहे हैं और अस्पृश्यों के मन्दिर प्रवेश और गाँव के कुओं से उन्हें पानी लेने की अनुमति दिलाने के लिए कई कोशिशें की हैं। यों यहाँ अभी भी 'हरिजन' शब्द का चलन होता है, पर दलित गाँव के सारे त्योहारों और समारोहों में शामिल होते हैं और वे गाँव के संचालन के लिए गठित समितियों के भी सदस्य हैं।[19] पर दलित गाँव के पर्यावरण आन्दोलन के प्रति बार–बार अपना असन्तोष ज़ाहिर करते हैं। कैलाश पोटे एक भूमिहीन चमार है जो अपनी पारम्परिक आजीविका और खेत मज़दूरी में संलग्न है। उसके लिए गाँव, परिवार और हिन्दू धर्म के अर्थ अलग हैं : 'हम रालेगण सिद्दी को एक गाँव नहीं मानते हैं। हम इसे एक परिवार मानते हैं जिसके प्रधान अण्णा जी हैं और हम लोग इस परिवार को सेवा प्रदान करने वाले लोग हैं। यहाँ हिन्दुओं का मतलब है मराठा। हम चमारों और महारों को कभी हिन्दू नहीं माना जाता है। हम कैसे यह कह सकते हैं कि यहाँ सब समान हैं? जिनके पास ज़मीन है या सेना में नौकरी है उनके विकास का स्तर अलग है। दूसरों और मेरे बीच काफ़ी फ़र्क़ है।'[20]

एक अन्य दलित है लक्ष्मण दौंडिवा। कुछ साल पहले गाँव में बिजली को लेकर एक आन्दोलन में वह पुलिस के साथ झड़प में घायल हो गया था। लक्ष्मण और उसकी जाति के दूसरे लोग अब साहूकारों के चंगुल से मुक्त हैं और अण्णा हजारे के पक्के समर्थक भी हैं। पर उनका कहना है : *'हमारे पास अब खाना, कपड़ा और घर है। पर बस इतना ही। इससे ज़्यादा कुछ और नहीं है। जूते पैर के लिए होते हैं और हमेशा वहीं रहते हैं। हम जूतों की तरह हैं। हम इससे आगे कभी नहीं जा पायेंगे। गाँव की प्रकृति ही कुछ ऐसी है।'*[21]

25 वर्षीय कैलाश भूमिहीन है। वह एक लाइसेंसशुदा ड्राइवर है, पर मज़दूरी करता है। उसका कहना है : *'मैं पहले भी ग़रीब था और आज भी ग़रीब हूँ। हम पहले भी भूखे रहते थे और आज भी हालात नहीं बदले हैं। मैं अपने बच्चों को शिक्षा मुहैया नहीं करा सकता हूँ। इस गाँव में जो भी कहा जाता है, उसे चुपचाप स्वीकार करना होता है।'*[22]

इस प्रकार रालेगण सिद्दी में दलितों को एक सीमित चौखटे में रखा गया है। वे आमतौर पर अभी भी अपने पारम्परिक पेशे और हालात के गिरफ़्त में हैं। इसके साथ ही साथ ज़मीन और पानी के उपयोग और बँटवारे की असमानताएँ, शोषणकारी श्रम सम्बन्ध और मज़दूरी की कम दरें, जैसे सत्ता के दबदबे की स्थितियाँ बनी हुई हैं। दलितों के 'गन्दे' होने की समझ अभी भी क़ायम है और इस आदर्श गाँव में गणतन्त्र के बृहत्तर मूल्यों, संहिताओं, नियमों, प्रतिमानों, स्थानों और कार्यक्रमों पर कोई सवाल नहीं उठाया जा सकता है। दलितों की अपनी समझ सत्तावादी विमर्शों के साथ–साथ अपने परस्पर विरोधी अनुभवों के आधार पर बनती है। रालेगण सिद्दी जैसे आदर्श गाँव में दलितों के एकीकरण के दो पहलू हैं : पहला, यह मान्यता कि दलितों को हमेशा कुछ सेवाएँ और फ़र्ज़ पूरे करने हैं और दूसरा, समाज के लिए उनकी उपयोगिता से उनका औचित्य साबित होता है। अण्णा हजारे कहते हैं : *'यह महात्मा गाँधी की सोच थी कि हर गाँव में एक चमार, एक सुनार, एक कुम्हार आदि होने चाहिए। उन सभी को अपनी भूमिका और पेशे के अनुरूप काम करना चाहिए और इस प्रकार गाँव आत्मनिर्भर होंगे। हम रालेगण सिद्दी में यही आजमा रहे हैं।'*[23]

आदर्श गाँव के कई अवयवों की प्रकृति प्रभुत्वशाली है जिसका मक़सद है दलितों को ब्राह्मणवादी मुख्यधारा में डालना। यह खान–पान, पहनावे–ओढ़ावे, रहन–सहन के आरोपित प्रतिमानों और कई और प्रत्यक्ष–परोक्ष तरीक़ों से व्यक्त होता है। यह उल्लेखनीय है कि राष्ट्रीय स्वयंसेवक संघ के मुखपत्र 'ऑर्गनाइजर' में अण्णा हजारे पर प्रकाशित लेखों की श्रृंखलाओं में पर्यावरण संरक्षण और गाँव के ऐसे प्रयोगों की भूरि–भूरि प्रशंसा की गयी है।[24] अण्णा द्वारा दलितों के समावेश के बारे में लेखक का कहना है : *'अण्णा हजारे ने ग्रामीणों के मन–मस्तिष्क में यह बात जड़ी है कि एक भगवान की सभी सन्तानों के बीच किसी से भी जन्म के आधार पर भेदभाव करना भगवान की निन्दा करने जैसा होगा. ..शुरूआत में गाँव के नौजवानों ने हरिजनों की सभा बुलायी। एक साथ मिलकर उन्होंने अतीत की कड़वी स्मृतियों को भुलाने और सामाजिक समानता और सद्भाव का नया अध्याय शुरू करने का फ़ैसला किया। अपनी तरफ़ से हरिजनों ने फ़ैसला किया कि वे मृत जानवर नहीं उठायेंगे, उसका मांस नहीं खायेंगे और गाँजा, जुआ जैसी बुराइयों से दूर रहेंगे।*

बैठक के बाद हरिजनों के घरों और उनके बच्चों में स्वस्थ संस्कार डालने की कोशिशें की गयीं।[25]

दलितों के लिए अण्णा की संवेदना कई स्तरों पर सक्रिय है। एक है अनुष्ठानपरक जो ख़ासकर दलितों के लिए उन्हें एक सम्पूर्ण में शामिल करने के लिए आयोजित किया जाता है। इन अनुष्ठानों के केन्द्र में प्रभुत्वशाली जातियों की मौजूदगी उल्लेखनीय है। ये अनुष्ठान–गाँव के मन्दिर में वैदिक विधि–विधान से विवाह समारोह, भक्ति संगीत के साथ मन्दिर पूजा, वैदिक मन्त्रों के साथ सात्विक खान–पान, आदि–पवित्रता और प्रदूषण के व्यापक विमर्श के साथ मिलकर घनीभूत आर्थिक और राजनीतिक ताक़त को मज़बूत करते हैं। प्रभुत्व और शासन की सांस्कृतिक निर्मिति के लिए यहाँ हम 'दान' देने के विचार और कार्य का ख़ासा महत्त्व देखते हैं।[26] जाने–माने लेखक सौरभ दूबे ने छत्तीसगढ़ के सतनामियों, एक अस्पृश्य समुदाय, के अध्ययन में सत्ता के सन्दर्भ में जाति सम्बन्धों के निर्माण की जटिल अन्तःक्रियाओं और आपसी गुत्थम–गुत्था की चर्चा की है। उनका कहना है : *'पवित्रता और प्रदूषण के कर्मकाण्डी श्रेणीकरण और प्रभुत्वशाली जाति और उसके शासन के कर्मकाण्डों की केन्द्रीयता, इन दोनों के प्रतीकात्मक प्रदर्शन और व्यवहार ने सत्ता और वर्चस्व को बलवती बनाया है। इससे सत्ता के सम्बन्ध अभिव्यक्त हुए और इन्होंने सत्ता के सम्बन्ध निर्मित किये। इन सबने मिलकर छत्तीसगढ़ के सतनामी और अन्य अस्पृश्य समुदायों की अधीनता बनायी।'*[27]

रालेगण सिद्दी में दलितों की स्थिति केवल अनुष्ठानों या अनुकूलन की भाषा तक सीमित नहीं है, बल्कि यहाँ एक एकजुट परिवार की संकल्पना भी शामिल है जो धर्म के नियमित सन्दर्भों, एक प्रभुत्वशाली जाति की केन्द्रीयता और एक पर्यावरण नेता की सत्ता से मज़बूत बनती है।

अपने पहले के शोधकार्य के दो उदाहरणों के रास्ते मैं जाति और पर्यावरण के आपसी रिश्तों के कुछ महत्त्वपूर्ण पहलुओं पर ध्यान देता हूँ। कई प्रकार के जाति–अन्ध और दलित–अक्षम पर्यावरण दृष्टियों में एक समानता है–उनकी विशिष्ट और इकहरी हिन्दू भारतीयता जो आधुनिकता और ज्ञानोदय के कुछ मूल्यों के नकार पर आधारित है। इस विचारधारा में किसी भी निश्चित पर्यावरण व्यवस्था की तर्ज पर धर्म, संस्कृति, जाति, परम्परा, खान–पान और भाषा को जैविक, शाश्वत और पर्यावरण के स्तर पर स्व–सन्तुष्ट माना जाता है। यहाँ पर्यावरणवाद का अर्थ है एक विशेष

देश या भौगोलिक क्षेत्र के लिए विशिष्ट मनुष्यों, वनस्पतियों, पशुओं, संस्कृति और धर्म की सम्यक् व्यवस्था का संरक्षण करना। ऐसे पर्यावरण व्यवस्था की सम्पूर्णता और शुद्धता की सुरक्षा के लिए यह ज़रूरी माना जाता है कि उन्हें विदेशी प्रजातियों और भूमण्डलीकरण के प्रभावों से बचाया जाये। इसके अनुसार दलितों को भी प्राकृतिक रूप से अपने गाँव, परम्परा और मातृभूमि से सम्बद्ध और प्राकृतिक व्यवस्था का एक अंग माना जाता है। यह विडम्बना ही है कि नव–हिन्दूवाद ने बाज़ार के माध्यम से जाति परम्पराओं और सांस्कृतिक रीतियों का नवीनीकरण ही किया है। इसलिए, हाल के दौर में मुक्त बाज़ार और हिन्दू दक्षिणपन्थी और कट्टर बुद्धिजीवियों ने जाति को 'विकास का वाहक' और एक प्रकार की 'सामाजिक पूँजी' के रूप में देखा है।[28] अस्पृश्यों और दलितों के बनाम 'प्राकृतिक' सम्बन्धों और उनके 'अप्राकृतिक' वजूद के ताने–बाने को तीन मुख्य धाराओं के ज़रिये समझा जा सकता है : पर्या–जातिवरण, पर्या–जैविकीकरण और पर्या–प्राकृतिकीकरण जिसकी अब मैं व्याख्या करूँगा।

(I) पर्या–जातिवरण : देश के कई प्रमुख पर्यावरण विमर्शों में पर्यावरण विध्वंस के लिए अनिवार्यतः पश्चिमी औपनिवेशिक सभ्यता के प्रभाव और दबाव को ज़िम्मेवार बताया जाता है जिसने हमारी बेहतर, गहरी, स्वदेशी भारतीय संस्कृति का विनाश कर दिया। इसमें अतीत एक ऐसा समय था जिसमें हमारा पर्यावरण सन्तुलित और समन्वित था और स्त्री, वनवासी, किसान जैसे स्वावलम्बी समुदाय मुख्यतः पर्यावरण नैतिकता के ख़ास संवाहक थे।[29] भूमण्डलीकरण और नवउदारवादी आर्थिक नीतियों की कई एक आलोचनाओं में एक हरे–भरे गाँव, एक ग़ैर–शहरी प्राकृतिक समुदाय की ज़रूरत पर ज़ोर दिया जाता है जो एक अडिग राष्ट्रीय पहचान का समृद्ध कोष साबित होता है। दलितों के विशेष सन्दर्भ में ऐसी समझदारी परम्परा के रूमानीकरण और मूर्तिकरण के गड्ढे में समा जाती है। पर यह समझदारी एकदम सिरे से यह भूल जाती है कि यही परम्पराएँ दलितों को 'दलित' और 'अस्पृश्य' बनाने के लिए ज़िम्मेवार हैं। कुछेक अपवादों को छोड़कर भारतीय पर्यावरण अध्ययन जाति से बेख़बर है। पर्यावरणविदों ने कुछ और विशिष्ट श्रेणियों और पहचानों; जैसे–समुदाय, लिंग, संस्कृति पर ध्यान देते हुए भी जाति के सवाल को अज्ञात रखा है जबकि इसके बग़ैर हमारे पर्यावरणीय फलक की समझदारी अधूरी है।

यह बेहद मार्के की बात है कि कुछ पर्यावरण विमर्श जाति पद्धति का समर्थन करते हैं। मानव विज्ञानी कैलाश मल्होत्रा इस प्रकार जाति पद्धति और पर्यावरण की व्याख्या करते हैं, 'जाति पद्धति को वास्तव में सतत संरक्षित विकास की प्राचीन अवधारणा पर आधारित माना जा सकता है जिसने समाज में कुछ ख़ास पेशों (या जातियों) के अनुसार प्राकृतिक संसाधनों के उपयोग और वितरण को अनुशासित किया; और एक ऐसा सही सामाजिक परिवेश निर्मित किया जहाँ लोग संसाधनों के संरक्षण के प्रति प्रोत्साहित हो सकें।'[30] एक अन्य पर्यावरणविद् के अनुसार, 'हिन्दू जाति प्रथा को सतत–संरक्षित विकास की अवधारणा का जनक कहा जा सकता है।'[31] प्रसिद्ध पर्यावरण लेखक रामचन्द्र गुहा और माधव गाडगिल ने भारत का एक बेहतरीन और शोधपूर्ण पर्यावरण इतिहास लिखते हुए भी आख़िरकार जाति का एक कामकाजी औचित्य ठहराया है। उनके अनुसार जाति एक तरह से पर्यावरण अनुकूलन की व्यवस्था है जिसमें जाति समूह, एक–दूसरे परस्पर सहयोगी सम्बन्धों से आबद्ध, अपने विशेष वंशानुगत और पारम्परिक पेशों से जुड़े हैं। इन समूहों के आधार पर जाति समूहों ने संसाधनों के इस्तेमाल की एक ऐसी विविध व्यवस्था विकसित की है जिससे अन्तर्जातीय प्रतिस्पर्द्धा काफ़ी कम होती है। स्थानीय विश्वासों और ज्ञान व्यवस्था, प्रमुख हिन्दू देवताओं और सामाजिक परिपाटियों ने संसाधनों के संरक्षण और आपसी सहयोग और सहअस्तित्व का मार्ग प्रशस्त करने में काफ़ी सहयोग किया है।[32] उनका कहना है :

"इसलिए इन विभिन्न जाति समूहों के ख़ास–ख़ास पर्यावरणीय विशिष्टताओं की बात करना उपयुक्त है, विशेषकर इस सन्दर्भ में कि उनका प्राकृतिक वास क्या है, वे प्राकृतिक संसाधनों का कैसा इस्तेमाल करते हैं और अपने मिलने–जुलने वाले जाति समूहों के साथ वे कैसा रिश्ता क़ायम करते हैं।"[33]

गाडगिल और गुहा और विस्तार में जाते हैं : 'इस्लाम और ईसाई जैसे एकेश्वरवादी धर्मों द्वारा समर्थित एकान्तिक धारणाओं के विपरीत हिन्दूवाद (कम–से–कम हाल तक) काफ़ी हद तक एक समावेशी रवैया अपनाता है जो विरोधी सम्प्रदायों और विश्वदृष्टियों को प्रत्यक्षतः नकारने या बदलने की बजाय अपने में समाविष्ट करने की कोशिश करता है। समावेश की प्रक्रिया का सांस्थानिक ढाँचा, ज़रूर ही, जाति प्रथा है।'[34]

जाति के विकास की व्याख्या कई बार जाति व्यवस्था के आधार पर की जाती है और वर्ण व्यवस्था को 'अनिवार्यतः अपनी प्रकृति में पर्यावरणीय' कहा जाता है। 'उष्णदेशीय वर्ण व्यवस्था : जाति निर्माण का पर्यावरणीय सिद्धान्त' शीर्षक लेख के लेखक पूर्णेन्दु कावूरी की मान्यता है कि वर्णों का विकास उष्णकटिबन्धी क्षेत्रों की सीमाओं और प्राकृतिक चयन के सिद्धान्तों के आधार पर हुआ है।[35] उष्णदेशीय व्यवस्था को 'अपने चय–पचय के आधार पर जीव के विभिन्न प्रकारों के आपसी सम्बन्ध' कहा गया है। यह व्यवस्था 'विभिन्न श्रेणियों के जीवों द्वारा विभिन्न तरीक़ों से जैव भार से ऊर्जा संक्रमित करने से पैदा होती है।'[36] लेखक के अनुसार उष्णकटिबन्ध क्षेत्र का पहला स्तर स्वपोषित है–जीवों की ऐसी आबादी, ख़ासकर पौधे, जो ख़ुद अपना सम्पोषण करते हैं और सीधे–सीधे सौर ऊर्जा जैव क्षेत्र में संचालित करते हैं। इसकी तुलना, लेखक के मुताबिक़, शूद्र या एक जाति वर्ण से की जा सकती है जो प्राथमिक उत्पादन में संलग्न हैं। दूसरा स्तर परपोषी तत्त्वों का है जो स्वपोषित स्तर से पहले का समय है–इसकी तुलना तीन द्विज जन्मना या द्विज वर्ण से की जा सकती है। इस कड़ी में तीसरी परत है अपघटित और विभिन्न और विछिन्न होने वाली निष्कासित, अवशिष्ट आबादी जो पहले की दोनों परतों से पैदा होती है। इसे जाति श्रृंखला में 'पंचमा वर्ण' या 'अजन्या' कहते हैं। इन आधारों पर यह तर्क दिया गया है : *'इसलिए वर्ण व्यवस्था का सम्भरण धर्म पालन का एक मुख्य तत्त्व है। ब्राह्मणी व्यवस्था में इस अवधारणा की केन्द्रीयता के कारण यह जानना रोचक है कि व्यवस्था का सन्तुलन पर्यावरणीय आधारों पर टिका है। यदि हम वर्ण व्यवस्था को एक उष्णकटिबन्धीय व्यवस्था के रूप में देखें तो यह आधार और उजागर हो जाता है।'*[37]

अपनी इस प्रकल्पना को मज़बूत करने के लिए कि वर्ण व्यवस्था अनिवार्यतः पर्यावरणीय व्यवस्था है, लेखक यह भी दर्शाता है कि जैसे–जैसे पर्यावरण व्यवस्था विकसित और परिपक्व होती जाती है–उष्णकटिबन्धीय क्षेत्रों की विभिन्न परतों का विकास, प्रजातियों की विविधता, पत्थरों–पहाड़ों के विस्तार, भौतिक और ऊर्जा स्रोतों के बृहद् और जटिल प्रणालियों का फैलाव–वैसे–वैसे वर्ण व्यवस्था और विकसित और जटिल होती जाती है। इन अर्थों में, अस्पृश्यों के रूप में अलग–थलग आबादी, जैसे–कसाई, मेहतर, डोम; पर्यावरण जनित प्रक्रियाओं के निर्माता हो जाते हैं। लेखक की

एक सर्वश्रेष्ठ टिप्पणी इस प्रकार है : *'पर्यावरणीय नज़रिये से यह निश्चित है कि मनु के क़ानून चाहे वर्तमान सन्दर्भों में जितने भी अपमानजनक लगते हों वास्तव में प्रजातियों के सम्पन्न, जटिल और मज़बूती से श्रेणीबद्ध सामाजिक–पर्यावरणीय व्यवस्था की ज़रूरतों की अभिव्यक्ति करते हैं।'*[38] यहाँ अस्पृश्यों और अस्पृश्यता की तुलना प्रतिजैविकता से की जाती है–किसी पर्यावरण व्यवस्था में आबादी के किसी ख़ास हिस्से की अपने को जीवित रखने और प्रतिस्पर्द्धा करने की रणनीति। यह कहा गया कि प्रतिजैविकता की क्षमता एक रणनीति है जो प्रजातियाँ प्रतियोगिता से उबरने के लिए अपने–आप में विकसित करती हैं। इस रणनीति के तहत कुछ प्रजाति और आबादी ऐसे विष बनाती है जिस कारण दूसरी प्रजाति और आबादी उनसे दूर रहती है। जो प्रजातियाँ विष बर्दाश्त नहीं कर पातीं, वे विष जीवों से दूर रहना चाहती हैं। यह उपमा अस्पृश्यों पर लागू होती है–उनकी तुलना विष से होती है, उन्हें औरों से अलग–थलग करती है जो आबादी के बाक़ी हिस्सों के साथ मेल–जोल के अनुपयुक्त हैं। यह एक 'उष्णदेशीय पृथक्करण' है। पूर्णेन्दु कावूरी ज़ोर देकर कहते हैं : *'यह कथन काफ़ी उत्तेजक, पर बेहद तार्किक है कि अस्पृश्यता का विकास पर्यावरणीय अर्थों में एक माहिर क़दम है–आबादी के जिन हिस्सों ने इसे अपनाया, उन्हें दूसरे तबक़ों की तुलना में पेशे की प्रतियोगिता में लाभ हुआ। मेहतर, कूड़े का काम करने वाले, जानवर ढोने वाले, आदि ने विशिष्ट पेशा विकसित किया। हमारे विचार से यह अस्पृश्यता के अनुकूलन की सफलता का पर्यावरणीय कारण है। यही वर्ण व्यवस्था का अन्तर्निहित और अव्यक्त सिद्धान्त है।'*[39]

कई अन्य लोगों ने जाति की तुलना 'पारम्परिक' या 'देशज' ज्ञान से की है जिसमें प्रकृति, मनुष्य और मानवेतर प्रकृति शामिल होते हैं। इसे एक पारम्परिक ज्ञान व्यवस्था भी कहा गया है जो सबके लिए हितकारी होता है। मानव विज्ञानी और शोधार्थी अशोक दास गुप्ता ने अपने लेख 'क्या जाति व्यवस्था एक प्रकार की देशज ज्ञान व्यवस्था है?' में स्थापित किया है कि 'जाति व्यवस्था, श्रम विभाजन पर आधारित, भारतीय उपमहाद्वीप में एक प्रमुख देशज ज्ञान व्यवस्था है।'[40]

लेखक ने उत्तर भारत के गंगा के मैदानी क्षेत्रों में, ख़ासकर विभिन्न पर्यावरण क्षेत्रों के सन्दर्भ में विभिन्न प्रकार के श्रम विभाजनों के मौजूदा संस्करणों की चर्चा की है। उनके अनुसार, जातियाँ सेवा प्रदान करने वाले

समूह हैं जो अपनी अलग–अलग प्रकार की सेवाओं की विनिमय व्यवस्था के ज़रिये काम करते हैं और धार्मिक और सांस्कृतिक प्रतीकों पर जीते हैं। ये समूह प्रकृति, कृषि देवी–देवताओं, उर्वरता के प्रतिरूप, आदि की पूजा–अर्चना करते हैं। ये ग्रामीण समुदाय, क्षेत्रों में लम्बे समय से रचे–बसे लोग हैं जो प्राकृतिक संसाधनों और उसके सबसे बेहतर उपयोग के बारे में गहरी जानकारी रखते हैं। वे समाज को श्रम विभाजन के आधार पर संगठित करने और विशिष्ट प्रकृति–मानव सम्बन्ध को सांस्कृतिक–धार्मिक आधार पर अडिग रखने की क्षमता रखते हैं। लेखक की स्पष्ट मान्यता है कि जाति व्यवस्था और इसकी घटक जातियाँ अपनी उपयोगिता और प्रासंगिकता के कारण ही गंगा के मैदानी क्षेत्रों में जीवित रही हैं। लेखक के अनुसार गहरे विभाजित और श्रेणीबद्ध जाति व्यवस्था में भी 'पारम्परिक प्रकृति–प्रेरित कम–प्रदूषित लोक जीवन पद्धतियाँ हैं', जो आधुनिक युग में कई विस्मृत या अज्ञात जानकारियाँ मुहैया करा सकती हैं। इसलिए अशोक दास गुप्ता मानते हैं कि भारतीय उपमहाद्वीप और गंगाई मैदानी क्षेत्रों की ग्रामीण कृषि व्यवस्था में श्रम विभाजन और जाति व्यवस्था सबसे सक्षम और व्यावहारिक उपाय है। उनके अनुसार 'इस विविध व्यवस्था से हमें कई तरह की जन सेवाएँ, प्राकृतिक संसाधनों का उचित उपयोग, पर्यावरण प्रबन्ध, पारम्परिक संचार और सन्देश प्रसारण के तरीक़े मिलते हैं। इस व्यवस्था से हमें पता चलता है कि हमारे सामाजिक संगठन और संस्थान कितने मज़बूत हैं, लोगों के दिलो–दिमाग़ में क्या चल रहा है, मानव संसाधनों का प्रबन्ध कैसे किया जाये, राजनीतिक–आर्थिक प्रबन्ध का सर्वोत्तम उपाय क्या है और संरक्षित विकास की रूपरेखा क्या हो सकती है।'[41]

कई पर्यावरणकर्मी हिन्दू धार्मिक ग्रन्थों का ख़ासा हवाला देते हैं। उनका तर्क है कि इन ग्रन्थों में प्रकृति और पर्यावरण संरक्षण के बारे में निहित गहरी अन्तर्दृष्टि से देश की मौजूदा पर्यावरण समस्याओं का समाधान हो सकता है। वे वेद और धर्मशास्त्रों के उद्धरण से यह दर्शाना चाहते हैं कि भारत और हिन्दू धर्म अपने जीवन और विचार प्रक्रियाओं के केन्द्र में पर्यावरण संरक्षण की स्थापना करता है। कई किताबों और लेखों में देश में पर्यावरण संरक्षण के लिए हिन्दू धर्म आधारित पद्धति की प्रासंगिकता पर ज़ोर दिया गया है। वेद, पुराण, रामायण और महाभारत में पृथ्वी और पानी की महिमा और उत्सव है। ऋग्वेद के एक जाने–माने

स्तोत्र पुरुष सूक्त के हवाले से मनुष्य और ब्रह्माण्ड के बीच निरन्तरता और पृथ्वी, आकाश, भगवान, आदि सबकी पुरुष से उत्पत्ति होने की बात की जाती है। यह याद रखने की बात है कि पुरुष सूक्त में ही यह कहा गया है कि पुरुष के मुँह से ब्राह्मण, हाथ से क्षत्रिय, पेट से वैश्य और पैर से शूद्र की उत्पत्ति हुई है। ऐसी अवधारणाओं के ज़रिये विभिन्न प्रकार के प्राकृतिक तत्त्वों के अन्तःसम्बन्धों के प्रति स्वीकार और सम्मान पैदा करने का सन्देश दिया जाता है। ब्राह्मणवादी परम्परा में शामिल कई धर्मशास्त्रों में वास्तव में यह उल्लेखित है कि पेड़ों का संरक्षण करना चाहिए और पानी को प्रदूषित नहीं करना चाहिए।[42] हिन्दू देवी–देवताओं के मुख से निकले ऐसे सामान्य सन्दर्भों को पर्यावरणीय नैतिकता का दर्जा दिया जाता है। पर्यावरण के प्रति कथित वैदिक अवधारणा को सुसंगत, तार्किक, सर्वव्यापक और भारतीय परिस्थितियों के सबसे अनुकूल समझा जाता है। हिन्दू धर्म और पर्यावरण पर कई किताबों के लेखक और फ्रेंड्स ऑफ़ वृन्दावन के निदेशक और सह–संस्थापक रणछोड़ प्राइम वैदिक धर्म में एक महान परम्परा देखते हैं जो हमें पृथ्वी के जीवन और बचाव के लिए कई व्यावहारिक उपाय और निष्कर्ष देती है। उनका सुझाव है कि वैदिक धर्मग्रन्थों के रास्तों पर हम आज के औद्योगिक जगत की पर्यावरण समस्याओं से निजात पा सकते हैं : 'वैदिक शास्त्रों का सुझाव है कि हमें वस्तु–मुख्यतः विज्ञान–के ज्ञान के साथ–साथ आत्मा का भी ज्ञान हासिल करना चाहिए, तभी मानवता के लिए शुभ हो सकता है।'[43] उनके एक लम्बे लेख 'पर्यावरण और वैदिक विरासत' में पहले वैदिक धर्म के कथित केन्द्रीय विचार–विभिन्न रूपों के बीच एकता की चर्चा की गयी है।[44] वैदिक अद्वैतवाद के सिद्धान्त और पृष्ठभूमि से विविधताओं को विघटित और सामंजस्यपूर्ण किया जा सकता है : *'अग्नि, आलोक, ऊषा और वैदिक देव समूहों के विभिन्न देवी–देवताओं जैसे सूर्य, सावित्री, वरुण, मित्र के बीच प्रतीकात्मक समानता से यह ज़ाहिर होता है कि ब्रह्माण्ड की आन्तरिक और बाह्य संरचना, आध्यात्मिक और प्राकृतिक के बीच गहरा सामंजस्य और सम्बन्ध है।'*[45]

एक अन्य लेखक का दावा है कि वैदिक स्तोत्र निःसन्देह ही विश्व इतिहास में पर्यावरण के सबसे पुराने उद्‌बोधन हैं–सबसे ज़्यादा शुद्ध और प्रेरक। पृथ्वी एक 'पवित्र स्थल' है, विश्व के बारे में वैदिक दृष्टि आध्यात्मिक पर्यावरण की शुद्धता और पर्यावरणीय नैतिकता की पवित्रता

से सराबोर है। यहाँ निष्कर्ष निकाला गया है कि भारत में सभी प्रकार के भक्ति समुदाय सदियों से वैदिक मूल्यों में विश्वास कर रहे हैं। इस प्रकार के विवरणों में कोई तर्क या संगति ढूँढ़ने का कोई सवाल नहीं उठता है, क्योंकि सबकुछ ईश्वरीय और दिव्य दृष्टि की देन है। धर्म के पुनरुत्थानवादी उपयोग में ब्राह्मण को ब्रह्माण्ड थामने वाला और सनातन धर्म को पर्यावरण संरक्षण का सर्वोत्तम विचार और महानतम वैदिक परम्परा ठहराया जाता है। रणछोड़ प्राइम इसकी व्याख्या करते हैं :

'हिन्दू धर्म का यदि कोई विधिसम्मत नाम देना है तो वह सनातन धर्म है जिसे आज कई हिन्दुओं ने अपनाया हुआ है। इसका मोटा–मोटी मतलब है–जीवन का शाश्वत अर्थ। यह अर्थ केवल मनुष्यों तक सीमित नहीं है। यह ऐसा आधारभूत गुण है जो सभी जीवों को–मनुष्य, पशु या पौधे–ब्रह्माण्ड के साथ एकाकार करता है। यह सब अन्ततोगत्वा अपने अस्तित्व के मूल स्रोत–देव से सम्बन्धित होते हैं।'[46]

ऐसे कई प्रतिपादनों में 'एक वैकल्पिक समाज' की खोज में ऐसे कई विचारकों और पद्धतियों का महिमामण्डन और औचित्य दिखाया जाता है जो बद से बदतर जाति विभाजन की वकालत करते हैं। यहाँ एक सहज और स्वाभाविक विश्वास है कि ब्राह्मण ज्ञान के लिए और अस्पृश्य समाज की पारम्परिक सेवा के लिए हैं। जैसे, 'मानव समाज की वैकल्पिक अवधारणा सम्बन्धी प्रभुपाद के विचारों को दो शीर्षकों में बाँधा जा सकता है–ब्राह्मण और गाय। ब्राह्मण समाज के आध्यात्मिक गुरु हैं। उनका ज़रूर ही समर्थन करना चाहिए जिससे वे हमें आध्यात्मिक मार्गदर्शन कर सकें।'[47]

ऐसे राजवंशों को आदर्श राजनीतिक व्यवस्था बताया गया जिनकी राजनीति वैदिक शास्त्रों पर आधारित मानी जाती थी और जहाँ पर्यावरणीय संचेतना से लैस कवियों और लेखकों का महत्त्व था। गुप्त साम्राज्य के तहत कालिदास युग को स्वर्णिम काल कहा गया जहाँ विद्वत्जनों ने अपनी सम्पन्न दुनिया को स्वर्ग का प्रतिरूप माना था। इस राजवंशी स्वर्गिक दुनिया में कला और वास्तुशिल्प, लोगों के प्रकृति के साथ सम्बन्ध, सामाजिक और धार्मिक पद्धति अप्रतिम थे।[48] यह कहा गया कि परम्परा और धार्मिक संस्कार समाज में एक सही पर्यावरण सन्तुलन बनाये रखने के लिए शुरू हुए जिसमें वैदिक शास्त्रों ने सामाजिक व्यवहारों के लिए इच्छित आधार बनाया। हर हिन्दू ने कुछ धार्मिक कृत्य शुरू किया जो

रोज़ाना या कभी–कभार पूजा–अर्चना हो सकता था।[49] रामायण, महाभारत और वेद जैसे महान धार्मिक और सांस्कृतिक सन्दर्भों के अलावा पुराण, अरण्यक, स्मृति, संहिता और गीता को कृषि और पर्यावरणीय ज्ञान का भण्डार बताया गया। कृषि और श्रमिकों के विकास के लिए जाति के विशिष्ट तत्त्वों–वर्ण व्यवस्था, श्रेणीबद्धता, निषेध, भेदभाव, पेशा, आदि–के सकारात्मक मूल्यों की दुहाई दी गयी :

'परम्परागत भारतीय ग्रामीण कृषि व्यवस्था में श्रमिकों की निरन्तर आपूर्ति के लिए जाति व्यवस्था के ज़रिये धर्म का डर बेहद मददगार साबित हुआ है। निष्काम कर्म का मतलब है किसी प्रकार की अपेक्षा के बग़ैर काम करना : आप अपना काम भलीभाँति करें, पर अगली ज़िन्दगी के लिए किसी प्रकार की उम्मीद ना बाँधें।'[50]

यह भी कहा गया कि

'जातियों की कुछ सेवाएँ काफ़ी प्रशंसित हैं ख़ासकर ग्रामीण परिवेश में पुरोहितों के प्रभुत्व में प्रचलित सेवाएँ। वे ही देवों को प्रसन्न करके प्रकृति का वरदान ला सकते हैं जो एक अच्छी फ़सल के लिए अनिवार्य है।'[51]

कुछ पर्यावरणविदों ने समकालीन ज़रूरतों और अवसरों के सन्दर्भ में परम्परागत जाति–आधारित पेशों के नवीनीकरण पर भी ज़ोर दिया है। आधुनिक शौचालय, सफ़ाई और मल निबटाने की व्यवस्थाओं को पाश्चात्य, भारतीय परिवेश के लिए असंगत और ख़र्चीला कहकर आलोचना की गयी है। इसके साथ ही यह सुझाया गया है कि एक आदर्श गाँव में मानव अवशेषों के निबटारे के लिए 'सफ़ाई की पारम्परिक व्यवस्था सर्वोत्तम' है। 'पर्यावरणीय शौचालय' वे हैं जहाँ शौचालय सूखे होते हैं, कूड़े का निबटारा रोज़ाना होता है और उससे खाद बनाई जाती है। इससे सबक यह है कि 'हज़ारों सालों से प्रचलित पारम्परिक पद्धतियों में हस्तक्षेप नहीं करना चाहिए–वे आमतौर पर बेहतर हैं, इसलिए इतने लम्बे समय तक चली हैं। एक और सबक यह है कि सफ़ाई की पश्चिमी व्यवस्था दुनिया के ऐसे भाग में विकसित हुई है जहाँ पानी प्रचुर है–यह भारत के लिए अनुपयुक्त है जहाँ पानी का अभाव है और पानी इतना बहुमूल्य है कि इसे पवित्र माना गया है।'[52]

पर्या–जातिवरण, जाति का पर्यावरणीय निर्धारक, प्रकृति के ज़रिये जाति व्यवस्था का पक्ष समर्थन और युक्तिकरण है। पर्यावरण विचार और

सक्रियता के लिए जाति जनित पहचान एक प्रमुख सांगठनिक सन्दर्भ बन जाती है। इस सन्दर्भ के ज़रिये वर्चस्वशाली जातियाँ अपना वर्चस्व मुकम्मल कर सकती हैं, तो कभी यह नये पर्यावरण आन्दोलनों का हरकारा भी बन सकता है। पर्या–जातिवरण, जैसे हम आज जानते–समझते हैं, केवल श्रम विभाजन और भेदभाव की पुरानी सीमाओं पर स्थिर नहीं है, बल्कि यह पारम्परिक, प्राकृतिक, स्वदेशी आदि के पुनर्विकास का भी आह्वान करता है। हम अध्याय में यह भी देखेंगे कि पर्या–जातिवरण नव–हिन्दूवाद का क़रीबी होता है जहाँ प्रौद्योगिकी, संरक्षित विकास, उदारवादी बपौती और दबाव के तहत दलितों का मुख्यधारा के घर, समुदाय और राष्ट्र में प्राकृतिकरण हो जाता है।

(II) पर्या–जैविकीकरण : जैविकतावाद की व्याख्या है 'एक ऐसा सामाजिक सिद्धान्त जिसमें समाजों की परिकल्पना एक जीवन्त अवयव की तरह की जाती है। यहाँ व्यक्ति समाज के अन्दर एक स्वतन्त्र इकाई नहीं बल्कि एक व्यापक सत्ता जैसे राष्ट्र या समुदाय का एक क्रियात्मक अंग होता है।'[53] पर्या–जैविकीकरण समाज को एक प्राकृतिक, समुदाय निर्मित घटक मानता है जो प्रकृति/पर्यावरण के आदर्श पर संचालित होती है। एक प्राकृतिक पर्या–व्यवस्था की तरह समाज सामूहिक स्तर पर पूरी तरह प्रकृति की तरह परिकल्पित किया जा सकता है। प्रकृति में विविधता और एकता है। प्रकृति, संस्कृति, लोग और उनके आचार–विचार विविध हैं और उस सबको पूरी तरह संरक्षित करना चाहिए। पर यह विविधता एक अस्तित्ववान, एकीकृत पर्यावरण–व्यवस्था का अभिन्न हिस्सा है जिसकी सम्पूर्ण रक्षा होनी चाहिए। प्रकृति और पर्यावरण के प्रति भारतीय प्रवृत्ति को दैविक, नैसर्गिक, अलौकिक कहा जाता है जो प्रकृति के नियमों का पालन करती है। इसलिए समाज की परिकल्पना भी 'प्राकृतिक मूल्यों' पर आधारित है। इस प्रस्तावना के एक मुख्य विचारक बनवारी का कहना है : *'हम देख सकते हैं कि हमारे पूर्वजों ने अनिवार्यतः प्राकृतिक सिद्धान्तों का पालन किया। चाहे वे वास्तुशिल्प का विज्ञान विकसित कर रहे हों या गाँव या शहर बसा रहे हों, या खेत या बुनकरी के तरीके ईजाद कर रहे हों, या स्टील निर्माण की तकनीक, आयुर्वेद या चिकित्सा की विधि विकसित कर रहे हों, चाहे वे हमारे तौर–तरीक़ों, रीति–रिवाज और त्योहार रच रहे हों, उन्होंने कभी भी अपने–आपको प्रकृति या प्रकृति के नियमों से अलग नहीं किया।'*[54]

वह यह निष्कर्ष देते हैं कि हमारे समकालीन दर्शन, तौर–तरीक़े और प्रौद्योगिकी भौतिक प्रगति के लिए प्रेरित हैं और हमारे पूर्वजों की प्रतिबद्धताओं से जुदा हैं, इसलिए हमें गम्भीरतापूर्वक अपनी गतिविधियों को 'प्रकृति के नियमों' के अनुरूप ढालने पर विचार करना चाहिए। इसके लिए एक सर्वव्यापक और सम्पूर्ण तौर पर संतृप्त पारम्परिक पर्यावरण व्यवस्था चाहिए। यह व्यवस्था हमारी रोज़–ब–रोज़ की ज़िन्दगी की हर गतिविधि, वस्तुओं के उत्पादन के विकास, सामाजिक और राजनीतिक व्यवस्था की स्थापना या हमारी ज्ञान पद्धति के विकास–सब कुछ पर लागू और स्वीकृत होनी चाहिए।[55] पर्या–जैविकीकरण के व्यापक फ़लक पर 'राष्ट्र', 'संस्कृति', 'पाश्चात्य प्रभाव', 'भारतीय विचार, जीवन पद्धति, स्वास्थ्य के पतन', 'मस्तिष्क, शरीर और समाज के प्रदूषण', 'भौतिकवाद', 'उपभोग संस्कृति', जैसे विषय बार–बार आते हैं। पर्यावरण की सुरक्षा भारतीय संस्कृति, परम्परा और राष्ट्र की सुरक्षा का पर्याय बन जाती है। पर्यावरण संकट को भारतीय सभ्यता के संकट और हमारे राष्ट्रीय, सांस्कृतिक या पुरातन पहचान के ह्रास के साथ जुड़ा समझा जाता है। बनवारी के अनुसार : *'आधुनिक सभ्यता के निर्माण में पर्यावरण सन्तुलन बिगाड़ा गया, समाजों को लूटा गया, संस्कृतियाँ बर्बाद की गयीं और सभ्यताओं की व्यवस्था में उथल–पुथल मचायी गयी। यदि सभ्यताओं के निर्माण में हम ज़्यादा जागरूक होते और अपनी सीमाएँ समझते, तो हमारी उपलब्धियाँ कहीं ज़्यादा उल्लेखनीय होतीं और हम अपने पर्यावरण सन्तुलन का भी नुक़सान नहीं करते।*[56]

बनवारी आगे बताते हैं कि किस प्रकार हमारी जीवन–शैली, विचार और परम्परा में परिवर्तनों से प्राकृतिक पर्यावरण का विनाश हुआ है और प्रकृति के साथ हमारा रिश्ता न केवल शारीरिक बल्कि मानसिक स्तर पर भी कमज़ोर हो रहा है। उनके अनुसार इन सबके लिए मुख्य दोषी हैं–आधुनिक ज्ञान और विज्ञान का विस्तार, आधुनिक औद्योगिक सभ्यता और भौतिक समृद्धि हासिल करने के लिए हमारा उपक्रम। एक प्रमुख भारतीय पर्यावरणविद् और अध्येता अनिल अग्रवाल की व्याख्या है कि हिन्दू धर्म के पर्यावरण के क्षेत्र में कई मज़बूत तत्त्व 'पश्चिमी परस्त तकनीकी आधुनिकीकरण और सेक्यूलरवाद की सामाजिक अवधारणा के हमलों के कारण तेज़ी से बिखर रहे हैं।'[57] उनके अनुसार आधुनिक समय में सेक्यूलरवाद के हमले के कारण सबसे निकृष्टतम व्यक्तिवाद आया है।

सैकड़ों या हज़ारों सालों से विकसित जीवन–शैली के सन्दर्भ में लोगों को देखने की बजाय आधुनिक विश्व ने लोगों को धन अर्थव्यवस्था की ओर धकेल दिया है जिसमें ज़रूरत नहीं, लालच का राज़ है। यहाँ भारतीय संस्कृति और परम्परा के संकट के लिए लोगों की बढ़ती हुई समृद्धि और उपभोक्तावाद की ओर इशारा किया जाता है जिससे लोग स्वार्थी, व्यक्तिवादी, अर्थजीवी और प्रतिस्पर्द्धी हो रहे हैं। पर्यावरण प्रदूषण और सांस्कृतिक विध्वंस, दोनों को साथ–साथ घटित होते देखा जाता है जो हमारे विचार और अस्तित्व को प्रदूषित कर रहे हैं। एक प्रमुख पर्यावरण लेखक और विचारक गोविन्द चातक कहते हैं : 'भौतिकवादी संस्कृति ने हमारी सभ्यता को निगल लिया है...यह मानवता के आन्तरिक प्रकटन, आध्यात्मिक प्रगति और सृजनात्मक क्षमताओं से एकदम अलग है...वास्तव में आज हम पाश्चात्य के विलासितापूर्ण जीवन की हवा में उड़ रहे हैं और यहाँ का कण–कण स्वार्थपरकता, व्यक्तिवाद, सम्पत्ति के लालच और गला–काट प्रतियोगिता से भरा हुआ है...सबसे महत्त्वपूर्ण तो हमारे दिल और दिमाग़ का प्रदूषण है। दिल और दिमाग़ तो हमारे ज्ञान और सक्रियता का केन्द्र है। यदि हमारा दिल प्रदूषित है तो यह हमारे काम, विचार और भावनाओं को प्रदूषित करता है। मनुष्य अपनी मानवता त्याग देते हैं, वे प्रकृति और पर्यावरण से अपना सम्बन्ध तोड़ देते हैं, और हमारे समाज के आदर्श डगमगा जाते हैं।'[58]

एक अन्य लेखक पर्यावरण के सांस्कृतिक अवयवों का हवाला देते हैं जो हमारे शुद्ध और प्राचीन मूल्यों से मेल खाते हैं। उनकी मान्यता है कि हमारी पवित्रता एक विशिष्ट सांस्कृतिक पर्यावरण से पैदा होती है जो हमारे परिवार, रीति–रिवाज, संस्कार, चरित्र, विश्वास, धर्माचार, सामाजिक पद्धति, मूल्य और नीति से बनती है। उनका सुझाव है कि हमें अपने 'पर्यावरण का सांस्कृतिक मूल्यांकन' करना चाहिए और यह देखना चाहिए कि एक स्वस्थ प्राकृतिक पर्यावरण के लिए संस्कृति को कैसे पुनर्जाग्रत किया जा सकता है।[59] साथ–ही–साथ यह भी तर्क दिया गया कि भारतीय पर्यावरण की जड़ें आध्यात्मिकता और विश्वास में हैं और एक सच्चा भारतीय वह है जो बग़ैर किसी लालच और इच्छा के अपने इष्ट–देवता–को हासिल करने में विश्वास रखता है। अब यह ज़्यादा–से–ज़्यादा अहसास हो रहा है कि आधुनिक विकास मनुष्यों की अन्तहीन ज़रूरतों की पूर्ति कभी नहीं कर सकता है। हमें अध्यात्म में

अपने अनन्त और सनातन को हासिल करने की कोशिश करनी चाहिए जो भारतीय सभ्यता और परम्परा का आधार रहे हैं। इस समझदारी में पर्यावरण को सबसे गम्भीर ख़तरा है पश्चिमी, भौतिक, व्यावसायिक विकास से और हमारा सबसे महती लक्ष्य है भारतीय पारम्परिक, धार्मिक, ग़ैर–पाश्चात्य संस्कृति का पुनरुद्धार। यहाँ हमारे मूल्यों में ह्रास के लिए ज़िम्मेवार तत्त्वों को 'पश्चिम', 'बाहरी' और 'दूसरों' में खोजा जा सकता है और दोषी क़रार किया जा सकता है। एक जाने–माने पर्यावरण कार्यकर्ता और लेखक शुभू पटवा अपनी किताब में तर्क देते हैं : *'प्रकृति पर विजय एक पश्चिमी मिसाल है। भारतीय परिप्रेक्ष्य में मनुष्य प्रकृति का स्वामी नहीं बल्कि उसका पुत्र है। मनुष्य और प्रकृति के बीच हमारे रिश्तों को 'वन संस्कृति' कहा जा सकता है। वन संस्कृति हमारी भारतीय संस्कृति है। पर हम आज प्रकृति के बारे में अपनी समझदारी में गम्भीर रूप से चूक गये हैं।'*[60]

इसी तारतम्य में लेखक हमारे समाज में हमेशा से व्याप्त शान्ति, सौहार्द, एकता और भाईचारे की दुहाई देते हैं। पर आज हमारा सामाजिक जीवन मशीन और विज्ञान आधारित विकास के तहत तहस–नहस हो गया है। लेखक वेद, उप–वेद, वेदांग, वैदिक गणित और अन्य अनेक वैदिक साहित्यों का हवाला देकर इन्हें देश के आध्यात्मिक और पर्यावरणीय पुनर्जागरण के लिए ज़रूरी बताते हैं।

पर्या–जैविकीकरण मानता है कि हमारी पर्यावरण व्यवस्था विशिष्ट, प्राकृतिक और प्रकृति प्रदत्त होती है। इसी स्वर में प्रायः यह भी तर्क दिया जाता है कि हमारी विशिष्टता ग़ैर–विदेशी और कमतर लोगों, संस्कृतियों और मूल्यों के प्रवेश से प्रतिकूल प्रभावित होती है। यहाँ एक ख़ास सन्देश निहित है कि हमारे मस्तिष्क का प्रदूषण हमारा नहीं है बल्कि यह किसी 'दूसरे' का दिया हुआ है। भारतीय सामाजिक और सांस्कृतिक शरीर और सेहत के लिए कई 'आयात' नुक़सानकारी हैं। हमारी प्रकृति और पर्यावरण व्यवस्था की पवित्रता के लिए कई प्रदूषणकारी तत्त्व ख़तरनाक हैं। 'विदेशी संस्कृति और मूल्य' के प्रभाव की अवधारणा में इतना लचीलापन होना चाहिए कि इसमें लोग, देश, समूह, पौधे और प्रजाति तक शामिल हो जायें। यह विद्वेष पर्यावरण विषयों पर एक महत्त्वपूर्ण लेखक ओ.पी. द्विवेदी में नज़र आता है : *'हिन्दू आचार–विचार और धार्मिक मूल्य दूसरों के प्रति हमारे व्यवहारों और सभी प्राणियों एवं प्रकृति के साथ हमारे सम्बन्धों को प्रभावित करता है। यदि किसी कारण से–ज़ोर–ज़बर्दस्ती*

थोपकर या युद्ध/हमला करके–हमारे समाज के महान मूल्यों को दूसरे समाज के इतर मूल्यों से विस्थापित किया जाता है, तो लोगों का अपने पूर्व की सांस्कृतिक परम्पराओं में विश्वास डगमगा जाता है।[61]

(III) पर्या–प्राकृतिकीकरण : सामाजिक परिघटनाओं के प्राकृतिकीकरण की प्रवृत्ति–समाज को प्रकृति की शब्दावली या अर्थों में समझना–का एक लम्बा इतिहास है। इस प्रवृत्ति का आधुनिक संस्करण है यह समझ कि सभी मानवीय गतिविधियों के गम्भीर पर्यावरणीय परिणाम होते हैं। कई पर्यावरणविदों ने तर्क दिया है कि मानवीय गतिविधियों के पर्यावरण दुष्प्रभावों को समझने में हमारी असफलता के कारण यह ग़लत समझदारी सर चढ़ी है कि मनुष्य प्रकृति से ऊपर और मज़बूत है। इसके बजाय हमें मानवजाति को प्रकृति में निहित समझना चाहिए–ऐसा जैविक प्राणी जो प्रकृति के अन्य जैविक प्राणियों और उनकी जीवन प्रक्रियाओं से मिलता–जुलता है। यह प्रतिपादन काफ़ी अस्पष्ट और सन्दिग्ध है कि मनुष्य प्रकृति के अंग हैं और पर्यावरणीय सरोकारों से राजनीति प्रेरित होनी चाहिए। इस प्रतिपादन को राजनीतिक मानक के तौर पर मुख्यतः दो तरह से देखा जा सकता है : पहला, नियमित करने वाले आदर्श और दूसरा, एक सर्वव्यापक विश्व दृष्टि। पहले नज़रिये के अनुसार राजनीति को पर्यावरण विज्ञान की तवज्जो देनी चाहिए और इस प्रकार राजनीति के सिद्धान्त और व्यवहार में पर्यावरण सरोकार शामिल होने चाहिए। इसके बरअक्स दूसरे नज़रिये का मानना है कि पर्यावरण विज्ञान प्राकृतिक विश्व की एक नयी अन्तर्दृष्टि देता है और मनुष्य प्रकृति में निहित है, इसलिए पर्यावरण का ज्ञान और शिक्षण अनिवार्यतः राजनीति का आधार होना चाहिए। यह नज़रिया सामाजिक और राजनीतिक परिघटनाओं के प्राकृतिकीकरण के द्वारा पर्यावरण ज्ञान को एक सर्वव्यापक विश्वदृष्टि के रूप में देखता है। यहाँ पर्यावरण एक महा–विज्ञान है जो बताता और बनाता है, जो क्रिया और कर्ता है। इसलिए प्रकृति को सामाजिक व्यवस्था के लिए एक आदर्श की तरह देखा जाता है–ऐसा आदर्श जिसके सामने मनुष्यों को नमन करना चाहिए, क्योंकि प्रकृति में ग़लती या दोष नहीं है।

इस प्रकार का पर्या–प्राकृतिकीकरण पर्यावरण और हिन्दू राष्ट्रवादी विमर्श, दोनों में नज़र आता है। यह इस विचार के साथ गहरे जुड़ा हुआ है कि राष्ट्र ख़ुद भी प्रकृति से उत्पन्न हुआ है। ऐसे विचार केवल पर्यावरण सम्बन्धी लेखों और विचारों में ही व्यक्त नहीं होते बल्कि सामाजिक

सम्बन्धों की व्याख्या करने वाली अकादमिक अवधारणाओं में भी मिलते हैं। सबसे मार्के की अवधारणा यह है कि पर्यावरण संरक्षण और जीवन का संरक्षण, दोनों के लिए प्राकृतिक क्रम और प्रणाली सर्वश्रेष्ठ है। यहाँ मेरा मतलब यह है कि एक बेहतर जीवन के लिए विकास की रणनीति बनाते हुए हिन्दू राष्ट्रवादी न केवल मज़बूती के साथ मानव जीवन को प्रकृति की एक अभिव्यक्ति बताते हैं बल्कि सामाजिक व्यवस्था के प्राकृतिकीकरण को भी उचित ठहराते हैं। उनकी मान्यता है कि प्रकृति के कुछ मौलिक सिद्धान्त हैं, जैसे–पुनर्प्रयोग, सहजीविता, प्रतिजीविता और स्थायित्व और हमारी सारी मानवीय गतिविधियाँ, जैसे–कृषि, उद्योग, सामाजिक संगठन, आदि इन प्राकृतिक मौलिक सिद्धान्तों के अनुरूप होने चाहिए। शैलेन्द्रनाथ घोष लिखते हैं : 'हमें विकास की व्याख्या इन सन्दर्भों में करनी चाहिए (I) स्वास्थ्यवर्द्धक खाद्य, अप्रदूषित हवा और पानी, स्वच्छ वस्त्र और आवास आदि की सार्वजनिक पहुँच, (II) उत्पादकता बढ़ाते हुए प्राकृतिक संसाधनों का संरक्षण, (III) हर इलाक़े, क्षेत्र और देश की आत्मनिर्भरता और क्षमताओं का अधिकतम उपयोग, साथ–ही–साथ पर्यावरण संसाधनों का अच्छा उपयोग, (IV) व्यक्ति, परिवार और समाज के बीच सामंजस्य, (V) हर पौधे और पशु प्रजाति का संरक्षण क्योंकि हर प्रजाति प्रकृति के जीवन शक्ति की अभिव्यक्ति है और उसे अपने अस्तित्व का पूरा अधिकार है। साथ ही अचेतन पर्यावरण का पूरा संरक्षण जो हमारे जीवन की ख़ास रक्षा करता है। और (VI) सम्पूर्ण, बहुआयामी, सन्तुलित, व्यापक मस्तिष्क वाले पुरुष और स्त्री का विकास।'[62]

इसी लेखक ने एक अन्य लेख में कहा है कि मनुष्य–प्रकृति सम्बन्ध और जीवन के संरक्षण पर ज़ोर वास्तव में सनातन धर्म में अन्तर्निहित सिद्धान्तों के अनुरूप है जिसमें मनुष्य को प्रकृति का एक अंग माना जाता है। मनुष्य पर्यावरण सुरक्षित जीवन तभी जी सकता है जब वह प्रकृति की स्थिति स्वीकार करता है।[63] यह तर्क दिया गया कि एक समुचित पर्यावरण नैतिकता ही मानव जीवन के बचाव की एकमात्र गारंटी है। हमारी प्राकृतिक व्यवस्था ख़ुद–ब–ख़ुद हमें इस बात के महत्त्व का अहसास कराती है कि प्रकृति, संस्कृति और जीवन का संरक्षण एक–दूसरे से पूरी तरह घुले–मिले हुए हैं। ऐसे संरक्षण के लिए हमें प्रकृति और प्राकृतिक व्यवस्था को अकेला छोड़ देना चाहिए; मानवीय हस्तक्षेप से यह व्यवस्था भ्रष्ट होती है जबकि प्रकृति में अपने जख़्म भरने और ऊर्जा नवीनीकरण

करने की ख़ुद ही अपार क्षमता है। अतीत में हिन्दू संस्कृति, परम्परा और संस्कार ने इस ज्ञान का आत्मसात किया था और इसलिए सदियों तक हमारा प्राकृतिक सन्तुलन संरक्षित और सुरक्षित रहा था।[64]

कुछ अन्य पर्यावरण लेखकों ने वेद और उपनिषद् के लगातार सन्दर्भों से एक जीवनातीत ब्राह्मण को सर्वोच्च सत्ता क़रार किया है जो कि इस ब्रह्माण्ड की उत्पत्ति के कारक हैं। ब्राह्मण को 'जीवन' और चेतन कहा गया है और वे मनुष्यों के प्राकृतिक जीवन से सम्बन्धों का आधार बनाते हैं। धर्म, प्राकृतिक दुनिया, दैविक शक्तियाँ और शुद्ध पदार्थों से मनुष्य निर्मित होता है और जीवित रहता है; यही मानव जाति को प्राण, जीवन शक्ति, ऊर्जा, आभा और स्वास्थ्य देते हैं। हमें निश्चिततः प्रकृति का पालन करना चाहिए क्योंकि 'प्रकृति की महत्ता एक जीवनातीत, भावातीत सिद्धान्त से निक़लती है जिसका मस्तिष्क प्रकृति में व्यक्त होता है। यही परम ज्ञान का दर्शन होता है।'[65] इस प्रकार की समझदारी के तहत प्रकृति और हमारा अतीत एक–दूसरे के पर्याय हैं : प्राचीन भारत में प्रकृति और प्राकृतिक व्यवस्था बेहद गौरवशाली थे जिसका एक समृद्ध प्राकृतिक पर्यावरण था। हमारी प्राचीन संस्कृति से हमारी अद्वितीय प्रकृति पैदा हुई, और इस प्रकृति ने महान लोग और महान धर्म को पोषित किया। प्रकृति ने देश, संस्कृति और लोग बनाये, यहाँ तक कि 'धर्म वह है जो प्रकृति के अनुसार है, अधर्म वह है जो प्रकृति के विरुद्ध है।'[66]

इस असन्तुलन का कौन ज़िम्मेवार है जो आधुनिकता के साथ आयी है? यहाँ पर्या–प्राकृतिकीकरण पर्यावरण के दुश्मनों की ख़ास पहचान करता है। वे हैं : अप्रवासी, प्रवासी, अल्पसंख्यक और दलित। एक तरफ़ बहुसंस्कृतिवाद और अप्रवासन और दूसरी तरफ़ पर्यावरण विध्वंस–दोनों एक–दूसरे के साथ मिलकर एक बड़ा ख़तरा पेश करते हैं। सामाजिक स्तर पर स्वच्छता एक अन्य गम्भीर समस्या है जिसमें सबसे बड़ी रुकावट डालते हैं अशुद्ध, प्रदूषित और गन्दे लोग। इस संकट का सामना करने के लिए एक नये आक्रामक, आत्मविश्वासी देशभक्त, साथ–ही–साथ प्रदूषण से मुक्त आबादी की ज़रूरत है। इस तर्क के अन्तर्गत बहुसांस्कृतिक समाजों को सन्देह की नज़र से देखा जाता है क्योंकि यह देशी पहचान के जातीय–सांस्कृतिक आधार की संकीर्ण अवधारणा के दूर जाती है। यह भारत के लोगों और उनके पर्यावरण के बीच एक प्राकृतिक एकता के सिद्धान्त का उल्लंघन करती है। उदाहरण के लिए, पर्यावरण क्षरण के

बारे में चर्चा करने वालों का एक हिस्सा प्रवासियों पर ज़ोर देता है। यह कहा जा सकता है कि प्रवासियों और अप्रवासियों के बारे में शत्रुतापूर्ण शब्दावली कुछ पर्यावरणवादियों की भी भाषा है; जैसे–उनका तर्क है कि पश्चिमी घाट में शिमोगा और दक्षिन कन्नड़ ज़िलों के जंगलों के भारी विनाश के लिए केरल की प्रवासी आबादी ज़िम्मेवार है। यह आबादी सीरियन ईसाई है जिन्होंने कथित जैसे–तैसे तरीक़ों से जंगल और ख़ाली राजस्व ज़मीन पर कब्ज़ा किया है। सीरियन ईसाई आबादी को ऐसा धूर्त समुदाय बताया जाता है जिसने साम, दाम, दण्ड, भेद, हर प्रकार की चाल चलकर यह ज़मीन हथियाई हुई है। और इस काम में उन्हें मिशनरियों की पूरी मदद मिलती है : 'शिमोगा स्थित शान्तिनिकेतन नामक मिशनरी संस्थान की भूमिका काफ़ी प्रमुख है जिसने केरल से लोगों के पलायन और उनके वन और राजस्व भूमि पर कब्ज़े को अंजाम दिया है।'[67] पर्यावरण का विनाश करने वालों को विदेशों, ख़ासकर अमेरिका से, धन मिलता है। उनका असली मक़सद हिन्दुओं को ईसाई बनाना है। हम देशवासियों को विदेशियों के ख़िलाफ़ जागरूक होना होगा : 'जागरण–स्थानीय लोगों को धीरे–धीरे ग़ैर–क़ानूनी कब्ज़े और वन विनाश का मतलब और इसके ख़तरों का अहसास हो रहा है। वे इस ख़तरे के ख़िलाफ़ संघर्ष के लिए तैयार हो रहे हैं। *अप्पिको* (चिपको की तरह) आन्दोलन, वृक्ष समरक्षीसी वेदिक (वृक्ष बचाओ मंच), परिसरा संरक्षण वेदिक, हिन्दू जागरण वेदिक, आदि कुछ प्रमुख संगठन हैं जो जन आन्दोलनों की अगुआई कर रहे हैं। उन्होंने सभाएँ, जुलूस, धरना करके राज्य पर इस ख़तरनाक चीज़ को रोकने का दबाव बनाया है। उन्होंने उजड़ते हुए जंगलों को ध्यान में रखकर 'वृक्ष रक्षा आन्दोलन' जैसे सकारात्मक परियोजनाओं के ज़रिये लाखों पौधारोपण किया है। लोगों को शिक्षित करना भी इस आन्दोलन का एक हिस्सा है।'[68]

हिन्दू आबादी में कथित गिरावट का भी हवाला दिया जाता है। यह तर्क है कि मुस्लिम हिन्दुओं की तुलना में ज़्यादा बच्चे पैदा करते हैं और यह पिछले सैकड़ों सालों से चला आ रहा है। आबादी का ऐसा विस्फोट प्राकृतिक संसाधनों के लिए ख़तरनाक है : 'मुस्लिम कट्टरपन्थियों को जो मुस्लिम समुदाय के हितों के लिए हमेशा हंगामा मचाते रहते हैं, यह जवाब देना चाहिए कि यह समुदाय हिन्दुस्तान का एक अभिन्न अंग होने के बावजूद राष्ट्रीय हितों की रक्षा करने और देश के संसाधनों का क्षरण रोकने में असफल रहा है।'[69]

पर्यावरणवादियों का एक हिस्सा और हिन्दू राष्ट्रवादी जाति के आख़िरी पायदानवाले 'अशुद्ध' और 'प्रदूषित' लोगों के पर्यावरण प्रभाव को लेकर भी आशंकित रहते हैं। ऊपरी पायदान के लोगों की तुलना में निचली पायदान के लोग वैसे भी निरर्थक और निकम्मे समझे जाते हैं। इससे कहीं ज़्यादा उनके 'ग़लत' पेशे, आदतों और व्यवहारों की तुलना ऊँची जातियों से की जाती है जिन्हें पर्यावरण का रक्षक और उद्धारक बताया जाता है। ऊँची जातियों की नीची जाति लोगों को सुधारने और विकसित करने की भी ज़िम्मेवारी रहती है। यह सुझाव दिया जाता है कि पर्यावरण संरक्षण के लिए निम्न, कमतर लोगों को अपनी रोज़ाना की ज़िन्दगी में महत्त्वपूर्ण बदलाव करने की ज़रूरत है। प्रकृति और वैदिक उच्च–वर्णीय संस्कृति के बीच अन्योन्याश्रय सम्बन्धों पर ज़ोर देते हुए लेखक उमेश राठौर पर्यावरण संरक्षण के लिए सर्वश्रेष्ठ आदर्श और मॉडल विधवा, ब्राह्मण और ब्रह्मचारी को मानते हैं। वह स्पष्ट करते हैं कि ब्राह्मण कोई एक विशेष जाति नहीं दर्शाता है बल्कि ज्ञानवान लोगों का प्रतीक है। पर वह काफ़ी ज़ोरदार तरीक़े से वर्ण, जाति और रक्त में किसी प्रकार के मिश्रण का विरोध करते हैं। वह क्षत्रिय जाति का उदाहरण देते हैं जो अपनी जाति नाम–धाम के अनुसार देश के लिए राष्ट्रप्रेम, साहस और बलिदान जैसे गुण विरासत में पाते हैं। पर्यावरण और चरित्र में ह्रास देखते हुए लेखक निष्कर्ष निकालता है : *'वंशानुक्रम और प्रकृति से आये हुए सकारात्मक जातीय गुण हमें अपनी ताक़त और प्रेरणा समझने और विकसित करने के लिए काफ़ी महत्त्वपूर्ण तत्त्व हैं।'*[70]

एक प्रसिद्ध सामाजिक संगठन और आन्दोलन सुलभ इंटरनेशनल के उदाहरण के ज़रिये जो मैला ढोनेवालों और मेहतरों की मुक्ति के लिए कार्यरत है, हम उपरोक्त विभिन्न प्रवृत्तियों का जटिल मिश्रण देख सकते हैं। संगठन के मेहतर मुक्ति कार्यक्रमों और विचारों में पर्या–जातिवरण, पर्या–जैविकीकरण और पर्या–प्राकृतिकीकरण के विभिन्न तत्त्व मिलते–जुलते रहते हैं। भारतीय पर्यावरणवाद का यह अस्त–व्यस्त चित्र सुलभ में देखा–समझा जा सकता है जहाँ जाति–अन्धता, या ब्राह्मणवादी हिन्दू आस्था के उपलक्षित समर्थन को सामाजिक परिवर्तन के लिए शौचालय के महत्त्व के साथ जोड़कर अंजाम दिया जाता है।

3. सुलभ इंटरनेशनल सामाजिक संस्थान : मलिन दृष्टि और हिन्दू धर्म का पुनर्गठन

'आज की ज़रूरत है हिन्दू धर्म की पुनर्खोज!'

–बिन्देश्वर पाठक[71]

भारत में मैला ढोने की प्रथा को मुख्यतः एक सामाजिक समस्या के रूप में देखा गया है। पर इसे अब पर्यावरण सरोकारों से भी काफ़ी हद तक जोड़ा जा रहा है। इसका एक मुख्य कारण यह है कि हमारा ध्यान स्वच्छता पर काफ़ी केन्द्रित हुआ है। यह कहा गया है कि मैला ढोने के पारम्परिक तरीक़े से भूमि और भूजल प्रदूषित होते हैं। इससे पर्यावरण अ–स्वास्थ्यकर होता है, बीमारियाँ होती हैं, प्रदूषित पानी नदियों और झीलों में जाकर जलीय जीवन के लिए ख़तरा पैदा करते हैं और मेहतरों और अन्य लोगों के स्वास्थ्य पर भी प्रतिकूल प्रभाव डालते हैं। इस सोच का मज़बूत आधार है कि मानवता के जैव तत्त्वों और अवशेषों को, जो कि प्रकृति के हिस्से हैं और जाति एक सामाजिक निर्धारक के साथ अस्तित्ववान है, अपनी समझदारी में शामिल करके हम पर्यावरणवाद का दायरा बढ़ा सकते हैं। यहाँ मुख्य ध्यान मनुष्य की जैविक प्रकृति पर है और यह प्राकृतिक संसाधनों पर लोगों की पहुँच या अधिकार के सवाल तक सीमित नहीं है। मैला ढोने की व्यवस्था की प्रकृति, दिशा और इसमें परिवर्तन की रफ़्तार केवल सांगठनिक या प्रौद्योगिकी के स्तर पर निर्भर नहीं करती है बल्कि इसमें सामाजिक और शारीरिक पर्यावरण सम्बन्धी परिस्थितियों की भी महत्त्वपूर्ण भूमिका होती है। मानव के जीव विज्ञान को प्रभावित करने वाले कई जटिल कारकों में सामाजिक कारक अग्रणी है। इस सन्दर्भ में विकसित पर्यावरणवाद में कई सामाजिक और सामाजिक परिस्थिति निर्मित प्रक्रियाओं में लोगों के विभिन्न जैविक प्रतिक्रियाओं पर ध्यान दिया जाता है। भारत में मैला ढोने की व्यवस्था को एक पर्यावरण मुद्दा बताते हुए यह ज़ोर दिया जाता है कि 'हमारे आज के समय की यह ज़रूरत है कि हम हर जगह एक ऐसी जैव–संस्कृति विकसित करें जो सभी को बेहतर ज़िन्दगी दे।'[72]

देशभर में घर और बाहर सूखे शौचालयों और खुली नालियों से हाथों से मल और गन्दा निकाला जाता है। पारम्परिक रूप से मेहतर परिवारों की स्त्रियाँ रोज़ाना घरों और मुहल्लों से कूड़ा उठाती हैं और

इसे थैले या कनस्तर में भरकर बस्तियों के दूर–दराज डाल आती हैं। यह तरीक़ा सदियों पुराने सामन्ती और जाति आधारित रिवाज़ों पर आधारित है। मेहतर ज़्यादातर जाति पायदान की आख़िरी सीढ़ी पर आते हैं और ऐसे पेशों में संलग्न हैं जिन्हें उच्च जातियाँ कमतर और चाकरी मानती हैं। उनका जाति–आधारित पेशा उन्हें गन्दा और अस्पृश्य बनाता है, साथ–ही–साथ उनके साथ भारी भेदभाव बरता जाता है। औरतें सूखे शौचालय साफ़ करती हैं, औरत खुले शौच–स्थल, नाली और मोरी से गन्दा उठाती है, मर्द शारीरिक रूप से ज़्यादा भारी काम, जैसे सीवर और सेप्टिक सफ़ाई करते हैं। आज़ादी के बाद से ही देश की केन्द्र सरकार ने मेहतर प्रथा समाप्त करने के लिए कई क़ानूनी और नीतिपरक क़दम उठाये। इस कड़ी में छह सितम्बर 2013 को भारतीय संसद में पारित 'मेहतर रोज़गार प्रतिबन्ध और पुनर्वास अधिनियम 2013' में एक बार फिर मेहतरी प्रथा ख़त्म करने का संकल्प लिया गया। इसके सात महीनों बाद 27 मार्च, 2014 को भारत के सर्वोच्च न्यायालय ने फ़ैसला सुनाया कि देश के संविधान के तहत राज्य मैला ढोने की प्रथा समाप्त करने और सभी लोगों को पुनर्वासित करने के लिए कार्रवाई करनी चाहिए। 2013 अधिनियम में सरकार के तथ्यों और कई मौक़ाई सर्वेक्षणों से गुजरात, मध्य प्रदेश, महाराष्ट्र, राजस्थान, उत्तर प्रदेश और अन्य राज्यों में मेहतरी प्रथा के बदस्तूर जारी रहने की असलियत उजागर होती है। इससे पता चलता है कि कैसे हमारे क़ानून और नीतियाँ असफल रही हैं और कैसे जाति प्रथा की जड़ें इतनी गहरी हैं कि मेहतरों को निष्कृष्ट रोज़गार, भेदभाव और तिरस्कार की ज़िन्दगी से मुक्ति मुश्किल है।[73]

पत्रकार और लेखिका भाषा सिंह ने कोई एक दशक के शोध के बाद मेहतरों पर प्रकाशित पुस्तक में देश के ग्यारह राज्यों में उनकी गम्भीर स्थिति, साथ–ही–साथ संघर्षों का विस्तृत हवाला दिया है। सिंह ने अलग–अलग राज्यों में मेहतरों के लिए प्रचलित अलग–अलग नाम उल्लेखित किये हैं। ये नाम जातीय नाम नहीं हैं बल्कि वे कूड़ा और मल उठाने के लिए जिन उपकरणों का इस्तेमाल करते हैं, उनसे निकले हैं, यानी उन्हें उनके काम/उपकरण से जाना जाता है। उन्हें बंगाल में 'डब्बू–वाली', कानपुर में 'बाल्टी–वाली', बिहार में 'टिना–वाली', लखनऊ और उत्तर भारत के कई हिस्सों में 'कमई', हरियाणा और पंजाब में

'टोकरी–वाली', आन्ध्र प्रदेश और कर्नाटक में 'थोटीकर' (कूड़ादान), उड़ीसा में 'पाकी' या 'पेट्टी' (मल) और कश्मीर में 'वाटल' कहते हैं।[74]

भारतीय राजनीतिक और सामाजिक इतिहास में भंगी (मेहतर), मल उठाने और निबटाने के गन्दगी–भरे पेशे, पारम्परिक पेशे से उनकी मुक्ति और पुनरुद्धार और इससे सम्बन्धित स्वच्छता और जाति व्यवस्था, कम बजट वाली स्वदेशी सफ़ाई व्यवस्था, पवित्रता और प्रदूषण जैसे सवालों पर तेज़–तर्रार राजनीतिक बहस और सामाजिक संघर्ष हुए हैं। कई प्रकार से महात्मा गाँधी इन बहसों और गतिविधियों के प्रतीक रहे हैं और उनके विचारों, सरोकारों और समाधानों को काफ़ी उद्धृत और विश्लेषित किया गया है।[75] विजय प्रसाद ने दिल्ली के मेहतरों के डेढ़ सौ सालों के घटनापूर्ण इतिहास में काफ़ी कुछ बताया है–उनकी शुरुआत, उनके मिथक, औपनिवेशिक नीतियाँ, राष्ट्रीय बहस, संगठन, शहरी पलायन, ट्रेड यूनियन, हड़ताल, आन्दोलन, आदि। वह बताते हैं कि किस प्रकार इस अस्पृश्य जाति की पहचान ऐतिहासिक रूप से निर्मित और संक्रमित हुई है–यह पहले इकहरे तौर पर शहरी 'मेहतर' सफ़ाई करने वाले के रूप में पहचाने जाते थे, फिर एक विशेष जाति 'चूड़ा' के रूप में, फिर शहरी शब्दावली में एक 'सफ़ाईकर्मी' के रूप में, फिर धर्म आधारित 'वाल्मीकि', फिर गाँधी के 'हरिजन' और अन्ततः राष्ट्र–राज्य के एक 'नागरिक' के रूप में इनकी पहचान हुई।[76] गाँधी और अम्बेडकर के बीच भंगी बहस और वार्तालाप का एक गम्भीर विषय थे। गाँधी मेहतरी व्यवस्था को किसी भी प्रकार की सेवा का एक आदर्श पैमाना मानते थे और उन्होंने एक 'आदर्श भंगी' के लिए कई प्रकार के विशेष शैक्षणिक और व्यावहारिक गुण भी सुझाये थे।

इसके विपरीत अम्बेडकर ने ऐसे अपमानजनक और निकृष्ट पेशे को किसी प्रकार के सेवा के आदर्श से जोड़ने की कड़ी आलोचना करते हुए इसे 'अत्याचार और असहाय वर्गों पर एक कठोर मज़ाक़ बताया।'[77] उन दोनों के बीच मतभेद की जड़ें वास्तव में उनके जाति, अस्पृश्यता, परम्परा और हिन्दू धर्म आदि विषयों पर परस्पर विरोधी विचारों में निहित हैं। आज के सन्दर्भ में यह नव–हिन्दूवाद और मौलिक परिवर्तनकामी दलित विचार के बीच का मतभेद कहा जा सकता है। अस्पृश्यता के मुखर आलोचक होने के बावजूद गाँधी जाति व्यवस्था या वर्णाश्रम धर्म के समर्थक और रक्षक थे : 'मेरी मान्यता है कि यदि हिन्दू धर्म अडिग रहा

है तो इसलिए कि यह जाति प्रथा पर आधारित है...जाति व्यवस्था ख़त्म करने और पश्चिमी यूरोपीय सामाजिक व्यवस्था स्वीकारने का मतलब है कि हिन्दू वंशानुगत पेशे के सिद्धान्त को त्याग दें जोकि जाति व्यवस्था का मर्म है। वंशानुगत सिद्धान्त एक शाश्वत सिद्धान्त है। इसे बदलने का मतलब है अराजकता लाना।'[78]

इसके विपरीत अम्बेडकर लिखते हैं :

'जाति व्यवस्था जैसी कोई दूसरी निकृष्ट सामाजिक व्यवस्था नहीं हो सकती है...यह ऐसी व्यवस्था है जो लोगों को उपयोगी काम करने में निरुपाय, असहाय और अपाहिज बनाती है।'[79]

इस सन्दर्भ में कई अध्येताओं ने अम्बेडकर–गाँधी विवाद के विभिन्न पहलुओं की ओर हमारा ध्यान दिलाया है। जैसे सुभाष पलसीकर कहते हैं : *'यद्यपि गाँधी ने अस्पृश्य 'भाई' के लिए 'हरिजन' शब्द का इस्तेमाल किया, वह मजबूरी से इस बात को स्वीकार करने से मना करते थे कि हिन्दू समाज में अन्याय की जटिल संरचना को समझने के लिए जाति–आधारित विभेद को वास्तव में एक विश्लेषणात्मक श्रेणी बनाया जा सकता है। अम्बेडकर ने अस्पृश्य और हिन्दू जाति के बीच के विभेद को बताया, उन्होंने सवर्ण और अवर्ण की श्रेणियाँ इस्तेमाल करने की सम्भावना को सुझाया जिसमें अवर्णों में अस्पृश्य, आदिवासी, जनजाति, आदि शामिल हो सकते हैं।'*[80]

1970 के दशक से देशभर में कई सरकारी और ग़ैर–सरकारी संगठन मैला ढोने–साफ़ करने की प्रथा समाप्त करने और मेहतरों के पुनर्वास के लिए अभियान, आन्दोलन कार्यक्रम, शौचालय और सफ़ाई व्यवस्था के नये मॉडल और प्रबन्ध में सक्रिय हैं। 1990 के दशक में मदीगा समुदाय के बेजवाड़ा विल्सन ने सफ़ाई कर्मचारी आन्दोलन की शुरुआत की जिसने इस मुद्दे पर व्यापक और विविध पहल की है : *सूखे शौचालयों को नष्ट करना, मेहतर समुदाय को इस पारम्परिक पेशे के ख़िलाफ़ संगठित और आन्दोलित करना, केन्द्र और राज्य स्तर पर अधिनियम के उल्लंघन के ख़िलाफ़ साक्ष्य प्रस्तुत करना, आदि।*[81] आन्दोलन ने 2015–16 में देशभर में मैला ढोने की प्रथा के बदस्तूर जारी रहने और मेहतरों की समस्याओं के ख़िलाफ़ 'भीम यात्रा' निकाली–यात्रा 10 दिसम्बर, 2015 को असम में शुरू हुई और 14 अप्रैल, 2016, अम्बेडकर के 125वें जन्मदिन पर दिल्ली में ख़त्म हुई। 30 राज्यों में 125 दिन और 35,000 किलोमीटर की यात्रा

के दौरान मुख्य नारा था 'हमारी हत्या बन्द करो!' जिसमें सूखे शौचालय, सीवर, सेप्टिक टैंक और मेहतरी के सवाल उठाये गये। आन्दोलन ने यह भी माँग उठाई कि 'भारत सरकार सफ़ाई कर्मचारी समुदाय के साथ ऐतिहासिक अन्याय और मेहतर बनाकर सदियों के अपमान के लिए माफ़ी माँगे' और 'बग़ैर देर या स्थगन के तत्काल मेहतरी प्रथा ख़त्म करे।'[82] आन्दोलन के राष्ट्रीय संयोजक बेजवाड़ा विल्सन ने बताया कि 'ख़ाली हाथों से मानव मल निबटाने और बग़ैर किसी सुरक्षा उपकरण के सीवर की सफ़ाई के काम में पिछले दो सालों में 1268 लोगों की मौत हुई है।'[83]

बिन्देश्वर पाठक ने 1970 के दशक में सुलभ इंटरनेशनल, सुलभ शौचालय की योजना और मेहतरी प्रथा समाप्त करने के लिए राष्ट्रीय गरिमा अभियान की शुरुआत की। सुलभ इंटरनेशनल मेहतरों की मुक्ति और पुनर्वास और स्वच्छता सम्बन्धी कार्यक्रमों और विचारों के लिए देश का एक अग्रणी संगठन बन गया है। पहले तो इसकी शुरुआत बिहार राज्य के कुछ इलाक़ों में हुई, फिर यह देश के विभिन्न राज्यों में विकसित हुआ।

(I) सुलभ और बिन्देश्वर पाठक : एक रूपरेखा

'एक व्यक्ति का मलमूत्र दूसरे व्यक्ति के सर का बोझ नहीं बन सकता।'

–बिन्देश्वर पाठक[84]

बिन्देश्वर पाठक और सुलभ, दोनों ही राष्ट्रीय और अन्तरराष्ट्रीय स्तर पर काफ़ी चर्चित और प्रकाशित हैं। कई पर्यावरण लेखकों, पत्रकारों और संगठनों और ख़ुद पाठक और सुलभ ने मेहतर, स्वच्छता, सफ़ाई, सफलता, योगदान, आदि के बारे में काफ़ी कुछ लिखा और प्रकाशित किया है। सुलभ इंटरनेशनल सोशल सर्विस ऑर्गनाइजेशन का अपने बारे में कहना है : '1970 में डॉ. बिन्देश्वर पाठक द्वारा स्थापित एक ग़ैर–सरकारी स्वैच्छिक सामाजिक संगठन जो मेहतरों की मुक्ति के लिए गाँधीवादी विचारधारा के प्रति प्रतिबद्ध है। सुलभ मेहतरों के ख़िलाफ़ अस्पृश्यता और भेदभाव समाप्त करने के लिए सक्रिय है–भारतीय समाज का वह हिस्सा जो अपने हाथों से मानव मल साफ़ करने और उठाने के लिए अभिशप्त है। सुलभ आर्थिक रूप से फ़ायदेमन्द सफ़ाई व्यवस्था, मेहतरों की मुक्ति, समाज के सामाजिक रूपान्तरण, पर्यावरण प्रदूषण के

नियन्त्रण और ग़ैर–पारम्परिक ऊर्जा स्रोतों के विकास कार्य, आदि क्षेत्रों में सफलताओं के लिए उल्लेखनीय है।'[85]

संयुक्त राष्ट्र मानव विकास कार्यक्रम की मानव विकास रिपोर्ट में कहा गया है : 'भारत में काफ़ी मल–त्याग अभी भी खुले में होता है। पर ग़ैर–सरकारी संगठन सुलभ इंटरनेशनल के अग्रगामी कार्यक्रमों ने दिखाया है कि मानव अवशेषों का अच्छी तरह और सामाजिक स्वीकृत तरीक़ों से निबटारा हो सकता है। सुलभ का काम स्थानीय सरकारों के साथ सहकार और जनभागीदारी पर आधारित है। इससे ग्रामीण और शहरी झुग्गी–झोपड़ी जिनमें ग़रीब रहते हैं, के पर्यावरण में काफ़ी सुधार हुआ है।'[86]

सुलभ की उपलब्धियाँ बहुआयामी हैं–कई क्षेत्रों और मुद्दों पर। दो–पिट, फ्लश, और कम्पोस्टवाला शौचालय जो सुलभ शौचालय के नाम से प्रसिद्ध है। इस शौचालय में मेहतरों के सफ़ाई की ज़रूरत नहीं होती–साथ ही, आर्थिक रूप से सस्ता, समुचित तकनीक और सामाजिक स्वीकृति। संगठन का दावा है कि देशभर में ऐसे 12 लाख शौचालय बनाये गये हैं और इससे दस लाख से ज़्यादा मेहतर मुक्त हुए हैं। सफ़ाई के क्षेत्र में सुलभ का एक और प्रसिद्ध योगदान है–सार्वजनिक स्थलों और झुग्गी बस्तियों में 'उपयोग और भुगतान' के आधार पर सुलभ शौचालयों का निर्माण और रख–रखाव। संगठन के अनुसार देशभर में ऐसे कोई 8000 सार्वजनिक शौचालयों का निर्माण और रख–रखाव किया गया है और 200 बायोगैस प्लांट बनाये गये हैं। सार्वजनिक शौचालयों से बायो–गैस का निर्माण और मानव मल और अवशेषों का पुनर्चक्रण भी सफ़ाई और सामुदायिक स्वास्थ्य के क्षेत्र में सुलभ की एक महत्त्वपूर्ण उपलब्धि है।[87] डॉ. पाठक को दिये गये राष्ट्रीय–अन्तर्राष्ट्रीय पुरस्कारों और महत्ताओं की सूची ख़ासी लम्बी है–पद्म भूषण, दुबई अन्तर्राष्ट्रीय पुरस्कार, बाबू जगजीवन राम पुरस्कार, इन्दिरा गाँधी पर्यावरण पुरस्कार, स्टॉमहोम पानी पुरस्कार, आदि–आदि।[88] विश्व बैंक, विश्व स्वास्थ्य संगठन, संयुक्त राष्ट्र विकास कार्यक्रम, यूनीसेफ जैसे कई अन्तरराष्ट्रीय संगठनों ने सुलभ को विकासशील देशों में सफ़ाई और स्वच्छता सम्बन्धी कई परियोजनाएँ दी हैं। सुलभ ने कई ग़ैर–सरकारी संगठनों को प्रशिक्षित किया है। सुलभ का काम नेपाल, अल्जीरिया, केन्या, तंजानिया, श्रीलंका और भूटान जैसे देशों में लगातार बढ़ रहा है और इसका उद्देश्य है कि 2025 तक कम–से–कम 20 विकासशील देशों में शाखाएँ स्थापित की जायें।

सुलभ का सांगठनिक कलेवर भी काफ़ी प्रभावशाली है और इसके विस्तार और विशालता की जानकारी देता है। देश के हर राज्य और केन्द्र शासित प्रदेशों में इसकी शाखाएँ हैं–2005 में 1,075 शाखाएँ थीं। इसके 19,830 सम्बद्ध सदस्य हैं–सामाजिक कार्यकर्ता, प्रशासक, नियोजक, इंजीनियर, वैज्ञानिक, वास्तुशिल्पी, समाजशास्त्री और अर्थशास्त्री जो मासिक वेतनभत्ता पाते हैं। इसके और विस्तार में जायें तो इनमें 65 सेवानिवृत्त अधिकारी जिनमें भारतीय प्रशासनिक सेवा के अधिकारी और मुख्य इंजीनियर हैं, 148 एम.टेक. स्नातक इंजीनियर, 341 स्नातकोत्तर, 2,328 स्नातक, 7,438 माध्यमिक से ऊपर और 9,510 दसवीं कक्षा या उसके नीचे हैं। इसके अलावा, कोई 10,000 ज़मीनी कार्यकर्ता हैं।[89]

सुलभ शौचालय संस्थान (जिसका क़ानूनी नाम सुलभ इंटरनेशनल सोशल सर्विस ऑर्गनाइजेशन है और यह एक ग़ैर–सरकारी संगठन के रूप में पंजीकृत है।) के बारे में काफ़ी प्रशंसनीय, और एक–दूसरे से मिलते–जुलते प्रकाशन हैं। इन सारे वर्णनों में डॉ. पाठक केन्द्रीय हैं जिन्होंने समाजशास्त्र और अंग्रेज़ी में एम.ए. और 'मेहतरों की मुक्ति और कम लागत वाली सफ़ाई व्यवस्था' पर शोध किया। 1969 में पटना के गाँधी जन्म शताब्दी समारोहों में वाल्मीकि मुक्ति प्रकोष्ठ में एक प्रचारक के रूप में काम करने के अनुभवों से सुलभ की शुरुआत हुई। यहाँ डॉ. पाठक का रोज़ाना काम था मेहतरों से सम्पर्क साधना और उनकी समस्याओं और यन्त्रणाओं का निराकरण करना। इसी समय बिहार सरकार ने सभी स्थानीय निकायों को निर्देश दिया था कि वे महात्मा गाँधी को श्रद्धांजलि के तौर पर सभी बाल्टीवाले शौचालयों को हाथ से फ्लश वाले शौचालयों में तब्दील करें और उन्हें या तो सीवर लाइन या पिट से जोड़ें। पर गाँधी शताब्दी समारोह और सरकारी निर्देश, दोनों ही असफल हुए। इस पृष्ठभूमि में बिहार में सुलभ की स्थापना हुई जिसने सूखे शौचालयों की जगह दो पिट–फ्लश की तकनीक वाले 'सुलभ शौचालय' का निर्माण शुरू किया। एक लेखक के अनुसार : 'इस आन्दोलन की एक छोटी–सी शुरुआत उत्तर बिहार के छोटे, गँदले शहर आरा से हुई जहाँ एक झोंपड़ी में संस्थान की पहली बैठक हुई। इसमें सात लोग शरीक हुए जिन्होंने नीतियों, लक्ष्यों, कार्यक्रमों की रूपरेखा बनाई।'[90]

शुरू में सुलभ ने छह राज्यों–बिहार, उत्तर प्रदेश, मध्य प्रदेश, पश्चिम बंगाल, उड़ीसा और आन्ध्र प्रदेश में काम शुरू किया। प्रौद्योगिकी के

अमल और प्रबन्ध के ज़रिये मल निबटाने के लिए मेहतरों और मेहतरी की समाप्ति पर ध्यान दिया गया। पारम्परिक शौचालयों में जहाँ फ्लश के लिए 10 से 15 लीटर पानी की ज़रूरत होती है, इस व्यवस्था में 1.5 से 2.00 लीटर पानी चाहिए था। कम–लागत वाली सफ़ाई व्यवस्था–शौचालय से पारम्परिक मेहतर–चालित शौचालय समाप्त हुए, तो स्वाभाविक तौर पर काफ़ी संख्या में अपने सरों पर मैला ढोने वाले मेहतरों की मुक्ति के रास्ते खुले। साथ–ही–साथ डॉ. पाठक ने यह भी सोचा कि ऐसे सार्वजनिक शौचालय इस्तेमाल करने वाले लोगों से कुछ शुल्क लेकर इन शौचालयों की एक नियमित प्रबन्ध व्यवस्था बनाई जाये। इसका अच्छा नतीजा यह हुआ कि बेहद गन्दे और ख़स्ताहाल सार्वजनिक शौचालयों की जगह साफ़ और बेहतर शौचालय सार्वजनिक स्थलों में आये। सोनू गोयल और विकास गुप्ता के अनुसार : *'सुलभ ने कई तरह की शंकाओं के साथ नगर निगम के सहयोग से पटना में सार्वजनिक शौचालय परिसर स्थापित किया। पटना नगर निगम ने ज़मीन और निर्माण का ख़र्च वहन किया और सुलभ ने निर्माण करने और रख–रखाव की ज़िम्मेवारी उठायी। कम आय वर्ग के लोग जैसे रिक्शाचालक, फुटपाथ पर रहने वाले, आदि ने बहु–उद्देशीय शौचालय परिसर को पसन्द किया, उन्हें 10 पैसे का भुगतान करना पड़ता था। सुलभ सामुदायिक परिसर व्यस्त, व्यावसायिक इलाक़ों में थे जिनमें शौचालय और स्नान की सुविधा थी। मुक्त किये गये मेहतर परिसर की देख–रेख करते थे। औरत, बच्चे, शारीरिक रूप से अक्षम जैसे आबादी के हिस्सों को कोई भुगतान नहीं करना पड़ता था। प्रशिक्षित कर्मचारी दिन–रात वसूली, प्रबन्ध, देख–रेख आदि करते थे। स्वयंसेवकों को वेतन नहीं दिया जाता था, उन्हें न्यूनतम वसूली से ज़्यादा जमा राशि मिलती थी...सुलभ द्वारा संचालित लगभग सारे सामुदायिक परिसर लाभ में चल रहे थे। सुलभ शौचालय परिसर सार्वजनिक स्थलों, जैसे बस अड्डे, अस्पताल, बाज़ार और झुग्गी–झोंपड़ी के पास थे।'*[91]

सूखे शौचालयों को सुलभ शौचालयों में बदलना और भुगतान–उपयोग आधारित सार्वजनिक शौचालय व्यवस्था–इन दो चीज़ों ने ग़रीबों, ख़ासकर मेहतरों के लिए व्यक्तिगत सफ़ाई, सामुदायिक स्वास्थ्य और सामाजिक–आर्थिक बेहतरी में उल्लेखनीय योगदान किया। इसके बाद से आज तक सुलभ और डॉ. पाठक की उपलब्धियों और प्रयोगों का लम्बा सिलसिला है। उन्होंने मेहतरों के बेटे–बेटियों की आजीविका

सम्बन्धी व्यावसायिक प्रशिक्षण के लिए सुलभ इंटरनेशनल सेंटर फ़ॉर एक्शन सोशियोलॉजी स्थापित किया। इनमें पेशेवर हुनर जैसे कम्प्यूटर तकनीक, टाइपिंग और शॉर्टहैंड, बिजली का काम, लकड़ी और चमड़े की विधि, डीजल और पेट्रोल इंजीनियरिंग, सिलाई, बेंच के सामान, राजगीरी, ड्राइवरी आदि हैं जिनसे रोज़गार के अवसर बढ़ते। सुलभ ने ख़ासकर मेहतरों के लिए पटना में एक विशेष प्रशिक्षण संस्थान बनाया। दिल्ली में ग़रीब बच्चों, ख़ासकर मेहतर परिवार के बच्चों के लिए अंग्रेज़ी माध्यम का स्कूल स्थापित किया गया। सुलभ ने दिल्ली से कोई 170 किलोमीटर दूर राजस्थान राज्य के अलवर शहर में 'नयी दिशा' नाम का एक आजीविका प्रशिक्षण केन्द्र खोला जिसमें मुक्त मेहतर स्त्रियों के प्रशिक्षण और रोज़गार अवसरों पर ध्यान है। यहाँ स्त्रियों को रोज़गार के वैकल्पिक अवसरों, जैसे खाद्य प्रसंस्करण, सिलाई, सौन्दर्य नुस्ख़े में प्रशिक्षित किया जाता है और उन्हें सुलभ से मासिक भत्ता भी मिलता है। प्रशिक्षण केन्द्र, अलवर में प्रशिक्षित मुक्त मेहतर स्त्रियों के बनाये अचार, कपड़े, झोले, पापड़ आदि बेचे जाते हैं। अलवर की इन मुक्त और पुनर्वासित स्त्रियों को 'अलवर की नयी राजकुमारियाँ' का नाम–धाम दिया गया है।[92] सुलभ का एक और प्रयोग और उपलब्धि काफ़ी चर्चित हुई है; समुचित प्रौद्योगिकी के ज़रिये मानव मल से बायो–गैस निर्माण और घरों और रेलवे स्टेशनों, बस अड्डों, पर्यटक स्थलों, धार्मिक समागमों जैसी सार्वजनिक जगहों पर इसका सफल, सुरक्षित और शुद्ध उपयोग। बायो–गैस निर्माण और वितरण से सामुदायिक शौचालय परिसरों की वित्तीय स्थिति काफ़ी बेहतर हुई। संगठन ने स्वदेशी तकनीक से मानव मल से उर्वरक बनाना भी शुरू किया।

प्रौद्योगिकी और सांस्थानिक प्रबन्ध के क्षेत्र में सुलभ की नयी खोज जारी रही। 1984 में स्वच्छता और सफ़ाई अभियान को प्रौद्योगिकी के व्यवस्थित सहयोग के लिए सुलभ इंटरनेशनल इंस्टीट्यूट ऑफ़ टेक्निकल रिसर्च एंड ट्रेनिंग की स्थापना की गयी। 1994 में सुलभ इंटरनेशनल इंस्टीट्यूट ऑफ़ रूरल डेवलपमेंट, रिसर्च एंड ट्रेनिंग की स्थापना की गयी जिसका उद्देश्य है आम लोगों तक विज्ञान और प्रौद्योगिकी की पहुँच। 1997 में सुलभ ने जैव अवशेषों के निबटारे और उर्वरक बनाने की एक नयी प्रौद्योगिकी विकसित की। संगठन ने कुछ सालों बाद गन्दे पानी की सफ़ाई और इससे जुड़ी मत्स्य पालन की तकनीक भी ईजाद की। 2000 की शुरुआत में सुलभ सफ़ाई विश्वविद्यालय स्थापित करने की कोशिशें

शुरू हुईं। सुलभ इंटरनेशनल एकेडमी ऑफ़ इनवायरमेंटल सैनिटेशन बनाया गया जो कम–लागतवाली नयी और समुचित प्रौद्योगिकी के विकास, उसके प्रचार–प्रसार और प्रशिक्षण के क्षेत्र में सक्रिय है और ख़ास बात यह है कि यह प्रौद्योगिकी कम–लागत वाले सफ़ाई, गन्दे पानी के शोधन, ठोस अवशेष प्रबन्ध, पर्यावरण और प्रदूषण नियन्त्रण पर केन्द्रित है। डॉ. पाठक की एक महत्त्वाकांक्षी परियोजना–सुलभ इंटरनेशनल म्यूज़ियम ऑफ़ टॉयलेट भी दिल्ली में स्थापित हुआ है।

सुलभ की मेहतरों की मुक्ति की विचारधारा प्रौद्योगिकी के ज्ञान और उसके समुचित उपयोग से क़रीबी जुड़ी हुई है। 'सुलभ प्रौद्योगिकी' पाठक और मेहतरों के बीच के सम्बन्धों की एक महत्त्वपूर्ण कड़ी है। सुलभ ने अपनी शुरुआत से ही सामाजिकी और प्रौद्योगिकी को जोड़ते हुए मेहतरों की मुक्ति और 'मानवीय सफ़ाई' के लिए सरल, सस्ती, व्यावहारिक तकनीक और सम्बन्धित साधनों पर ज़ोर दिया है। सुलभ की प्रौद्योगिकी सम्बन्धी अवधारणाओं पर ध्यान देते हुए हम दो परस्पर–सम्बन्धित प्रवृत्तियाँ पाते हैं। पहला, सुलभ के पेशेवर पर्यावरणीय माहौल में 'तकनीकी आशावाद' का आयोजन है जिसमें सफ़ाई की कम–लागत वाली, समुचित, स्वदेशी तकनीक और मॉडल की भरपूर प्रशंसा की जाती है। ये संसाधन मेहतरों के कल्याण, साथ–ही–साथ संरक्षित विकास, स्वास्थ्य, स्वच्छता और ग्रामीण विकास के लिए सामाजिक और आर्थिक तौर पर छोटे–बड़े पैमाने पर प्रायोजित किये जाते हैं। डॉ. पाठक की बानगियों से इस तकनीकी उत्साह की काफ़ी झलक मिलती है : *'वैज्ञानिक रूप से उचित, आर्थिक रूप से वहनीय और सांस्कृतिक रूप से स्वीकृत', 'तकनीक के आधार पर हिंसा के बग़ैर सामाजिक व्यवस्था का मौलिक रूप से बदलाव और सर्वसहमति से सुधार', 'कम–लागत वाली सफ़ाई तकनीक एक महान अन्वेषण है जो विकासशील देशों में पर्यावरण प्रदूषण का समाधान है', आदि।*[93] डॉ. पाठक की मान्यता है कि बढ़ती हुई अर्थव्यवस्था, प्रौद्योगिकी, बाज़ार, और औद्योगिक विकास से अस्पृश्यता ख़त्म हो जायेगी। उनका कथन है : *'सुलभ आन्दोलन ने प्रौद्योगिकी मुहैया कराके अपनी भूमिका निभाई है और देश की अन्तरात्मा को जगाया है।'*[94] सुलभ की तकनीकी आशावादिता और उछाल दो–पिट, फ्लश तकनीक, बायो–गैस तकनीक, अवशेष निवारण तकनीक, कामकाज के प्रबन्ध, प्रशिक्षण, निगरानी और मूल्यांकन, क्षमता निर्माण, मानव संसाधन विकास, आदि के बारम्बार

सन्दर्भों से उजागर होती है। प्रौद्योगिकी के बारे में उनकी दूसरी प्रवृत्ति इस समझ से निकलती है कि नयी तकनीकों ने वाल्मीकियों या भंगियों का काफ़ी भला किया है। यह तकनीक का कमाल है कि वाल्मीकि मेहतरी प्रथा से मुक्त हुए हैं, तकनीक के कारण बायो–गैस और बायो–उर्वरक का उत्पादन हुआ है या लोग सार्वजनिक शौचालयों का इस्तेमाल कर पा रहे हैं। ऐसे उद्यमी और व्यवसायी सफलता के प्रबन्धकीय ढाँचे में सुलभ एक प्रसिद्ध उत्पाद नज़र आता है जिसके वितरण और लाभ की सूची लम्बी है: 'हमारे विचार और इसके अमल को संचारित करने की सादगी, हमारे कार्य का टिकाऊपन, कम क़ीमत, इसके विस्तार में आसानी–कई उद्यमी जो अपने अन्तर्जान से प्रेरित होते हैं, उसी तरह पाठक ने बाज़ार के कई हिस्सों–घरों तक में सफलता के साथ प्रवेश किया। उत्पाद और उसका उपयोग तो एक जैसा रहा, पर क़ीमतों में अन्तर और दीर्घकालीन लाभ के बारे में अलग–अलग विचारों के कारण ख़रीददारों के व्यवहारों में अन्तर आता रहा।'[95]

पाठक प्रौद्योगिकी और प्रबन्ध की भूमिका को पूर्णतः सकारात्मक और रचनात्मक मानते हैं : *'यह किसी व्यक्ति, किसी विचारधारा और जीवन के किसी क्षेत्र के ख़िलाफ़ नहीं है। यह सबका कल्याण करती है और सभी के लिए अच्छाई की भावना से काम करती है।'*[96] प्रौद्योगिकी सम्बन्धी इन सभी प्रस्थापनाओं को अर्थव्यवस्था, अन्वेषण, बाज़ार, विकास, कार्यसेवा, आदि के प्रचलित तर्कों से समर्थन मिलता है। ये मेहतरी प्रथा के उन्मूलन के लिए सफलकारी आर्थिक उद्यम और प्रबन्ध का ढाँचा बनाते हैं। साथ–ही–साथ स्वच्छता और सफ़ाई की यह तकनीकी दृष्टि प्रायः एक बन्द दायरे में काम करती है जिसका, आगे या पीछे, जाति व्यवस्था की ज़मीनी असलियत से कोई नाता नहीं रहता है। सार्वजनिक विमर्श के केन्द्र में प्रौद्योगिकी आती है, जबकि इसके सामाजिक–सांस्कृतिक असर के मुद्दे हाशिए पर चले जाते हैं। यह उल्लेखनीय है कि सुलभ सफ़ाई व्यवस्था–सार्वजनिक शौचालय और सफ़ाई, आदि–अभी भी मुख्यतः वाल्मीकि ही संचालित करते हैं। सुलभ के सांगठनिक ढाँचे पर सवर्ण, ज़्यादातर ब्राह्मण, क़ाबिज़ हैं और मुक्त किये गये मेहतर आमतौर पर निम्न–जातीय पेशों में लगे हैं।[97] सुलभ की प्रौद्योगिकी ऐसे उपकरणों, मशीनों और मॉडलों से निर्मित है जो विडम्बनापूर्ण तरीक़ों से पर्यावरण पर जाति के प्रभुत्व और पकड़ दर्शाती है। यह सही है कि सुलभ के

प्रौद्योगिकी प्रयोगों से मेहतरी उन्मूलन में सहायता मिली है और इससे वाल्मीकियों की सामाजिक ज़िन्दगी में बदलाव आया है, पर यह कड़वी वास्तविकता है कि यह पहल जाति व्यवस्था की जटिल जकड़ से जुदा है और वाल्मीकियों में और उनके आस–पास जाति व्यवस्था के विविध तन्तुओं को ज़रा भी तोड़ नहीं पायी है। इन अर्थों में सुलभ की प्रौद्योगिकी और प्रबन्ध एक आर्थिक उत्पादन है जो प्रचलित जाति असमानता के सॉफ्टवेयर के साथ पूरी संगति और सफलता से काम कर रहा है।

(II) बिन्देश्वर पाठक : व्यक्तित्व, सृजन, समझौता

कितना सुगम है कि ज़ोर से जता के या छिपा के
बच्चों को यह विश्वास दिलाया जाये कि
विश्व में दिखने वाली हर महान आत्मा
एक सफ़ेद आदमी की महान आत्मा है।

–डब्ल्यू.ई.बी.डी. वॉयस[98]

डॉ. बिन्देश्वर पाठक सुलभ के संस्थापक, केन्द्रीय व्यक्तित्व और प्रणेता रहे हैं। उनके व्यक्तित्व, विचार, प्रयोग, पहल ने संगठन की दशा–दिशा तय करने में निर्णायक भूमिका निभाई है। उनके प्रभावशाली व्यक्तित्व को कोई अलौकिक, दैवी या अप्रतिम क्षमतावान तो नहीं कहा गया है, न ही उन्हें कोई क्रान्तिकारी व्यक्तित्व की संज्ञा दी गयी है जो बेहद अप्रत्याशित स्थितियों में नेतृत्व करता हो। पर यह भी सच है कि पाठक सम्मान, शक्ति और सत्ता के ज़रिये काम करते रहे हैं जो उनके व्यक्तिगत इतिहास, जाति, संस्कृति, सफलता और प्रदर्शन से सृजित होता है। उनके व्यक्तित्व में कुछ ख़ास विशेषताएँ और भावनाएँ अन्तर्निहित बताई जाती हैं–उनके साहस, प्रतिबद्धता, त्याग, दया, सामाजिक कौशल, प्रतिष्ठा, हैसियत और धार्मिक प्रगाढ़ता की मिसालें दी जाती हैं। उनका व्यक्तित्व संस्थान है और व्यक्तित्व के सांस्थानीकरण के अनेक उदाहरण हैं। वह अपने विचार और कर्म से पूरे प्रतिबद्ध हैं, वह हर समय एक निश्चित मक़सद और रुटीन का पालन करते हैं, इसलिए उनकी हर बात, उनका हर क़दम स्वीकार्य और स्वागत–योग्य है।

पाठक की अपनी ज़ुबानी उनके बचपन से लेकर वर्तमान सफलता की कहानी उनका ज़बर्दस्त परिचय देता है। मैं मुख्यतः उनके शब्दों और

वर्णनों से ही अपनी बात कहता हूँ। बिहार के वैशाली ज़िले के रामपुर बघेल गाँव में 2 अप्रैल, 1943 को 'एक सम्माननीय ब्राह्मण परिवार' में जन्मे पाठक ने समाजशास्त्र और अंग्रेज़ी, दो विषयों में एम.ए. किया और कम–लागत वाली सफ़ाई व्यवस्था से मेहतरों की मुक्ति विषय पर पीएच. डी. की। एक सम्पन्न परिवार में जन्मे पाठक ने अपने परिवार की आर्थिक स्थिति में गिरावट भी देखी जब डॉक्टर पिता अपना पेशा त्यागकर संयुक्त परिवार की देखभाल के लिए गाँव लौट आये। पाठक 18 साल गाँव में रहे और उन्होंने जातियों की असलियत–सामाजिक श्रेणियाँ देखीं, जहाँ दुसाध और चमार को अशुद्ध और डोम को अस्पृश्य माना जाता था। एक बार उनकी दादी ने उन्हें एक डोम को स्पर्श करते देख लिया और इससे पूरा परिवार नाराज़ हो गया, उस दिन किसी ने खाना नहीं खाया और सबका मन उदास और गम्भीर हो गया। एक पण्डित को उनके शुद्धीकरण के लिए बुलाया गया और उनके मुँह में गोबर, गोमूत्र और गंगा जल डाला गया। एक रूढ़िवादी ब्राह्मण परिवार से सम्बद्ध होने के बावजूद उन्हें गाँधी जन्म शताब्दी समारोह समिति में मेहतरों के मानव अधिकारों और सम्मान बहाली के लिए काम करने का मौक़ा मिल गया। जीवन की इन घटनाओं, साथ–ही–साथ अपने तकनीकी ज्ञान और योग्यता से पाठक को सुलभ स्थापित करने की प्रेरणा मिली। उनका कहना है :

'मैंने सोचा कि केवल समुचित तकनीक की उपलब्धता से ही समस्या का समाधान नहीं होगा। इस तकनीक के व्यापक प्रयोग के लिए हमें लोगों के पास पहुँचकर उन्हें तकनीक के बारे में प्रशिक्षित करना पड़ेगा, उन्हें इसे अपनाने के लिए तैयार करना पड़ेगा और फिर उन पर नज़र रखनी पड़ेगी कि इसका सही इस्तेमाल हो रहा है या नहीं। साथ ही, मैंने यह भी सोचा कि स्वैच्छिक संगठनों को अपने–आपको केवल प्रचार या प्रदर्शन के काम तक ही सीमित नहीं रखना चाहिए, बल्कि उन्हें ख़ुद व्यावहारिक काम में संलग्न होना चाहिए। दूसरे, स्वैच्छिक संगठनों को सरकारी या सार्वजनिक अनुदानों पर निर्भर नहीं रहना चाहिए, बल्कि उन्हें 'कोई नफ़ा–कोई नुक़सान नहीं' के आधार पर पूरी तरह आत्मनिर्भर होना चाहिए।'[99]

बाद में सुलभ संस्थान की स्थापना के बाद पाठक को गाँव की अपनी कुछ ज़मीन और पत्नी के ज़ेवर बेचने पड़े और उन्हें संगठन जीवित रखने के लिए दोस्त से भी उधार लेना पड़ा। पैसे के अभाव में उन्होंने प्लेटफ़ॉर्म

पर रातें गुज़ारीं और कई बार भूखे भी रहे। उन्हें कई बार आत्महत्या का विचार आया और अपने को पूरी तरह टूटा हुआ महसूस किया। जब उन्होंने बिहार सरकार को सुलभ का दो–पिट का डिज़ाइन प्रस्तुत किया, तो सरकारी अधिकारियों को इसकी विश्वसनीयता और व्यावहारिकता में सन्देह था। काफ़ी लम्बे समय की बातचीत और आग्रह के बाद ही बिहार सरकार ने बाल्टीवाले शौचालय की जगह सुलभ शौचालय तकनीक के प्रयोग के लिए स्थानीय निकायों और नगरपालिकाओं को निर्देश भेजा। ऐसे कई उतार–चढ़ावों के बाद 1991 में भारत सरकार ने डॉ. पाठक को समाज सेवा और सफल स्वच्छता कार्यक्रम के लिए 'पद्म भूषण' दिया। सुलभ की महत्ता उसके विचारों और तकनीकों–भर में ही नहीं है, बल्कि उसने कई व्यावहारिक अवरोधों और रुकावटों पर भी विजय हासिल की है। डॉ. पाठक लिखते हैं : 'मैं पिछले 40 सालों से काम कर रहा हूँ, पर इन विरोधों, बाधाएँ, रुकावटों, अड़चनों के बग़ैर...एक और कारण जिसने मेरी प्रगति को बाधित किया, वह थी कुछ लोगों की ईर्ष्या–पर यह भगवान की कृपा है कि मैं अब तक खुले में शौच और मेहतरों की मैला ढोने की समस्या का समाधान करने में सफल रहा हूँ।'[100]

पाठक और सुलभ अपने लक्ष्य और परिणाम हासिल करने के लिए कई व्यक्तित्वों और विचारधाराओं का इस्तेमाल करते हैं, पर भंगियों के बीच उनके काम के सन्दर्भ में गाँधीवादी मूल्यों और विचारों का ख़ासा महत्त्व है। यह उल्लेखनीय है कि गाँधी की तरह पाठक और सुलभ भी जाटवों की बजाय भंगी और वाल्मीकि पर अपना ध्यान केन्द्रित करते हैं, इस प्रकार वे अस्पृश्यों के बीच के आपसी विभेद के बारे में अपनी समझदारी का भी संकेत देते हैं। पाठक स्पष्टता से स्वीकारते हैं : *'मेहतरों के पुनर्वास के लिए मैंने महात्मा गाँधी के एक औज़ार–अहिंसा का सहयोग लिया। मैंने वेद या मनुस्मृति जलाने या फाड़ने का काम नहीं किया।'*[101]

उनके अनुसार महात्मा गाँधी मेहतरों के कल्याण के लिए काम करने वाले पहले व्यक्ति थे–उन्होंने भंगियों को सर पर मैला ढोने से आज़ाद कराने की मुहिम छेड़ी थी। 1918 में जब गाँधी ने साबरमती आश्रम की शुरुआत की तो उन्होंने आश्रमवासियों को अपने मल ख़ुद विसर्जित करने और इसके लिए भंगियों की सेवा नहीं लेने का अनुरोध किया था। पाठक का कहना है कि गाँधी द्वारा स्थापित हरिजन सेवक संघ ने इस क्षेत्र

में पथ–प्रदर्शक काम किया। वह लिखते हैं : *'सेवक संघ के सामाजिक आन्दोलन ने आमतौर पर हरिजनों और ख़ासतौर पर भंगियों की सामाजिक चेतना विकसित की जिससे मुक्ति की प्रक्रिया आगे बढ़ी।'*[102]

गाँधी ने अस्पृश्य को 'हरिजन' नाम दिया–भगवान की सन्तान जिनकी हमें वैसी ही सेवा करनी चाहिए जैसे हम भगवान की करते हैं, एक राष्ट्रीय धर्म या कर्तव्य की तरह। पर दलितों ने इस शब्दावली और सोच की काफ़ी आलोचना की है क्योंकि वे इसे एक कृपालु या संरक्षणवादी मानते हैं। पर पाठक इसी नामकरण के पक्ष में हैं और इसकी आलोचनाएँ ख़ारिज करते हैं : *'जब महात्मा गाँधी द्वारा समाज के पिछड़े वर्गों को हरिजन की संज्ञा दिये जाने के बारे में डॉ. पाठक से सवाल पूछा गया तो उनका कथन था कि इस शब्द के उपयोग में कोई ग़लती नहीं है, इसका मतलब है भगवान के लोग। यह हमारा पूर्वाग्रह ग्रस्त विचार है कि हम अपने बीच के लोगों को इस प्रकार सम्बोधित नहीं कर पाते हैं।'*[103]

गाँधीवादी विचार दृष्टि और मेहतरों के बीच काम करने वाले ब्राह्मण पाठक जिसे उनके वक्तव्यों में बार–बार दुहराया जाता है, की कई गम्भीर सीमाएँ हैं। पाठक की प्रतिबद्धता और नेकनीयती पर सन्देह नहीं भी किया जाये, तो भी भंगियों के प्रति उनकी सहानुभूति और सरोकार एक ब्राह्मणवादी सर्वोच्चता के वैचारिक दायरों में बँधी हुई है। सुलभ इंटरनेशनल के अध्यक्ष एस.पी. सिंह सं.ठन के एक प्रकाशन में इस प्रकार पाठक का वर्णन करते हैं : *'डॉ. पाठक के उच्च जन्म और स्वदेशी मूल के कारण हम ग्रीक दुखान्त नाटकों से अलग होते हैं जिसका केन्द्रीय भाव है हौसला। यदि एक हरिजन हरिजनों की सहायता करता है (जैसे डॉ. बी. आर. अम्बेडकर), तो यह कोई ख़बर नहीं है, यह प्रजातीय की तरह है। पर यदि एक ब्राह्मण चतुर्वर्ण के ब्राह्मणी नियमों का उल्लंघन करता है जो कि भारत में शोषण का एक प्रमुख स्रोत है, और अपनी सामाजिक ऊँचाई से नीचे आकर मैला ढोने वाले मेहतरों को स्वीकार करता है तो उसके काम में भारी नाटकीयता के तत्त्व हैं। यह एक जगमग रहस्यमय वातावरण निर्मित करता है और नेतृत्व को एक व्यक्तिगत जादुई छाप मिलती है जिससे वफ़ादारी, उत्साह और एक चुम्बकीय आकर्षण आते हैं। इसे ही करिश्मा कहते हैं। डॉ. पाठक की मेहतरों के साथ सहानुभूति की क्षमता उनका लोगों पर असर और आकर्षण ही बढ़ाता है।'*[104]

इस समझदारी में यह अन्तर्निहित है कि एक ब्राह्मण द्वारा भंगी पर बरसायी गयी कृपा, दया और परोपकार के लिए भंगी को सदा–सर्वदा ब्राह्मण के प्रति अनुगृहीत रहना चाहिए। यह एक असमान सम्बन्ध है, ऐसा सम्बन्ध जिसमें उच्च, महान व्यक्ति निम्न और कमतर व्यक्ति के लिए अच्छा महसूस करता है। ब्राह्मण हमेशा ही सकारात्मक, रचनात्मक और एक निर्णायक मानक होता है, और भंगी की पहचान सन्दिग्ध होती है। एस.पी. सिंह एक ब्राह्मण पाठक के प्रति प्रशंसा भाषण जारी रखते हैं : *'यह एक संयोग है कि इतिहास में ज़्यादातर सुधारक ब्राह्मण थे–राजा राममोहन राय, बंकिम चन्द्र चटर्जी, स्वामी रामकृष्ण परमहंस, ईश्वर चन्द्र विद्यासागर और दयानन्द सरस्वती।'*[105]

वह फिर कहते हैं : 'वह (पाठक) ब्राह्मणवाद की भर्त्सना करते हैं पर ब्राह्मणी सद्‌गुणों और विशेषताओं जैसे सच बोलने की आदत, लोकोपकार, प्रातः वन्दना, सम्पत्ति के प्रति उदासीनता, सभी धर्मों के प्रति सम्मान, आदि से ओजमय हैं।'[106]

यहाँ भंगियों के प्रति सहानुभूति इस समझदारी के साथ जुड़ी है कि एक संवेदनशील ब्राह्मण अपने उच्च ओहदे, प्रभाव और ब्राह्मणवाद के उत्तम गुणों के कारण सुधार का उत्प्रेरक और सबका संरक्षक हो सकता है, साथ ही वह अपने से जुड़े और सुधार के क़ाबिल लोगों से सदा–सर्वदा ऊँचा रहता है। भंगियों की मुक्ति के कार्य के लिए, यहाँ तक कि डॉ. पाठक के लिए, ब्राह्मण एक महत्त्वपूर्ण कभी–कभी सबसे महत्त्वपूर्ण सन्दर्भ बिन्दु बन जाते हैं। उनकी व्याख्या है : *'मुक्त किये गये मेहतरों की स्वाधीनता और सामाजिक सम्मान में मुक्ति के बाद बदलाव नज़र आता है। कुछ क्षेत्रों, जैसे–मन्दिर प्रवेश, धार्मिक अनुष्ठानों के प्रबन्ध में ब्राह्मणों के साथ सम्बन्ध, दूसरी जाति के लोगों द्वारा विशेष अवसरों पर न्योता, अन्य लोगों के साथ सार्वजनिक जल स्रोतों से पानी लेना, होटलों या अन्य जगहों पर भोजन करना, आदि के सन्दर्भ में मुक्त मेहतर बेहतर हैं।'*[107]

ब्राह्मणवाद की ऐसी श्रेष्ठता का तर्क गम्भीर रूप से भंगियों के एक हिस्से के भी सर चढ़कर बोलता है। वे निश्चित तौर पर अपने पारम्परिक पेशे को अपमानजनक और असहनीय मानते हैं। पर यह देखना पीड़ादायक है कि सुलभ से जुड़े हुए मेहतर और ग़ैर–मेहतर भी जाति–लिप्त मुहावरे और शब्दावली में बोलते–सोचते हैं जिसमें ब्राह्मण की सत्ता पूरी तरह

क़ाबिज़ रहती है और उसका और सांस्थानीकरण होता है। उनकी मुक्ति उन्हें कई बार मेहतरों से दूर ले जाती है और गौरव और सम्मान के नाम पर वे तीव्रता से ब्राह्मणों और सवर्णों के नज़दीक आने की ज़रूरत महसूस करते हैं। डॉ. पाठक बेहद सन्तोष से लिखते हैं : 'ये मुक्त मेहतर बेहद गौरव और सम्मान से घोषणा करते हैं कि वे अब मेहतरी नहीं करते हैं। इससे ज़्यादा, उन्होंने यह भी साफ़ कर दिया है कि उनका उन लोगों से कोई लेना–देना नहीं है जो मेहतरी का काम करते हैं।'[108]

उषा चोमर इस नये ब्राह्मणवाद की भरपूर अभिव्यक्ति करती हैं जो कुछ साल पहले तक अलवर में मेहतरी करती थीं। उन्हें सुलभ ने मुक्त कराया और पुनर्वासित किया और अब वह सुलभ इंटरनेशनल की अध्यक्ष और संगठन की एक जानी–मानी 'अस्पृश्य' छवि हैं। वह अलवर में वाल्मीकियों की हजूरी गेट कॉलोनी में रहती हैं और पाठक को अपना आदर्श मानती हैं : *'वह एक ब्राह्मण, एक पण्डित और हमारे देवता हैं। मैं उनकी तरह ही अपने–आपको एक ब्राह्मण, एक पण्डित, एक सवर्ण के रूप में देखना चाहती हूँ। मैं अपने आपको वाल्मीकि के साथ जोड़ नहीं पाती हूँ।'*[109]

'हमारे रक्षक और भगवान के अवतार'–टोंक, राजस्थान की एक मुक्त नवयुवती डोली डॉ. पाठक को इस प्रकार चित्रित करती है। लक्ष्मी निन्दानिया, सुलभ की एक बेहद सक्रिय और मुखर मुक्त स्त्री जो अपनी मुक्ति और पुनर्वास की सफलता के प्रतीक के रूप में देश–विदेश भ्रमण कर चुकी है, डॉ. पाठक के बारे में कहती है : *'हमारे जीवन के लिए धरती पर भगवान के दूत हैं। हम भी एक बड़ा ब्राह्मण–एक बड़ा आदमी बनना चाहते हैं–उनके दिखाये रास्ते पर चलना चाहते हैं।'*[110] यह भी सही तर्क दिया जा सकता है कि सुलभ के वाल्मीकि ब्राह्मण चरित्र का अनुसरण करते हुए एक तरह से जाति व्यवस्था को चुनौती देते हैं क्योंकि इस प्रकार वे 'उच्च जाति' की काया में प्रवेश करने और बसने के अपने अधिकार पर बल देते हैं।

इसके साथ–ही–साथ पाठक की जाति पहचान काफ़ी स्पष्ट और सामने है और यहाँ ब्राह्मण के प्रति गहरे लगाव का बोध है। ब्राह्मण व्यक्तित्व का ऐसा आदर्शीकरण और डॉ. पाठक के रूप में उसके जीते–जागते प्रतीक की हर सम्भव स्थापना से न केवल श्रेणीबद्ध जाति–हिन्दू ढाँचा बरक़रार रहता है बल्कि इससे ब्राह्मण की विशिष्टता

और सर्वोच्चता एक मानक के रूप में स्थापित होती है। एक ब्राह्मणवादी समर्थक सहानुभूतिपूर्वक लेंस से काम करते हुए सुलभ एक ऐसा भंगी तैयार करता है जिसके साथ वह सुविधा महसूस करता है, या ऐसा भंगी जो उनके मक़सद पूरे करता है और प्रायः भंगी भी उनके साँचे में ढल जाते हैं। सुलभ के वाल्मीकि हमेशा के लिए ब्राह्मण पाठक (महान, सम्पूर्ण, परम, भगवान के दूत, आदि) के अनुगृहीत और ऋणी हैं क्योंकि पाठक ने उनके प्रति संवेदना और सहयोग दिखाया है। ब्राह्मण अपने अधीन लोगों पर निरन्तर नज़र रखता है। यह सम्बन्ध है–पिता और पुत्र, शिक्षित और अशिक्षित, दयावान और ग़रीब का। सुलभ की भाषा में उपकार और उदारता निहित है जिसमें मेहतरों के प्रति एक नीचा जताने का व्यवहार और ब्राह्मणों के प्रति अच्छाई प्रदर्शन है। अपनी तमाम हार्दिकता के बावजूद, ऐसा सहयोग और सहानुभूति एक अचेतन ब्राह्मणवाद बनाते और बचाते हैं। इस अर्थ में डॉ. पाठक ऊँची जाति के प्रेरित सुधारों की दुविधा दर्शाते हैं।

(III) सुलभ : जाति, धर्म और सुधार : *'शौचालय को सामाजिक परिवर्तन का एक औज़ार बनाने की मेरी रणनीति में कई चीज़ें मिली–जुली हैं–कम लागत वाली सफ़ाई प्रौद्योगिकी और ऐसे उचित तौर–तरीक़े जो मेहतरों को देश की जाति व्यवस्था के दमनकारी ढाँचे से निजात दिला पाये। यह समग्र नज़रिया अन्य जाति–केन्द्रित सामाजिक सुधार आन्दोलन से मौलिक रूप में भिन्न है क्योंकि यह प्रौद्योगिकी के साथ सामाजिक आदर्शवाद को जोड़ता है।'*

–बिन्देश्वर पाठक[111]

वर्णाश्रम व्यवस्था का आधार है हिन्दू धर्म और जाति और धर्म की जुगलबन्दी ख़ासकर दलितों के लिए काफ़ी मारक रही है, क्योंकि इसका सीधा असर उनके जीवन और काम पर पड़ता है। इस व्यवस्था में कठोर वर्गीकरण है जिसमें शुद्धता और प्रदूषण की धारणाएँ समेकित है। जाति और धर्म की एक भयंकर कुरूपता के बीच जिसमें मेहतरों को उनके जन्म श्रेणी के कारण व्यक्तिगत और सामाजिक स्तरों पर सर्वाधिक अपमानजनक पेशे और जीवन के लिए मजबूर होना पड़ता है, सुलभ ने मेहतरों को जाति–आधारित पेशे से मुक्ति दिलाने की अभिनव कोशिश की है। डॉ. पाठक ने गाँधीवादी सामाजिक सुधार, प्रौद्योगिकी,

विकास कार्यक्रमों, शिक्षा और अभियान के संयोग से 'सामाजिक न्याय और समान अवसर पर आधारित एक आधुनिक और मानवीय सामाजिक प्रणाली' स्थापित करने की कोशिश की है। पर विचारधारा के स्तर पर सुलभ के कई विमर्श काफ़ी सन्दिग्ध राजनीतिक–सामाजिक–धार्मिक भाषा में व्यक्त होते हैं जिसमें प्रायः पर्या–जातिवरण, पर्या–जैविकीकरण और पर्या–प्राकृतिकीकरण के तत्त्व मिलते हैं। इसके कई उदाहरण हैं–यह समझ कि 'मेहतरों की समस्याएँ' वास्तव में गौरवशाली हिन्दू धर्म और अतीत का एक पथभ्रम है, यानी हिन्दू धर्म ग्रन्थ, शास्त्र और पद्धति एक आदर्श समाज का ख़ाका पेश करते हैं; या यह सोच कि मेहतरों की आज़ादी एक ब्राह्मणवादी हिन्दू धर्म के अन्तर्गत ढाली और समन्वित की जा सकती है। यह सुलभ का गम्भीर विरोधाभास है कि इसकी 'जाति के ख़िलाफ़ संघर्ष करने' की भाषा 'जाति निरपेक्ष होने' की घोषणा के साथ जुड़ी हुई है। हिन्दू धर्म की मिसालें और गौरवगाथाओं के सन्दर्भ में हम सुलभ के सुधारवादी एजेंडा का सिद्धान्तकरण और मूल्यांकन कर सकते हैं। सुलभ चालाकी से जातिबाज़ी करता है और उससे पीछे भी हट जाता है। ऐसी परस्पर विरोधाभासी, बेमेल चाल सुलभ के लिए महत्त्वपूर्ण है, क्योंकि यह जाति–विरोधी, जाति–निरपेक्ष, हिन्दू प्रथा और आस्था को एक साथ मिलाने की भरसक कोशिश करता है। सुलभ और पाठक ने भारत में जाति प्रथा के अन्याय और असमानता के बारे में कई बार अपनी आलोचनात्मक राय ज़ाहिर की है। डॉ. पाठक कहते हैं : *'जाति प्रथा आदिम नफ़रत पर आधारित है; यह पूर्व–आधुनिक, अमानवीय और पूरी तरह अलोकतान्त्रिक है। अब समय इसे ख़त्म करने का है जिससे सदियों से वंचित लोगों के मानव अधिकारों की बहाली हो सके।'*[112]

सुलभ और पाठक एक ओर तो जाति प्रथा की वर्तमान संगति की आलोचना करते हैं, वहीं साथ–ही–साथ अतीत में इसे प्रासंगिक और औचित्यपूर्ण बताते हैं : *'सुलभ जातिवाद नकारता है और मानता है कि इससे सामाजिक बिखराव होगा। प्राचीन काल में वर्ण व्यवस्था की कुछ प्रासंगिकता हो सकती थी जिसे हम विशेषज्ञता कह सकते हैं, लेकिन आधुनिक विज्ञान और प्रौद्योगिकी ने इस सामाजिक परिपाटी को अप्रासंगिक बना दिया है।'*[113]

यह भी देखिए : 'डॉ. पाठक का तर्क है कि रोज़गार–आधारित जाति प्रथा ख़त्म करने का समय आ गया है, क्योंकि यह अब समाज के

लिए उपयोगी नहीं रहा है।'[114] यही नहीं, सुलभ की जाति की भर्त्सना उनके जाति सम्बन्धी अन्य वर्णनों से मेल नहीं खाती है जो काफ़ी हद तक पर्या–जातिवरण है। सुलभ समय–समय पर जाति को 'एक आर्थिक आयोजन' मानता है जिसने युद्ध और अन्य सामाजिक दबावों के दौरान समाज में एकता और कौशल निर्माण के लिए सामाजिक परिवेश और संस्थान बनाये : 'जाति प्रथा एक आर्थिक आयोजन भी था : बढ़ई, सुनार, योद्धा और शिक्षक इकाई (गाँव) को आर्थिक रूप से सक्षम बनाने लिए बुनियादी सेवाएँ मुहैया कराते थे। जाति व्यवस्था ने एक इस्पात–संचालित सामाजिक माहौल भी बनाया जिसने ऐसे समय समूह का विभाजन रोका जब लोगों पर विजय हासिल की जा रही थी और सामाजिक ढाँचे पर काफ़ी दबाव था। शिक्षा, कला, संगीत, नाटक, कृषि, चिकित्सा, आदि ये सभी और इससे भी ज़्यादा संस्थान से बाहर विकसित हुए जो आज के कथित विशेषज्ञ पैदा करने वाले थे। पिता ने अपने पुत्र को नर्तक, अभिनेता, संगीतकार, शिक्षक, हत्यारा या राजा बनने के लिए प्रशिक्षित किया।'[115]

एक तरफ़ जाति उन्मूलन और दूसरी तरफ़ जाति प्रथा की परोक्ष प्रशंसा और जाति–जनित मूल्यों को सर चढ़ाने के बीच सुलभ की एक और प्रवृत्ति सामने आती है–वह है जाति निरपेक्षता। यहाँ डॉ. पाठक और सुलभ का जाति दोहरापन उजागर होता है। वे बग़ैर किसी हिचकिचाहट के अपने–आपको जाति की वास्तविकता से एकदम काट लेते हैं : 'सुलभ एक जाति–निरपेक्ष सामाजिक सेवा संस्थान है जो स्वच्छता को केन्द्र में रखकर एक व्यापक योजना के साथ सारे समाज के लिए काम करता है। सुलभ प्रौद्योगिकी जो समय–परीक्षित और अन्तर्राष्ट्रीय स्वीकृत है, सामाजिक परिवर्तन की योजना के केन्द्र में है। यह सीमाओं के परे ज्ञान के हस्तान्तरण के लिए एक महत्त्वपूर्ण प्रेषक का काम करता है जिससे हमारी सामाजिक सेवाएँ प्रतियोगी और पेशेवर हो सकती हैं।'[116]

जाति व्यवस्था और शोषण के बारे में सुलभ की उपरोक्त सहानुभूति–परक आलोचना बार–बार दुहराई जाती है जिससे इसमें निहित परस्पर विरोधी तत्त्वों–लोकतान्त्रिक और प्रभुत्वशाली, समझदारी और कुटिलता, समर्थन और विरोध का पता चलता है। यह कई बार जाति के प्रति हमारी पसन्दगी पैदा करने की कोशिश करती है जो अपने–आपमें समस्यायुक्त है। इसलिए इसमें कोई आश्चर्य नहीं है कि हम सुलभ में जाति के उन्मूलन की नहीं बल्कि जातियों में एकता की बात सुनते हैं–एक

लुभाने वाला पर वास्तव में कपटी नारा जिसमें सवर्णों का वर्चस्व और निम्न जातियों की पराधीनता का नवीनीकरण किया जाता है। यह इस समझदारी से और प्रबल होता है कि 'एक अमीर हरिजन राजपूत है और एक ग़रीब राजपूत हरिजन है। यही सार्वजनिक सच्चाई है।'[117] इस प्रकार सुलभ का विमर्श मेहतरों के सामने जाति की मानकता का नया नक़्शा प्रस्तुत करता है।

सुलभ के विमर्श को 'प्राकृतिक' माना जाता है जो पर्या–प्राकृतिकीकरण की एक ठोस अभिव्यक्ति है। यह कहा जाता है : *'भारतीय राष्ट्र का विकास जैविक, ऐतिहासिक और प्राकृतिक है। एक विशाल भू–भाग हज़ारों साल में एक राष्ट्र में परिवर्तित हुआ–अपने तहत विरोधाभासों, संघर्षों और पूर्वाग्रहों को समाप्त करते हुए जो अवतरित होते रहते हैं और कई बार हिंसक रूपों में सामने आते हैं, पर भारतीय समाज के बुनियादी ढाँचे को कोई नुक़सान नहीं पहुँचाते हैं। भारतीय समाज हमेशा सशक्त और अविभाजित बना रहता है।'*[118]

सुलभ की यह समझदारी है कि इस 'प्राकृतिक राष्ट्र' का केन्द्रीय और स्थायी तत्त्व है हिन्दूवाद। इसलिए वह अपने सामाजिक, राजनीतिक, चित्रित, वर्णित और मुखर रणनीतियों में विवादजनक तरीक़ों से ब्राह्मणी हिन्दूवाद की स्थापना करता है। वेद और मनुस्मृति के निरन्तर आह्वानों के ज़रिये सुलभ वर्चस्वशाली हिन्दू व्यवस्था को पुनःप्रतिष्ठापित करता है। वह ज़ोर देता है कि हमें 'प्राचीन वैदिक मूल्यों के पुनर्जागरण की ज़रूरत है जिसने कभी भी आर्यावर्त में भेदभाव की अनुमति नहीं दी।'[119] सुलभ के अनुसार हमारी गौरवशाली हिन्दू परम्पराएँ वेद से उत्सर्जित होती हैं : वे धार्मिक किताबें नहीं हैं, वे प्रकृति के रहस्यों के बारे में गहन मानवीय सोच के संकलन हैं।'[120] सुलभ मेहतरों को हिन्दू धारा में समाहित करने पर तत्पर है जिसमें हिन्दू आस्थाओं, गौरवशाली अतीत और परम्परा के तहत उन्हें 'सुरक्षित' तौर पर एक जगह दी जा सकती है। यहाँ धार्मिक स्थल, त्योहार, तीर्थाटन, आदि, चाहे वह महाशिवरात्रि हो या कुम्भ मेला, मेहतरों की मुक्ति के लिए एक महत्त्वपूर्ण माध्यम बन जाते हैं और इस प्रकार हिन्दू भाषा और मुहावरों को न्यायसंगतता देते हैं।

पर्या–जैविकीकरण से ओत–प्रोत डॉ. पाठक भारतीय मूल्यों के आधार पर सुलभ मॉडल प्रस्तुत करते हैं और इस सन्दर्भ में पश्चिम की तीखी आलोचना इन शब्दों में करते हैं : *'पिछले 500 सालों से पश्चिमी*

मॉडल का प्रभुत्व हम पर थोपा गया जब यूरोपीय मिशनरी, व्यापारी, योद्धा और औपनिवेशिक शासकों ने ग़रीब देशों की सम्पत्ति लूटना और हमें तहस–नहस करना शुरू किया', 'पॉप संस्कृति, नीली जींस और रॉक संगीत–पश्चिमी संस्कृति के प्रतीक', 'पश्चिम जो सारी दुनिया को अपनी संस्कृति का एक बड़ा विस्तार मानता है', 'पश्चिम की लूट–खसोट और अय्याशी–भरी नैतिकता और सामाजिक जीवन।'[121] ऐसी स्थिति में हिन्दूवाद की पुनर्खोज अनिवार्य है जो पश्चिमी चरित्र और उपनिवेशवाद के कारण क्षरित हो चुकी है : *'अंग्रेज़ों ने भारत में उपयोगितावादी उदारवाद का मॉडल आरोपित किया। इसमें घोर व्यक्तिवाद और नियमन, नियन्त्रण, नौकरशाही एकाधिकारवाद और शोषण की प्रवृत्तियाँ अन्तर्निहित हैं। भारत ने इस राजनीतिक संस्कृति को स्वीकार किया और पश्चिमी मॉडल के सामने घुटने टेक दिये। इस प्रकार राज–काज का भारतीय मॉडल नकार दिया गया जो अपनी तमाम कमियों के बावजूद धर्म और सामाजिक अच्छाई पर निर्भर था। भारत को तभी आध्यात्मिक मंज़िल मिलेगी जब तक न्याय और समानता के उत्साह से संचालित वैदिक आस्था एक सामाजिक असलियत नहीं बनेगी। इसमें जाति व्यवस्था का कोई अस्तित्व नहीं होगा। जन्म के आधार पर किसी को पुरस्कार या बहिष्कार सच्चे धर्म से जुदा है। इस हालात में आज की ज़रूरत है हिन्दूवाद की पुनर्खोज करना, डॉ. पाठक यह कहते हैं।'*[122]

यहाँ इतिहास की व्याख्या स्वर्णिम हिन्दू अतीत और अँधेरे मुस्लिम शासन के रूप में की जाती है : 'वैदिक काल और इसके पश्चात् हमारी सफ़ाई व्यवस्था काफ़ी सुरक्षित और स्वच्छ थी। लोग धार्मिक वर्जनाओं के कारण शौच के लिए घर के बाहर जाते थे। मुस्लिम शासन काल में मेहतरों की संख्या में ख़ासी वृद्धि हुई। मुस्लिमों ने क्षत्रियों को पराजित किया और कुछेक को बन्धक बनाया गया। मुस्लिम अपने साथ जो स्त्री लाये वह परदा करती थी, इसलिए वह घर के अन्दर शौच करती थी। जो पुरुष बन्धक बनाये गये थे, उन्हें हाथ से मल की सफ़ाई के लिए मजबूर किया गया। इसके बाद से मेहतरी एक पेशा हो गया और मानव मल साफ़ करने वालों को भंगी, मेहतर, हलाल खोर, आदि कहा जाने लगा।'[123]

यह विडम्बना है कि न केवल मुस्लिम शासन के दौरान मेहतरों की संख्या में उल्लेखनीय वृद्धि बताई गयी है, बल्कि सुलभ में पर्यावरण के संरक्षण और स्वच्छता के लिए अक्सर प्राचीन हिन्दू शास्त्रों, ख़ासकर

मनुस्मृति और विष्णुपुराण का हवाला दिया जाता है 'जो सबसे सम्माननीय आर्य धर्मग्रन्थ' है। सुलभ इंटरनेशनल के 'शौचालय संग्रहालय' में 'शौचालयों की आर्य संहिता–1500 बीसी' शीर्षक से एक विस्तृत टिप्पणी है जिसमें मनुस्मृति और विष्णु पुराण के विस्तृत सन्दर्भों के ज़रिये शौच की विभिन्न संहिताओं–'विवाहितों के लिए संहिता', 'स्नान संहिता', 'विभिन्न वर्गों के संहिता', 'बीमार और कमज़ोर लोगों के लिए पृथक् नियम' की चर्चा है। सुलभ के अनुसार यह प्राचीन हिन्दू शास्त्रों के तहत 'शौच सभ्यता' है।[124] इसके तहत समाज के विभिन्न वर्गों के लिए शौच करने के सही तरीक़े बताये गये हैं। उदाहरण के लिए, विवाहितों को शौच जाने से पहले नारद पुराण के एक ख़ास मन्त्र का पाठ करना चाहिए। उन्हें ज़रूर ही जनेऊ लपेटकर अपने दायें कान पर लगाना चाहिए। उन्हें अपना सर भी ढककर रखना चाहिए। विष्णु पुराण में कहा गया है कि शौच करते समय चेहरे की दिशा 'सूर्य', 'ब्राह्मण', 'अग्नि' या 'चाँद' की तरफ़ नहीं होनी चाहिए। यहाँ यह भी निर्देश दिया गया है कि बायें हाथ को दस बार और दायें हाथ को सात बार धोना चाहिए। इसके साथ–साथ अन्य कई निर्देश दिये गये हैं। यह कहा गया है कि मनुस्मृति में 'समाज के विभिन्न तबक़ों के लिए नियम', 'ब्रह्मचर्य और जीवन के सुखों का त्याग करने वालों के लिए नियम' हैं।[125] सुलभ द्वारा शौच की इस नियमावली का गुणगान निस्सार है क्योंकि ये वही धार्मिक ग्रन्थ हैं जिनमें नीची जातियों के लिए दासता और ऊँची जातियों के लिए विशेषाधिकार का प्रावधान है और ब्राह्मणत्व के वर्चस्व को भगवान की देन बताया गया है। यह भी निश्चित तौर पर काफ़ी जाना–माना तथ्य है कि दलितों के एक बड़े हिस्से ने इन शास्त्रों और संहिताओं की कड़ी निन्दा की है जिसके अन्तर्गत जाति व्यवस्था और इसके सामाजिक और आर्थिक आधार स्तम्भों का एक विशाल ढाँचा बनाया गया है।

सुलभ अपने परिसर और कार्यस्थलों में कुछ हिन्दू त्योहारों–महाशिवरात्रि और छठ के आयोजन पर काफ़ी ज़ोर देता है। ये त्योहार बड़ी धूमधाम से सुलभ परिसर में वाल्मीकियों के साथ आयोजित होते हैं जिनमें डॉ. पाठक और उनके परिवार की अग्रणी भूमिका रहती है। इनमें ब्राह्मणी कर्मकाण्डों का सार्वजनिक प्रदर्शन होता है। सुलभ के अनुसार, धर्म और धार्मिक गतिविधियाँ सार्वजनिक भाईचारे के विकास के लिए, सामूहिक एकता और मार्ग बनाने के लिए अपनाये और प्रेरित किये जाते हैं।[126] महाशिवरात्रि

सुलभ के लिए एक विशेष अवसर है क्योंकि उसका विश्वास है कि 'भगवान शिव एक सर्वोच्च देवता के रूप में देश भर में उत्तर से सुदूर दक्षिण और पूर्व से पश्चिम भाग पूजे जाते हैं।'[127] ब्राह्मण पुरोहित द्वारा संचालित पूजा और कर्मकाण्ड वास्तव में दलितों के सन्दर्भ में पवित्र और पापी, ऊँचा और नीचा, शुद्ध और अशुद्ध, केन्द्र और हाशिया, विशेषाधिकार और वर्जन की प्रचलित अवधारणाओं और व्यवहारों को मज़बूत करते हैं। इस त्योहार के विवरण बेहद्द विस्तार में रोचकपूर्ण होते हैं : 'यह महान त्योहार सुलभ इंटरनेशनल के नयी दिल्ली परिसर में नियमित तौर पर धूमधाम से आयोजित होता है। इस साल यह पवित्र दिन 27 फ़रवरी को था। सारा परिसर फूलों और बेलपत्र से सजाया गया था। भगवान शिव की पूजा के लिए सारे परिसर में पानी परीक्षित शामियाना लगाया गया था क्योंकि इससे पहले बारिश हुई थी। यमुना घाट से लायी गयी मिट्टी से 1,25,000 शिवलिंग बनाये गये थे। डॉ. बिन्देश्वर पाठक, उनकी पत्नी अमोल पाठक, उनका सारा परिवार, सुलभ इंटरनेशनल के सभी कर्मचारी, राजस्थान के अलवर और टोंक और ग़ाज़ियाबाद की मुक्त मेहतर स्त्रियाँ साथ बैठे थे। सारे दिन परिसर हर–हर महादेव के मन्त्रोच्चार से गूँजता रहा, पवित्र आग, और अगरबत्तियाँ जलते रहे। लिंग के ऊपर चाँदी का कलश, उस पर स्थापित महाशिव लिंग और पानी की लगातार बरसती बूँदें। पवित्र कलश को सभी ने मिलकर बनाया था। विद्वान पण्डित पवित्र मन्त्रों और श्लोकों के उच्चारण के साथ लिंग की पूजा करते हुए गंगाजल, फूल, फल, नैवेद्यम्, बेलपत्र चढ़ा रहे थे और लोग भी साथ दे रहे थे। इसके बाद इस मौक़े के लिए ख़ासतौर पर निर्मित कुण्ड में हवन किया गया।'[128]

छठ त्योहार–एक प्राचीन हिन्दू और एकमात्र वैदिक पूजा जो सूर्य भगवान के लिए समर्पित है, के दौरान भी ऐसा ही उत्सव आयोजित हुआ : 'छठ भगवान सूर्य को समर्पित एक महत्त्वपूर्ण पूजा है। छठ पूजा मुख्यतः बिहार, झारखण्ड, पश्चिमी उत्तर प्रदेश और नेपाल के तराई में होती है।...यह चार–दिन का त्योहार विशुद्ध पवित्रता और भोग–विलास से दूर रहकर मनता है। हर साल की तरह यह त्योहार भी डॉ. पाठक, सुलभ संस्थान के संस्थापक के घर पर मनाया गया। इसके उपवास, पूजा, विभिन्न प्रकार के कर्मकाण्ड और दान शामिल थे।'[129]

सुलभ का बेहद प्रचारित कार्यक्रम, उत्तर प्रदेश के इलाहाबाद के महाकुम्भ मेले में गंगा, यमुना और मिथकीय सरस्वती नदी के संगम में

मुक्त मेहतर स्त्रियों का डुबकी लगाना और पण्डितों के साथ कर्मकाण्ड करना, एक महत्त्वपूर्ण उदाहरण है यह समझने के लिए किस प्रकार सुलभ में हिन्दूवाद का प्राकृतिकीकरण हुआ है और कैसे वहाँ धार्मिक और सांस्कृतिक कार्यक्रम देखे–समझे–आजमाये जाते हैं। जून 2011 में सुलभ ने अलवर और टोंक (राजस्थान) और आरा (बिहार) के 207 मुक्त मेहतर स्त्रियों को बनारस की यात्रा करायी और उन्होंने 'पवित्र नदी में डुबकी लगाने के बाद महान हिन्दू धर्म स्थल काशी विश्वनाथ मन्दिर में भगवान शिव के ज्योतिर्लिंग के सामने पूजा–अर्चना की।'[130] फ़रवरी 2013 में अलवर और टोंक की 100 मुक्त मेहतर स्त्रियों ने संगम में डुबकी लगायी और महाकुम्भ मेले में पूजा की। डॉ. पाठक के अनुसार, *'यह सामाजिक उत्थान के लिए एक क़दम है।'* गंगा या संगम में स्नान करने वाले मुक्त वाल्मीकि भी अपने इस अनुभव को हिन्दू धर्म में पुनर्जन्म और पवित्र स्थलों, पुरोहितों और देवी अनुभवों में आस्था की पुनरावृत्ति मानते हैं। कई वाल्मीकि प्रभुत्वशाली हिन्दू परिप्रेक्ष्य के अन्दर क़ैद हैं। अलवर में गुड्डी अटवाल कहती हैं : *'मेरे लिए पवित्र नदी में स्नान एक नीची जाति की स्त्री के पुनर्जन्म जैसा अनुभव था। इसके बाद मेरा हिन्दू समाज में दुबारा जन्म हुआ।'*[131] शकुन्तला चामरी कहती हैं, *'बनारस और इलाहाबाद की पवित्र नदियों में स्नान और पूजा के बाद मेरे पिछले और इस जन्म के सारे पाप धुल गये।'*[132] ललिता कहती है, *'ब्राह्मणों के साथ पूजा करना, भोजन करना और रास्ते चलना–ये अविस्मरणीय अनुभव थे।'*[133] मुक्त मेहतरों के वर्णनों के अलावा सुलभ के अपने प्रकाशन से भी हमें उनकी समझ, प्राथमिकता और ऐसे कार्यक्रमों के प्रदर्शन और प्रभाव का पता चलता है : *'यह हमारे लिए जीवन का अप्रतिम अनुभव था। हम वहाँ अन्तहीन समय तक रहना चाहते थे। यह दिन हमें हमेशा याद रहेगा। हमें अब महसूस होता है कि हम डॉ. बिन्देश्वर के नेतृत्व में समाज की मुख्यधारा में शामिल हो गये हैं जो हमारे भगवान के दूत हैं। वह हमें उन जगहों पर ले जा रहे हैं जहाँ अतीत में हमारी परछाईं भी बर्दाश्त नहीं की जाती थी। वह हमारा बड़े और बलशाली लोगों से मेलजोल करा रहे हैं, ज़्यादातर मुक्त की गयी मेहतर स्त्रियों ने विश्वनाथ मन्दिर में पूजा करने के बाद यह विचार रखा।'*[134]

पर इस प्रक्रिया में वाल्मीकियों की अपनी धार्मिक–सांस्कृतिक परम्पराएँ प्रायः ओझल हो गयी हैं या उन्हें हावी हिन्दू परिदृश्य के

पराधीन बना लिया गया है। सुलभ के साथ जुड़े हुए वाल्मीकि आदतन हिन्दू सांस्कृतिक परम्पराओं के स्वाभाविक पिट्ठू बन गये हैं। उदाहरण के लिए, सुलभ वाल्मीकि जयन्ती पर ख़ासा शान्त और भावहीन रहता है जो वाल्मीकियों के बीच काफ़ी प्रचलित रहा है। वाल्मीकि को अपने पूर्वज और देवता के रूप में पूजते हुए वाल्मीकि समाज, यहाँ तक कि सुलभ से जुड़े हुए वाल्मीकि भी उसका हवाला देना नहीं भूलते हैं। 22 वर्षीया अमन चौमर जो सुलभ इंटरनेशनल की अध्यक्षा की बेटी हैं, कहती हैं : *'हम महाशिवरात्रि और जन्माष्टमी पर काफ़ी ध्यान देते हैं। हम होली और दीवाली जैसे हिन्दू त्योहार भी मनाते हैं। हजूरी गेट और अन्य वाल्मीकि कॉलोनियों के वाल्मीकि परम्परा से वाल्मीकि जयन्ती मनाते रहे हैं और आज भी मनाते हैं। पर हम मुक्त हुए मेहतर अब शायद ही वाल्मीकि जयन्ती समारोहों में शरीक होते हैं।'*[135]

मीरा निन्दानिया का भी कुछ ऐसा ही कहना है। वह नयी दिशा में काम करती है—सुलभ ने 2003 में अलवर में मुक्त मेहतरों के लिए इस हुनर प्रशिक्षण केन्द्र की स्थापना की है। मीरा सुबह में प्रशिक्षण केन्द्र में शिव, गणेश, लक्ष्मी और सरस्वती, आदि हिन्दू देवी—देवताओं की वन्दना के साथ अपना दिन शुरू करती है। वह साथ—साथ सुलभ वन्दना भी करती है। उसका कहना है : *'मैं एक हिन्दू हूँ क्योंकि राम और वाल्मीकि भी वही थे। मेरे घर में सभी हिन्दू देवी—देवताओं की मूर्तियाँ हैं। हम सुलभ और नयी दिशा प्रांगण में केवल हिन्दू त्योहार मनाते हैं।'*[136]

इसके बावजूद, अलवर में हजूरी गेट और वाल्मीकियों की अन्य कॉलोनियों जहाँ सुलभ मौजूद नहीं है, वाल्मीकि जयन्ती मनाने की परम्परा जीवन्त है। वे विस्तार से बताते हैं कि कैसे वाल्मीकि जयन्ती अलवर के हज़ारों वाल्मीकियों के जीवन और संस्कृति से गहरे जुड़ी रही है : *'शरद पूर्णिमा पर विभिन्न कॉलोनियों के वाल्मीकि अपने झण्डे, गाने, भजन के साथ वाल्मीकि की झाँकी निकालते हैं। वाल्मीकि का सबसे पुराना मन्दिर लाल खाना में है जो हमारे त्योहार का मुख्य केन्द्र होता है। दिनभर का त्योहार शाम में तीज की स्वर्ग रोड पर समाप्त होता है जिसमें अनेक सांस्कृतिक कार्यक्रम होते हैं। हमारा समुदाय इस त्योहार के लिए उत्साहित रहता है और इसे मनाने के लिए लम्बे समय से काफ़ी तैयारी करता है।'*[137]

(IV) गन्दगी, अशुद्धता और प्रदूषण : *'आरम्भिक काल के आर्यों*

ने अपनी भावी पीढ़ियों को स्वच्छता का दुहरा अर्थ दिया...स्वच्छता के प्रति सन्तुलित दृष्टि और व्यक्तिगत एवं सामुदायिक स्वास्थ्य का विज्ञान पुराणिक काल तक जीवित रहा...मनुस्मृति का कहना है कि रोज़ाना धुलाई और स्नान से हमारे अंग साफ़ और अच्छी स्थिति में रहने चाहिए। आदमी और औरत को अपनी ज़िन्दगी रोज़ाना पानी से साफ़ करना चाहिए– यह शरीर को साफ़ रखने का तरीक़ा है, पर गीता पाठ से हम अपने दिल और दिमाग़ को सभी अशुद्धियों से साफ़ रख सकते हैं।'

–एस.पी. सिंह[138]

हिन्दू जाति प्रथा में मेहतर–भंगी, वाल्मीकि मेहतर–गन्दगी और अशुद्धि के स्रोत समझे जाते हैं जो 'शुद्ध' हिन्दू सांस्कृतिक और सामाजिक पर्यावरण प्रदूषित करते हैं। ब्राह्मणवादी हिन्दूवाद में शुद्धता और प्रदूषण की अवधारणाएँ अन्तर्निहित हैं यानी कोई व्यक्ति, कुछ जो है जो आपसे जुड़ता नहीं है, वह उपजाति और अस्पृश्य है, वह आपका अंग नहीं है। पर ब्राह्मण और अस्पृश्य, दोनों को एक व्यवस्था में जोड़े रहने के लिए जाति–आधारित और श्रेणीबद्ध पेशे समूह की ज़रूरत है। हिन्दू समाज में 'व्यवस्था' और 'अनुशासन' के लिए एक ऐसा अवधारणात्मक और निर्देशात्मक ढाँचा चाहिए जिसमें यह तय हो कि एक 'प्राकृतिक' कैसे दिखना चाहिए, उसमें क्या होना चाहिए, किसे स्पर्श करना चाहिए और किसे नहीं। डॉ. पाठक मेहतर और इससे जुड़ी सफ़ाई व्यवस्था की उत्पत्ति का इतिहास हिन्दू धर्मग्रन्थों में ढूँढ़ते हैं और निष्कर्ष निकालते हैं : *'भारत में मेहतरी का लम्बा इतिहास है और मानव मल को उठाने, साफ़ करने और निबटाने के काम में संलग्न लोगों को मेहतर या भंगी कहते थे...पारम्परिक सामाजिक व्यवस्था में यह उप–जाति या पेशेवर समूह सबसे निचले स्तर पर स्थित था जिन्हें 'अस्पृश्य' क़रार किया गया था। मेहतर जाति व्यवस्था में शामिल नहीं किये गये थे, बल्कि मैला उठाने के कारण उन्हें जाति से बाहर, प्रदूषित समझा जाता था। वे ऊँची जातिवालों को स्पर्श नहीं कर सकते थे और उनके लिए सभी प्रकार के सामाजिक मेल–जोल की मनाही थी। पारम्परिक व्यवस्था के तहत उनकी क़िस्मत थी केवल मेहतरी का अमानवीय और गिरा हुआ काम करना। वे अपनी पसन्द, योग्यता और क्षमता के अनुसार कोई दूसरा काम नहीं कर सकते थे।'*[139]

सुलभ की उपरोक्त समझदारी के अन्तर्विरोध जल्दी ही उजागर हो जाते हैं जब इन्हीं मेहतरों का एक तरह का रूमानीकरण किया जाता है, उन्हें प्राकृतिक रूप से सफ़ाई कार्य में दक्ष बताया जाता है और उनकी वास्तविक रुचि इस काम में बतायी जाती है। सुलभ के एक अनुभवी और वरिष्ठ कार्यकर्ता महेश कुमार सिंह कहते हैं : *'झाड़ू वाल्मीकियों की एक महत्त्वपूर्ण पहचान है। आप उनसे उनके झाड़ू और पारम्परिक कौशल अलग नहीं कर सकते। इसलिए अलवर में निर्मित सार्वजनिक शौचालयों में, जिसे सुलभ के शाखा संगठन अखिल भारतीय परिवार कल्याण परिषद् ने बनाया है, वाल्मीकि और मुक्त मेहतर अपनी परम्परा के कारण सबसे बेहतर और दक्ष कर्मचारी हैं।'*[140]

इसके साथ–साथ सुलभ का पूरा आग्रह है कि कैसे भंगियों को स्वच्छता, सफ़ाई, शुद्धि के पाठ पढ़ाये जायें। इसमें आर्यों का सबसे ज़्यादा गुणगान किया जाता है जिनकी शुद्धि और स्वच्छता–भरी जीवन पद्धति अनायास और अनथक थी–पूरी प्राकृतिक। 'आर्यों ने आनेवाली पीढ़ी को दुहरी स्वच्छता की विरासत दी–व्यक्तिगत और सामाजिक। दोनों पर समान रूप से ज़ोर है और दोनों बेहद महत्त्वपूर्ण समझे गये थे।'[141] पर्या–प्राकृतिकीकरण के ऐसे संस्करण गाँधीवादी आदर्शों के विपरीत हिन्दू राष्ट्रवादी प्रवृत्तियों के ज़्यादा नज़दीक दिखते हैं। आज के सन्दर्भ में भंगियों का भला करने के लिए सुलभ और डॉ. पाठक जैसे शुभचिन्तकों की ज़रूरत पर ज़ोर दिया जाता है। अलवर में नयी दिशा के कार्यालय में सुलभ कार्यकर्ता राजीव कुमार सिंह इस प्रकार समझते–समझाते हैं : *'भंगी नारकीय जीवन जीते हैं–उनमें कोई जागरूकता नहीं है। उनमें कोई सामाजिक या राजनीतिक चेतना नहीं थी। हमने उन्हें सफ़ाई, स्वच्छता और शुद्धता के बारे में सिखाया। यह भी सिखाया कि कैसे केन्द्र में साफ़–सुथरा होकर आया जाता है, कैसे सुसंस्कृत माहौल रखा जाता है, कैसे मुक्ति मिलती है, आदि। यह सब प्रशिक्षण और कौशल विकास और सांस्कृतिक और धार्मिक गतिविधियों के ज़रिये सम्भव हो पाया।'*[142]

सुलभ का प्रभाव और शक्ति इसमें भी निहित है कि वाल्मीकियों के एक हिस्से ने भी इस समझदारी को अपना लिया है। सुलभ परिवार में कई वाल्मीकि यह मानते और व्यक्त करते हैं कि गन्दगी और प्रदूषण उनकी आन्तरिक प्रकृति है, उनके दिल–दिमाग़, मन–मस्तिष्क–शरीर में ओत–प्रोत है। यह जैसे उनकी व्यक्तिगत पहचान है। सामाजिक पहचान

के स्तर पर भी वे यह सोचते हैं कि उनका ख़ुद का समुदाय ही अपनी सदियों–पुरानी बदहाली के लिए ज़िम्मेदार है। वे सारे समुदाय को अपनी सामान्य आदतों, रीति–रिवाज और प्रवृत्तियों के लिए कोसते हैं। उनकी अपने बारे में मान्यता और ख़ुद की छवि काफ़ी निम्न है, जैसे वही अपने कलंक और बहिष्कार के लिए ज़िम्मेवार हैं। गन्दगी, प्रदूषण, अशुद्धि, बहिष्कार जैसी सारी बुराइयों या बीमारियों से मुक्ति के लिए वे एक ही सीधा समाधान सोचते हैं–ब्राह्मण, ब्राह्मण रक्षक, उसके मूल्यों और कथित क़ानूनों की ओर जाना और स्वीकार करना। अलवर के हजूरी गेट में सुलभ से जुड़े वाल्मीकि नरेश लोहरा कहते हैं : *'हमारे अन्दर इतनी ज़्यादा गन्दगी भरी हुई है–हमारे जीवन और कामकाज में। जैसे सूअर के साथ हमारा रिश्ता जिसके कारण भी हमें हिन्दू ग़लत नज़रिये से देखते हैं। हमारी भाषा, हमारी आदतें, हमारे चलन–सभी बर्बाद हैं। हमारा कोई अपना इतिहास नहीं है।'*[143]

लक्ष्मी कहती है : *'सदियों से हम नरक में थे। हमीं गन्दे थे। हम वास्तव में रोज़ाना नहाते या अपना घर भी साफ़ नहीं रखते थे। हम अपने को केवल झाड़ू के साथ जोड़ते थे और यही सारी दुनिया को भी दिखाते थे। कोई और नहीं बल्कि हम ख़ुद ही अपने आज के हाल के लिए ज़िम्मेवार हैं।'*[144]

सुलभ के वाल्मीकियों की ख़ुद के बारे में ऐसी नकारात्मक छवि और उसकी खुली अभिव्यक्ति से ज़ाहिर है कि जाति दमन के व्याप्त ढाँचे की किसी भी प्रकार की आलोचना के बजाय वे ख़ुद के निषेध और भर्त्सना में संलग्न हैं। वे अपने शोषण और वंचन के लिए अपने पर ही दोषारोपण करते हैं। सुलभ ने हिन्दू समझ और शब्दावली के बारम्बार सन्दर्भों से उनमें यह विचारारोपण किया है कि वे हिन्दू समाज के साथ एकीकृत होकर ही अपनी क्षतिपूर्ति कर सकते हैं। सुलभ के हिन्दू रुझान का औचित्य ठहराने का एक महत्त्वपूर्ण रूपक है–बुराइयों के लिए अपने जन्म, कर्म, संस्कार, संस्कृति की बुराई का तर्क देना। प्रभुत्वशाली हिन्दू पद्धति के साथ वाल्मीकियों का संक्रमण और एकीकरण यह ज़ाहिर करता है कि सुलभ एक सीमा में उन पर पुलिसिया निगाह रखता है, और दूसरी तरफ़ इस दायरे में वे अपने–आप पर भी एक सीमाबन्दी करते हैं। सुलभ के वाल्मीकि एक स्वाभाविक, प्राकृतिक हिन्दू निर्मित किये जाते हैं और वे भी ख़ुद अपने को इस प्रकार निर्मित करने लगते हैं। ज़ाहिर है कि हिन्दू

धर्म के साथ ऐसी सामाजिक, सांस्कृतिक और धार्मिक निकटता जिसमें जाति के सामाजिक–धार्मिक आधारों और उनकी राजनीतिक अर्थव्यवस्था के बारे में कोई सुस्पष्ट आलोचना नहीं है, दलितों के स्वच्छता, मेहतर और मेहतरी प्रथा सम्बन्धी विमर्श से काफ़ी दूर है। सच्चाई यह है कि सुलभ के वाल्मीकियों ने 'दलित' शब्द या अवधारणा कभी सुनी–समझी नहीं है, यह शब्द जो कभी भी सुलभ के साहित्य या कार्यक्रम में उच्चारित नहीं होता है। इसलिए मीरा निन्दानिया कहती हैं, *'मैं जानती हूँ कि वाल्मीकि क्या है, मैं भंगी भी जानती हूँ, मुझे हिन्दू पता है, पर मैं नहीं जानती कि दलित क्या है।'*[145]

इस परिप्रेक्ष्य से सुलभ की शायद ही कोई आलोचना हुई है, बल्कि विभिन्न विद्वानों और पर्यावरणविदों ने इसके काम की बेहिसाब प्रशंसा ही की है। पर हमें विरले आलोचना के स्वर मिलते हैं। भाषा सिंह के अनुसार : *'इन दो विचारों के बीच विभेद (गाँधी और अम्बेडकर) वही है जो एक तरफ़ सुधार, दया और कृपा और दूसरी तरफ़ अधिकार, परिवर्तन और मुक्ति के लिए विद्रोह के बीच है–ऐसा नहीं है कि ये दोनों विचार आज मौजूद नहीं हैं–इसलिए आज हमारे बीच अलवर की राजकुमारियाँ मौजूद हैं। जिन लोगों ने उन्हें मुक्त कराया, वे यह दावा करते थकते नहीं हैं कि कैसे उन्होंने असहाय स्त्रियों को नरक से निकालने में मदद की और कैसे स्त्रियाँ यहाँ तक पहुँची हैं...दूसरा रास्ता है–परिवर्तन के ज़रिये आज़ादी–यह फ्लश शौचालय के व्यापार के रास्ते नहीं आता है। न ही यह दूसरा रास्ता यह बताने की कोशिश करता है कि यदि शौचालय बहते पानी के साथ आ जायेगा तो मेहतरी प्रथा समाप्त हो जायेगी...क्योंकि इस रास्ते पर चलने वाला यह जानता है कि फ्लश शौचालय साफ़ करने वाला भी उनके समुदाय से ही आयेगा।'*[146]

निष्कर्ष

निस्सन्देह सुलभ भारत में मेहतरी प्रथा से मुक्ति के लिए कार्यरत एक अग्रणी संगठन है। पर इसका जाति फ़लक बेहद धुँधला और सन्देहपूर्ण हो जाता है क्योंकि वहाँ हिन्दू विमर्श, हिन्दू शब्दावली और ब्राह्मणवादी मूल्यों का बोलबाला है। सुलभ के स्वच्छता और पर्यावरण सम्बन्धी कार्यक्रमों में वर्चस्वशाली हिन्दू प्रथाओं, त्योहारों और सन्दर्भों से शायद

मेहतरों के आन्दोलनों को नियन्त्रित करना या कम–से–कम एक साँचे में बाँधे रखना सम्भव हो पाता। आन्दोलन का कोई अपना या मौलिक स्वर तो ज़रूर ही लुप्त हो जाता है। यहाँ मेहतरों की हिन्दू पहचान को मज़बूत करने की कोशिश ब्राह्मणवादी परम्पराओं पर निर्भर है, क्योंकि इन परम्पराओं और इसके पर्यावरण प्रतिफलन को परले दरजे का दर्जा दिया गया है। सुलभ और उसके विचारक मेहतरों के साथ हैं, पर उनके दिल–दिमाग़, संस्कृति–भाषा के अन्दर वो हैं। सुलभ और पाठक की विचारधारा प्रायः नव–हिन्दूवाद की विभिन्न अभिव्यक्तियों से भी मेल खाती है–यह न केवल एक विशाल हिन्दू एकता की आकांक्षा रखती है बल्कि मेहतरों की 'समस्याओं' के समाधान के लिए उन्हें जाति के व्यापक सामाजिक–ऐतिहासिक परिप्रेक्ष्य से काटकर तकनीकी और प्रबन्धकीय तौर–तरीकों पर ज़ोर देती है। सुलभ की प्रौद्योगिकी और प्रबन्ध ऐसे संस्थानों, ढाँचों, श्रेणियों, अवधारणाओं के ज़रिये साकार होते हैं जो सामाजिक और राजनीतिक तौर पर दलितों के एक बड़े हिस्से के गले की हड्डी बन जाते हैं। जाति के सवाल पर गाँधी की सीमाएँ सुलभ की भी सीमा रेखा है। सुलभ ने इस सीमा रेखा से आगे जाकर नव हिन्दूवाद और हिन्दुत्व की राजनीति को भी अंगीकार किया है। सुलभ जाति की वास्तविक्ता को पूरी तरह नज़रअन्दाज़ नहीं कर सकता है, पर वह अपने स्वच्छता और सफ़ाई के काम में जाति–विरोधी विमर्शों और आन्दोलनों के अस्तित्व को पूरी तरह नकारता है। यह दया बनाम अधिकार, कृपा बनाम स्वाधीनता, ऊपर से सुधार बनाम नीचे से परिवर्तन के बीच चुनाव है जहाँ सुलभ और इसके पर्यावरण विमर्श की सीमाएँ तंग नज़र आती हैं और जाति के सामने तो नतमस्तक हो जाती हैं।

हम अगले अध्याय में देखेंगे कि दलित किस प्रकार पर्यावरण की परिकल्पना करते हैं और कैसे दलित पर्यावरणवाद के बारे में सोचा जा सकता है।

सन्दर्भ

1. पर्यावरण अध्ययनों में कुछ ऐसे अपवाद हैं जिनमें जाति की विशद विवेचना की गयी है। उदाहरण के लिए, Ramchandra Guha (ed.), *Social Ecology*, Oxford University Press, New Delhi, 1994; David Mosse, *The Rule of Water : Statecraft, Ecology, and Collective Action in South India*, Oxford

University Press, New Delhi, 2003; Esha Shah, *Social Design : Tank Irrigation Technology and Agrarian Transformation in Karnataka, South India*, Orient Longman, New Delhi, 2003.

2. भारत में बीसवीं सदी के इतिहास में दलित और आदिवासी पूर्ण राजनीति, दो महत्त्वपूर्ण किरदार रहे हैं जिनके पर्यावरण सरोकारों में कुछ सामान्यता है। फिर भी इन दोनों को एक साथ नहीं जोड़ा जा सकता है। दलित और आदिवासी के पर्यावरण विचारों और व्यवहारों में काफ़ी विभिन्नता है। इस अध्याय में पर्यावरण के सन्दर्भ में दलित और जाति राजनीति पर ध्यान केन्द्रित है।
3. Subir Sinha, Shubhra Gururani and Brain Greenberg, 'The "New Traditionalist" Discourse of Indian Environmentalism', *Journal of Peasant Studies*, 24(3), April 1997, pp.65-99.
4. Gail Omvedt, 'Why Dalit Dislike Environmentalists', *The Hindu* 25 June, 1997.
5. Chandrabhan Prasad, 'The New Life Movement versus Narmada Bachao Andolan', *The Pioneer*, 22 October, 2000.
6. Kancha ILaiah, *Post-Hindu India: A Discourse on Dalit-Bahujan, Socio-Spiritual and Scientific Revolution*, Sage, New Delhi, 2009, pp.140-58.
7. विस्तार के लिए देखिए : Mukul Sharma, *Green and Saffron : Hindu Nationalism and Indian Politics*, Permanent Black, Ranikhet, 2012, pp.146-84.
8. WWF India, *Vrindavan Forest Revival Project (Brochure 1)*, Delhi, 1993; Ranchor Prime, *Hinduism and Ecology : Seeds of Truth*, Cassell, London, 1992, pp. 104-18.
9. WWF India, *Vrindavan Forest Revival Project (Brochure 2)*, Delhi, n.d.
10. *Friends of Vrindavan, 1998 Newsletter*, London, p. 13.
11. Prime, *Hinduism and Ecology*, pp. 109-12.
12. वही, पृ. 102.
13. *अमर उजाला*, आगरा, 27 जून, 1997, रिपोर्ट के अनुसार जब वाल्मीकि मन्दिर के नज़दीक सफ़ाई कर रहे थे, तब उन पर हमला किया गया।
14. चौधरी भगवान दास वाल्मीकि से साक्षात्कार, वृन्दावन, 18 अगस्त, 1999.
15. चरणदास जाटव से साक्षात्कार, वृन्दावन, 18 अगस्त, 1999.
16. Sharma, *Green and Saffron*, pp. 48-94.
17. अण्णा हजारे से पत्रकार राजेश कुमार का साक्षात्कार, 25 अक्टूबर, 1999.
18. यह सूचना मुझे अक्टूबर 1999 में रालेगण सिद्धि में ग्राम सेवक के.एन. भगत ने दी।

19. Ramesh Awasthi, 'Rural Development through People's Mobilization: A Case Study of Ralegan Siddhi', in M.L. Dantwala, Harsh Sethi and Pravin Visaria (eds.), *Social Change through Voluntary Action*, Sage, Delhi, 1998, pp.79-81.
20. कैलाश पोटे से साक्षात्कार, रालेगण सिद्धि, 8 अक्टूबर, 1999.
21. लक्ष्मण डोडिवा से साक्षात्कार, रालेगण सिद्धि, 15 अक्टूबर, 1999.
22. कैलाश पोटे से साक्षात्कार, रालेगण सिद्धि, 15 अक्टूबर, 1999.
23. अण्णा हजारे से साक्षात्कार, रालेगण सिद्धि, 9–10 अक्टूबर, 1999.
24. H.V. Seshadri, 'The Village that Reminds Us of Ramarajya', *Organiser*, 8 February, 1987, pp. 6 and 10; and H.V. Seshadri, 'Ralegana Siddhi : A Name for Social Metamorphosis', *Organiser,* 15 February, 1987, p. 11.
25. Seshadri, 'Ralegana Siddhi', p. 11.
26. Gloria Goodwin Raheja, *The Poison in the Gift : Ritual, Presentation and the Dominent Caste in a North Indian Village*, University of Chicago Press, Chicago, 1988, p. 28.
27. Saurabh Dube, *Untouchable Pasts : Religion, Identity and Power among a Central Indian Community, 1780-1950,* State University of New York Press, Albany, 1998, pp. 214-5.
28. M. Vijayabaskar and A. Kalaiyarasan, 'Caste as Social Capital : The Triuppur Story', *Economic and Political Weekly*, XLIX(10), 8 March, 2014, p. 34.
29. For details : Sharma, *Green and Saffron.*
30. Kailash Malhotra, quoted in : *The State of India's Environment 1984-85: The Second Citizen's Report*, Centre for Science and Environment, New Delhi, 1985, p. 162.
31. O.P. Dwivedi, 'Satyagraha for Conservation : Awakening the Spirit of Hinduism', in Roger S. Cottlieb (ed.), *This Sacred Earth : Religion, Nature, Environment*, Routledge, London, 1996, p.159.
32. Madhav Gadgil and Ramchandra Guha, *This Fissured Land : An Ecological History of India*, Oxford University Press, New Delhi, 1992, pp.91-110.
33. Gadgil and Guha, *This Fissured Land*, p. 105.
34. *Ibid.*, p. 110.
35. Purnendu S. Kavoori, 'The Varna Trophic System : An Ecological Theory of Caste Formation', *Economic and Political Weekly*, 37(12), 23-29, March 2002, pp. 1156-64.

36. वही, पृ. 1157.
37. वही, पृ. 1157.
38. वही, पृ. 1159.
39. वही, पृ. 1162.
40. Ashok Das Gupta, 'Is Caste System a Kind of Indigenous Knowledge System', *Antrocom Online Journal of Anthrology*, 8 (1), 2012, p. 63.
41. वही, पृ. 66.
42. Christopher Key Chapple, 'Towards an Indigenous Indian Environmentalism', in Lance E. Nelson (ed.), *Purifying the Earthly Body of God : Religion and Ecology in Hindu India*, State University of New York Press, Albany, 1998, pp. 20-2.
43. Ranchor Prime, *Vedic Ecology : Practical Wisdom for Surviving the 21st Century*, Mandala Publishing, Novato, CA, 2002, p. 16.
44. L.M. Singhvi, 'Environment and Vedic Heritage', *Manthan*, XIX(3), July-September, 1998, pp. 41-6.
45. वही, पृ. 43.
46. Prime, *Vedic Ecology*, p. 11-2.
47. वही, पृ. 138-9.
48. S.R. Sehgal, 'In Vedic Lore Ten Sons were Equal to One Tree', *Organiser*, 29 June, 1986, pp. 9, 11.
49. RJA, Hindu Sanskrit and Environment, Suruchi Prakashan, Delhi, 2000, p. 10.
50. Gupta, 'Is Caste System', p. 66.
51. वही, पृ. 66.
52. Prime, *Vedic Ecology*, p.148.
53. Jonathan Olsen, *Nature and Nationalism : Right-Wing Ecology and the Politics of Identity in Contemporary Germany*, Macmillan, Hampshire, 1999, p. 40.
54. Banwari, *Panchavati : Indian Approach to Environment*, Shri Vinayaka Publications, Delhi, 1992, p. xvii.
55. वही, पृ. 4.
56. वही, पृ. 5.
57. Anil Agarwal, 'Can Hindu Beliefs and Values Help India Meet Its Ecological Crisis?', in Christopher Key Chapple and Mary Evelyn Tucker (eds.) *Hinduism and Ecology : The Intersection of Earth, Sky, Water*, Oxford University Press, New Delhi, 2000, p. 172.

58. गोविन्द चातक, *पर्यावरण परम्परा* और *अपसंस्कृति*, तेज़ प्रकाशन, नयी दिल्ली, 2000, pp. 132-3.
59. विस्तार के लिए देखिए, ललित मोहन जोशी, 'पर्यावरण का सांस्कृतिक मूल्यांकन', नित्यानन्द मिश्र और शिवचरण पाण्डेय (सम्पादित), *पर्यावरण संस्कृति, प्रदूषण और संरक्षण*, अल्मोड़ा बुक, अल्मोड़ा, 1998 पृ. 49-53.
60. शुभु पटवा, *पर्यावरण की संस्कृति*, वाग्देवी प्रकाशन, बीकानेर, 2003, पृ. 15.
61. O.P. Dwivedi, 'Dharmic Ecology', in Chapple and Tucker (eds.), *Hinduism and Ecology*, p. 18.
62. Shailendranath Ghosh, 'Development Strategy for a Better Quality of Life', *Manthan*, XI (5), May, 1990, pp. 41-56.
63. शैलेन्द्रनाथ घोष, 'आधुनिकता का अभिशाप : पर्यावरण विध्वंस', मन्थन, 18(3), जुलाई–सितम्बर, 1998, पृ. 59-63.
64. किशोरीलाल व्यास, 'पर्यावरण संरक्षण', *मन्थन*, (4), अक्टूबर–दिसम्बर, 1998, पृ. 59-63.
65. K.L. Seshagiri Rao, 'The Five Great Elements (*Panchamahabhuta*): An Ecological perspective', in Chapple and Tucker (eds.), *Hinduism and Ecology*, p. 26.
66. बी. कपूर एस. बी., *भारतीय संस्कृति, धर्म एवं पर्यावरण संरक्षण*, मधु प्रकाशन, बीकानेर, 2001, पृ. 29.
67. H. B. Mallya, 'Rape of the Western Ghats', *Organiser*, 15 February, 1987, pp. 8, 10.
68. वही, पृ. 10.
69. Vasudha, Saini 'Hindu Population Going Down', *Organiser*, 20 July, 1997, pp. 7, 19. इसका खण्डन करने वाली पुस्तक है Pradip Kumar Datta, *Carving Blocs : Communal Ideology in Twentieth-Century Bengal*, Oxford University Press, Delhi, 1999.
70. उमेश राठौर, *पर्यावरण एवं वैदिक संस्कृति*, जन प्रकाशन, दिल्ली, 1999 पृ. 114.
71. उद्धृत है : S.P. Singh, *Sulabh Sanitation Movement : Vision-2000 Plus*, Sulabh International Social Service Organisation, New Delhi, 2005, 4th edn, p. 490. श्री सिंह सुलभ इंटरनेशनल के पूर्व अध्यक्ष हैं। 600 पृष्ठों की उनकी पुस्तक में श्री पाठक के अनेक उद्धरण हैं जिनमें सुलभ के उद्देश्यों की चर्चा है।
72. *http://www.insightsonindia.com/2015/07/20/2*, 1 June, 2016.
73. विस्तार के लिए देखिए : Human Rights Watch, *Cleaning Human Waste : 'Manual Scavenging', Caste, and Discrimination in India*, Human Rights Watch, USA, 2014.

74. Bhasha Singh, Unseen : *The Truth about India's Manual Scavengers*, Penguin Books, New Delhi, 2014, pp. 246.
75. विस्तार के लिए देखिए : *Selected Works of Mahatma Gandhi*, Vol. 5, जिसमें भंगियों पर उनके विचार हैं।
76. Vijay Prashad, *Untouchable Freedom : A Social History of a Dalit Community*, Oxford University Press, New Delhi, 2000.
77. विस्तार के लिए देखिए : *Dr. Babasaheb Ambedkar's Writings and Speeches*, Vol. 9, Government of Maharashtra, Bombay, 1990, p. 293.
78. वही, पृ. 276.
79. B.R. Ambedkar, *Annihilation of Caste : The Annotated Critical Edition*, Navayana, Delhi, 2014, p. 25.
80. Suhas Palshikar, 'Gandhi-Ambedkar Interface…When Shall the Twin Meet?, *Economic and Political Weekly*, 3 August, 1996, p. 2071.
81. Annie Namala & N Paul Divakar, 'Battle for Liberation, Then and Now', *Labour File*, 3(6), November-December, 2005, p. 16.
82. पर्चा : Safai Karmachari Andolan, *Bhim Yatra*, Delhi, तिथि नहीं।
83. विल्सन से साक्षात्कार, नयी दिल्ली, 14 अप्रैल, 2016.
84. Quoted in Singh, Sulabh Sanitation Movement, p. 493.
85. *http://www.sulabhinternational.org*, 6/7/2014.
86. *Human Development Report 2003 : Millennium Development Goals : A compact among nations to end human poverty*, UNDP & Oxford University Press, New York, 2003, p. 105.
87. सुलभ स्वच्छता आन्दोलन, सुलभ इंटरनेशनल सोशल सर्विस ऑर्गनाइजेशन, नयी दिल्ली, तिथि नहीं।
88. सुलभ इंटरनेशनल सोशल सर्विस ऑर्गनाइजेशन, एक *बहुआयामी व्यक्तित्व : डॉ. बिन्देश्वर पाठक*, नयी दिल्ली, तिथि नहीं, पृ. 34-5.
89. विस्तार के लिए देखिए : Sonu Goyal and Vikas Gupta, 'Sulabh International–Social Transformation through Sanitation', *Vikalpa*, 34 (1), January-March, 2009, p. 95.
90. Singh, *Sulabh Sanitation Movement*, p. 95.
91. Goyal and Gupta, '*Sulabh International*', p. 93.
92. विस्तार के लिए देखिए : सुलभ इंटरनेशनल सोशल सर्विस ऑर्गनाइजेशन, अलवर की राजकुमारियाँ : नयी मंज़िलें, नये रास्ते, नयी दिल्ली, 2009.
93. Bindeshwar Pathak, 'Sulabh Sanitation and Social Reform Movement', *International NGO Journal*, 6 (1), January 2011, p. 14.
94. उद्धृत : Singh, *Sulabh Sanitation Movement*, p. 62.
95. K. Ramachandran, 'Satisfying Solution for a Compelling Need Makes

Sulabh an Entrepreneurial Success', *Vikalpa*, 34 (1), January-March, 2009, p. 110.

96. Bindeshwar Pathak, *Road to Freedom : A Sociological Study on the Abolition of Scavenging in India*, Sulabh Foundation, New Delhi, 1995, p. 185.
97. दिल्ली, बिहार और राजस्थान में सुलभ के कार्यालयों और कार्यस्थलों में अपने सर्वेक्षण के दौरान मैंने सवर्णों का बाहुल्य पाया।
98. W.E.B. Du Bois, 'The Souls of White Folk, in his *Dark Water: Voices from Within the Veil*, New York, 1999 [1920].
99. Bindeshwar Pathak, *Sulabh Shauchalaya : A Simple Idea that Worked*, Sulabh International, Patna, 1987, p. 5.
100. Pathak, 'Sulabh Sanitation', p. 25.
101. 'Report on National Conference on Sociology of Sanitation', Sulabh India, 25(1), January 2013, p. 6.
102. Pathak, *Road to Freedom*, p. 71.
103. *Sulabh India*, 24(10), October 2012, p. 23.
104. Singh, *Sulabh Sanitation Movement*, pp. 582-3.
105. वही, पृ. 571-2.
106. वही, पृ. 575.
107. Pathak, *Road to Freedom*, p. 173.
108. वही, p. 174.
109. ऊषा चौमर से साक्षात्कार, अलवर, 16 अगस्त, 2014.
110. लक्ष्मी निन्दानिया से साक्षात्काकर अलवर, 16 अगस्त, 2014.
111. *Sulabh India*, August 2009, p. 28.
112. उद्धृत : Singh, *Sulabh Sanitation Movement*, p. 336.
113. वही, पृ. 493.
114. वही, पृ. 70.
115. वही, पृ. 69.
116. वही, पृ. 239-40
117. वही, पृ. 61.
118. वही, पृ. 517.
119. वही, पृ. 79.
120. वही, पृ. 59.
121. Bindeshwar Pathak, 'Forward', in Singh, *Sulabh Sanitation Movement*, पृष्ठ संख्या नहीं है।
122. Singh, *Sulabh Sanitation Movement*, p. 490.
123. वही, पृ. 304-5.

124. Sulabh, *Sulabh International Museum of Toilets*, Sulabh, New Delhi, 1991, pp. 12-14.
125. http://www.sulabhtoiletmuseum.org/old/fact.htm, 6/13/2014.
126. *Sulabh India*, 24(3), March 2012, p. 8.
127. वही, पृ. 9.
128. *Sulabh India*, 26 (1), January 2014, p. 19.
129. *Sulabh India*, 25 (11), November 2013, p. 9.
130. *Sulabh India*, 23 (7), July 2011, p. 6.
131. गुड्डी अटवाल से साक्षात्कार, अलवर, 18 अगस्त, 2014.
132. शकुन्तला चामरे से साक्षात्कार, अलवर, 18 अगस्त, 2014.
133. ललिता निन्दानिया से साक्षात्कार, अलवर, 16 अगस्त, 2014.
134. *Sulabh India*, 23 (7), July 2011, p. 6.
135. अमन चौमर से साक्षात्कार, अलवर, 16 अगस्त, 2014.
136. मीरा निन्दानिया से साक्षात्कार, अलवर, 18 अगस्त, 2014.
137. नरेश लोहरा से साक्षात्कार, अलवर, 18 अगस्त, 2014.
138. Singh, *Sulabh Sanitation Movement*, pp. 261-2.
139. Pathak, *Road to Freedom*, pp. 159-60.
140. महेश कुमार सिंह से साक्षात्कार, अलवर, 16 अगस्त, 2014.
141. Singh, *Sulabh Sanitation Movement*, pp. 261.
142. राज़ीव कुमार सिंह से साक्षात्कार, अलवर, 16 अगस्त, 2014.
143. नरेश लोहरा से साक्षात्कार, अलवर, 18 अगस्त, 2014.
144. लक्ष्मी निन्दानिया से साक्षात्कार, अलवर, 16 अगस्त, 2014.
145. मीरा निन्दानिया से साक्षात्कार, अलवर, 18 अगस्त, 2014.
146. Singh, Unseen, pp. xxxvi.

दलित पर्यावरणवाद : अलग स्वर और सपने

वो चेरूमी स्त्रियाँ
घर से बाहर निकली
हंसिया कमर में खोंसकर
पत्तों की तलाश
इमली और अंगूर की बेल
जुवार और चावल
जंगली जड़ें और ताज़े धड़
फल–फूल और मछलियाँ
तेज़ आते–जाते बार–बार
सब कुछ हासिल करती है काली
तुम अश्वेत शाविकाएँ
काली मिट्टी को तुमने दिया है रंग
काले चीते, लाल चीते
शेर के बच्चे...
वालन का आरा
वेलन का बरछा
कालन से रस्सा और
मतान के लम्बे डगों से आगे बढ़ो!

–के.के.एस. दास, मलयाली दलित लेखक[1]

इस अध्याय में दलित और पर्यावरण के अन्तःसम्बन्धों की विभिन्न धाराओं की खोज–बीन की गयी है। एक ओर भारत के पर्यावरण इतिहास में दलित अदृश्य हैं, तो दूसरी ओर उन्हें पर्यावरणीय विमर्श से जुदा–जुदा विकास और आधुनिकता के पैरोकार के रूप में देखा गया

है। इसके बरअक्स, हाल के सालों में दलित बुद्धिजीवियों ने यह भी ज़ोर दिया है कि दलित एक समुदाय के रूप में प्रकृति और प्राकृतिक संसाधनों के साथ प्राकृतिक, सामाजिक और जैविक रूप से जुड़े हैं। उन्होंने दलितों को 'ज़मीन से जड़ोंवाला' क़रार दिया है।[2] दलित और पर्यावरण के अन्तःसम्बन्ध जटिल और तनावपूर्ण हैं। पर्यावरण की मनुष्य केन्द्रित अवधारणाओं में मुख्यतः मानवीय अनुभवों पर ध्यान रहता है। पर एक अस्पृश्य या समाज बहिष्कृत या एक बँधुआ मज़दूर जिसे इन्सान से कमतर समझा जाता है, मनुष्य/प्रकृति के युग्मक में नहीं समाते हैं। हमें चुनौती पेश आती है कि मानवीय अस्तित्व के हाशिये या उसके बाहर जीने वालों के लिए प्रकृति के अर्थों और प्रभावों को कैसे समझा जाये। साथ ही, दलित और पर्यावरण के आपसी रिश्ते कभी स्थिर नहीं रहे हैं; वे समय और काल के हिसाब से और प्राकृतिक और सामाजिक स्थितियों के सन्दर्भ में बदलते रहे हैं।

भारतीय पर्यावरणवाद में औद्योगीकरण और आधुनिकता और प्राकृतिक संसाधनों और संरक्षण पर इसके प्रभावों की विशद चर्चा हुई है। कई पर्यावरण आन्दोलनों जैसे केरल में साइलेंट वैली पन–बिजली परियोजना का विरोध, जंगलों पर चिपको आन्दोलन, टिहरी और नर्मदा बाँध पर विरोध, हिमालय और गन्धमर्दन क्षेत्रों में खनन के ख़िलाफ़ आन्दोलन, ताजमहल पर प्रदूषण प्रभाव की चर्चा, आदि ने हमारी पर्यावरण चिन्ता और पर्यावरण मुद्दों के साथ आजीविका, अस्तित्व, स्वामित्व, अधिकार के जटिल सम्बन्धों पर जानकारी का दायरा विस्तृत किया।[3] कुछ और परिघटनाओं, जैसे वैश्विक तापमान में वृद्धि और जलवायु परिवर्तन, हिमनदों का पिघलना, समुद्र के जल स्तर में चढ़ाव, बारिशों में बदलाव, प्राकृतिक विपदाओं में वृद्धि से भी समकालीन पर्यावरणवाद का कारण और अंजाम और स्थापित हुआ है। हाल में कुछ दलित और पर्यावरण संगठनों ने जलवायु परिवर्तन जनित प्राकृतिक विपदाओं के समय में जाति भेदभाव के प्रचलन की जाँच पड़ताल की है। यह सुझाया गया है कि जलवायु परिवर्तन की मौजूदा समझदारी में, ख़ासकर प्राकृतिक विपदाओं का संकट कम करने की रणनीति बनाने और लागू करने में दलितों के समावेश और निषेध के मुद्दों पर ख़ास ध्यान देना चाहिए।[4] इसी प्रकार वनीकरण में दलितों के सरोकारों की बात उठाई गयी है और वन नीतियों और कार्यक्रमों–यहाँ तक कि संयुक्त वन प्रबन्ध और सामुदायिक वन प्रबन्ध में

परिवर्तन सुझाया गया है।[5] दलित चेतना और संगठनों के उभार से भी प्राकृतिक संसाधनों के स्वामित्व की प्रकृति और सामुदायिक एकता पर सवाल खड़े हुए हैं। उदाहरण के लिए, पहले दक्षिण भारत के दलितों को पवित्र उपवनों में प्रवेश करने की मनाही थी, पर अब वे न केवल इनमें प्रवेश कर रहे हैं बल्कि वहाँ की ज़मीन और अन्य संसाधनों पर अपना दावा कर रहे हैं। एलिजा केंट जिन्होंने तमिलनाडु राज्य के पवित्र उपवनों पर गम्भीर शोध किया है, कहती हैं : *'इन घटनाक्रमों से पवित्र उपवनों में उन बहिष्कृत और कमज़ोर सामाजिक समूहों की पहुँच होगी जिन्हें वहाँ पूजा से वर्जित किया गया था।'*[6]

यद्यपि पर्यावरणवाद को एक आधुनिक विचार कहा गया है, पिछली दो सदियों से भारतीय मानव समाज में पर्यावरण सरोकार रहे हैं।[7] पर पर्यावरण के साथ जुड़ाव में विभिन्नता है और यह भिन्न जीवन स्थितियों, विश्लेषण और दृष्टियों पर आधारित है–यहाँ उद्योग और आधुनिकता का नकार है, प्रकृति के प्रति पारम्परिक, धार्मिक और रूमानी दृष्टिकोण है, मानव और प्रकृति के बीच अशोषणकारी सम्बन्धों पर ज़ोर है और कई अन्य दृष्टियाँ हैं। ये कभी एक–दूसरे के पूरक, तो कभी प्रतियोगी हैं। इन सबके बीच दलितों ने अपनी पर्यावरण दृष्टि निर्मित की है जो ख़ासकर उन्नीसवीं सदी में जाति–विरोधी विचारों के संगठित उभार के बाद काफ़ी मुखरित हुई है।

इस अध्याय में दलित नज़रिये से पर्यावरण विचारों का दायरा विस्तृत करने की कोशिश की गयी है। यहाँ पर्यावरण विचारों में वह सोच और सक्रियता शामिल है जो मनुष्य और प्रकृति के बीच के सम्बन्धों और इसे प्रभावित करने वाले सामाजिक मानकों की व्याख्या करता है। वे अपने जीवन के अनुभवों और पर्यावरणीय ज्ञान के आधार पर जाति व्यवस्था को एक पर्यावरणीय मॉडल मानने की समझ, प्रकृति के नियमों को समाज का नियामक बनाना, पर्यावरण व्यवस्था की अप्रतिमता और विशिष्टता और एक प्रकृति प्रदत्त, स्थायी प्राकृतिक व्यवस्था की पवित्रता को कई प्रकार की चुनौती देते हैं। यहाँ मुख्यतः श्रम, स्थान, अतीत, स्मृति, बलिदान, बँधुआ और प्रकृति और उसके संसाधनों तक पहुँच में विभेद के मुद्दे दलितों की पर्यावरण अन्तर्दृष्टि के आधारभूत तत्त्व नज़र आते हैं। दलितों के बैचेन और अशान्त पर्यावरण पटल को समझने के लिए मैं कई प्रकार के दलित उत्पादों की मदद लेता हूँ–दलितों के कविता, गीत

और कहानियाँ, जाति–विरोधी बुद्धिजीवियों की पर्यावरणीय अभिव्यक्तियाँ, दलितों के सामूहिक सांस्कृतिक प्रतीक, देवी–देवता, मिथक, जानवर, खानपान जो प्रकृति और उसके बाह्य रूपों के साथ उनके अर्थपूर्ण सम्बन्धों की बानगी देता है। ये प्रस्तुतियाँ रोचक और सुन्दर सृजनात्मक कृतियाँ हैं, साथ–ही–साथ ये कई बार प्रकृति के इर्द–गिर्द हिंसा, युद्ध, ख़ून–ख़राबे और बलिदान की कहानियाँ हैं। ये दलितों की प्राकृतिक संसाधनों की आधारभूत ज़रूरतें बताती हैं जिनमें उनका शोषण और बँधुआगिरी भी है। उनके पर्यावरण अनुभव और अभिव्यक्ति को कई प्रकार से समझा जा सकता है–एक बौद्धिक उपक्रम, श्रम का एक उत्पाद, सृजनात्मकता का स्रोत, एक पर्यावरणीय स्थल जो जीविका और उसके संघर्ष की राजनीति के साथ गुँथा हुआ है, प्रकृति के साथ संवाद जिसमें अपने और दूसरों के बीच के सम्बन्ध–स्व, निज और पराये के अर्थ उजागर करते हैं, एक ऐसी रंगभूमि जहाँ समुदाय और सांस्कृतिक उत्पादों में 'जाति–जड़', 'जातिभूत', 'जाति–जनित' के सवाल–जवाब निकलते हैं।

निस्सन्देह दलितों पर काफ़ी उल्लेखनीय अध्ययन हैं जिनमें अलग–अलग विषयों, जैसे–दलित इतिहास, जाति–विरोधी बुद्धिजीवी और उनके विचार, अस्पृश्यता, मानव अधिकार, सम्मान, आरक्षण, लिंग, खाद्य, भूमि, पानी, रोज़गार, बेरोज़गारी, आदि पर शोध है। पर कोई ऐसा अध्याय नहीं है जिनमें इन सारे मुद्दों को एक साथ गूँथकर दलित और पर्यावरणवाद के बीच के रिश्ते समझने की कोशिश की गयी हो। यह भी सच है कि दलितों के श्रम, प्राकृतिक संसाधन, गाँव और समुदाय, खाद्य, पशु, शाकाहार और विकास सम्बन्धी विचार हमारे पर्यावरण अध्ययनों और राजनीति में शामिल नहीं किये गये हैं। इसका एक कारण यह भी हो सकता है कि दलितों ने ये सारे मुद्दे प्रकट तौर पर पर्यावरणीय भाषा में व्यक्त नहीं किये हैं। सर्वाधिक महत्त्वपूर्ण यह है कि मुख्यधारा के कुछ पर्यावरण विमर्शों में प्रकृति, प्राकृतिक सम्बद्धता और अप्राकृतिक प्रदूषण के बारे में ब्राह्मणवादी विचारों के वर्चस्व के कारण दलित या तो अदृश्य रहते हैं, या उन्हें उनकी जगहों में प्रकृतिस्थ बताया जाता है, या वे शोषित–प्रताड़ित होते हैं जिनकी मुक्ति उदार समाज के हाथों से हो सकती है। पर दलित चश्मे से हमें पर्यावरण की एक अनदेखी दुनिया और इसमें जाति की कई जटिलताएँ और विरोधाभास उजागर होते हैं। पर्यावरण की दलित परिकल्पना और अभिव्यक्ति, जाति विरोधी दलित

बुद्धिजीवियों के विचार और उनके कार्यक्रम पर्यावरण की समकालीन राजनीति की भावी दशा–दिशा के लिए भी काफ़ी प्रभावी हो सकते हैं। साथ–ही–साथ, यह ध्यान रखना चाहिए कि दलितों की कोई एक आवाज़ या एकहरी अभिव्यक्ति नहीं है और उनकी पर्यावरण परम्पराएँ समय और स्थान के मुताबिक़ भिन्न–भिन्न हैं।

अतीत से आज तक के भारत के विभिन्न हिस्सों से टुकड़ों–टुकड़ों में जोड़े उदाहरणों के ज़रिये मैं इस अध्याय में दलित पर्यावरणवाद का चित्र उकेरना चाहता हूँ। इस प्रक्रिया में मैं पुरानी दलित परम्पराओं, इसके समकालीन संस्करणों और आज के भारतीय पर्यावरणवाद के बीच वैचारिक तारतम्य और तोड़, एकता और तनाव पर भी ध्यान देता हूँ। यह अध्याय तीन भागों में है। पहले में भारत के तीन प्रदेशों में कुछ दलित लोक कथाओं और मौखिक परम्पराओं के माध्यम से प्राकृतिक दुनिया के साथ उनके सम्बन्धों की परतें देखी गयी हैं। यहाँ उनकी मौखिक, वाचिक परम्परा, गद्य–पद्य, कविता–गीत, मिथक–विश्वास, नाटक–संगीत हैं। दूसरे भाग में, देवी–देवताओं, खाद्य, पशुओं के बारे में दलितों के विचार हैं जो दलित पर्यावरणवाद के नये पहलू सामने लाते हैं। समकालीन दलित बुद्धिजीवियों और कार्यकर्ताओं ने ऐसी सामग्रियाँ जमा करने और परम्पराओं को समझने–समझाने में अग्रणी भूमिका निभाई हैं, अन्यथा तो ये सब विलुप्त ही थे। तीसरे, अन्तिम भाग में औपनिवेशिक भारत के कुछ जाति–विरोधी बुद्धिजीवियों और सामाजिक प्रणेताओं–ज्योतिराव फुले और पेरियार के लेखन के पर्यावरणीय पहलुओं की खोज की गयी है।

I. दलित पर्यावरण परम्पराएँ और पृथ्वी

कांचा इलैया, प्रसिद्ध अध्येता और दलित बहुजन आन्दोलन के कार्यकर्ता, ने अपनी चर्चित किताब 'मैं हिन्दू क्यों नहीं हूँ' में दलित बहुजन जीवन में प्रकृति के अर्थ और एक जाति–संघर्षरत समाज में उनके अलग–अलग पर्यावरण अनुभवों की ओर हमारा ध्यान आकर्षित किया है। इलैया के अनुसार दलित बहुजन प्रकृति के साथ आन्तरिक और रोज़ाना सम्बन्धों के साथ चर्म तकनीक के विज्ञान, खाद के वैज्ञानिक प्रयोग और उत्पादन के उपकरणों के अन्वेषक और प्रणेता हैं जिनसे हमारे उत्पादन में वृद्धि के साथ–साथ पर्यावरण हरा–भरा और साफ़ रहता है। शूद्रों ने उत्पादन

का ज्ञान सृजित किया और हमारे कृषि और दस्तकारी ज्ञान और कौशल की नवरचना की। चाण्डाल गाँव, शहर और देश को प्रदूषण मुक्त रखता था और पर्यावरण शुद्ध रखने की संस्कृति का निर्माता था।[8] लेखक ज्ञान विधा का एक दलित बहुजन सिद्धान्त प्रस्तुत करते हैं जो प्रकृति के साथ रोज़ाना और नज़दीकी सम्बन्धों से उत्सर्जित होता है। उनका मत है कि प्रकृति के साथ हमारा मेल–जोल या तो प्रकृति और मानव शरीर के बीच के 'सम्भव' या दोनों के बीच के 'विरुद्ध परीशिला' (अन्तर्विरोध) से होता है जो 'परिणामा' या 'मारपू' के ज़रिये रूपान्तरित होकर कुछ कोथा (नया) रूप लेता है। यद्यपि इलैया की दलित बहुजन के बारे में समझदारी में कुछ रूमानीकरण है, फिर भी यह नव–हिन्दूवादियों और पर्या–जातिवरण के प्रवक्ताओं के विचारों से ख़ासा अलग है जो दलितों के जीवन का आदर्शीकरण करते हैं। इलैया दलितों के पर्यावरणीय स्वर और समझ को स्पष्टतः उनके शारीरिक श्रम, श्रम के उपकरण और उत्पाद और काम के अनुभवों से जोड़ते हैं जिसमें जाति शोषण निहित हैं। जबकि नव–हिन्दूवादियों का मानना है कि प्रकृति ने प्राकृतिक और आन्तरिक रूप से दलितों को श्रमिक बनाया है। दूसरे शब्दों में, लेखक का वैचारिक परिप्रेक्ष्य दलित जीवन की सामाजिक, ऐतिहासिक और भौतिक वास्तविकताओं और उसकी सतत पुनरुत्पादन प्रक्रियाओं की चर्चा करता है, जबकि नव–हिन्दूवादी दलितों के 'प्राकृतिक', प्रदत्त, अन्तर्जात, स्वाभाविक गुणों की बात करते हैं जिसमें मस्तिष्क के ऊपर शरीर की महत्ता का वर्गीकरण होता है। लेखक के अनुसार–"सम्भव या कोथा का मानव, पशु, आदि के लिए उसके उपयोगम (उपयोगिता) के सन्दर्भ में मूल्यांकन किया जाता है। यदि कोथा वस्तु (नया पदार्थ) दलित–बहुजन के अस्तित्व के उद्देश्यों की पूर्ति करता है, तो उसे बार–बार पुनरुत्पादित किया जाता है।'[9]

दलित अपने श्रम की बदौलत पर्यावरणीय, प्रौद्योगिकी और इंजीनियरी दक्षता, सृजनात्मकता और ज्ञान के धनी हैं और इस वजह से उनका प्रकृति के साथ क़रीबी रिश्ता बनता है। वे मिट्टी के विशेषज्ञ हैं, पौधों की प्रजातियों के जानकार और प्रजनक हैं, बीजों के संरक्षक हैं। ज़मीन, पौधे, पशु, कीटाणु, मिट्टी, बीज, उपकरणों के बारे में उनकी जानकारी पारम्परिक चिकित्सा पद्धति, विज्ञान और प्रौद्योगिकी के विकास और उत्पादकता में वृद्धि के लिए महत्त्वपूर्ण है। इलैया उदाहरण के साथ

बताते हैं : *'एक कुम्हार या मटका बनाने वाले के सम्पूर्ण ज्ञान संसार में कई चीज़ें शामिल हैं : सही मिट्टी जमा करना, उसे चिकनी मिट्टी में तब्दील करना, उसे चाक पर रखना, आग में जलाना। और इस सबके के लिए स्थानीय पदार्थों और उपकरणों, चिकनी मिट्टी और उसे पकाने की वैज्ञानिक जानकारी के साथ–साथ बाज़ार की भी एक पैनी समझ है। उँगलियाँ चलाने का मानसिक कौशल, चाक चलाने की शारीरिक क्षमता, चिकनी मिट्टी का मटका, बर्तन, शीशी बनाने का गुण। आग का इस्तेमाल भी एक बेहद दक्ष और मेहनती प्रक्रिया है।'*[10]

के. सत्यनारायण और सूजी थारू के दक्षिण भारतीय भाषाओं में ख़ासकर 1990 के दशक में दलित लेखन और विचारों के बेहद प्रभावशाली और ज़रूरी संकलन में हमें कई कविताएँ, लेखों और संस्मरणों में दलितों के ज़मीन, कृषि, पानी और जंगल के साथ गहरे और भरपूर समृद्ध सम्बन्धों की काफ़ी जानकारी मिलती है। जाति वर्चस्व और शोषण से दलित सृजनात्मकता और सक्रियता समाप्त नहीं हो जाती है। वास्तव में इससे दलित श्रम, श्रमिक और प्राकृतिक संसाधनों के साथ उसके हर दिन के रिश्ते को एक अलग अर्थ मिलता है; जैसे–तमिल दलित लेखक ईमायम की कहानियों के संकलन 'मनबारम'–जिसका शाब्दिक मतलब है 'मिट्टी का बोझ' में श्रम की प्रकृति, बारिश के बाद मिट्टी के भारी चिपचिपेपन और खेती के भावनात्मक तनाव का ज़िक्र होता है। ईमायम के लेखन का परिचय देते हुए सत्यनारायण और थारू कहते हैं : *'यहाँ हम एक छोटे किसान की ज़िन्दगी के एक लम्बे दिन का महाकाव्यात्मक वर्णन पाते हैं जो अपनी पूरी विशेषज्ञता से खेत की बुआई की निगरानी करता है, साथ ही ख़ुद अपनी पत्नी के साथ मज़दूरों के काम में हाथ बँटाता है। वे पौ फटने से पहले काम शुरू करते हैं और सबके साथ काम करते हुए हर चीज़ को ऐसे समय पर निबटाते हैं कि सूरज ढलने से पहले बुआई ख़त्म हो जाये। हम पाते हैं कि ज़मीन और उसके मिज़ाज के बारे में उन्हें गहरी जानकारी है–ऐसी जानकारी और जुड़ाव जो मिट्टी के साथ काम करके ही शामिल होता है। इस गाँव की कहानी में यदि कोई वैरी है, तो वह ऊँची जाति का भूस्वामी नहीं बल्कि बेसमय की बारिश है। भूस्वामी और मज़दूर एक ही स्तर पर मिलते–जुलते हैं : वह उन्हें समझाता है, अपनी चिन्ताएँ बाँटता है, मनाता है, झिड़कता है, सलाह लेता है, अपना क्रोध दबाता है।'*[11]

कुछ ऐतिहासिक अध्ययनों में दलितों के कृषि और इसके तकनीक सम्बन्धी ज्ञान और अनुभवों की विस्तृत चर्चा की गयी है। भूमिहीन मज़दूरों और बटाईदारों ने कमरतोड़ मेहनत करके और अपने हाथों–हथेलियों के उपकरणों से खेती की दशा–दिशा बदली है। उन्होंने तमाम जातीय दबावों के बीच कृषि और इसके संरक्षण के क्षेत्रों में कई अभिनव प्रयोग किये हैं। के.टी. राममोहन ने केरल के कुट्टनाड क्षेत्र में उन्नीसवीं सदी के अन्त से 1940 के दशक तक 'चावल की कहानियों' में दिखाया है कि किस प्रकार कुट्टनाड की झीलों, दलदलों (बैकवाटर जो मानव या प्रकृति निर्मित अप्रवाही जल स्रोतों की कई श्रृंखलाएँ हैं) को सुधारकर, सुखाकर और तैयार करके चावल की खेती, यहाँ तक कि समुद्र स्तर के नीचे के मुश्किलात में हुई। ये झील और दलदल काफ़ी विस्तृत और गहरे थे जहाँ तेज़ हवा और पानी की समुद्र जैसी लहरें आती थीं। ऐसे हालातों में ज़मीन का सुधार और खेती बेहद मुश्किल काम था जिसमें चूक और शिकस्त भी होती थी। ये काम कई तरह के दास मज़दूर, नीच, बँधुआ, भूमिहीन, आदि करते थे जिनमें अधिकांश पुलाया जाति के दलित थे। पुलाया शब्द के कई अर्थ हैं : पुलाया का मतलब है धान, यानी पुलाया खेत का आदमी है। पुलाया का एक और अर्थ है प्रदूषण, यानी पुलाया प्रदूषित होते हैं। पुलाया की छाया भी ऊँची जाति के लोगों को प्रदूषित करती थी, यहाँ तक कि उन्हें ब्राह्मणों और नायरों से एक ख़ास निर्धारित दूरी–ब्राह्मणों से नब्बे फुट और नायरों से चौंसठ फुट बनाये रखने का नियम था।[12] पर उनके श्रम और इसके नतीजे को बेहद सराहा गया है, यहाँ तक कि परिवर्तनकारी माना गया है : *'ऐसे विषम हालातों में ज़मीन के सुधार की तकनीक का श्रेय दबी हुई पुलाया जाति को है। जब सारी ज़मीन ऊँची जातियों और समुदायों, राज्य और मन्दिरों के हाथों में थी, तब पुलाया और अन्य भूमिहीन जातियों के लोग मालिकों या मन्दिरों की ज़मीन के टुकड़ों या सामुदायिक ज़मीन पर बसने के लिए मजबूर थे। दलदल या झील में पानी के बहाव से आयी हुई मिट्टी या रेत से ज़मीन के नये टुकड़े बनते थे जिन पर पुलाया कब्ज़ा कर लेते थे। इसके अलावा वे नदी के धसानों और कीच कादावाले हिस्सों, दलदलों और झीलों के उथले हिस्सों का भी सुधार करके उस पर भरण–पोषण लायक खेती करते थे। पुलाया ने ऐसी परिस्थितियों में ज़मीन के सुधार की तकनीक के बुनियादी सिद्धान्त ईजाद किये। इस पर ज़ोर देना ज़रूरी है क्योंकि*

कुट्टनाड के बारे में उपलब्ध सारे शोधों में ज़मीन के सुधार और चावल की खेती के लिए नायर और सीरियन ईसाई समुदाय के 'उद्यमी किसानों' को श्रेय दिया गया है और पुलाया की अग्रणी भूमिका की अवमानना हुई है।"[13]

भारतीय, ख़ासकर राजस्थानी, लोक साहित्य के महान अध्येता कोमल कोठारी ने दिखाया है कि किस प्रकार हमारे संगीत, नाटक और तमाशा परम्पराओं में (कठपुतली, लोक गीत और कथा, आदि) कमतर जातियाँ भूमि, पानी, कृषि, सिंचाई और पशुधन के अनेक दृष्टान्त प्रस्तुत करती हैं। दलितों के लोक साहित्य में पर्यावरण के साथ उनके अन्तःसम्बन्धों, साथ–ही–साथ वर्चस्वशाली जातियों के साथ पर्यावरण अनुभवों के काफ़ी पुट मिलते हैं। इस प्रक्रिया में दलित अपने पर्यावरण मनीषी गढ़ते हैं और समाज में आम व्याप्त और स्वीकृत देवी–देवताओं की सत्ता और प्रभाव को कमज़ोर करने की कोशिश करते हैं। मौखिक वृत्तान्तों और क्रमों के ज़रिये वे अतीत की व्याख्या करते हैं और वर्तमान की बदली हुई तस्वीर पेश करते हैं। जैसे कोठारी मेवाड़ की छोटी सदरी के नज़दीक पिपलिया गाँव से गुज़रते हुए यह देखते हैं कि कोई 500 लोग एक जगह जमकर दो मुखबंचा भट्टों का वंशावली वृत्तान्त सुन रहे हैं। दोनों भट्ट ढोल बजाकर एक सुन्दर लय और ताल में राउत समुदाय के उदय की कहानी सुना रहे हैं। कहानी पुनिया नाम के आदमी के बारे में है। कहा जाता है कि पुनिया के पहले वहाँ खेती का कोई प्रचलन नहीं था। पर पुनिया ने ख़ुद ही खेती सीखने और करने का फ़ैसला किया और सबसे पहली बार मकई बोयी। मकई की फ़सल अच्छी हुई। पर जब फ़सल काटने का समय आया, तो यकायक सूर्य और चाँद अवतरित हुए और उन्होंने पुनिया से पूछा कि आख़िरकार उनकी कृपा के बग़ैर कोई अच्छी फ़सल कैसे हो सकती है। पुनिया ने तपाक से जवाब दिया कि यह भगवानों की कृपा है–सूरज की रोशनी की किरणें और चाँद की शीतलता जिसमें फ़सल हो पायी, जिससे उसे अच्छी फ़सल हासिल हुई। भगवानों ने फ़सल में अपना हिस्सा माँगा और पुनिया ने उन्हें खड़ी फ़सल में से अपनी इच्छानुसार हिस्सा लेने का आग्रह किया। सूरज और चाँद को मकई के पौधे की जानकारी नहीं थी तो उन्होंने पौधे का ऊपरी फूला–खिला हुआ हिस्सा ले लिया और नीचे का हिस्सा छोड़ दिया जिसमें मकई लगी थी। इस प्रकार पुनिया के पास अच्छी फ़सल रह पायी। अगले साल पुनिया ने ज्वार बोया। इस बार सूरज और चाँद ने फिर अपना हिस्सा माँगा और पिछले साल का अनुभव याद

करते हुए पौधे का निचला हिस्सा माँगा जिसके लिए पुनिया तुरन्त तैयार हो गया। इस बार भी पुनिया को पूरी फ़सल मिल गयी क्योंकि ज्वार पौधे के शीर्ष में मिलता है और भगवान को पौधे का धड़ा–भर मिला। कहानी वाचन के बाद एक भट्ट ने लोगों से सवाल किया : 'अब आपने कहानी सुनी, आप अब क्या सोचते हैं? क्या आप सूरज और चाँद को पहचान सकते हैं?' और चार–पाँच सौ लोगों ने लगभग एक आवाज़ में ज़ोर से बोला : 'चन्द्रवंशी, सूर्यवंशी।' कोठारी निष्कर्ष में कहते हैं कि ये नाम राजपूत समुदाय के सामन्तों के हैं।[14] यह विवरण रेखांकित करता है कि दलितों के पर्यावरण विश्व में केवल श्रम पद्धतियाँ नहीं बल्कि श्रम मूल्यों के बंटवारे का भी मुद्दा है।

महाराष्ट्र के कपास–उपजाऊ बरार क्षेत्र में दलित खेत मज़दूरों की एक परम्परागत सांस्कृतिक क्रिया है 'धूरी' जिसमें वे प्रकृति से कठोर नहीं होने और उदारता के साथ वर्षा देने की प्रार्थना करते हैं जिससे किसानों को अच्छी फ़सल मिल सके।[15] उत्तर भारत में चमार खेतिहर और कृषि मज़दूर का काम करते हुए मिट्टी की उर्वरता, जुताई, बुआई और फ़सल कटाई के लिए कई रस्म और अनुष्ठान करते हैं। रामनारायण रावत ने औपनिवेशिक उत्तर प्रदेश में चमारों के बारे में अपने विस्तृत अध्ययन में पाया कि चमार ख़रीफ़ और रबी फ़सल की शुरुआत के मौक़े पर कई रस्म विस्तारपूर्वक करते हैं, जैसे, अपने हल से खेतों में पाँच अलग–अलग जगहों पर पाँच बार खुदाई करना और हर फ़सल के लिए अलग अनुष्ठान है : *'जैसे गन्ने की बुआई से पहले चमार गुड़ की डली को हल पर घिस देते हैं और घिसा हुआ हिस्सा किसानों–मज़दूरों में बाँट दिया जाता है...गेहूँ की फ़सल की शुरुआत पर अनाज के कुछ दाने मिट्टी के एक छोटे बर्तन में डालकर ज़मीन के अन्दर गाड़ दिया जाता है, कुछ दाने खेत में गंगा की दिशा में फेंके जाते हैं और पाँच मुट्ठी भर दाने खेत के अलग–अलग हिस्सों में गाड़े जाते हैं। बुआई के बाद हल के सम्मान में अग्नि की आहुति दी जाती है। यह भी आस्था है कि खेत के मालिक को बुआई के समय भूखा रहना चाहिए...कपास की खेती के दौरान भी ऐसे अनुष्ठान किये जाते हैं। फ़सल तोड़ने से पहले खेत में अग्नि की आहुति का अनुष्ठान किया जाता है और जो स्त्री कपास तोड़ती है वह खेत में बैठकर चावल खाती है। अच्छी बारिश के लिए और शरद और बसन्त में फ़सलों को ओस और बारिश से बचाव के लिए ख़ास पूजा और रस्में हैं।*

मानसून में अच्छी बारिश के लिए कई रस्में और विधियाँ होती हैं–कुएँ में एक छोटा हल लटकाना, या खेत में कुछ चपातियाँ और एक मिट्टी के बर्तन में पानी भरकर रखकर। खेती के लिए कुआँ खोदने से पहले शनिवार की रात को प्रस्तावित स्थल पर छोटे–छोटे बर्तनों में पानी भरकर रखना और जिस बर्तन का पानी सबसे पहले सूखता है, उस स्थल को कुआँ खोदने के लिए उपयुक्त समझना, आदि।"[16]

जाने–माने मिथिला रंग–रंगाई के प्रसिद्ध दलित कलाकारों ने अपने चित्रों में प्रकृति के रोज़ाना अनुभव दिखाये हैं। दुसाध स्त्री कलाकारों ने अपने गोदना चित्रों में मुख्यतः फूल–पत्ते, खेत, जानवर और विभिन्न आकृतियाँ उकेरे हैं। यहाँ जीवन वृक्ष और सूर्य की छवियाँ प्रमुखता से नज़र आते हैं, जैसे–दुसाध जाति के श्रवण कुमार पासवान और उनकी माँ उर्मिला देवी के मिथिला चित्रों में प्रकृति छायी रहती है : *'हरित मणी की पृष्ठभूमि में काली स्याही से गोदना शैली में चित्र बायीं तरफ़ स्त्री की रोज़ाना ज़िन्दगी का चित्रण है : पानी और भूसा लाते हुए, खाना पकाते, बच्चे को ढोलाते, जानवर की देखभाल करते। दाहिनी तरफ़ जंगल के जानवर चित्रित हैं। इस सबके नीचे मछलियों से भरा एक तालाब है और जाल में फँसी कुछ मछलियाँ हैं और इस सारे चित्रों को आच्छादित करता हुआ विशाल 'जीवन वृक्ष' है जिस पर चिड़ियाएँ भरी हुई हैं।"*[17]

ये छिटपुट उदाहरण कृषि, भूमि, श्रम और जाति के नज़रिये से देखे समझे जा सकते हैं। ये हमें इस बात की झलक देते हैं कि आधुनिक, व्यवस्थित पर्यावरण आन्दोलन के जन्म से पहले भी दलित पर्यावरणवाद आजमा रहे थे। दलितों का पर्यावरण के साथ रिश्ता प्रायः जाति के ज़रिये संचारित होता है। भूमि, कृषि और मिट्टी की ज़मीनी वास्तविकताओं को जाति के भेदभाव के साथ बुनकर देखने से हमें अदम्य साहस और भारी दहशत, जुड़ाव और उदासीनता, दोनों के पुट मिलते हैं जो पर्यावरणवाद के अलग प्रकार और अन्दाज़ बताते हैं। अगले उप–भाग में मैं ख़ासकर तीन विविध दलित पर्यावरण अभिव्यक्तियों पर ध्यान करता हूँ। देश के तीन प्रदेशों के दलित लेखकों और कलाकारों की रचनाओं, कलाओं, लोक कथाओं और गीतों के अध्ययन से यह ज़ाहिर होता है कि खेत मज़दूरों, किसानों या ग्रामीणों के रूप में जो लोग ऐतिहासिक और जाति तौर पर प्राकृतिक संसाधनों पर पहुँच से वंचित रहे हैं, उनके लिए प्रकृति कब, क्या, कैसे मायने रखती है। दलित बुद्धिजीवियों और कार्यकर्ताओं के

पर्यावरण परम्पराओं पर ध्यान करके मैं पर्यावरण इतिहास और इतिहास लेखन का दायरा भी विस्तृत करना चाहता हूँ जो बड़े पैमाने पर एक ख़ास तरह के इतिहास स्रोतों, भूगोल और सरोकारों में सीमित रहा है।

1. सी. जे. कुट्टपन : माटी और पसीना

कुट्टपन केरल के तिरुवल्ला के एक जाने–माने दलित लोक गायक, एक कलाकार और अभिनेता हैं जिन्होंने दलित लोक साहित्य और कला विधाओं में शोध किया है। वह केरल लोक साहित्य अकादमी के अध्यक्ष थे और उन्होंने क्षेत्रीय और राष्ट्रीय टेलीविज़न चैनलों में भी काम किया है।[18] कुट्टपन ने बेहद साधना से मध्य केरल में दलितों और आदिवासियों के लोक साहित्य संगृहीत किये हैं। इस क्षेत्र–पालाघाट, त्रिसूर और इरनाकुलम में दलितों और आदिवासियों की सघन आबादी है और उनकी आबादी का एक मुख्य बड़ा हिस्सा कृषि और सम्बन्धित गतिविधियों से संलग्न है; जैसे–पालाघाट में उन्नत पर्वतीय और मैदानी क्षेत्र है। घाटियों और समतल भूमितलों के साथ–साथ यहाँ पर्वत के ऊँचे शिखर, लम्बी तराइयाँ, बृहद् बीहड़ घने जंगल और घुमावदार भूदृश्य हैं। यह राज्य का एक मुख्य धान उपजाऊ क्षेत्र है और इसकी अर्थव्यवस्था मुख्यतः कृषि आधारित है। सूखे खेत हों या गहरे पानी, धान की खेती में दिन–रात हाड़–तोड़ मेहनत रहती है। इस क्षेत्र में कई तरह के आर्थिक बदलावों के बावजूद प्राकृतिक संसाधनों पर दलितों की निर्भरता हर तरफ़ ज़ाहिर है और उनकी आजीविका उनके श्रम पर निर्भर है। दलित श्रम उनके गानों में गूँजता है और ये गाने प्रकृति के संरक्षण और सम्मान, फ़सलों के मौसमी चक्र, पशुओं, पौधों, फ़सलों और नदियों का भी वर्णन करते हैं। कई गाने नारियल के पेड़, खजूर, ताड़ी, खेतों के बारे में हैं। देवी–देवताओं और पवित्र जंगल के गाने हैं। काफ़ी गानों में सूरज, पृथ्वी और पानी के अनगनित सन्दर्भ हैं। साथ–ही–साथ इन गानों में अन्याय और दलितों के सपने दीखते हैं और कई बार गाने एक–दूसरे से सवाल–जवाब की शैली में लिखे जाते हैं। के. सत्यनारायण और सूची थारू का कहना है : *'इन गीतों से पता चलता है कि ज़मीन पर काम करने और कृषि सम्बन्धी जानकारियों और स्थानीय इतिहास का असीम ख़ज़ाना रखने के अलावा, दलित, एक सर्वेक्षक और निरीक्षक के तौर पर भी, कृषि कार्यों से अविलग*

थे। चूँकि भूस्वामी कृषि से दूर रहते थे, दलित पर्वतीय इलाक़ों में बड़ी जोतों का सारा काम संभालते थे। दूसरे शब्दों में, दलित केवल मज़दूर की तरह खेत नहीं जोतते थे। वे मिट्टी, खेती, कृषि कैलेंडर, मौसम, कृषि अर्थव्यवस्था, श्रम प्रबन्ध, आदि के बारे में ज़मीनी वैज्ञानिक और प्रबन्धकीय ज्ञान रखते थे।"[19]

कुट्टपन का लोक साहित्य और गीतों का संकलन दलितों की पर्यावरण अन्तर्दृष्टि, उनके इतिहास और विचारों में प्रकृति के वास और सांस्कृतिक परम्पराओं और जन प्रस्तुतियों के ज़रिये पर्यावरण के प्रतिबिम्बों का एक सुन्दर उदाहरण है–एक अमोल मौखिक इतिहास का निर्माण जब दलितों के शब्द और लेखन को ख़ामोश करने की सामाजिक स्थितियाँ थीं। इन गीतों में कुछ दीर्घजीवी पर्यावरण मुद्दे बसते हैं–पृथ्वी के सपने, प्राकृतिक और सामाजिक व्यवस्था में पर्यावरण की सुन्दरता और आश्चर्य, ग़ैर–मनुष्यों का व्यक्तिकरण, स्थलों का प्रेम और निष्ठा, मौसमी चक्र का ज्ञान और संवेदनशीलता, श्रम की कठोरता और भयंकरता, और प्रकृति में सम्भावित द्वन्द्व और विपदा की तीव्र चेतना। उदाहरण के लिए, लोक गीत 'पक्कानारपट्टू' मूल रूप में केरल के एक अग्रणी दलित गवैया पुक्कनर गाते थे जो ख्याति प्राप्त रिवायत पराची पेटा पन्थीरूकुलम में बारहवें व्यक्ति थे। कुट्टपन ने उनके गीतों का संकलन करते हुए कहा : *'यह गीत पृथ्वी के निर्माण पर एक ठोस नज़र डालता है–पहले से मौजूद पदार्थों से निर्मित एक क्षेत्र। रोशनी और अँधेरे, आँधी और हवा के रास्ते से गुज़रते हुए पृथ्वी के आस–पास एक रहस्यमयता पैदा हुई। पृथ्वी के शक्ल लेने से पहले कोई शुरुआत या अन्त, रोशनी या अँधेरा, खाना या नींद, स्थिरता या गति नहीं थी। दक्षिण, उत्तर, पूर्व और पश्चिम से आती हुई हवा एक साथ एक जगह आयी और उसने हवा का ऐसा दबाव बनाया कि एक छाता जैसा तन गया और पृथ्वी शक्ल में आ गयी। दलितों के ब्रह्माण्ड विज्ञान में प्रकृति पर अद्वितीय सोचें हैं जो इस भौतिक भूदृश्य को किसी विशेष धार्मिक विमर्श और ख़ासकर हिन्दू धार्मिक ग्रन्थों से रंगरेज नहीं करती हैं।[20]*

गीत के बोल इस प्रकार हैं :

'वहाँ न कोई शुरुआत थी, न अन्त
उस लम्बे बीते समय में
वहाँ न अँधेरा था, न ही रोशनी/चेतना/ज्ञान

उस लम्बे बीते समय में
वहाँ न संख्या थी, न ही शब्द
उस लम्बे बीते समय में
न ही पानी था, न ही किरण
उस लम्बे बीते समय में
दक्षिणी बयार बही
नटखट अन्दाज़ में
उत्तरी बयार आयी
एक आलसी शक्ल में
पूर्वी बयार भी आयी
एक सीधे–सादे रंग में
पश्चिमी बयार आयी
तेज़, गरम, गुस्सैल
चारों तरफ़ की हवाएँ
गोल और गोल घूमते हुए
एक छाते की तरह
और पृथ्वी साकार हुई
न बग़ैर जाने–पहचाने
धरा घटित हुई![21]

दलितों के जीवन की ज़मीनी वास्तविकताएँ उनके पर्यावरणीय वर्णनों में घुल–मिल गयीं जिसमें अतीत के बोझ, वर्तमान की वास्तविकताएँ और भविष्य की सम्भावनाएँ शामिल हैं। पृथ्वी में जीवन, लोग, पूर्वज, पदार्थ, धन, सम्पन्नता, उम्मीद और भविष्य स्थित हैं। पृथ्वी एक मौजूँ मुक्तिदाता है। पृथ्वी वह है जहाँ भौतिक और आध्यात्मिक के साथ मुक्ति की सम्भावनाएँ खोजी जाती हैं। अस्पृश्य वर्तमान से बाहर निकलने के लिए मानव और ग़ैर–मानव तत्त्वों के तालमेल से एक नया प्राकृतिक सम्बन्ध बनाया जा सकता है जो पृथ्वी पर साकार होता है। कुट्टपन बातचीत में निम्न जाति का हवाला देते हैं :

'दीर्घायु और माटीपन की कामना करते हुए
मेरे चाचा कर रहे हैं सम्पत्ति की खोज
पृथ्वी है माँ
पृथ्वी मुझसे होकर गुज़रती है

और ढूँढ़ती है धन मेरे लिए
क्या मेरे चाचा उन दिशाओं से ख़बरदार हैं!
पाँच तत्त्वों से निर्मित मेरा ईश्वर समृद्ध हो,
पृथ्वी समृद्ध हो
स्थल समृद्ध हो
दूर हो बाधाएँ
जीवन हो बेहतर
हमारे पूर्वजों से बनाई पृथ्वी और समृद्धि
पूर्व में उदय और पश्चिम में अस्त
आओ, ओ मेरा पिता और पूर्वज!
पृथ्वी के साथ आओ![22]

दलितों के प्रकृति लेखन में जाति और अस्पृश्यता का प्रायः उल्लेख है। वास्तव में, अस्पृश्यता का मुद्दा केन्द्रीय है। यहाँ प्रकृति का चित्रण कुरूप है, जैसे तीरों से तार–तार आसमान, और जाति प्रदूषण से गँदला पानी। प्रकृति के अनुभवों पर इसे हासिल करने के संघर्षों और चुनौतियों का ग्रहण लगा हुआ है। यहाँ तक कि ग़ैर–मानव प्रकृति–मछली, जानवर, हवा को बाधक के तौर पर देखा गया है जो एक व्यापक सामाजिक पर्यावरण के सन्दर्भ में अप्रिय और कष्टप्रद होते हैं। दलित अपने अन्दर इन सवालों से जूझ रहे हैं कि प्रकृति में बाधा बनने वाली जाति और इससे सम्बन्धित मानवीय संस्थानों को पलटकर प्रकृति के साथ सम्बन्धों में परिवर्तन लाया जा सकता है। कुट्टपन मानव और ग़ैर–मानव प्राकृतिक पर्यावरण के बारे में नकारात्मक बोध की बात करते हैं जो सदियों के दलित दमन का नतीजा है। वह कहते हैं : *'पानी के गीत अस्पृश्यता की घिनौनी प्रथा के भी गीत हैं जो इस प्रथा की समाप्ति के विचारपूर्ण तर्क भी प्रस्तुत करते हैं। मछलियों से भरे जल स्रोत हमें इस दुखद वास्तविकता की भी याद दिलाते हैं कि यहाँ पानी पी नहीं सकते या इनमें स्नान नहीं कर सकते। हम उन नदी किनारों और घाटों से भी पानी नहीं पी सकते हैं जिनमें काफ़ी लोग स्नान करते हैं। शान्त नदी की नीचे बहती हुई धार वैसे ही अकेली और व्याकुल है जैसे कि हम अस्पृश्य जिन्हें न कोई स्पर्श करता है और न ही पानी देता है। आसमान को तीरों से छेदा जा सकता है, नमक अंकुरित होकर खेतों में फैल सकता है, पर पानी जाति के बन्धन को कभी भी तोड़ नहीं सकता है और हम तक निर्बन्ध नहीं पहुँच सकता है।*[23]

गीत इस प्रकार है :

'हे भगवान! ये कैसा प्रदूषण है।
हमें काँटा चुभाने से रक्त निकलता है,
तुम्हें भी काँटा चुभने से रक्त ही निकलता है
हे भगवान, फिर क्यों किया है,
ऐसे विभेद का निर्माण?
क्या है इस अशुद्धि का रंग, काला या सफ़ेद?
हे ब्राह्मण, कितना लम्बा और बड़ा है ये प्रदूषण?
जब तुम महलों में ख़ुद पर चन्दन लगाते हो
हम तुम्हारे खेतों में कीचड़ और गन्द में सनाते हैं
जब तुम महलों में आलीशान भोज खाते हो
हम खेतों में पतला माँड़ पीते हैं।
जब तुम नाव में डाँड़ लगाते हो, पानी पीछे जाता है।
हे भगवान, फिर क्या है यह प्रदूषण तुम्हारा?
क्या है यह प्रदूषण तुम्हारा?
बेहतर है, हट जाओ, हट जाओ तुम।
दूर जाओ, दूर जाओ, तुम।[24]

यहाँ प्रकृति, जाति, अस्पृश्यता और श्रम का एक अजीब मिश्रण है। दलितों के पर्यावरण अनुभव उनके रोज़ाना के श्रम के ज़रिये ज़ाहिर होते हैं। दलित खेत मज़दूर भूमि के साथ मानवीय सम्बन्धों पर जाति और अस्पृश्यता के दुखते असर की विस्तृत और बृहद् अभिव्यक्ति करते हैं। कुट्टपन बताते हैं : *'दलित स्त्री मज़दूर खेतों में धान की बुआई करते हुए कई गीत गाती हैं। वो उनके खेत नहीं हैं, पर वे अपनी मज़दूरी और खाद्य के लिए खेतों की खुदाई, बुआई, सिंचाई, संरक्षण–सब कुछ करती हैं। आप कैसा महसूस करोगे जब भूमि पर हाड़ तोड़ मेहनत आपका मुख्य पर्यावरण अनुभव बन पाये? आपको कैसा लगेगा जब आपका श्रम जाति और अस्पृश्यता के इतिहासों से समासित हो? क्या नतीजा निकलेगा जब श्रम और जाति आपके जीवन पर छायी हुई हो और वही पर्यावरण समेत सब–कुछ पर आपकी जीवन दृष्टि बनाने में मुख्य भूमिका निभाती हो?*[25]

इसके साथ ही साथ, दलितों के पर्यावरण अनुभवों की कई जटिल परतें हैं। श्रम का शोषण और इससे मुक्ति की आकांक्षा, दोनों एक साथ साँस ले सकते हैं। जाति का दमन प्रकृति के साथ सृजनात्मक सम्बन्धों

की सम्भावनाएँ समाप्त नहीं कर देता है। यहाँ प्रकृति को सृजन, उत्पादन, उर्वरता, पोषण, सम्पन्नता के नज़रिये से भी देखा जाता है। इसलिए कुट्टपन के संकलन में यह गीत भी है :

'फलो, फलो, फलो, फलो
ज़मीन फलो, दुनिया फलो
हमारी छतें फलो, हमारे आँगन फलो,
सुनहले सोलह साल की तरह फलो
तैंतीस पौधों के रोपण में
केवल तीन फलदार पेड़ फलो।
मेरे माथे पर आये इन पेड़ों के फूल
हटो, हटो पुलयन, रास्ता छोड़ो
मैं किस रास्ते जाऊँ
मेरी बाँहों में हैं बच्चे
सर पर ताड़ी का कनस्तर है
मैं नाव की तरफ़ कैसे जाऊँ!
क्या तुमने मेरा नारियल नहीं तोड़ा?
क्या तुमने नारियल की गुठली और उसका गुद्दा नहीं देखा?
तुम्हें सूई चुभाओ तो वही ख़ून
हमें सूई चुभाओ तो वही!
फिर क्यों तुम ऊँची जाति?
फिर क्यों जाति और छुआछूत?[26]

ऐसी अभिव्यक्तियों में पर्यावरण का अनुनाद है। दलितों के गीतों के सांस्कृतिक–ऐतिहासिक अध्ययन से कुट्टपन यह दिखाते हैं कि अस्पृश्य किस प्रकार बँधुआ मज़दूरी, कृषि श्रम, कठोरता, प्रकृति के सम्बन्धों में निहित जातीयता से गुज़रते और जीवन बसर करते थे जिसे प्राकृतिक और अन्तहीन बताया जाता था। किसी सामाजिक–राष्ट्रीय निकटता के अभाव में ये गीत पृथ्वी, प्राकृतिक संसाधनों और ग़ैर–मानवीय तत्त्वों के प्रति दलितों की पर्यावरणीय निकटता ज़ाहिर करते हैं। प्रकृति पर कोई एक, एकरूप, इकहरा दलित नज़रिया नहीं है। दलित लोक साहित्य विविध स्वर, अनेक विचार, विभिन्न क्षेत्रीय सन्दर्भ और सामाजिक स्थल की बानगी देते हैं जो प्रकृति के बारे में अलग–अलग पीढ़ियों, विचार–पद्धतियों

और उप–जातियों से निकलते हैं। शायद इन सबके बीच मिलन बिन्दु है प्राकृतिक दुनिया में दलितों के जुड़ाव की अशान्त खोज। यहाँ प्रकृति के साथ जाति के सम्मिश्रण, इसकी उपयोगिता और प्रासंगिकता पर सवालिया निशान है।

2. वासुदेव सुनानी : पृथ्वी के उत्सव

प्रसिद्ध उड़िया दलित लेखक डॉ. वासुदेव सुनानी भुवनेश्वर, उड़ीसा, में रहते हैं और पेशे से पशु चिकित्सक हैं। साहित्य और सामाजिक विज्ञान में गहरी दिलचस्पी वाले वासुदेव ने कविताओं, उपन्यासों और लेखों की सत्रह किताबें प्रकाशित की हैं। उनकी सर्वाधिक महत्त्वपूर्ण और चर्चित किताब है 'दलित सांस्कृतिक इतिहास' जो दस सालों के शोध के बाद 2009 में खुद उनके द्वारा प्रकाशित हुई। उनके बचपन की दो जीवन स्थितियाँ उल्लेखनीय हैं जिसने पर्यावरण के साथ उनके सम्बन्ध को गहरे प्रभावित किया। एक छोटे गाँव मनीगुडा के निवासी वासुदेव को बचपन में अपने स्कूल जाने के लिए तीन किलोमीटर का पैदल रास्ता तय करना होता था जो जंगलों और नदी–नालों से गुज़रता था और वह रात में कई बार अपने पिता के साथ खेत जाते थे और वहीं मचान पर सोते हुए पिता से प्रकृति देवताओं की कहानियाँ, गीत और बातें सुनते थे।

वासुदेव पश्चिमी उड़ीसा के रहने वाले हैं। राज्य के कई क्षेत्रों, जैसे समुद्री तटवर्ती इलाक़ों में वर्चस्वशाली उच्च जाति संस्कृति ने दलित और अन्य संस्कृतियों को तो लगभग मिटा दिया है, पर पश्चिमी उड़ीसा में दलित संस्कृति अभी भी जीवन्त है। कोशल क्षेत्र के नाम से जाने जानेवाले इस इलाक़े में बोलांगीर, बाँरगढ़, बोद्ध, देवगढ़, झारसुगुड़ा, कालाहाँडी, नवपाड़ा, संबलपुर, सोनपुर और सुन्दरगढ़ प्रमुख हैं। पहाड़–पर्वत, नदी, घाटी से भरेपूरे इस क्षेत्र में सघन वन हैं जिनमें केन्दु पत्ता, बाँस, लकड़ी, जलावन, आदि भरपूर हैं। इसी क्षेत्र में महानदी और ब्राह्मणी नदियाँ और उसकी कई धाराएँ प्रभावित होती हैं। प्राकृतिक संसाधनों, खनिजों, रत्नों से सम्पन्न यह क्षेत्र 'रत्न गर्भ महारण्य' के रूप में भी याद किया जाता है। यह क्षेत्र मुख्यतः कृषि आधारित है और ख़ासकर ग़रीब और दलित अपनी आजीविका के लिए कृषि और वन संसाधनों पर निर्भर हैं। बोलांगीर, खैरियार और नवपाड़ा के बीरटिया, परधनिया और घोगिया जातियों पर

अपने लम्बे शोध के आधार पर वासुदेव का कहना है कि दलितों का सांस्कृतिक इतिहास प्रकृति और प्राकृतिक संसाधनों के साथ उनके गहरे और जटिल सम्बन्ध बताता है। यहाँ पृथ्वी एक महान पवित्र स्थल है जहाँ महान आत्मा और महान पूर्वजों को महसूस और स्पर्श किया जा सकता है। फ़सल, फूल, पत्ते, सब्ज़ी–सब कुछ इस पृथ्वी के सुन्दर उपादान हैं जिनका मनुष्य और प्रकृति के साथ अभिन्न सम्बन्ध है। प्रकृति में आनन्द और आश्चर्य के भाव निहित हैं। प्राकृतिक संसाधनों–ज़मीन, जल, जंगल, कृषि में जीवन की विविधता और सृजनात्मकता है जिसमें एक आन्तरिक और बाह्य ख़ुशी का अहसास होता है। यह ख़ुशी नियमित समारोहों और त्योहारों में व्यक्त होती है। यह उल्लेखनीय है कि संगीत और गीत–मूरी बाजा (तुरही के बग़ैर संगीत), सींघ बाजा (तुरही के साथ संगीत) और धाप बाजा और संगीत के उपकरण–निशान, माहुरी, ढोल, ताशा और घोलघोला–इन त्योहारों के मुख्य वाहक हैं।

दलितों के कई वर्णनों में पृथ्वी पर उनके पूर्वजों की आत्मा के जीवन्त वास की चर्चा है। यहाँ पृथ्वी एक सजीव और शक्तिशाली हस्ती है जिसे सम्मान और संरक्षण देना चाहिए। हर दलित घर में माटी का एक पवित्र स्थल है जहाँ उनका पूर्वज 'दूमा' बसता है। 'दूमा' की नियमित पूजा होती है। यह मान्यता है कि 'दूमा' अतीत में एक आम इन्सान था/थी जिसने आम लोगों के लिए प्रकृति के रहस्यों और सारे पदार्थों का उद्‌घाटन–अन्वेषण किया। दलित अपने पूर्वजों को 'दूमा' कहते हैं और उनके अन्वेषण के लिए अपनी श्रद्धा अर्पित करते हैं। पूर्वज दूमा देवी–देवता के रूप में भी पहचाने जाते हैं और उन्हें खाद्य पदार्थों का पहला कौर अर्पित किया जाता है। वासुदेव लिखते हैं : *'दलितों की ऐसी सांस्कृतिक अभिव्यक्तियाँ आर्य संस्कृति से अलग हैं। आर्य संस्कृति में मृत्यु के बाद आत्मा स्वर्ग में वास करती है जबकि यहाँ आत्मा पीडर में वापस आती है और परिवार के सदस्य उसकी पूजा–अर्चना करते हैं। मन्दिर के विपरीत दूमा देवी/देवता की पूजा के लिए किसी पण्डित की ज़रूरत नहीं होती है।'*[27] वासुदेव यह भी कहते हैं कि *'हम किसी पाप और पुण्य, स्वर्ग और नरक की बात नहीं करते हैं।'*[28] वह और विस्तार से बताते हैं : *'हमारे पृथ्वी मन्दिर और पृथ्वी देवियाँ, दोनों हैं। माटीगुडी पृथ्वी मन्दिर है और माटी देवी पृथ्वी की देवी है–एक पवित्र देवी और स्थल जिसे हम अपनी रोज़ाना ज़िन्दगी में याद करते हैं, स्पर्श करते हैं और*

कुछ विशेष अवसरों पर इसकी पूजा करते हैं। पृथ्वी मन्दिर और देवी हमें जीवनकाल में आश्रय और भोजन–पानी देते हैं और मृत्यु में हम मिट्टी में समाहित होते हैं। माटी देवी घर के अन्दर किसी पवित्र स्थल में स्थापित होती है जिसे पीडर कहते हैं। माटी देवी घर के बाहर भी किसी स्थल पर स्थापित होती है जिसे गुडी कहते हैं। एक पत्थर स्थापित करके भी देवी का प्रतीक बना लेते हैं। एक दलित सबेरे–सबेरे धरती पर क़दम रखते हुए या किसी काम के लिए गाँव से बाहर जाते हुए बेहद सरल तरीक़े से देवी का आशीर्वाद लेता है। यह मान्यता है कि यदि माटी देवी अप्रसन्न है, तो कृषि, फ़सल, स्वास्थ्य और घर के लिए काफ़ी बुरा हो सकता है।[29]

विशेष दिनों और अवसरों पर पृथ्वी देवी और मन्दिर हमेशा ही पूजे जाते हैं।[30] विवाह के मौक़े पर माटी अन्ना (मिट्टी लाना) एक महत्त्वपूर्ण अनुष्ठान है–स्त्री समूह मातागुडी जाते हैं, परिवार की वरिष्ठ स्त्री इस मौक़े के लिए ख़ासकर आमन्त्रित पुजारी से एक नयी साड़ी में गुडी मिट्टी लेती है। विवाह समारोह शुरू होने से पहले इस मिट्टी से विवाह वेदी को पोता जाता है। महुआ पेड़ की दो शाखाएँ–पुरुष और स्त्री, दूल्हा और दुल्हन–बतौर गवाह रखे जाते हैं। इस प्रकार माटी देवी विवाह समारोह को अपना आशीर्वाद देती है, और दलित मिट्टी और पृथ्वी के प्रति अपना सम्मान व्यक्त करते हैं। इसके बाद, जब फ़सल तैयार होकर घर आती है, तब भी दलित विशेष मौक़ों पर पृथ्वी देवी और मन्दिर के लिए समारोह आयोजित करते हैं। पौष माह में पूर्ण चन्द्रमा के दिन वे दो दिनों के लिए एक सालाना त्योहार पुषपुनी मनाते हैं–पहला दिन 'पुषपुनी' है और दूसरा दिन 'पुषपुनीरा बसी'। दलित एक–दूसरे के घर जाकर 'चेरचेरा' माँगते हैं–एक–दूसरे को धान का उपहार देना और फिर इसे माटी देवी को चढ़ाना। बाँस की टोकरी लेकर एक–दूसरे के घर जाते हुए नौजवान सफ़र के साथ आवाज़ लगाते हैं : चेर...चेरर...चेरा।।!! दलित स्त्रियाँ घर–घर जाकर गाना गाती हैं : पुनिया झूनिया, दान करो धान का कटोरा, तुम हो सके तो दो धान का कटोरा, हम जायें घर, यदि नहीं मिले दान का कटोरा। यह मान्यता है कि लोगों को पृथ्वी देवी और मन्दिर को ज़रूर ही चेरचेरा देना चाहिए क्योंकि माटी देवी के आशीर्वाद से कृषि सम्भव है और उनके आशीर्वाद के बग़ैर हमें अच्छी फ़सल नहीं मिल सकती है।

दलित त्योहारों और अनुष्ठानों में प्रकृति की पूजा और उत्सव केन्द्रीय हैं। वासुदेव के अनुसार पश्चिमी उड़ीसा में दलितों की ज़िन्दगी

में ऋतु परिवर्तन जो ज़मीन, कृषि और फ़सल से गहरे जुड़ा है, के समय कई पर्व–त्योहार होते हैं। कृषि और सम्बन्धित कर्म से जुड़ी कई साधारण, नीरस गतिविधियाँ प्रकृति और मनुष्य के बीच आपसी सम्बन्धों की अभिव्यक्ति का रोचक माध्यम बन जाते हैं। कई त्योहार हैं जो प्रकृति के साथ नज़दीकी सम्बन्धों, प्रकृति के उत्पादन और संरक्षण मूल्यों से जुड़े हैं; जैसे–नुआखाई–नयी फ़सल तैयार करने और खाने का त्योहार, दसहरा पिथोढी जिसमें धान से चावल बनाने का समारोह होता है; करम सानी–यहाँ हादन पेड़ की शाखा या देवी करम सानी की पूजा होती है; असरखेना में कृषि की वन्दना होती है; दाल खाई में नवयुवतियाँ अपने भाइयों और पर्यावरण की रक्षा के लिए देवी दाल खाई की पूजा करती हैं; पुषपुनी पौष का त्योहार है और फागुन पुनी चैत्र का त्योहार है। इन सबमें पारस्परिकता और अर्पण का काफ़ी महत्त्व है जिसमें धार्मिक रंग कम है और मुख्यतः प्रकृति के महान उपहारों और देनों के प्रति कृतज्ञ भाव है। जैसे नुआखाई एक कृषि त्योहार है जिसमें मौसम की पहली फ़सल–धान, गेहूँ, गुरजी, महुआ, आम, कद्दू, केला, आदि–ख़ुद खाने से पहले पूर्वजों को भोग लगाया जाता है। यह त्योहार सितम्बर के आस–पास जब धान की फ़सल तैयार होने लगती है, बेहद जतन से सम्पन्न होता है। सबसे पहले घर की वरिष्ठ महिला परिवार के अन्य सदस्यों के साथ पीडर पर जाकर त्योहार की शुरुआत करती है–एक–एक करके फ़सल का अर्पण और फिर परिवार के सारे सदस्य मिलकर पहली फ़सल का खाना बनाते हैं और साथ–साथ खाते हैं। वहाँ खाना खाने के लिए किसी धातु के बर्तन नहीं बल्कि पवित्र माने जाने वाले पत्ते–कुरई, भालिया या महुआ बिछाये जाते हैं। कुरई पत्ते का विशेष महत्त्व है–इसके नये पत्ते बसन्त में आते हैं और साल, पलसा, सहज या भेलुआ के पत्तों की तुलना में ये पत्ते मुलायम होते हैं। दलितों का विश्वास है कि उनके पूर्वजों या देवी–देवताओं ने उनके जीवन और कल्याण के लिए हर तरह के खाद्य पदार्थ–प्राकृतिक या उत्पादित सृजित किये हैं। इसलिए हर कृषि मौसम में हर समय किसी भी फ़सल का उपयोग करने से पहले उसे अपने पूर्वजों या देवी–देवताओं को भेंट करना चाहिए जिससे पूर्वजों का आशीर्वाद हमेशा क़ायम रहे। नुआखाई वह दिन है जब नुआखाई उपासा पड़ी या उपहार अपने सम्बन्धियों, ग्राम रक्षी (गाँव की सुरक्षा के लिए ज़िम्मेवार व्यक्ति) और लोहार को दिये जाते हैं। नुआखाई की तरह एक और

त्योहार है 'फगुन पुनी तिहार' जिसमें पिडार में दूमा बने अपने पूर्वजों को आम, महुआ और चनरा चढ़ाकर प्रकृति का उल्लास मनाया जाता है। दलितों की मान्यता है कि हर तरह के प्राकृतिक उत्पाद–फल और कन्द मूल, पत्ते और शाखाएँ–पूर्वजों की हज़ारों सालों की हाड़ तोड़ मेहनत और अन्वेषण से अस्तित्व में आये हैं। इसलिए उन्हें सबसे पहले दूमा के सामने प्रस्तुत करना चाहिए। ये त्योहार कुछ विशेष अनुष्ठानों के साथ शुरू होते हैं, जैसे घर में उपवास रखना, शाम में स्नान करना, चावल से कुछ मूर्तियाँ बनाना, दीप जलाना और कुछ गीतों के साथ फल–फूल की भेंट चढ़ाना : 'हमें बताना, हमें सुनाना, हे माँ, हमारे नये फल अपनाना, आज हमारे जीवन आना।'

जब मौसम बदलते हैं, तब कृषि, ज़मीन, मिट्टी, फ़सल से जुड़े हुए दलितों के कई त्योहार नज़र आते हैं। ये त्योहार क्षेत्र विशेष की जैव सम्पन्नता और पौधे, पत्ते, जानवर, प्रकृति के बारे में दलितों की गहरी जानकारी दर्शाते हैं। आषाढ़ के महीने में अमावस्या के दिन 'असरखेना' नाम से एक कृषि त्योहार होता है। इस दिन दलित मज़दूर महुआ पेड़ की एक शाखा लाते हैं और इसे किसी कृषि भूमि के बीचो–बीच गाड़ देते हैं। फ़सलों पर कीड़े और बीमारियाँ आती हैं और यह माना जाता है कि 'असरखेना' फ़सल की रक्षा करती है। एक अन्य त्योहार है 'पितोडी जात्रा' या चौलधुआ जिसे कार्तिक माह में पूर्ण चन्द्रमा के दिन चावल के भूसे की सफ़ाई के लिए आयोजित किया जाता है। चावल ज़्यादातर कार्तिक माह में तैयार होता है और लोग बग़ैर उसना चावल खाना शुरू कर देते हैं। यह त्योहार सुनिश्चित करता है कि जब तक 'पितोडी जात्रा' नहीं हो जाये, लोग नये चावल से भात पकाना शुरू नहीं करें और धान–चावल की सफ़ाई का पूरा ख़याल रखें। इस जात्रा के दौरान नया चावल पूर्वजों और अग्रजों को चढ़ाया जाता है। नये धान से तैयार चावल की धुलाई होती है, चावल और विरी या काली दाल मिलाकर खीरी पकाया जाता है, चावल की मूर्तियाँ बनाई जाती हैं और दीप जलाये जाते हैं। पुरुष और स्त्री उपवास रखते हैं और अन्त में पीडर में पूर्वजों को खीरी दिया जाता है। यहाँ भी यही मान्यता है कि नयी फ़सल ख़ुद उपभोग करने से पहले अपने पूर्वजों को भेंट करनी चाहिए। ऐसे त्योहारों से गाँव और समुदाय को ज़्यादा समृद्धि और शान्ति मिलती है। दलित बीजों का त्योहार मनाते हैं। चैत्र के महीने में पूर्ण चन्द्रमा के दिन या उसके एकदम पहले खेती

की ज़मीन पर बीज छिड़कने का त्योहार होता है। चार दिनों के त्योहार में घर के अन्दर और बाहर, गाँव के प्रवेश या पहाड़ी पर बीज छिड़के जाते हैं। पश्चिमी उड़ीसा में इस त्योहार के अलग–अलग रूप मिलते हैं, पर सब जगह बेहद ख़ुशी और धूमधाम के साथ बीज के त्योहार दिखते हैं।

दालखाई देवी–पत्तों से जुड़ी हुई देवी है। पश्चिमी उड़ीसा की दलित नवयुवतियाँ इस देवी की विशेष पूजा करती हैं जो उनके जीवन में नये पत्तों, फ़सल, पेड़, फल, फूल के गहरे असर के बारे में बताता है। दालखाई देवी आमतौर पर गाँव के बाहर स्थित होती है और गाँववासी गाँव से बाहर या अन्दर आते–जाते देवी के प्रतीक चिन्ह पर कुछ पत्ते चढ़ा जाते हैं। दालखाई का मतलब है पत्तों से जुड़ा हुआ और दलितों का विश्वास है कि दालखाई देवी ख़ासकर पत्तों का संरक्षण करती है और वह पत्तों के बीच में रहना चाहती है। इस त्योहार में दलित नवयुवतियाँ दिनभर उपवास करती हैं, खीरे का प्रतीकात्मक बलिदान करके देवी की पूजा करती हैं और भाई को धागा बाँधती हैं–जीवन और प्रकृति की रक्षा और सम्वर्द्धन के लिए। दालखाई के अनुष्ठान काफ़ी समय और विस्तृत चलते हैं–इनमें पानी, पोखर, नदी, बालू, बीज, पेड़, खाद्य, संगीत, नृत्य, प्रकाश और रंगों के काफ़ी पुट रहते हैं। कुछ पेड़ों, पत्तियों और पहाड़ों पर ख़ासकर अनुष्ठान होते हैं। जैसे, भादों माह में ग्यारहवें दिन हादन या करमा सानी के पेड़ की एक शाखा काटकर उसे दलित गाँव के बीच में प्रतिस्थापित किया जाता है, उपवास रखा जाता है और दीप, अगरबत्ती, दारू, नृत्य और संगीत के साथ समारोह सम्पन्न होता है। बुद्धा, डाँगर और सीकरपाट जैसे पहाड़ों को सारा गाँव मिलकर पूजता है क्योंकि ये पहाड़ खाद्य पदार्थों और जलावन की लकड़ियों के स्रोत माने जाते हैं। यह भी मान्यता है कि पहाड़ों में दलितों के पूर्वज और देवी–देवता बसते हैं जो ज़रूरत के समय गाँववालों की देखभाल करते हैं। इन पहाड़ों में बुद्धाराजा नाम के एक लोकप्रिय देवता का वास मानते हैं।

दलित कई प्रकार से पानी की पूजा या समारोह रचाते हैं। शादी या त्योहारों में पानी विभिन्न अनुष्ठानों में एक महत्त्वपूर्ण तत्त्व होता है। पानी को लेकर कई मिथक और लोक कथाएँ प्रचलित हैं। 'सातबहिनी जलकामिनी' दलितों के लिए पानी की एक जानी–पहचानी देवी है। दलितों के रोज़ाना के जीवन के सपने और इच्छाओं की पूर्ति के लिए सात बहनें, नदी और पानी को बार–बार याद किया जाता है। यह लोककथा है कि एक

ग़रीब दलित की सात बेटियाँ थीं जिन्हें भरपेट भोजन कराना भी मुश्किल था। कई बार माता–पिता को ख़ुद भूखे रहकर बेटियों का पेट भरना होता था। रोज़–रोज़ के कष्ट से परेशान पिता ने एक दिन सभी बेटियों को अपने साथ जंगल ले जाने का फ़ैसला किया जिससे वे जंगली खाद्य पदार्थों से अपनी भूख मिटा सकें। उसे जंगल में चानर का पेड़ मिला और बेटियों ने चानर खाना शुरू किया। इस बीच पिता जंगल के और अन्दर जाकर चानर के पेड़ ढूँढ़ने लगा और खो गया। बेटियाँ फल खाने के बाद पिता को खोजने लगीं, पर वह नहीं मिला। बेटियाँ डरकर, घबराकर नदी के नज़दीक एक गुफा में छिप गयीं। कुछ समय में नदी में पानी भर आया, गुफा पानी में डूब गयी और सारी लड़कियाँ डूबकर मर गयीं। पानी में डूबकर मरने वाली सातों बहनें दूमा बन गयीं और दलित बेटियाँ, नदी और पानी की याद और भक्ति में जलकामिनी की पूजा करती हैं।

ये अनेक उदाहरण बताते हैं कि पश्चिमी उड़ीसा के दलितों में पर्यावरण की एक गहरी ज़मीनी जानकारी है और वे अपनी रोज़ाना ज़िन्दगी में पर्यावरण की विविधता और सम्पन्नता का उत्सव मनाते हैं। यह क्षेत्र प्राकृतिक संसाधनों से भरा–पूरा है और दलितों का इन संसाधनों से गहरा निजी रिश्ता है, इसलिए यहाँ प्रकृति सम्बन्धी लोक कथाएँ, उत्सव, अनुष्ठान जीवन्त हैं। प्रकृति के इर्द–गिर्द दलितों के बिम्ब, भाषा और शब्दावली से जैव विविधता, प्राकृतिक परिदृश्य, पृथ्वी, मिट्टी, पौधे, पत्तियाँ, पानी, पशु आदि का एक रंग–बिरंगा चित्र प्रस्तुत होता है जो प्रकृति के साथ उनके अलग, विशिष्ट सम्बन्ध भी ज़ाहिर करता है। पृथ्वी और उसके अवयवों के अलग–अलग अर्थ और असर हैं–वे हमारे लिए आजीविका के स्रोत हैं, हमारे जीवन के अभिन्न अंग हैं, हमारे अतीत और वर्तमान के वाहक हैं। पर्यावरण के ज्ञान के साथ जुड़े देवी–देवता, अनुष्ठान और आस्था एक अपनी ज्ञान पद्धति और व्यवहार बुनते हैं। दलितों के अपने जीवन संसार और घर–बाहर में इस सबकी अविभाज्य और स्थायी जगह है। वासुदेव सुनानी विभिन्न बिन्दुओं को जोड़ते हुए दलितों के पर्यावरण दुनिया की एक ऐसी ख़ूबसूरत तस्वीर उकेरते हैं जिसमें दलित और प्रकृति के क़रीबी पारम्परिक सम्बन्ध और प्रकृति के उत्सव, रोज़ाना की ज़िन्दगी में पौधे, फ़सल और खेती के महत्त्व, दलित भक्ति और आध्यात्मिकता, व्यावहारिक बुनियादी पर्यावरण ज़रूरतों, आदि का अद्‌भुत उद्‌घाटन होता है।[31]

3. दलपतभाई श्रीमाली : जीवन और पानी की पुनः खोज

गुजराती दलित लेखक डॉ. दलपतभाई श्रीमाली और उनकी किताब 'हरिजन सन्त और लोककथाएँ' काफ़ी हाशिये पर रही है और प्रदेश या उसके बाहर शायद ही जानी जाती है। पर डॉ. श्रीमाली की किताब बेहद सघन और बेमिसाल है क्योंकि इसमें दलितों की अनेक लोक कथाएँ और गीत संकलित हैं जो उनके जीवन के विभिन्न पहलुओं की झलक देती है। किताब में एक बेहद महत्त्वपूर्ण लोक गीत संकलित है, 'मायावेल'[32]–तीन हिस्सों में विभाजित, 104 पंक्तियों वाली माया के नरमेध की कहानी। माया एक बेहद निम्न जाति ओड से था जो शासकों के लिए तालाब या मिट्टी की खुदाई, गराई, आदि से परम्परागत रूप से जुड़ी थी। मायावेल की कहानी अलग–अलग समय और स्थान में अलग–अलग तरह से घूमती जाती है, पर सबमें पानी, तालाब, बलिदान, हत्या आदि के तत्त्व सामान्य हैं। यह कहानी कई लोकविधाओं, जैसे–चौपरा, गरौरा, चुलना, भवई, आदि के ज़रिये सम्प्रेषित होती है। जश्मा और माया की कथा के ज़रिये पानी, जीवन, भविष्य, समुदाय के मज़बूत सूत्र जोड़े जाते हैं। कहानी की मुख्य बातें इस प्रकार हैं : सिद्धराज जयसिंह को गुजरात का एक बेहद प्रतापी राजा माना जाता था जिन्होंने 1096 में पाटन का राज ग्रहण किया और सौराष्ट्र, कच्छ और मालवा पर विजय हासिल की। पाटन क्षेत्र के मुख्यधारा के प्रचलित साहित्य में सिद्धराज के राजकाल को स्वर्णिम और गौरवशाली बताया जाता है। पर यह अनजानी सच्चाई है कि उनका शासन दलितों के लिए क्रूर और दमनकारी था। राजा ने पाटन की सहस्त्रलिंग झील के पुनर्निर्माण और विस्तार का निर्णय किया। पाटन एक सूखा, प्यासा क्षेत्र था और झील के पुनर्निर्माण के लिए ओड और उनके ज्ञान, कौशल और श्रम की ख़ासी ज़रूरत थी। जश्मा एक सुन्दर दलित मज़दूरनी थी जो झील के काम में लगी थी। राजा ने मोहित होकर जश्मा पर ज़ोर ज़बर्दस्ती करने की कोशिश की। असफल होने के बाद राजा ने प्रतिशोध और ग़ुस्से में जश्मा के पति को मार डाला। पति की मौत की पीड़ा में जश्मा ने ख़ुद को मार दिया और यह श्राप दिया कि सहस्त्रलिंग झील हमेशा बेपानी रहेगी। इसके बाद कहानी ब्राह्मणों की चर्चा करती है जिन्होंने राजा को यह सलाह दी कि यदि एक सम्पूर्ण पुरुष, हिन्दू शास्त्रों के अनुसार 32 गुणों से सम्पन्न का बलिदान दिया जाये, तो झील में

पानी वापस आ जायेगा। ऐसे सम्पूर्ण पुरुष की खोज शुरू हुई और ओड समुदाय के माया की पहचान हुई। कहानी सूखे झील के बीच में माया के बलिदान से समाप्त होती है। माया का बलिदान केवल सूखे झील में पानी के लिए नहीं था, वह अपने शोषित समुदाय के सम्मान और अधिकारों की भी बहाली चाहता था।

मायावेल एक कहानी है, एक विवरण, एक लोकगीत, पर उतना ही महत्त्वपूर्ण और उल्लेखनीय सामाजिक दस्तावेज़ है। माया का मिथक और दलितों के बीच इसकी लोक कथाएँ दलित और प्रकृति की आपसी क्रिया–प्रतिक्रिया पर एक अलग रोशनी डालता है। माया की सशक्त जल–कहानी बहुआयामी है जिसमें ऐतिहासिक स्थितियों और सामाजिक ढाँचे का संगम है। लोकगीत में ओड और शासकों के बीच के सामाजिक सम्बन्धों का खुलासा होता है। इसमें पृथ्वी, पानी और मिट्टी के बारे में दलितों के विशद ज्ञान का पता चलता है। साथ ही, यह भी सामने आता है कि किन स्थितियों और दबावों में पानी के संग्रह निर्माण बनाये और विकसित किये जाते हैं। इसका विवरण उस समय के अन्य वर्चस्वशाली विवरणों से संवाद करता है और एक प्रति–संवाद, वैकल्पिक विवरण भी प्रस्तुत करता है। इस विषय के गम्भीर, अकादमिक अध्येता तुषार व्यास बताते हैं : *'जयसिंह द्वारा सहस्त्रलिंग झील का निर्माण दलितों के लिए एक निर्णायक बिन्दु था। झील अपनी विशालता या सुन्दरता के लिए नहीं बल्कि दलितों पर अत्याचार और राजा की हवस का भी प्रतीक बन गयी। एक सामाजिक और प्राकृतिक परिदृश्य में जश्मा और माया का मिथ और कहानी भीषण विपरीत परिस्थितियों में अपना एक अलग अर्थ सृजित करती है। दोनों ही, अलग–अलग प्रकार से, जीवन और मृत्यु के बीच एक मुश्किल चुनाव करने की स्थिति का सामना करते हैं। उनके सामने गम्भीर चुनौतियाँ हैं–अपनी आजीविका खोना, भूखे–प्यासे जीवन गुज़रना और अन्ततः हिंसा और अपने जीवन का बलिदान। इसके साथ–ही–साथ झील और पानी के माध्यम से वे अपने से, जीवन और बृहत्तर समाज से अपना जुड़ाव भी व्यक्त करते हैं।'*[33]

मानव बलिदान की परिघटना ओड समुदाय की प्राकृतिक और सामाजिक प्रकृति की जानकारी देती है जिसकी प्रतिध्वनि हमें आज भी इस समुदाय में मिलती है। तुषार व्यास कहते हैं : *'माया निश्चित तौर पर दलितों का अतीत है, पर माया का ब्रह्माण्ड आज भी दलितों के*

जीवन और श्रम में घुला–मिला है, इसलिए माया का मिथकीय चरित्र और चित्रण–कथन जारी है। हाल में पाटन में एक माया मन्दिर बनाया गया है। साल में एक दिन जिसे लोकप्रिय तौर पर 'माया साटम' कहते हैं, वार्षिक मेला आयोजित होता है। दलित अब व्यापक तौर पर माया के बलिदान का जश्न मनाते हैं।[34]

'मायावेल' राजा, जश्मा, झील, पानी, माया और लोगों के आस–पास एक जीवन दृष्टि बुनने की कोशिश करती है। यह कहानी समाज, संस्कृति और प्रकृति की कुछ ज्वलन्त समस्याओं से जूझती है। कहानी के ज़रिये हम प्राकृतिक और सामाजिक वास्तविकताओं के बीच जीवन के कुछ पहलुओं को सकार या नकार सकते हैं। यहाँ यह सम्भव है कि एक ऐसा माया निर्मित हो जो समाज के लिए एक बड़ी मिसाल क़ायम कर सके। 'मायावेल' इतिहास बताती है जहाँ एक प्रसिद्ध राजा के राज़ में लोग और प्रकृति, दोनों ही अवनति और मौत के शिकार थे :

'ग़रीबों पर अत्याचार हुआ
मछलियाँ झुलसने लगीं, पंछी भी चीखने लगे
सारे मृग पानी को तरसे,
महपति को कुछ न सूझे, बनिये भी हैं असमंजस,
ऐसा दुख अब कौन हरेगा
धरम पताका धोलका में लहराई,
पापी–राजवी रोने लगे[35]

जश्मा संज्ञानात्मक स्मृति की एक स्रोत है और इससे सामाजिक परिघटनाओं–स्त्री और श्रम, श्रम और प्रकृति, पानी और दमन की व्याख्या की जा सकती है। अपने अद्वितीय तरीक़ों से जश्मा विश्व के विभिन्न पहलुओं को देख–समझ–परख रही थी और दुनिया के साथ अपने रिश्तों की मज़बूत अभिव्यक्ति भी कर रही थी। उसके सन्देश छद्मवेशी या नियन्त्रित नहीं थे। उसके जीवन का अन्त उसकी अपनी व्यक्तिगत पीड़ा थी, साथ ही यह एक सामूहिक दुखान्त था। झील और पानी, उसके जीवन–काल और मृत्यु दोनों में ही, उसके व्यक्तिगत और सामूहिक जीवन का एक निशान बन गया। 'मायावेल' में वह राजा, झील, श्राप, पानी के सन्दर्भ में याद की जाती है :

'ओडों को पकड़कर उसने दिया बहुत त्रास
जश्मा के पति को उसने मारा जान से

पति के विरह में जश्मा सती बनने को हुई तैयार रे
मरते–मरते जश्मा ने दिया राजा को शाप रे...
राजा तेरे बने इस पोखर में नहीं रहेगा पानी रे...[36]

इस सबके बीच माया एक सूखे और प्रतिकूल पर्यावरण में जीवन और अस्तित्व के लिए उम्मीद का प्रतीक बन गया। माया जो दलितों के लिए पानी और सम्मान की सम्भावनाएँ सामने लाता है। माया और उसका बलिदान प्राकृतिक बिम्बों के ज़रिये दलितों का एक प्रकार का आह्वान करता है और उनके शोषण–दमन की सीमाएँ लाँघता है। उसका बलिदान पानी के बीच एक ऐसी यात्रा है जो प्राकृतिक और सामाजिक दुनिया के साथ एक नया मानवीय सम्बन्ध बनाती है। 'मायावेल' माया के पर्या–भूमिका, पर्या–बलिदान और पर्या–गतिशीलता का ऐतिहासिक और समकालीन मिथकीय चित्रण है :

'माया तेरे बलिदान से सरोवर में पानी भरेगा
सती साध्वी जश्मा का शाप दूर हो जायेगा
माया तेरे बलिदान से...
त्यागमूर्ति तू तारणहार, अछूत कुख उज्ज्वल की,
सत्य धर्म नीति का सागर, तेरी नाव प्रजा की,
गीत सब गायेंगे तेरे, माया तेरे बलिदान से,
सरोवर में पानी भरेगा
ऊँच–नीच के भेद का भ्रम भी तुझसे ही मिटेगा,
अछूत जग का तू उद्धारक, कुल दीपक कहलायेगा,
नाम अमर रह जायेगा, माया तेरे बलिदान से
सरोवर में पानी भरेगा[37]

माया के अपने बलिदान का चुनाव उसके श्रमजीवी जीवन का एक अनथक अध्याय उद्घाटित करता है, ऐसा अध्याय जो उसने पूरे साहस और संचेतना के साथ जिया। यहाँ पानी सामाजिक सम्बन्धों और जाति प्रथाओं की एक विशिष्ट दुनिया है जिसमें शासकों और शासितों के बीच अन्तःसम्बन्धों के गहरे ताने–बाने भी हैं। यहाँ रोज़–ब–रोज़ की शक्तिहीनता के विपरीत माया एक सम्पूर्ण पुरुष नज़र आता है और उसका अपने–आपको बलिदान करना अद्वितीय और अविस्मरणीय साबित होता है। इस प्रकार राजा और अपने बृहत्तर समुदाय के साथ उसके सम्बन्धों की प्रकृति में भी गुणात्मक बदलाव आ जाता है। इसमें कोई

आश्चर्य नहीं है कि माया ख़ुद के और सामाजिक अनुभवों के आधार पर सामुदायिक माँगों की अभिव्यक्ति का एक सशक्त मंच बन जाता है। अपने जल बलिदान के एवज़ में माया अपने समुदाय की मुक्ति की माँग रखता है। तुषार कहते हैं : *'मायावेल की लोक कथा के कई संस्करण मिलते हैं। कुछ संस्करणों में माया अपने बलिदान के लिए कम–से–कम पाँच माँगें रखता है : (1) दलितों को शहर और गाँव के मुख्य हिस्सों में प्रवेश की अनुमति दी जाये। (2) दलितों के कपड़ों की अलग पहचान–क़मीज की लटकी हुई बाँह समाप्त की जाये। (3) दलितों के ललाट पर लगाये जाने वाला विशेष चिह्न–कपास का टुकड़ा समाप्त किया जाये। (4) दलितों के साथ बँधे हुए झाड़ू हटाये जायें। (5) दलित एक सम्मानजनक और ख़ुशहाल ज़िन्दगी जी सकें। इस प्रकार माया का व्यक्तित्व पानी, बलिदान, सपना, भ्रम, ज्ञान, खोज, दर्द, ख़ुशी आदि के विविध अर्थों का पर्याय बन गया।'*[38]

लोक गीत/कथा 'मायावेल' इस प्रकार आगे बढ़ता है :

'छुपा नहीं एक अछूत,
वीर नर माया उसका नाम,
आना माया साटम के दिन,
माया की कुर्बानी के समय राजा ने पूछा,
वीर नर माँगो कुछ वरदान,
आना माया साटम के दिन,
माँगा माया ने राजा से, ऐसा एक वरदान
मेरी जाति के सब कष्ट, दूर करना तत्काल,
आना माया साटम के दिन'[39]

माया का बलिदान हुआ, उसका रक्त सूखे झील में प्रवाहित हुआ और झील पानी से भर गयी। पानी रक्त संचित था, पर दलितों के लिए प्राण संचार कर गया। माया सामाजिक अन्याय के ख़िलाफ़ दलित रक्षण और संघर्ष में एक महत्त्वपूर्ण भूमिका अदा करता है। माया पानी के एक अक्षय स्रोत, अपनी जाति के गौरव और सारे दलितों के अमर नायक के रूप में याद किया जाता है। यों तो उसने अपने–आपको न्योछावर कर दिया और गहरे पानी में विलीन हो गया, पर वह आज दलितों के स्मृति आकाश में बेहद ऊँचा है और स्वाधीनता, जागरण और जिजीविषा का प्रेरणा स्रोत है। माया दलित स्वाधीनता की एक सार्वजनिक कामना के

अलावा पानी के जातीय चरित्र की खरी पहचान कराता है। 'मायावेल' की अगली कड़ियाँ हैं :

'शीश कटा माया वीर का
रक्त बहा और पूरा आया पानी पोखर में
नरवीर माया...
जुग–जुग माया की जयकार
हमारे माया की जयकार
हमारी जाति का सरताज
हमारे माया का जयकार।'[40]

'मायावेल' के पर्यावरणीय पठन में हम प्रकृति, संस्कृति और समाज के धागे एक साथ बुने और बँधे पाते हैं। यह लोक कथा गुजरात के विभिन्न भागों में विविध रूपों में अभिव्यक्त होती है। माया, जश्मा और झील की कहानी में कई बातें निहित हैं : एक निहायत क्रूर और निर्दयी शासन, पानी के लिए एकाग्र, जीवनयुक्त, व्याकुल निष्ठा; एक मानवीय समाज के निर्माण का सपना। यहाँ झील और पानी हमारे आस–पास की जीवन स्थितियों को देखने–समझने–सवाल करने का दलित नज़रिया प्रस्तुत करते हैं। मायावेल प्राकृतिक के साथ सामाजिक, ब्रह्माण्डीय के साथ सांसारिक को जोड़ता है। यह बलिदान की हमारी समझ में एक सायास अस्पष्टता लाता है क्योंकि यहाँ बलिदान की दो कहानियाँ सुनाई जाती हैं : एक माया और दूसरी सती की, एक संरक्षण और दूसरी प्रतिशोध की। और एक बलिदान को दूसरे की तुलना में वरीयता दी जाती है। माया की कहानी निरन्तर विकसित होती रहती है, क्योंकि दलितों के पर्यावरण विवरणों में हमेशा कुछ नया जोड़ने–कहने की ज़रूरत महसूस होती है। यह कहानी उजागर करती है कि किस प्रकार दलितों का सामाजिक पर्यावरण ख़तरनाक है और किस प्रकार वे प्राकृतिक संसाधनों से अपने सम्बन्ध बनाने और निभाने की क्षमता अर्जित करते हैं। यहाँ दलित शोषित हैं, साथ ही ऊँची जातियों की सत्ता की आलोचना भी करते हैं। अन्ततः वे सबके मुक्तिदाता के रूप में ऊँची जातियों की भी मान्यता हासिल करते हैं, जाति व्यवस्था बरक़रार रहती है, पर नव–हिन्दूवादी अवधारणाओं और उपक्रमों के विपरीत यहाँ जाति व्यवस्था के कई अन्तर्विरोध और विसंगतियाँ सामने आती हैं। यहाँ पर्यावरण के साथ दलित के लगाव और पर्यावरण विपरीतताओं पर विजय हासिल

करने में उनकी सफलता का उत्सव मनाया जाता है जिसमें प्रतिशोध और बचाव की क्रियाएँ साथ–साथ साकार होती हैं।

II. दलित और पर्यावरण के प्रतीक

दलित और पानी और सामूहिक स्थलों के साथ उनके सम्बन्धों की व्याख्या एक अलग अध्याय में की गयी है। दलित पर्यावरणवाद के समृद्ध उदाहरण हैं उनके विविध पर्यावरण प्रतीक। अध्याय के इस हिस्से में हम कई प्रकाशित स्रोतों के आधार पर उनके प्रतीकों पर ध्यान केन्द्रित करते हैं। उनके देवी–देवताओं, पशुओं और खाद्य पदार्थों के विहंगम उदाहरणों से पता चलता है कि दलित विमर्श और व्यवहार इनके ज़रिये नये पर्यावरणीय अर्थ गढ़ते हैं। दलित कोणों से इन विषयों की समीक्षा करने से पर्यावरण की हमारी अवधारणा व्यापक होती है।

1. देवी–देवता

कांचा इलैया ने दक्षिण भारत के उन अनेक दलित बहुजन देवी–देवताओं का विस्तृत हवाला दिया है जो प्राकृतिक संसाधनों और पर्यावरण से सम्बन्धित दलित बहुजनों की उत्पादक संस्कृति और जीवन की अभिव्यक्ति हैं। ऐसी कई छवियाँ दलितों के मानवीय अस्तित्व के केन्द्र में हैं और उत्पादक शक्तियों और प्रकृति के बीच के सम्बन्धों का आधार क़ायम करती हैं : *'एक कट्टामयअम्मा तालाब पद्धति की अन्वेषक है, एक पोचम्मा जड़ी–बूटी से चिकित्सा की जनक है, एक वीरप्पा सर्वप्रथम जानवरों की संरक्षक है, एक पोट्टाराजू खेत का रखवाला है, एक यनादी इस्पात विशेषज्ञ है।'*[41]

एक दलित बहुजन स्त्री कट्टामयअम्मा जलदेवी है जिसकी प्रतिमा (पत्थर का एक छोटा टुकड़ा) गाँव के तालाब के बाँध पर रखी जाती है। वह सुनिश्चित करती है कि तालाब में पानी अच्छी तरह भरा हो, जल संसाधन का नियमन हो, तालाब के पास के खेतों की फ़सल हरी–भरी हो और फ़सल, बुआई से लेकर कटाई तक, भली–भाँति संरक्षित और सुरक्षित रहे। जल देवी के नाम पर कई महत्त्वपूर्ण त्योहार और समारोह हैं। खेती और फ़सल के लिए एक जाने–माने देवता हैं पोट्टाराजू–खेतों के बीच पत्थर का एक टुकड़ा जिस पर सफ़ेद रंग और हल्दी चढ़ी है। यह

मान्यता है कि पोट्टाराजू जंगली जानवरों और चोरों से खेत और फ़सल की रक्षा करते हैं; यहाँ तक कि उनकी छवि के सामने चोर नतमस्तक हो जाते हैं और किसान अपनी फ़सल के प्रति पूरी तरह सुरक्षित महसूस करते हैं। फ़सल तैयार हो जाने के बाद पोट्टाराजू की प्रतिमा के सामने एक मुर्गे की बलि दी जाती है। कांचा इलैया हमें आन्ध्र प्रदेश की एक बेहद लोकप्रिय दलित बहुजन देवी पोचम्मा के बारे में विस्तार से बताते हैं जो 'प्रकृति, उत्पादन और प्रजनन' से सम्बन्धित है और गाँव में हर इन्सान की देखभाल करती है और उन्हें बीमारियों, बुराइयों से बचाती है : *'हर गाँव के नज़दीक एक छोटा पोचम्मा मन्दिर है। इस देवी के मन्दिर की अवधारणा एकदम अलग है। देवी मन्दिर में रहती है, पर मन्दिर में कोई नियमित पूजा नहीं होती है। पोचम्मा पण्डित के रोज़ाना पूजा की देवी नहीं है। साल में एक बार गाँव के सारे लोग (इसमें ब्राह्मण और बनिया को छोड़कर सभी जाति के लोग शामिल हैं) बोनालू के साथ (एक बर्तन जिसमें मीठा चावल बना होता है) मन्दिर जाते हैं, देवी की प्रतिमा–पत्थर–धोते हैं, मन्दिर और उसके आस–पास की सफ़ाई करते हैं...वे कहते हैं, 'माँ, हमने खेत की बुआई कर दी है; अब तुम हमारे लिए अच्छी फ़सल सुनिश्चित करो, हमारा एक बच्चा बीमार है, यह तुम्हारा कर्तव्य है कि उसे स्वस्थ बनाओ'।*[42]

आन्ध्र प्रदेश के समुद्री तटवर्ती क्षेत्रों में दलित देवी–देवता जैसे गोनथेम्मा, माराम्मा, ननचरम्मा और अनकलम्मा कृषि, ज़मीन और जल से सम्बन्धित हैं। तमिलनाडु की ग़ैर–ब्राह्मण जातियों में पवित्र जंगलों की पूजा–अर्चना के लिए विशेष देवी–देवता हैं। दक्षिणी भारत के अन्य क्षेत्रों में दलितों ने पवित्र जंगलों के अन्दर और बाहर अपने देवी–देवता स्थापित किये हैं। एलिजा केंट पवित्र जंगलों पर अपने गहरे अध्ययन में ऐसे कई उदाहरण देती हैं; जैसे–पाण्डिचेरी के दक्षिण में कुडलोर ज़िले के कुजहानदायकुप्पम गाँव के बाहर 1.5 हेक्टेयर के पवित्र जंगल में दलितों का अपना कडावाडी वीरन–जंगलों का रक्षक है। यह कडावाडी वीरन मुख्य वीरन और उसके स्थल से अलग है जहाँ दलितों का प्रवेश निषेध है। अन्य गाँवों में ब्राह्मण और दलित पवित्र जंगलों के देवी–देवताओं की व्याख्या अलग–अलग करते हैं।[43] केंट तमिलनाडु के विल्लुपुरम ज़िले के उरनी पवित्र जंगल के श्री सेलीयम्मन मन्दिर का रोचक उदाहरण देती हैं। गाँव और जंगल के रक्षक के बतौर सेलीयम्मन की भूमिका है गाँव को

बाहरी तत्त्वों–भूत–पिशाच, बीमारी, अकाल या चोरों के ख़तरे से बचाना। केंट टिप्पणी करती हैं : *'गाँव के अभिजात लोगों के नज़रिये से इन कहानियों में देवियाँ नीची जातियों को ख़तरा मानती हैं और इस प्रकार सामाजिक वर्चस्व का पुनर्स्थापन करती हैं। पर भारती नगर के दलित निवासी भी इस देवी से अपना नाता जोड़ते हैं और दावा करते हैं कि जब उन्हें कई पीढ़ी पहले दास बनाया गया, तब उन्हें अपनी देवी (कुलटेव्यम) से ज़बरदस्ती अलग कर दिया गया। इस प्रकार श्री सेलीयम्मन एक ऐसा केन्द्र बिन्दु बन गया है जिसके इर्द–गिर्द गाँव के पारम्परिक सत्ताधारियों और शिक्षा और स्थानीय चुनावी राजनीति से सशक्त अग्रगामी दलितों के बीच सत्ता सम्बन्धों की रस्साकस्सी चलती है।'*[44]

पवित्र जंगलों और झुरमुटों की बजाय सामान्य जंगलों में दलितों के देवी–देवता वास करते हैं और उनके बारे में दलितों के अपने ख़ास विवरण–विश्लेषण हैं। सिद्दालिंगैया, एक प्रमुख कन्नड़ दलित कवि, दलित संघर्ष समिति के संस्थापक और 'ग्रामदेवथेगाल' के लेखक जिसमें कर्नाटक के ग्रामीण देवी–देवताओं की विशद विवेचना की गयी है, एक बातचीत में कहते हैं : *'कुछ भक्त मुझे जंगल में एक ऐसी देवी का दर्शन कराने के लिए ले गये जिसके पास अपार शक्ति है। उन्होंने मुझे एक गोल पत्थर दिखाया जिस पर हल्दी और कुमकुम लगा था। मैंने पूछा, 'यह इतनी शक्तिशाली देवी है। आप लोगों ने इसके ऊपर कोई मन्दिर क्यों नहीं बनाया है।' उनका जवाब था, 'हमने मन्दिर निर्माण की कोशिश की। पर देवी ने हमें ऐसा करने से मना किया।' कुछ लोगों का बेहद ज़ोर था कि मन्दिर ज़रूर बनना चाहिए और उन्होंने मन्दिर बनाने का काम शुरू किया। देवी ने उन लोगों को मन्दिर बनाने से मना किया। उन्होंने देवी से इसका कारण जानना चाहा। देवी ने कहा, 'क्या तुम सबके पास घर है?' एक ने जवाब दिया, नहीं। तब देवी ने कहा, 'देखो, इसके पास कोई घर नहीं है और तुम मुझे अपने घर के लिए कह रहे हो। नहीं, मैं तब तक अपना घर नहीं बना सकती जब तक तुम सबके पास घर न हों, मेरे लिए कोई घर नहीं बनाओ'।*[45]

यह दलित देवी बेहद सरल रूप में जंगल में एक लकड़ी या पत्थर या चट्टान के टुकड़े से स्थापित हो जाती हैं। देवी प्राकृतिक और सामाजिक परिवेश से सम्बद्ध दलितों की रोज़मर्रा की ज़िन्दगी का हिस्सा होती हैं। देवी की कुछ आम और ख़ास शक्तियाँ हैं–वह लोगों के हर

क़दम पर नज़र रखती है, उन्हें कभी रोकती है, तो कभी उनकी मदद करती है। यहाँ देवी की आध्यात्मिक ऊर्जा एक गूढ़ सच बुनती है–प्रकृति में मनुष्य की आज़ादी और सम्मान; साथ ही देवी की सबजन नियति के प्रति एक गहरा लगाव। इसलिए जब तक सबका घर नहीं है, तब तक देवी न तो अपना घर चाहती है और न ही जंगल में कोई पूजा–अर्चना। यह दर्शाता है कि दलितों के प्रति सामाजिक अन्याय से आख़िरकार देवी की भी अवमानना होती है।

सिद्दालिंगैया बैंगलुरु और उसके आस–पास एक अन्य देवी बिसीलम्मा का सन्दर्भ देते हैं जो 'सूरज में जलना, ठण्ड में कँपना और बारिश में भीगना चाहती है।' देवी या तो प्रकृति से अन्तरंग होना चाहती है या ख़ुद उसकी मुश्किलें झेलना चाहती है। प्रकृति को झेलना और अंगीकार करना मानव सभ्यता के उस इतिहास और नज़रिये से अलग है जो प्रकृति पर विजय हासिल करने की कोशिश करता है और प्रकृति की विपदाओं से हमेशा अपना बचाव करता है। कर्नाटक राज्य के अन्य हिस्से में, एक दलित लेखक के अनुसार, मडिगाओं (एक दलित समुदाय) का एक ऋषि बकाला होता था जिसके बारे में यह मान्यता है कि उसने अपने दो बेटों का बलिदान देकर पानी से ज़मीन सृजित की।[46] कर्नाटक के दलितों ने अपनी कई पुरानी परम्पराओं जैसे– मन्तेस्वामी, मलेमादेश्वरा और जंजप्पा और विलुप्त देवी–देवताओं जैसे धरगे दोदाभूर (पृथ्वी के पूर्वज) की खोज की है जिसने भूमिहीनों को भूमि ग्रहण करायी है।[47]

दक्षिण बिहार में भी दलित कृषि मज़दूरों की प्राकृतिक दुनिया में उनके अपने देवी–देवता हैं। गया ज़िले के भूईंयाओं के अपने दिव्य व्यक्तित्व 'वीर' हैं जो कृषि, सिंचाई, जंगल, श्रम और उत्पादन के प्रतीक हैं। अतीत में और आज भी रिखमीनिया की कहानी (इसे रिखमन और रिखअन भी कहते है) जिसे तुलसी वीर[48] के रूप में पहचाना जाता है, काफ़ी प्रचलित है। 1906 में वर्णित कहानी का पाठ इस प्रकार है : 'बाढ़ में एक बाँध टूट गया था और कोई भी उसकी मरम्मत और फ़सलों की सुरक्षा नहीं कर पा रहा था। तभी रिखमीनिया अपने चार भाइयों के साथ आया और एक रात में बाँध की मरम्मत कर दी। इस कार्य के लिए उसे भूईंया यानी भूमि के रक्षक का नाम दिया गया। यह उपाधि शुरू में क़तई अपमानजनक नहीं थी। फिर एक नदी देवता ने बाँध की मरम्मत करने का प्रतिशोध लेने के लिए भूईंया को एक गन्दे जानवर का मांस खिला

दिया। इसके बाद ही रिखअन और उनके पूर्वज निम्न और घिनौनी जाति क़रार हो गये।[49]

इतिहासकार ज्ञान प्रकाश ने 1980 के दशक तक बँधुआ मज़दूरों के बीच इस कहानी के भिन्न–भिन्न संस्करणों को खोज की है। उन्होंने बेहद सशक्त रूप से यह दिखाया है कि भूईंया, अपने वीरों के ज़रिये, खेती, सिंचाई और कृषि उत्पादन में अपने श्रम के केन्द्रीय महत्त्व की स्थापना करते हैं। प्रकाश का निष्कर्ष है कि *'किस प्रकार सिंचाई कार्यों के निर्माण और मरम्मत में भूईंया की भागीदारी उनके पूर्वजों की स्मृति के ज़रिये एक बेहद शानदार और अविस्मरणीय घटना बन जाती है।'*[50]

फूले ने बली राजा[51] के योगदान पर ख़ासा ज़ोर दिया है जो किसानों और उनके स्वर्णिम युग के प्रतीक थे। मराठी में प्रसिद्ध लोकोक्ति है : 'सारे दुखों का पार हो, बली राजा का राज हो।' किसानों, श्रमिकों और उत्पादकों के प्रतीक के रूप में बली राजा के इर्द–गिर्द एक विपरीत मिथकीय चरित्र गढ़ा गया है जो वैदिक, आर्य और जाति–विरोधी सन्देशों के साथ भूमि, कृषि, उत्पादन और संरक्षण पर ध्यान देता है। बली और वामन (विष्णु का बौना अवतार) के बीच युद्ध में पृथ्वी और ज़मीन का महत्त्व काफ़ी है। फूले वामन के बारे में बताते हैं : *'यदि उस राक्षस ने सारी पृथ्वी और आकाश को अपने दो डग से पूरा माप लिया, कितने ही ग्रामीण उसके पैरों तले कुचल गये होंगे। यदि वह वास्तव में अपना दूसरा पैर आकाश पर डाल देता है, तो आकाश कितना संकुल हो जायेगा और कितने तारे एक–दूसरे से टकराकर धूल में समा जायेंगे।'*[52]

2. दलित और पशु

दलित सामान्यतः पशुओं के साथ जीते रहे हैं और अपने खाद्य, श्रम, आजीविका और जीवन–यापन के लिए पशुओं पर ख़ासा निर्भर भी रहे हैं। दलित लेखन में भी हमें पशुओं के साथ उनके सम्बन्धों के बारे में सन्दर्भ मिलते हैं–यहाँ कृषि, वन्य जीव, पालतू पशु, पारिवारिक लगाव, आदि के क्षेत्रों में पशुओं की अनेक चर्चा होती है। एक अलग सन्दर्भ में दलित जीवन की तुलना प्रायः जानवरों के साथ होती है–उन्हें इन्सानों की बजाय जानवरों की तरह या उनसे भी बदतर जीवन जीते हुए बताया जाता है। कुछ प्रमुख हिन्दू धार्मिक ग्रन्थों में दलितों को 'कुत्ता' और 'कुत्ता

ख़ोर' क़रार किया गया है।[53] इसलिए यह सवाल लाज़िमी है कि दलितों की पशु दुनिया–उनके जीवन, आजीविका और पर्यावरण से गहरे तौर पर जुड़ी–आख़िरकार कैसी है? दलित अपने जीवन और अर्थव्यवस्था में पशुओं का क्या प्रभाव देखते हैं? दलित पशु, पशुपालन, पशु उत्पाद और व्यवहारों पर क्या क्रिया–प्रतिक्रिया करते हैं?

यह कहा गया है कि *'वे दलित और शूद्र लड़के हैं जो जानवरों को चारे के लिए ले जाते हैं और दिनभर उनकी देख–रेख करते हैं... झुग्गी–झोंपड़ियों में लोग अपने घरों में आवारा कुत्ते–बिल्ली को जगह देते हैं।'*[54] यह सही है कि दलित अपने प्राकृतिक और सामाजिक पर्यावरण में जानवरों के साथ सामंजस्यपूर्ण रहते और काम करते हैं। जैसे–जब बिहार के विश्व प्रसिद्ध मिथिला–मधुबनी चित्रों के दलित कलाकारों ने–मुख्यतः चमार और दुसाध–काम करना शुरू किया तो उन्होंने 'गोबर' और 'गोदना' चित्रों की अपनी विशिष्ट शैली विकसित की। इस शैली में दलितों के रोज़ाना के जीवन अनुभवों से जंगली और पालतू पशुओं की कई छवियाँ प्रमुख तौर पर शामिल हुईं–चमार मृत गाय को निबटा रहा है, या एक साँप धान के खेत में तेज़ी से निकल रहा है, या एक हाथी लोगों को कुचल रहा है। उत्तर बिहार में चमारों की मुख्य जीविका है जूते–चप्पल बनाना, खेत मज़दूरी और किसानी। उनकी पारम्परिक जीविका रही है मृत पशुओं का निबटारा करना और मृत पशुओं के चमड़े से कई प्रकार के सामान बनाना। इस इलाक़े में दुसाध कृषि मज़दूरी और खेती के अन्य कामों के लिए बेहतर मेहनती जाति मानी जाती है। वे जानवर और सूअर चराते हैं और काफ़ी कुछ खेती और मज़दूरी पर निर्भर रहते हैं।[55]

दलित प्रायः पशुओं और उससे सम्बन्धित पर्यावरणीय परिवेश के बारे में अपने तर्क और पसन्द पेश करते हैं। बिहार के गंगाई मैदानी इलाक़े में मुसहरों पर एक अध्ययन में पता चलता है कि किस प्रकार गया में सलेमपुर टोला (बहोरा बिगहा) के स्कूली बच्चों के बीच पशुओं के बारे में भिन्न–भिन्न विचार हैं। यहाँ ब्राह्मण और सवर्ण बच्चे गाय पसन्द करते हैं और सूअर को गन्दा और अनुपयोगी मानते हैं। मुसहर/भूईंया बच्चे सूअर पसन्द करते हैं क्योंकि उनके पास न तो अपना कोई पक्का घर है और न ही खेती के लिए अपनी कोई ज़मीन है। उनके परिवार गाय के लिए कोई अलग गायदान नहीं बना सकते और न ही चारे का इन्तज़ाम कर सकते हैं। उनकी समझ में गाय–पालन महँगा काम है जबकि

सूअर–पालन में कम ख़र्चा है। इसके अलावा वे सूअर और सूअर–पालन को कोई गन्दा या प्रदूषित काम नहीं मानते हैं। मुसहर सूअरों को अपना सहज सामाजिक और आर्थिक सहचर मानते हैं। एक अध्ययन के अनुसार : *'सूअर का हवाला आते ही अनिवार्य तौर पर मुसहरों का सवाल उठता है। सूअर मुसहरों के ख़ुद की पहचान बनाता है। समाज की नज़रों में मुसहर और समाज के बीच का रिश्ता निर्धारित करने में सूअर का केन्द्रीय महत्त्व है। मुसहर समाज का हीरो दशरथ माँझी इस मर्म को इन शब्दों में बेहद ख़ूबसूरती से बयान करता है, 'यह जानवर अस्सी चीज़ें/फ़ायदे देता है, यहाँ तक कि इसके बाल भी बिकते हैं। अन्य जानवरों के बाल नहीं बिकते। इसके अलावा तबेलों की हर रोज़ सफ़ाई करनी होती है और वहाँ रोज़ाना शाम को दीया जलाना होता है। पर क्या सूअर घर की सफ़ाई करनी होती है? ऐसा नहीं। क्या केवल बदबू और अशुद्धि की बात होगी? जानवरों के घरों की रोज़ाना शाम में पूजा का अनुष्ठान होता है, पर क्या आपने सूअर घर के बारे में कभी ऐसा सुना है। बालों की अच्छी क़ीमत लगती है, एक किलो के साठ रुपये। यह मंगलवार या बुधवार बाज़ार में आसानी से मिलता नहीं है'।*[56]

दलितों के लिए भैंस बेहद महत्त्वपूर्ण जानवर है–दूध और मांस के लिए। यह भी उल्लेखनीय है कि प्रकृति, राष्ट्रवाद, पर्यावरणवाद, हिन्दू धर्म और संस्कृति पर दलित विमर्श में भैंस का काफ़ी उल्लेख रहा है। दलित गाय से कहीं ज़्यादा भैंस से जुड़ते हैं। दलित लेखकों और बुद्धिजीवियों के अनुसार हिन्दुत्व राष्ट्रवादी राजनीति गाय को श्वेत विशेषताओं वाला जानवर–ब्राह्मणवादी परम्परा और वर्चस्व के लिए भी इस्तेमाल करते हैं। और इस प्रक्रिया में भैंस–एक अश्वेत स्वदेशी पशु–दरकिनार किया गया है। एक विचारोत्तेजक अवधारणा 'भैंस राष्ट्रवाद' की प्रस्थापना करते यह कहा गया है : *'भारतीय दलित–बहुजन ने न केवल इसे पालतू बनाया बल्कि दूध देने वाले और सेवक जानवर के रूप में भी संक्रमित किया। भारत का पचहत्तर प्रतिशत दूध देश की भैंस आबादी से मिलता है। यह अजीब है कि हिन्दू साहित्य गाय के दूध, भारतीय खाद्य संस्कृति और विरासत में इसके योगदान और इसकी महान पवित्रता की विस्तृत चर्चा करता है, पर भैंसों के इसी प्रकार के महान योगदान की कोई चर्चा या मान्यता नहीं मिलती है। जबकि ज़्यादातर भारतीय बच्चे भैंस के दूध के बग़ैर जीवित नहीं रहते। भैंस का अपवित्र दूध कभी भी लिखने–योग्य*

विषय नहीं माना गया। चाहे इस जानवर ने भारतीय लोगों को दूध दिया हो, चाहे इसकी ऊर्जा पुरातन काल से कृषि उत्पादन में खप रही हो, पर हमारे धर्म ग्रन्थ इस बारे में पूरी तरह शान्त हैं। जबकि आज भी भारतीय अर्थव्यवस्था में दूध, मांस, ऊर्जा, ईंधन और उर्वरक के रूप में भैंसों का योगदान गायों से कई गुना ज़्यादा है।[57]

जानवरों के रंग और रूप, उत्पत्ति और स्थल के वर्णनों में जाति और धर्म का बार–बार हवाला आता है। एक जाने–माने दलित कवि और लेखक अरविन्द मालागट्टी ने अपने आधुनिक कन्नड़ ग्रन्थ 'गवर्नमेंट ब्राह्मण' में यह सवाल पूछा है कि क्यों कौआ, उल्लू, गधा, भेड़ और भैंस ऋषि विश्वामित्र की उत्पत्ति हैं जबकि कबूतर, घोड़ा और गाय ऋषि वशिष्ठ की पैदावार माने जाते हैं? वह आगे कहते हैं : *'ऐसा प्रतीत होता है कि ब्राह्मण ऋषि वशिष्ठ केवल शुद्ध, श्वेत, मृदु–भाषी, सौम्य मृदु–मानस, सुन्दर जानवर और पक्षी को जन्म देते हैं। और ऋषि विश्वामित्र केवल इसके विपरीत गुण वाले जानवर सृजित करते हैं। खुद एक बार राजा होने के बावजूद ग़ैर–ब्राह्मण ऋषि विश्वामित्र अपनी कठिन तपस्या के बाद भी कभी ब्रह्म ऋषि (वशिष्ठ जैसे सर्वोच्च ऋषि) का दर्जा हासिल नहीं कर सके।*[58]

दलितों ने पशु कल्याण से जुड़ी पर्यावरण राजनीति और इसके ब्राह्मणवादी हिन्दुत्व और अभिजात चरित्र की कई बार आलोचनाएँ की हैं। हाल के अतीत में, पशुओं के संरक्षण का मुद्दा दलित राजनीति, राज्य और हिन्दुत्व ताक़तों के बीच विवाद, विरोध और संघर्ष का मैदान बन गया है। जब 2000 की शुरुआत में तमिलनाडु के मन्दिरों में जानवरों के बलिदान पर बन्दिश लगाई गयी, तब कोडई त्योहार और लोक देवी के मन्दिर प्रवेश के मौक़ों पर सदियों से जानवरों का बलिदान देने का अनुष्ठान करने वाले दलितों ने राज्यभर में इस बन्दिश का विरोध और बलिदान देने का बेहद सक्रिय आन्दोलन छेड़ा था।[59]

3. दलित और भोजन

मैं गाय–मांस खाया और गाय बन गया,
नाचते, मैं जंगल और पहाड़ घूम आया,
पर्वत और घाटी और मैदान
अपने–आप में अडिग,

पूँछ उठाते हुए मैं इन्द्रधनुष पर बरस आया,
बादलों को चीरते हुए मैंने रेगिस्तान को हरा बनाया,
मैं अछूत हूँ।
हाँ, मैं गाय–मांस खाता हूँ।
मेरे सारे शरीर में थन आ गये
मैं हर भूखे मुख को पोषण देता हूँ।

–एन.के. हनुमनतैया, एक कन्नड़ दलित कवि[60]

दलित, भोजन और पर्यावरण के अन्तःसम्बन्धों के विविध आयाम हैं। पृथ्वी, भोजन और पर्यावरण के बारे में दलितों के अपने अलग आख्यान और अफ़साने हैं। हमारे भोजन और पृथ्वी के संसाधनों के साथ इसके सम्बन्धों के अलग–अलग पहलुओं की जटिलताओं की बानगी हमें दलित अनुभवों से मिलती है। हमें दलित विवरणों से यह भी पता चलता है कि हमारे भोजन के पसन्द की क्या–क्या विभिन्नताएँ हैं, उसके सामाजिक–सांस्कृतिक आयाम क्या हैं और इससे हमारे समाज में उत्पादन और उपयोग की कैसी–कैसी अलग धाराएँ निकलती हैं। एक दलित थाली पर नज़र डालिए–वे क्या खाते हैं और अपने खाने पर उनका क्या नज़रिया है–तो हम अपने भोजन और पर्यावरण की दुनिया के बारे में कई बार एक नयी अन्तर्दृष्टि पाते हैं।

एक प्रतिकूल प्राकृतिक और सामाजिक माहौल में भोजन कभी भी दलितों के लिए सहज और सुलभ नहीं रहा है। उनके लिए सबसे पहली सच्चाई है भोजन की उपलब्धता, सहजता, समर्थता; और भोजन के लिए हर रोज़ की मारा–मारी। भोजन और पर्यावरण के बारे में दलित विवरणों में हमें मुख्यतः दो मुद्दे प्रभावी दीखते हैं : पहला, गाँव, जंगल, ज़मीन या नदी या किसी भी प्रकार से अपनी भूख मिटाने की उत्कट चाह और ज़रूरत; दूसरा, अपने अभाव पर पार पाने के लिए भोजन और पर्यावरण का रंगारंग त्योहार। उदाहरण के लिए, मुसहरों को चूहा (मुस) पकड़ने वाला या मारनेवाला जाना जाने लगा। 'भारत के लोग' परियोजना के प्रणेता और प्रसिद्ध मानव विज्ञानी कुमार सुरेश सिंह के अनुसार मुसहर घने जंगलों में विविध पेड़–पौधों के बीच रहते थे और उन्हें अपने भोजन के लिए चूहे, चिड़िया और जानवर मारने होते थे। मुसहर खेतों में पकी हुई या तैयार फ़सल और चूहों के बिलों से भी अनाज जमा करते थे।

प्राकृतिक परिवेश ऐसा था कि अतीत में मुसहरों का अनाज जमा करने या चूहे मारने/खाने की ज़रूरी ज़िम्मेवारी उठानी पड़ी।[61] दलितों का खान–पान हमें पृथ्वी, आसमान और प्रकृति के गहरे अर्थ बताता है। एक महार दलित की प्रसिद्ध आत्मकथा जो ख़ासकर भोजन की विस्तृत चर्चा करती है, याद करती है : 'भाखरी उतना बड़ा है जितना आदमी। यह आसमान जैसा विशाल, सूरज जैसा चमत्कार है। भूख आदमी से बड़ी है। भूख नरक के सात चक्करों से कहीं ज़्यादा मुश्किल है...एक अकेला पेट सारी पृथ्वी के बराबर है। भूख आपकी खुली हथेलियों से ज़्यादा बड़ी नहीं लगती है, पर यह सारी दुनिया को निगल और डकार सकती है।'[62]

राजस्थान के गाँवों में अनाज से जुड़े मिथ, गाने और कहानियों में भोजन हासिल करने में विषमता और सामाजिक–आर्थिक वर्गीकरण की काफ़ी चर्चा है। अन्ना गोल्ड जिन्होंने राजस्थानी कथाओं का उल्लेखनीय अध्ययन किया है, कहती हैं कि अनाज को लेकर दलितों के मिथकों और कहानियों में अन्न देव, सूर्य और चाँद, गन्ध और मक्खी और ऐसे अनेक बिम्ब हैं। ऐसी कथा–कहानियों में, उनके अनुसार : *'लोग और समूह अनाज के उत्पादन और संग्रह पर उनकी पहुँच और पकड़ के आधार पर पहचाने और मूल्यांकित किये जाते हैं। ग्रहण जैसे ख़तरनाक समय के दौरान भूमिहीन हरिजन किसानों से अनाज के लिए फ़रियाद करते हैं। भूमिहीन भील 'जंगल के लोग' हैं, पर वे भी अनाज खाना चाहते हैं, और दूसरों की फ़सली ज़मीन से अनाज बीनते हैं। माली लोग ज़मीन के छोटे–छोटे टुकड़ों पर हाड़–तोड़ मेहनत करके लगातार कुछ अनाज जमा करते हैं, पर ये अनाज उन्हें अपनी सब्ज़ियों के एवज़ में मिलता है और तभी मिलता है जब वे घूम–घूमकर फेरीवाले की तरह झुककर काम करते हैं।'*[63]

उत्तर प्रदेश में दलितों की कड़वी ऐतिहासिक स्मृतियाँ हैं जब उन्हें एक सवर्ण व्यक्ति के लिए 'प्रदूषित' भोजन बनाने और परोसने के लिए मौत के घाट उतार दिया गया था। आगरा का एक जाटव करण सिंह 1920 के दशक में इस अपराध के लिए मार दिया गया और दलितों के कड़े संघर्ष और असहयोग के बाद वह जाटवों की सामाजिक स्मृति में एक शहीद के रूप में बस गया।[64]

हिन्दू ब्राह्मणों और सवर्णों से अलग, दलितों ने अपनी अर्थव्यवस्था में समाज, स्वास्थ्य, पोषण की ज़रूरत और पर्यावरण के आधारों पर अपनी विभिन्न विविध खाद्य पसन्द व्यक्त की है। उन्होंने सवर्ण जाति के आग्रहों

के आधार पर भोजन की संवेदनशीलता और आदतों का एकरूपीकरण करने की तीखी आलोचना की है। भोजन और खान–पान की आदतें और इसमें शुद्ध/अशुद्ध, शाकाहारी/मांसाहारी, पका/कच्चा का भेद अस्पृश्यता के प्रचलन और व्यवहार में महत्त्वपूर्ण रहा है, इसलिए दलितों ने बार–बार पर्यावरण आधारों पर ऐसे विभाजनों और वर्गीकरण पर सवाल उठाये हैं। 2002 में हैदराबाद केन्द्रीय विश्वविद्यालय में दलित स्टूडेंट्स यूनियन ने मांस खाने के विवाद के सन्दर्भ में यह तर्क दिया था :

'भारतीय खाद्य संवेदनाओं की अवधारणा में सेक्युलर और अखिल भारतीय परम्परा के नाम पर शाकाहारी भोजन का प्रभुत्व है। इसका परिणाम यह है कि अमीर सवर्ण ऐसा भोजन हासिल कर सकते हैं, वे पर्याप्त पोषण के लिए विभिन्न सब्ज़ियाँ और दूध पदार्थ ख़रीद सकते हैं, लेकिन निम्न जाति वालों को केवल अन्न मिलेगा और वे मांस से वंचित रहते हैं जो उनके पोषण का एक स्रोत हो सकता था।'[65]

प्रसिद्ध बुद्धिजीवी गोपाल गुरु महाराष्ट्र के दलित स्त्रियों के बीच प्रचलित एक लोक गीत का उदाहरण देकर बताते हैं कि किस प्रकार भोजन को लेकर दो परस्पर–विरोधी अवधारणाएँ एक–दूसरे से टकराती हैं। दलित स्त्री इस लोकगीत में मांसाहारी भोजन (गाय मांस) की श्रेष्ठता जताते हुए यह दिखाती है कि किस प्रकार एक टोकरी–भर लड्डू भी एक चौथाई गाय मांस के प्लेट की बराबरी नहीं कर सकता है।[66] गोपाल गुरु विवेचना करते हैं : *'दलित समुदाय गाय मांस पसन्द करता है क्योंकि यह सस्ता है; पर इस पसन्द की वजह यह भी है कि दलित इस भोजन से अपने कामकाजी शरीर, न कि उपयोग करने वाले शरीर का पोषण करता है। साथ ही, दलित गाय मांस का पक्षधर इसलिए भी है क्योंकि यह मांस खुरदुरा और सख़्त है जो कि अन्य प्रकार के मांस में नहीं मिलता है। दलितों के लिए लाल मांस के सेवन के पीछे पोषण का भी ध्यान है।'*[67]

दिवंगत बुद्धिजीवी और स्त्री लेखिका शर्मिला रेगे ने पुणे, महाराष्ट्र के बौद्ध, मतंग, वाल्मीकि और पिंजरी जातियों के दस दलित पुरुष और स्त्री के साथ कार्यशालाएँ और विचार–विमर्श करके दलित घरों में भोजन और भोजन बनाने के अवयवों पर वर्तमान और अतीत की यादों और पद्धतियों को एक साथ बटोरा है। वह कई प्रकार के विशिष्ट भोजनों की चर्चा करती हैं, जैसे चुनचुनी (सूअर के चमड़े और मांस से निर्मित), रक्ती (तेल, बकरी के रक्त, प्याज और लाल मिर्च पाउडर से निर्मित),

कंडवानी (प्याज, नमक, तेल, लाल मिर्च पाउडर और पानी से निर्मित), चन्या (बकरे के मांस के सूखे टुकड़े, धनिया, प्याज, नारियल, लाल मिर्च पाउडर, नमक, हल्दी, अदरक और लहसुन की चटनी से निर्मित), सुकत (सूखी मछली और लाल मिर्च पाउडर) और धापट्टा (गेहूँ का आटा, चने का आटा, जीरा और नमक)। इन भोज्य पदार्थों के विभिन्न अवयव सामान्यतः दलितों के प्राकृतिक पर्यावरण में उपलब्ध होते हैं। वे आमतौर पर सस्ते और आर्थिक रूप से आसान होते हैं, साथ–ही–साथ दलितों की पसन्द और पोषण के लिए उपयुक्त भी। दलित, जैसे मेहतर, अपनी रोज़ाना की गन्दगी और गन्ध–भरी ज़िन्दगी, साथ–ही–साथ रोज़–रोज़ की बोरियत से मुक्ति के एक रास्ते के लिए अपने खान–पान और इसकी तैयारी में कई तरह के मसाले और स्वाद भरते हैं। पर उनके लिए पीली दाल खाना मुश्किल होता है क्योंकि उनके सामने अपने रोज़ाना की गन्दगी साफ़ करने की चीज़ आती है।[68] अलग–अलग समय और जगह पर दलित भोज उत्सव आयोजित होते हैं जहाँ उनके भोजन, संस्कृति और पहचान पर सकारात्मक ज़ोर रहता है : *'यहाँ सूअर का कोमल मांस केवल पानी, नमक और काली मिर्च के साथ, मुर्गी केवल बियर के साथ, भेड़ का मांस केवल रम के साथ पकाया गया–शाकाहारी भोजन भी बनाया गया, पर दलित तरीक़े से।'*[69]

पिछले कुछ दशकों से दलितों ने भोजन और स्वाद के वर्चस्वशाली आग्रहों पर सवाल उठाये हैं और ग़ैर–शाकाहारी व्यंजनों, ख़ासकर गाय के मांस के लिए अपनी पसन्द का सार्वजनिक प्रदर्शन किया है। दलितों के संकल्प, आज़ादी, आन्दोलन, सामाजिक परिवर्तन, नागरिकता और लोकतन्त्र की आवाज़ के लिए कई बार गाय का मांस और उसका उपयोग एक प्रतीक बन गये हैं।[70] दलित गाय के मांस और ग़ैर–शाकाहारी भोजन के पक्ष में कई तर्क देते हैं। ये तर्क स्वास्थ्य, पोषण, अर्थव्यवस्था, सुगमता, सस्तापन, आदि पर आधारित हैं जो प्रकृति और पर्यावरण से गहरे जुड़े हैं। एक पत्रकार के अनुसार : *'भारत में गाय के मांस का आमतौर पर मतलब है कि भैंसे का मांस। इसमें प्रोटीन की भारी मात्रा और सस्तेपन के कारण यह ग़रीब लोगों का मुख्य खाद्य है।'*[71] यह भी कहा गया है कि हमारे कुपोषण की बहुत सारी समस्याएँ आसानी से दूर हो सकती हैं यदि हम अपने खाने के टेबल पर गाय का मांस रखें। नेशनल इंस्टीट्यूट ऑफ़ न्यूट्रिशन, हैदराबाद, ने अपने एक प्रकाशन में गाय के मांस को प्रथम श्रेणी

के प्रोटीनयुक्त खाने–70 प्रतिशत तक प्रोटीन–में शामिल किया है। एक ग्रामीण, कृषि या औद्योगिक अर्थव्यवस्था में गाय के मांस–मांस–शाकाहारी खाद्य के उत्पादन और उपयोग और इसमें खपत या हासिल होने वाली ऊर्जा के अन्तःसम्बन्धों की भी चर्चा की गयी है। साथ–ही–साथ, यह भी विस्तृत चर्चा की गयी है कि गाय का मांस, मांस, सब्ज़ी एक नागरिक सामाजिक व्यवस्था में किस प्रकार के सामाजिक–सांस्कृतिक सम्बन्ध स्थापित करते हैं, इसका मानवीय परिवेश से जुड़े जानवरों और पक्षियों के साथ कैसा सम्बन्ध रहता है और किस प्रकार दलित अपने कड़े शारीरिक श्रम की ज़रूरत पूरी करने के लिए अनिवार्य कैलोरी (ऊर्जा) मांस सेवन से हासिल कर पाते हैं।[72]

III. पर्यावरण दृष्टि के रास्तों पर

प्राकृतिक संसाधनों पर अपनी आजीविका की निर्भरता और कई अन्य कारणों से दलितों का पर्यावरण पर काफ़ी कुछ दाँव पर है। गण्यमान्य दलित बुद्धिजीवी और जाति–विरोधी विचारक पर्यावरण के विभिन्न पहलुओं पर नज़र डाल रहे हैं, साथ–ही–साथ उनकी अपनी वैज्ञानिक, तकनीकी और तार्किक ज्ञान विधाओं में भी पर्यावरण पुट है। इस अध्याय के अन्तिम हिस्से में मैं विभिन्न जाति–विरोधी नेताओं और आन्दोलनों के लेखन और प्रकाशन में प्रकृति की विविध अवधारणाओं का उल्लेख करता हूँ। मैंने एक अलग अध्याय में अम्बेडकर की पर्यावरण दृष्टि पर विस्तृत चर्चा की है, इसलिए यहाँ मैं उन्नीसवीं सदी के अन्त और बीसवीं सदी के प्रारम्भ के दो महान जाति–विरोधी नेताओं–ज्योतिराव फुले और ई.वी. रामासामी पेरियार के पर्यावरण विचारों की संक्षिप्त चर्चा करूँगा।

मेरा उद्देश्य ऐसे लेखन के पर्यावरण डोरों को पकड़ना है जो सामाजिक बदलाव और प्रकृति के साथ मनुष्य के बदलते–बनते रिश्तों की पड़ताल करते हैं। मेरा तर्क है कि पारम्परिक समझ के विपरीत जाति–विरोधी नेता और आन्दोलन पर्यावरण मूल्यों के प्रति अचेतन नहीं रहे हैं। सच्चाई यह है कि उनके लेखन और कार्य में दलित पर्यावरण दृष्टि की एक जीवन्त परम्परा झलकती है। फुले और पेरियार, दोनों ही इस तथ्य पर गहरी नज़र डालते हैं कि किस प्रकार दासता और जाति दमन प्राकृतिक संसाधनों के साथ दलित सम्बन्धों को प्रतिकूल रूप से

प्रभावित करती है। वे दोनों ही आमतौर पर प्रकृति के साथ मानवीय सम्बन्धों के बारे में रोचक और गहरी अन्तर्दृष्टि देते हैं। कई प्रकार से फुले और पेरियार जाति विरोधी नेताओं और आन्दोलनों में प्रचलित एक व्यापक प्रवृत्ति और प्रकृति और पर्यावरण दर्शन की बिखरी–बिखरी अभिव्यक्तियों के प्रतीक हैं। उदाहरण के लिए, पंजाब में आदि धर्म आन्दोलन के नेता मंगू राम ने ईश्वरत्व का ऐसा ग़ैर–आस्तिक विचार प्रतिपादित किया जो निम्न जाति के विश्वासों के क़रीब था। यहाँ प्रकृति को ही ईश्वर के रूप में देखा जाता है : *'प्रकृति (कुदरत का मेला) ने मूल स्रोत (आदि) से इन्सान को तब सृजित किया जब वह पृथ्वी पर अन्य प्राणियों की संरचना कर रहा था। उसी समय प्रकृति ने नैतिक प्रवृत्तियों (कर्म–धर्म) का ज्ञान दिया। प्रकृति ने इन्सान को जानवरों से बेहतर बनाया। पर इन्सानों के बीच सारे समान थे...सभी उस एक धर्म में विश्वास करते थे जो प्रकृति ने उन्हें बुद्धि और ज्ञान के ज़रिये दिया था।'*[73]

इसी प्रकार द्रविड़ परम्परा के नेताओं और विचारकों ने सिन्धु घाटी सभ्यता के प्रतिमानों पर सवाल उठाया है और वर्चश्वशाली सभ्यता के दायरे के बाहर–पर्वतवासियों, शिकारियों, मछुआरों, आदि के प्राकृतिक और सामाजिक जीवन–के अतीत और उससे जुड़ी यादों को पुनर्जीवित किया।[74] उत्तर भारत में दलितों के असन्तोष और आन्दोलन को अभिव्यक्ति देने वाले कई लोकप्रिय प्रकाशनों में कई बार 'पृथ्वी माता' का सन्दर्भ आता है जो हम सबको असीम सुन्दरता, अनाज, सम्पत्ति, तकनीक, शक्ति और सम्मान देती है जिससे हमें अपनी सदियों की वेदनाओं से राहत मिले।[75] अम्बेडकरवाद के दौर में कई दलित प्रकाशनों ने बौद्ध परम्परा का सन्दर्भ देते हुए बुद्ध के जीवन, शिक्षण और कार्यों के ज़रिये प्रकृति के साथ मनुष्य के तत्कालीन सम्बन्धों और इसकी सामयिक प्रासंगिकता पर काम किया है। रोहिणी नदी की चर्चा की गयी है जिसने कथित तौर पर सिद्धार्थ को अपना घर और प्राकृतिक संसाधनों पर युद्ध की राजनीति, दोनों ही त्यागने के लिए प्रेरित किया। इससे भी ज़्यादा, गौतम की ज़िन्दगी अपने–आपमें प्राकृतिक तत्त्वों–जंगल, वन्यजीव, फल–फूल, पेड़, आदि से आच्छादित है जो दलितों के जीवन में प्रकृति की महत्ता जताते हैं। बौद्ध ग्रन्थ 'मिलिन्द प्रसन्ना' का हवाला देकर दलितों की पेड़ों और जानवरों के बारे में गहरी समझदारी का उदाहरण दिया जाता है। जातक कथाओं के ज़रिये बताया जाता है कि

दलितों के सामाजिक विश्व में जानवरों और पेड़ों की कितनी अहमियत है। कुल मिलाकर दलित यह दर्शाते हैं कि बुद्ध और बौद्ध परम्परा में पर्यावरण संरक्षण और सामाजिक व्यवस्था के रूपान्तरण की सम्भावनाएँ साथ–साथ बसती हैं।[76]

1. ज्योतिराव फुले : कृषि और पर्यावरण

ज्योतिराव फुले (1827–1890) को एक 'क्रान्तिकारी', 'एक कृषि मूलक परिवर्तनकामी', 'देश का एक महान समाज सुधारक', 'सामाजिक क्रान्ति का जनक' और 'भारत में जाति का पहला सुसंगत सिद्धान्तवादी' कहा गया है।[77] जाने–माने लेखक और नाटककार जी.पी. देशपाण्डे जिन्होंने फुले की ज़िन्दगी पर एक चर्चित नाटक लिखा है, कहते हैं : *'फुले का फलक व्यापक था, उनका प्रभाव क्षेत्र भव्य। उन्होंने अपने समय के सबसे महत्त्वपूर्ण सवालों–धर्म, वर्णव्यवस्था, अनुष्ठान, भाषा, साहित्य, ब्रिटिश राज, मिथ, लिंग के सवाल, कृषि उत्पादन की स्थिति, किसानों का हाल, आदि की पहचान की और उन्हें सैद्धान्तिक जामा पहनाया।'*[78]

यह भी कहा गया है कि 'ज्योतिराव फुले के साथ भारत में निम्न जाति, अनार्य, किसान जन की संचेतना शुरू हुई...फुले सामाजिक क्रान्ति की विचारधारा के शुरुआती रूप के पुरोधा थे जिसका एक जाति–विरोधी और किसान परिप्रेक्ष्य था।'[79]

निस्सन्देह, जाति व्यवस्था के ख़िलाफ़ संघर्ष में फुले एक केन्द्रीय व्यक्तित्व थे जिन्होंने निम्न जातियों, वंचितों और स्त्रियों की स्वाधीनता के लिए आन्दोलन छेड़े। अपने प्रारम्भिक दिनों से ही फुले उन कई विचारों और कार्यक्रमों के प्रवक्ता थे जिससे खेती, किसानी, उत्पादन व्यवस्था में बदलाव लाया जा सकता था–इन सबसे फुले की एक पर्यावरण विरासत बनती है। यह स्वीकार किया गया है :

'फुले ऐसे पहले सामाजिक कार्यकर्ता थे जिन्होंने कृषि और उत्पादन की स्थितियों को अपना मुख्य सरोकार बनाया...जाति और वर्ण पर फुले का लेखन तो जाना–माना है, पर कृषि के बारे में उनकी समझदारी पर बेहद कम लिखा गया है।'[80]

फुले के विचारों और विश्लेषण में पर्यावरण संवेदनशीलता की खोज करते हुए और उनके कुछ प्रमुख लेखन जैसे 'गुलामगिरी' और

'शेतकरयाचा असुड़' (किसान बटी–डोरी) के अध्ययन से पता चलता है कि दासता और वर्गीकृत सामाजिक व्यवस्था के तहत दलितों की ज़िन्दगी का प्राकृतिक और पर्यावरणीय बोझ कितना ज़्यादा होता है, साथ ही प्राकृतिक व्यवस्था में हस्तक्षेप करने और उसे बदलने के क्या रास्ते होते हैं। जाति व्यवस्था में असमानता प्राकृतिक हो जाती है–करमा, संस्कृति, परम्परा, प्र'कृतिक संसाधनों और धार्मिक विश्वासों के आधारों पर। इस योजना में प्राकृतिक और सामाजिक व्यवस्था समरूप हो जाती है। सारी पृथ्वी एक जाति विशिष्ट पर्यावरण–व्यवस्था के रूप में देखी जाती है जिसमें मनुष्य की पर्या–भूमिका भी पूर्व निश्चित होती है। जाति व्यवस्था की कुंजी है लोगों को उनकी 'प्राकृतिक जगह' में स्थापित–पुनर्स्थापित करना। पर फुले ने प्राकृतिक और सामाजिक व्यवस्था के इस प्रकट संयोग और एकजुटता पर सवाल उठाये–ऐसी सामाजिक पहचान और सामूहिकता जो अन्ततः एक अन्यायपूर्ण मानव समाज और राजनीति का मध्यस्थ बन जाता है। प्रसिद्ध शोधकर्मी और लेखिका रोसलिंड ओ' हैनलॉन का तर्क है : *'फुले ने ईश्वर की अवधारणा केवल एक और विशिष्ट जीव के रूप में की जो सभी वर्तमान पदार्थों का सृष्टिकर्ता और मानवीय समाज के लिए नैतिक नियमों का स्रोत है। प्राकृतिक और सामाजिक विश्व, और ईश्वरीय और पवित्र ताक़तों के बीच एक स्पष्ट विभाजन किया गया था। प्राकृतिक विश्व, किसी भी प्रकार के मायिक महत्त्व से रिक्त, हर प्रकार के प्रायोगिक, वैज्ञानिक और सांस्थानिक अनुसन्धान और सेक्युलर तर्क से परखने के लिए खुला था।'*[81]

रोसलीन प्रकृति और समाज के पुनःसम्बन्धों में ऐसे वैचारिक बदलाव की महान सम्भावनाओं पर ज़ोर देती हैं : *'यदि एक व्यक्ति यह विश्वास करता है कि उसकी वर्तमान सामाजिक अवस्था, जैसे एक खेत जोतने वाले की स्थिति, एक ऐसी तार्किक योजना का हिस्सा है जिसमें उसकी वर्तमान ज़िन्दगी केवल एक छोटा हिस्सा है; तो एक निश्चित काम के बारे में धार्मिक अवधारणा की पकड़ अपनी ताक़त खो देती है।'*[82]

फुले के प्राकृतिक और सामाजिक विश्व में कृषि परिदृश्य–भूमि, किसान, खेती का विशेष महत्त्व था। उन्होंने किसानों को बाली राजा, ज़मीन के स्वामी के रूप में चित्रित किया और किसान (बाली) और किसान संस्कृति के महत्त्व पर ज़ोर दिया। दास समाज का विस्तृत ऐतिहासिक और समकालीन जायज़ा लेते हुए फुले के विवरणों में निम्न जातियों के ज़मीन के रिश्तों में दमन और शोषण के प्रभावों पर गहरी

अन्तर्दृष्टि मिलती है। ज़मीन, खेती और किसानों के बारे में विभिन्न छवियाँ और संवाद सामाजिक व्यवस्था की कटु वास्तविकता बताती है और इसके साथ अन्तर्निहित होता है प्राकृतिक व्यवस्था में बदलाव से पैदा होने वाली नयी प्रगतिशील सामाजिक स्थितियाँ। प्राकृतिक संसाधनों के बीचोबीच मौजूद ग़रीबी और अन्याय संसाधनों के मान, मूल्य और उसमें अन्तर्निहित गुणवत्ता का अवमूल्यन करते हैं। जाति असमानता और अन्याय न केवल किसानों और मज़दूरों को शारीरिक तौर पर नष्ट करती है, बल्कि इसमें प्राकृतिक परिदृश्य का अर्थ और इसके साथ किसानों के सामाजिक और नैतिक सम्बन्ध भी क्षरित होते हैं।

फुले के 'किसान बटी–डोरी' में जिसे 'बहुसंख्यक भारतीय जो कृषक हैं, के दुख और ग़रीबी की एक सशक्त और प्रतिनिधित्व वर्णन' कहा गया है; विविध अन्तर्वस्तु हैं : *'क्योंकि ब्राह्मण लोग सरकार के सभी विभागों में प्रभावी थे, उनके स्वार्थी रिश्तेदारों, भट्ट और ब्राह्मणों ने मिलकर निर्दोष किसानों का धर्म के नाम पर शोषण किया...*

क्योंकि गोरे सरकारी अधिकारी ज़्यादातर विलासिता में लिप्त थे... ज़्यादातर सरकारी विभागों में ब्राह्मणों का बोलबाला था। इन सबका यह परिणाम था कि किसानों को लूटा गया और उन्हें अपने पेट भरने या शरीर ढकने के लिए पर्याप्त साधन नहीं थे...

किस प्रकार आर्य ब्राह्मण ईरान से आये, शूद्र किसानों की उत्पत्ति, किस प्रकार हमारी मौजूदा सरकार हमेशा किसानों पर नये कर थोपती रहती है...किस प्रकार किसान अब पूरी तरह क़र्ज में दबे हैं...

खेती की स्थिति, और उसके साथ किसानों की भी...आर्य भट्ट ब्राह्मणों का शूद्र किसानों के लिए सुझाव, और यह भी कि सरकार को क्या उपाय करने चाहिए।'[84]

निम्न जातियों के शोषण का हवाला देते हुए फुले प्रायः पर्यावरणीय बिम्बों और अलंकारों का प्रयोग करते हैं : *'जैसे अश्वेत सारे दुख झेलते हैं, वैसे ही कोई कम नहीं बल्कि ज़्यादा शूद्र और अतिशूद्र ब्राह्मणों के हाथों पीड़ित हुए हैं। उनकी पीड़ा की कहानियों से न केवल कठोरतम हृदय से आँसू निकल आयेंगे बल्कि पृथ्वी की सबसे सख़्त चट्टान भी पिघल जायेगी और उसके आँसुओं में सारी दुनिया डूब जायेगी। इससे कुछ ब्राह्मण, जो अपने पहले के निर्दयी पूर्वजों की तुलना में मुलायम हृदय वाले हैं, यह अनुमान लगायेंगे कि दुनिया का अन्त आ गया।'*[85]

फुले के अनुसार पर्यावरण परिदृश्य सभ्यताओं के निर्माण और परिवर्तन के स्रोत रहे हैं और प्रजातियाँ और पीढ़ियाँ कुछ निश्चित प्राकृतिक परिस्थिति में उत्पन्न और विकसित हुई हैं। वर्तमान 'ब्राह्मण प्रजाति' का मूल उदय 'शुष्क, बालुई और पर्वतीय क्षेत्र' में हुआ था जिसे अन्य उर्वरक क्षेत्रों में फलने–फूलने की ज़रूरत थी। फुले तर्क देते हैं : *'भारत की मिट्टी की बेहतरीन उर्वरता इसका प्रचुर उत्पादन, यहाँ के लोगों की लौकिक समृद्धि, अनगिनत वरदान जो यहाँ की ज़मीन को हासिल है–इसी सबने हाल में पश्चिमी देशों की अर्थव्यवस्था को यहाँ आने के लिए प्रेरित किया और निस्सन्देह ही, आर्य इसी कारण से भारत आने के लिए आकर्षित हुए जिनका उद्देश्य शान्तिपूर्ण प्रवासी औपनिवेशीकरण नहीं बल्कि हमें परास्त करने वाला विजेता बनना था।'*[86]

फुले द्वारा बाली राजा के सन्दर्भ भी पेड़ों और पत्तियों से गहरे जुड़े हुए थे–वह उन्हें स्वर्ण के बराबर मानते थे। प्रकृति का उत्सव मनाते हुए फुले ज़मीन से सृजित देवताओं को भू–संरक्षक मानते थे। फुले कई बार प्रकृति के ज़रिये जातियों का इतिहास और शूद्रों के लिए इसका सामाजिक और आर्थिक मतलब समझते–समझाते थे। उनका तर्क था कि जाति की तरह ही प्रकृति निरन्तर संघर्ष और समझौते से गुज़रती रही है। उनकी यह भी मान्यता थी कि वर्ण व्यवस्था का इतिहास शुरू से ही गाँव, ज़मीन और प्राकृतिक संसाधनों से जुड़ा रहा है। जाति ने गाँवों में ज़मीन, पानी, कुआँ, जंगल और समुदाय का ख़ास–ख़ास परिदृश्य बनाया। वर्ण के इतिहास ने कई प्रकार से ज़मीन, जल और जंगल का इतिहास रचा। वर्ण और ब्राह्मण ने पर्यावरण और प्राकृतिक संसाधनों की व्याख्या अपनी ज़रूरत के मुताबिक़ करते हुए एक विशिष्ट शोषण व्यवस्था बनायी। साथ ही सरकार और नौकरशाही ने प्राकृतिक संसाधनों और पर्यावरण का प्रयोग और दुरुपयोग निर्धारित किया। किसानों और उत्पादकों ने, जो शूद्रातिशूद्र थे, संसाधनों के उपयोग और पर्यावरण के साथ जीवन बसर करने के अपने तौर–तरीक़े विकसित किये जो शूद्रातिशूद्रों के अपने जीवन और परम्पराओं और वर्ण और सरकार के वर्चस्व और दासत्व का एक पीड़ाजनक सम्मिश्रण था। जाति और औपनिवेशीकरण के अनुभवों और शूद्रातिशूद्र के कृषि और श्रम की अपनी परम्पराओं से प्राकृतिक संसाधनों के उपयोग और संरक्षण के लिए कई योजनाएँ और सुझाव सामने आये।

फुले के पास प्रकृति, समानता और स्वायत्तता के मूल्यों के आधार पर कृषि, भूमि, जल और जंगल में सुधारों की एक रूपरेखा थी जिससे उन्होंने ब्राह्मण और सरकार से विरासत में मिली कृषि व्यवस्था की बुनियादी आर्थिक और सामाजिक मान्यताओं को बदलने की कोशिश की। जी.पी. देशपाण्डे ने अशोक चौसलकर के शोध के आधार पर फुले की कृषि सम्बन्धी अवधारणाओं और कार्यक्रमों का एक सार–संक्षेप प्रस्तुत किया है : गाय और बैलों के सही प्रजनन पर ध्यान क्योंकि वे कृषि के मुख्य उपादान हैं; छोटे बाँध और नहर निर्माण कार्य जिससे वर्षा का पानी और प्राकृतिक उर्वरक पानी में बहकर बर्बाद न हो; किसानों के खेतों में पानी की नियमित देख–रेख; पानी की पकड़ के लिए कुओं का निर्माण; हर गाँव के जल संसाधनों का अंकण; वन भूमि किसानों को सौंपना; कृषि विद्यालयों की स्थापना, किसानों के बच्चों को पेशेवर प्रशिक्षण, कृषि के विकास में राज्य की निश्चित भूमिका, आदि।[87] ये कई सारे सुझाव फुले के पर्यावरणीय कृषिवाद के सामाजिक, आर्थिक और सांस्कृतिक पहलुओं की झाँकी देते हैं।

2. ई.वी. रामासामी पेरियार : शूद्र/जाति/प्रकृति

ई.वी. रामासामी नायकर (1879–1973) जो 'पेरियार' (महान व्यक्ति) के नाम से लोकप्रिय थे, दक्षिण भारत में द्रविड़ आन्दोलन के मुख्य जनक माने जाते रहे हैं। विविध विषयों पर उनके विचार और प्रकाशन–जाति, धर्म, भाषा स्वसम्मान, स्त्री अधिकार, सामाजिक सुधार, तार्किकता, पूँजीवाद, समाजवाद पर काफ़ी शोध हुआ है। उन्हें 'भारतीय राजनीति, संस्कृति और धर्म पर उत्तरी वर्चस्व का उत्कट विरोधी',[88] 'मानवीय सम्मान का एक तेज़तर्रार प्रवक्ता' कहा गया है जिसने अपना सारा जीवन 'कथित शूद्रों के लिए तार्किकता, नास्तिकता, जातिवाद के उन्मूलन, लिंग न्याय और स्वसम्मान के लिए अर्पित किया, और इन मुद्दों के लिए लोगों के बीच और उनके साथ संघर्ष किया'[89] और उन्होंने 'वर्चस्वशाली और उसके अधीन के जाति समूहों के बीच निर्मित विचारधारात्मक सम्बन्ध तोड़ने में अग्रणी भूमिका निभायी।'[90] शूद्रों की स्थिति और उनके लिए भविष्य की व्यवस्थापरक सम्भावनाओं के बारे में पेरियार के अलग, सुस्पष्ट विचार थे। यह कहा गया है : *'पेरियार के आन्दोलन की जड़ें द्रविड़ राष्ट्रवाद के*

पुनर्दावे में निहित थीं जो हिन्दुओं के कथित आर्य सांस्कृतिक इतिहास के ख़िलाफ़ काफ़ी मज़बूत मोर्चा लेता है। गाँधी समेत कई हिन्दू विचारकों द्वारा प्रतिपादित आदर्श सामाजिक और आर्थिक व्यवस्था 'रामराज्य' के विपरीत इसने रावण राज्य की रूपरेखा सामने रखी।[91]

पेरियार के विशद विचारों और लेखन में गाँव, परम्परा, समुदाय, प्राकृतिक संसाधन, भोजन, विज्ञान, तकनीक, अर्थव्यवस्था और सम्पत्ति जैसे विषयों पर काफ़ी चर्चा है। एक व्यापक शूद्र और जाति विरोधी आन्दोलनों के सन्दर्भ में पेरियार के विचारों को पर्यावरण परिप्रेक्ष्य में पिरोया जा सकता है जिससे प्राकृतिक और सामाजिक दुनिया में प्रकृति के साथ सम्मान और सामंजस्य से जीवन जीने की स्थितियाँ बहाल हो सकती हैं। पेरियार की सामाजिक समस्याओं से निबटने की तार्किक प्रवृत्ति में ख़ासकर कई प्राकृतिक तत्त्वों को केवल सीधे-सरल तरीक़े से समाज के बरअक्स नहीं रखा गया, बल्कि पेरियार ने बेहद जटिलता से अधीनता, श्रेणीबद्धता और प्रकृति के आकस्मिक या सामयिक अन्तःसम्बन्धों की खोज की। गाँव, ज़मीन, कृषि और अर्थव्यवस्था ऐसे वस्तु हैं जो जाति, ब्राह्मणवाद, सामाजिक असमानता, संकीर्ण परम्परा और प्रभुत्व से भरे सामाजिक माहौल में काम करते हैं। वास्तविक जीवन में, 'शूद्र/प्रकृति' अन्तःसम्बन्ध शूद्र/जाति/प्रकृति के रूप में काम करता है। दलित और प्राकृतिक संसाधनों के बीच सामंजस्य जाति/प्रकृति समस्या के समाधान से ही हासिल हो सकता है। और पेरियार के अनुसार इस गम्भीर समस्या के समाधान के लिए सामाजिक-सांस्कृतिक, आर्थिक, औद्योगिक, तकनीकी, वैज्ञानिक, नैतिक और आचार-विचार के क्षेत्र में ज्ञान और प्रगति की ज़रूरत है। पेरियार के विचारों को संयोजित, संगठित और सन्दर्भित करके हम कम-से-कम ज्ञान के तीन प्रमुख पहलू रेखांकित कर सकते हैं : *सामाजिक, वैज्ञानिक और मानवीय (नैतिक और आचार-विचार)। हमारा ज्ञान गहरे सामाजिक परिवर्तनों का आधार क़ायम करता है जो अनिवार्यतः प्राकृतिक शक्तियों के पुनर्गठन की माँग करता है।*

पेरियार के अनुसार ब्राह्मणवाद के वर्चस्व का कारण है प्राकृतिक संसाधनों और सम्पत्ति पर उसकी पकड़ और वर्ण-जाति अर्थव्यवस्था में ब्राह्मणों ने प्रकृति के बुनियादी तत्त्व-भूमि-पर एकाधिकार क़ायम किया और इसके ज़रिये शूद्रों पर दबाव बनाया। पेरियार की समझदारी में शूद्रों का प्राकृतिक संसाधनों से अलगाव और प्राकृतिक संसाधनों पर कुछेक का

कब्ज़ा निजी सम्पत्ति और जाति अर्थव्यवस्था का एक निर्णायक तत्त्व है। वी. गीता और एस.वी. राजादुरई ने अपने उल्लेखनीय अध्ययन में पेरियार के लेखन 'कुदी अरसू' के सन्दर्भों के आधार पर यह कहा है : *'ऐसा नहीं है कि ज़मीन में प्राकृतिक सम्पदा और तत्त्वों की कमी है। इसके विपरीत, पेरियार का मानना है कि वो अपनी उत्पादकता और पानी व्यवस्था में उत्तम दर्जे का है। फिर भी इससे जो सम्पत्ति पैदा होती है, वह एक उच्च वर्ग के लोग हड़प लेते हैं जो अपनी सम्पन्नता और दोहन को उचित मानते हैं, क्योंकि वे जिन पवित्र ग्रन्थों के आधार पर जीते हैं, उसमें यह निहित है कि 'एक शूद्र को सम्पत्ति धारण करने का कोई अधिकार नहीं है और यदि एक शूद्र के पास सम्पत्ति है तो ब्राह्मण को यह पूरा अधिकार है कि वह अपने बल से उस सम्पत्ति पर कब्ज़ा कर ले'।*[92]

पेरियार और उनके स्वसम्मान आन्दोलन में प्राकृतिक संसाधनों के स्वामित्व और उसके इर्द–गिर्द निर्मित होने वाले सामाजिक सम्बन्धों की समाज निर्माण में एक महती भूमिका थी। प्राकृतिक संसाधनों के स्वामित्व का मुद्दा सामाजिक सम्बन्धों का केन्द्र बिन्दु है। इसलिए, मानव और प्रकृति के बीच सम्बन्धों की बेहतरी या निर्मिति केवल तकनीकी विकास पर निर्भर नहीं करती है, बल्कि यह काफ़ी हद तक सम्पत्ति सम्बन्धों की प्रकृति और संसाधनों पर नियन्त्रण से निर्धारित होता है। इस सन्दर्भ में 'दक्षिण भारत में स्व–सम्मान आन्दोलन के लक्ष्य और आदर्श' और इसके 'इरोड कार्यक्रम' में 'सभी कृषि भूमि, जंगल और ज़मीन, आदि का किसी मुआवज़े बग़ैर सार्वजनिक स्वामित्व' पर ज़ोर दिया गया है। कार्यक्रम में यह प्रतिबद्धता भी है कि 'उत्पादक ज़मीन, इस्टेट और पानी में काम करने वाले भूमिहीन मज़दूर और कृषि मज़दूरों को ज़मीन, इस्टेट और पानी के उत्पादों में उचित हिस्सा'[93] मिलना चाहिए।

पेरियार के अनुसार जाति अर्थव्यवस्था परम्परा और पारम्परिक पेशों पर भी फलती–फूलती है जो प्राकृतिक और सामाजिक दुनिया के विरोधी हैं। परम्परा सारे प्रमुख सामाजिक और प्राकृतिक विकास को बाधित करती है। जाति समाज में परम्परा के महिमामण्डन का मतलब है भौतिक उत्पादन का नकार और समाज और प्रकृति का सम्पूर्ण विलय। परम्परा एक मनुष्य के रूप में शूद्र को नष्ट कर देती है क्योंकि यह श्रम के अन्वेषण, सामाजिक उत्पादन और एक नये सामाजिक इकाई में विज्ञान और तकनीक के आधार पर भौतिक उत्पादन का निषेध करता

है। पारम्परिक पेशे वस्तुतः मनुष्य को जानवर के स्तर पर उतार देते हैं, इसलिए वह परम्परा के पुनर्जीवन के किसी भी प्रस्ताव के कटु आलोचक थे। उनकी मान्यता थी कि भौतिक उत्पादन के बग़ैर कोई भी समान समाज या समान व्यक्ति सम्भव नहीं है। उनका कथन : *'पारम्परिक पद्धतियों की प्रशंसा से किसका लाभ होता है? परम्परा के पुनर्जीवन से? किसी का नहीं बल्कि ब्राह्मणों का जो लोगों को धोखा देता है और ख़ुद सुस्त जीवन जीता है; अमीर जो ग़रीबों का श्रम चूसते हैं, शिक्षित जो कम–से–कम शारीरिक उपक्रम के बग़ैर अपनी ज़िन्दगी जीना चाहते हैं; संक्षेप में ताकतवर जो ऐसी राजनीति का समर्थन करते हैं जिससे उनका वर्चस्व मज़बूत हो।'*[94]

पेरियार की समझ थी कि वर्ण धर्म पर संगठित समाज में श्रम में कोई सम्मान या मूल्य अन्तर्निहित नहीं है। 'जाति मज़दूर' और 'दिहाड़ी मज़दूर' की व्याख्या करते हुए पेरियार को यह बेहद अपमानजनक लगता था कि एक मज़दूर केवल एक प्रकार का पेशा कर सकता है जबकि साधन सम्पन्न न केवल कोई काम नहीं करते बल्कि दूसरों के श्रम पर जीवन जीने पर ध्यान देते हैं। कठिन और अथक परिश्रम पारम्परिक और राजनीतिक वाक्पटुता में छिप जाता है। जाति पेशों की तीव्र आलोचना करते हुए पेरियार ने श्रम के विभाजन की समाप्ति के लिए मशीन, विज्ञान और तकनीक की पुरज़ोर हिमायत की। दस्तकारों को ख़ुद सम्बोधित करते हुए पेरियार ने कहा : *'निर्माण और उत्पादन के सभी क्षेत्रों में मशीन के प्रवेश के साथ दस्तकारों के कौशल विकास की ज़रूरत है। यदि वे अपनी उत्पादन प्रक्रिया का मशीनीकरण करने में असफल रहते हैं, तो वे उत्पादन के पुराने और अक्षम तरीक़ों के कारण पीछे रह जायेंगे। इसके अलावा, तकनीक दस्तकारों के कौशल विकास में बढ़ोतरी के साथ उन्हें नीरसता, थकान और परेशानी से भी मुक्त करती है। तकनीक की उपलब्धता से उन्हें कुछ आराम भी मिलेगा और श्रमिक अपने जीवन को कई प्रकार से बेहतर बनाने में भी रुचि ले सकेंगे।'*[95]

पेरियार यह भी समझते थे कि जाति समाज में कोई समुदाय या सामूहिकता नहीं हो सकती है, इसलिए उन्होंने एक नये समुदाय के निर्माण की बात की जिसके अलग, विशिष्ट, 'मानवीय तत्त्व' हों।[96] समुदाय वास्तव में जाति का एक जमावड़ा है–एक अन्यायपूर्ण व्यवस्था और हिन्दू धर्म इसका समर्थन करने वाला सक्रिय एजेंट जिसे ब्राह्मण बचाने

और बढ़ाने, दोनों काम करते हैं। 'कर्मा' पर विश्वास ने बहुसंख्यकों को शक्तिशालियों के प्रति एक उदासीन, शान्त और विनम्र जमात बना दिया है। पेरियार का कहना था कि *'...यदि समुदाय ने अन्य जातियों को एक परिवार के समान सदस्य समझा होता, तो भगवान और धर्म के नाम पर इतनी सारी सामाजिक कुरीतियों की शुरुआत और प्रगति नहीं होती।'*[97] स्व–सम्मान आन्दोलन और जस्टिस पार्टी में 'समधर्म' का सिद्धान्त कई व्यापक, आर्थिक, सामाजिक और सांस्कृतिक मुद्दों और कई प्रकार के अभियानों में अभिव्यक्त हुआ। पर पेरियार के लेखन में भूमि, किसान, खेती और प्राकृतिक संसाधनों के नियमित सन्दर्भों के आधार पर यह कहा जा सकता है कि उन्होंने निम्न जातियों की तकलीफ़देह ज़िन्दगी की स्थिति और परिप्रेक्ष्य से पर्यावरणीय सम्बन्धों की अहमियत देखी और दिखायी।

पेरियार ग़ैर–शाकाहारी भोजन के प्रबल समर्थक थे, उनके अनुसार यह अनाज, ख़ासकर चावल की कमी से निबटने का एक महत्त्वपूर्ण उपाय है।[98] इसके साथ–ही–साथ पेरियार का मानना था कि ग्रामीण समुदाय जाति समाज का एक अभिलक्षण था। इसलिए गाँवों में प्राकृतिक और सामाजिक जीवन में वर्चस्व और शोषण, लोगों के बीच और लोगों और संसाधनों के बीच असमान सम्बन्ध किसी भी अन्य जगह की तुलना में सबसे ज़्यादा उभरा हुआ है। हमें समुदाय में उच्च–निम्न जाति, ब्राह्मण–ग़ैर–ब्राह्मण, भूमिधर/भूमिहीन, अमीर/ग़रीब, पुरुष/स्त्री, शिक्षित/अशिक्षित, पुजारी/भक्त जैसे कई द्वन्द्व और संघर्ष मिलते हैं, पर इन द्वन्द्वों की ज़मीन गाँवों के ऐसे परिवेश में पैदा होती है जो ज़्यादा–से–ज़्यादा प्रतिगामी, पिछड़ी, परम्पराओं में जकड़ी, औपचारिक श्रेणीबद्ध है। पेरियार की गाँवों की आलोचना बेहद तीखी थी : *'गाँव के बारे में सोचिए। गाँव में कहीं स्कूल, अस्पताल, नाटक, पार्क, कोर्ट, पुलिस थाना, अच्छी सड़क, अच्छी रोशनी, पीने का पानी नहीं है। इस सबके ऊपर सभ्यता का कोई संकेत नहीं है। गाँव समाज में अछूत की तरह हैं। ग्रामीण केवल दूसरों को खुश करने के लिए जीते हैं।'*[99]

गाँव में जाति वर्चस्व और व्यवस्था और इससे सत्ता के असन्तुलन से व्याकुल होकर पेरियार ने कड़वाहट से सुझाव दिया : *'सभी गाँवों को मिटा देना चाहिए। यही नहीं। यहाँ तक कि 'गाँव' शब्द को शब्दकोश से निकाल देना चाहिए। मेरा यह सुझाव है कि शब्द 'गाँव' की राजनीति में भी जगह नहीं होनी चाहिए।'*[100] इसी सफ़र में 'गाँव सुधार और

गाँव विकास के लिए सकारात्मक योजना' पर बात करते हुए पेरियार ने कृषि और किसानों की स्थिति में कई व्यापक परिवर्तन प्रस्तावित किये : *'आज खेती शारीरिक श्रम से होती है। यह ज़रूर बदलना चाहिए ...खेत जोतना, बोना, फ़सल काटना मशीनों की मदद से करना चाहिए ...किसानों को सहकारी संस्थाओं के तहत लाना चाहिए और फ़सल भी किसानों की सहकारी संस्थाओं के नियन्त्रण में होनी चाहिए। खेती के उत्पादों का सारा लाभ किसानों के बीच समान रूप से बँटना चाहिए।'*[101]

इस प्रकार, जाति समाज और अर्थव्यवस्था के विशिष्ट चरित्र और निम्न जातियों के सम्मान और अधिकार की बहाली की चुनौतियों के कारण समाज के प्राकृतिक, सामाजिक और आर्थिक पहलुओं को एक साथ मिलाकर देखना अनिवार्य हुआ जिस सन्दर्भ में पेरियार ने प्राकृतिक संसाधनों, श्रम, परम्परा, समुदाय, तकनीक और विज्ञान के समकालीन राजनीतिक विमर्श पर सवाल उठाये। महात्मा गाँधी से उलट, पेरियार के पर्यावरणीय अनुभव अस्पृश्यों के लिए सामाजिक न्याय के व्यापक संघर्ष का हिस्सा थे। ग्रामीण सन्दर्भ में पेरियार का पर्यावरणवाद कुछ बुनियादी समानता और कुछ ख़ास क्षेत्रों में कार्रवाई पर ज़ोर देता है। यहाँ श्रम और उत्पादन की दुनिया से लेकर जीवन पद्धतियों की पसन्द, खान–पान और उपभोग के मुद्दे उभरते थे।

निष्कर्ष

'दलित' कोई एकरूप भौगोलिक अवधारणा नहीं है, इसके अलग–अलग सामाजिक और सांस्कृतिक स्वर हैं। अपनी बहुलता और विभिन्नता में दलित आवाज़ और दृष्टिकोण में वो सब समाहित है जो ब्राह्मणवादी क्षेत्र से बाहर है और कलंक, बहिष्कार और भेदभाव के शिकार हैं। साथ–ही–साथ, इन दो अलग–अलग मानव समाजों के बीच कई प्रकार से नज़दीकी सह–निवास और आदान–प्रदान होता रहा है जिससे उनके पर्यावरणीय जीवन का विकास भी प्रभावित हुआ है। इस अध्याय के विभिन्न विवरण बताते हैं कि जाति के तहत प्रकृति पर बरपी हिंसा विभिन्न आर्थिक, सामाजिक, सांस्कृतिक और धार्मिक स्तरों पर दलितों के जीवन को प्रभावित, प्रतिबिम्बित और आन्दोलित करती रही है। यहाँ श्रम एक जीवन्त कारक है और सांस्कृतिक अभिव्यक्तियाँ एक सशक्त मध्यस्थ

पहलू। पृथ्वी असमान है क्योंकि प्राकृतिक संसाधनों का असन्तुलित विनियोजन है और इसके प्रति दलित अपने लेखन, वाणी, गीत, मिथ में असन्तोष और असहमति व्यक्त करते हैं।

इस अध्याय के तीन भागों से यह बात उभरती है कि दलित धारणाओं के बीच विभिन्नता है, ख़ासकर अस्पष्ट या अनेकार्थी 'लोक' अभिव्यक्तियाँ और दलित विचारकों और बुद्धिजीवियों के अपेक्षाकृत स्पष्ट और विश्लेषणात्मक, प्रतिरोधी टिप्पणियों के बीच, यद्यपि ये दोनों कई बार एक–दूसरे से मिलते–जुलते हैं। दलित स्मृतियों, गीतों और मिथकों में भी काफ़ी भिन्नता है। कुछ के लिए भूमि उनकी आत्मा, जीवन्त और शक्तिशाली है, जबकि दूसरों के लिए भूमि एक पीड़ादायक स्मृति है जिसके साथ दासता जुड़ी है। कुछ अन्य भूमि को अपने परिश्रम और उसके फलों के त्योहार के रूप में देखते हैं। कुछ मानते हैं कि जानवरों का नियमित सन्दर्भ उनकी अमानवीय और बदहाल ज़िन्दगी का प्रतीक है, जबकि कुछ अन्य सोचते हैं कि जानवर उनकी ज़िन्दगी के एक मुख्य और प्राकृतिक किरदार हैं जिनके साथ वे अपने श्रम और रोज़ाना के काम साझा कर सकते हैं। जाति के अपने इतिहास, जगह और स्थानों के सामाजिक चरित्र, प्राकृतिक संसाधनों के अधिकार में गहरी असमानता, सामाजिक, राजनीतिक और आर्थिक सत्ता का चरित्र, वंचित समुदायों की सामाजिक और सांस्कृतिक धरोहर, द्वन्द्व, संघर्ष और सहकार का मिला–जुला भाव–ये सारे विविध, जटिल तत्त्व दलितों के पर्यावरण सम्बन्ध रेखांकित करते हैं। जाति वर्चस्व और शोषण का इतिहास सवर्णों और दलितों की मिली–जुली प्रतिक्रियाओं का भी इतिहास है, इसलिए हमें दोनों में कुछ सामान्यता भी मिलती है। पर भारत में ब्राह्मणी पर्यावरणवाद की पकड़ और पहुँच इस तथ्य से भी उजागर होती है कि दलितों के पर्या–अनुभव और अभिव्यक्ति हमारे मुख्यधारा के पर्यावरण विमर्श में शामिल नहीं है। इस अध्याय में हमने हाशिये के दलित लेखकों और उनकी पर्यावरण लेखनी, प्रकृति के विविध पहलुओं, और कुछ अग्रणी दलित विचारकों के ज़रिये दलित पर्यावरण समझने की कोशिश की है। इन सबको साथ लाया जाये, तो ये मुख़्तलिफ़ उदाहरण बताते हैं कि दलित प्राकृतिक दुनिया में अपने तरीक़ों से चीज़ों को देखते, समझते और बदलने की कोशिश करते हैं जिसकी जड़ें उनके श्रम और संस्कृति में हैं। उनके पर्यावरणीय संवेदनाओं की अपनी विश्वसनीयता

है जो उनके सामाजिक संस्कृति से उपजी है। जाति समाज में कोई पर्यावरण सार्वभौमिकता नहीं है, क्योंकि यहाँ पर्यावरण ज़िन्दगी और श्रम के साथ गुत्थम–गुत्था है। चाहे ग्रामीण या कृषि परिवेश हो, या उनका जाति विरोधी संघर्ष हो, या जाति विरोधी विचारकों की जिजीविषा हो, दलित प्रकृति का रूपान्तर करते हैं, पर कोई ज़रूरी नहीं है कि यह कोई सुविचारित पर्यावरण विमर्श हो। पर्यावरण के क्षेत्र में दलित आवाज़ों और दृष्टियों की खोज के लिए हमें अपने स्रोतों–पुस्तकों, प्रकाशनों, साहित्य, सामग्री, शोध के तौर–तरीक़ों, आदि विस्तृत करने की ज़रूरत है। यह उपक्रम और सायास कोशिश दलित बुद्धिजीवियों, लेखकों और कलाकारों ने शुरू की है, और यह केवल हाशिये के लोगों तक सीमित नहीं है। आधुनिक भारत के अग्रणी दलित नेता अम्बेडकर पर्यावरण परिप्रेक्ष्य और संवेदना से अछूते नहीं थे बल्कि, उन्होंने जाति और प्रकृति के बीच एक विभाजक रेखा खींचने में अग्रणी भूमिका निभायी। साथ ही, उन्होंने गाँव और समुदाय के रूमानी पर्यावरणीय परिप्रेक्ष्य की बेबाक आलोचना की, और इसकी जगह यह ज़ोर दिया कि प्राकृतिक प्रसार और स्थल को सार्वभौमिक और स्वाधीन होना चाहिए। अगले अध्याय में हम अम्बेडकर के पर्यावरण सोच की समीक्षा करेंगे।

सन्दर्भ

1. K.K.S. Das, 'Black Dance', trans. K.M. Krishnan and T.M.Yesudasan, in K. Satyanarayana and Susie Tharu (eds.), *No Alphabet in Sight : New Dalit Writings from South India*, Penguin Books, New Delhi, 2011, p. 415.
2. उदाहरण के लिए, तमिल दलित लेखिका बामा के अनुसार दलित अवधारणा का मतलब है 'मिट्टी में बसा हुआ'; Manoj Nair 'Recognition for the Language of My People is the Biggest Award I can Win', Interview with Bama, Outlook, [http://www.outlookindia.com/article/recognition-for-the-language-ofmy-people-is-the-biggest-award-i-can-win/211431, accessed on 15 june2015].
3. विस्तार के लिए : Anil Agarwal, Darryl d' Monte, Ujwala Samarth, *The Fight for Survival : People's Action for Environment*, Center for Science & Environment, New Delhi, 1987; Darryl d' Monte, Temples and Tombs? *Industry versus Environment : Three Controversies*, Center for Science&Environment, New Delhi, 1985.

4. विस्तार के लिए : National Dalit Watch of National Campaign on Dalit Human Rights & Society for Promotion of Wasteland Development, *Impact of Climate Change on Life & Livelihood of Dalits: An exploratory study from disaster risk reduction lens*, New Delhi, December 2013. साथ ही रिपोर्ट है : National Dalit Watch of National Campaign on Dalit Human Rights, *Ensuring inclusion of Biodiversity-dependent communities in all Preparedness, Adaptation and Mitigation measures,* www.ncdhr.og.in, 15 October, 2012.
5. Center for People's Forestry, *National Conference on Dalit Concerns in Forestry*, Hyderabad, 14-16 December, 2004, www.cpf.india.org.
6. Eliza F. Kent, *Sacred Groves and Local Gods: Religion and Environmentalism in South India*, Oxford University Press, New York, 2013, p. 117.
7. Mahesh Rangarajan (ed.), *Environmental Issues in India : A Reader*, Pearson, New Delhi, 2007.
8. Kancha Ilaiah, *Why I am not a Hindu : A Sudra Critique of Hindutva Philosophy, Culture and Political Economy*, Samya, Calcutta, 1996, pp. 152-3.
9. Kancha Ilaiah, 'Dalitism vs Brahmanism : The Epistemological Conflict in History', in Ghanshyam Shah (ed.), *Dalit Identity and Politics : Cultural Subordination and the Dalit Challenge*, Sage, New Delhi, 2001, pp. 111-2.
10. Kancha Ilaiah, *Why I am not a Hindus*, p. 123.
11. K. Satyanarayana and Susie Tharu (eds.), *No Alphabet in Sight : New Dalit Writings from South India*, Penguin Books, New Delhi, 2011, pp. 60-1.
12. विस्तार के लिए : G. Oommen, 'Dalit conversion and social protest in Travancore, 1854-1890', *Bangalore Theological Forum*, XXXVII (3&4), September-December, 1996, pp. 69-84.
13. K.T. Rammohan, *Tales of Rice : Kuttanad, Southwest India*, Center for Development Studies, Thiruvananthapuram, 2006, pp. 23-4.
14. उद्धृत है : Rustom Bharucha, *Rajasthan an Oral History : Conversation with Komal Kothari*, Penguin Books, Delhi, 2003, pp. 32-3.
15. Gopal Guru's Public Lecture on 'Moral Significance of Justice : Foregrounding environmentalism in India', Nehru Memorial Museum and Library, New Delhi, 26 September, 2013.

16. Ramnarayan S. Rawat, *Reconsidering Untouchability: Chamars and Dalit History in North India*, Permanent Black, Ranikhet, 2012, pp. 83-4.
17. David L. Szanton, 'Mithila Painting : The Dalit Intervention', in Gary Michael Tartakov (ed.), *Dalit Art and Visual Imagery*, Oxford University Press, New Delhi, 2012, p. 233.
18. Mukul Sharma (ed.), *Unquiet Worlds : Dalit Voices and Visions*, Heinrich Boll Foundation-India, New Delhi, 2004, p. 140.
19. Satyanarayana and Tharu (eds.), *No Alphabet in Sight*, p. 40.
20. सी.जे. कुट्टपन से साक्षात्कार, दिल्ली, 10 सितम्बर, 2003
21. Sharma (ed.), *Unquiet Worlds*, p. 12. मलयालम से अंग्रेज़ी अनुवाद : Hima S., Ph. D. Scholar, Jawaharlal Nehru University, 8 May, 2015.
22. सी.जे. कुट्टपन से साक्षात्कार। साजा रॉय अब्राहम ने भी इसका वर्णन किया है : Saja Roy Abraham, *Singing Women : Gender and Ecology,* https://inter-disciplinary.net/wp-content/uploads/2011/08/abrahamgpaper.pdf, accessed on 9 May 2015.
23. सी.जे. कुट्टपन से साक्षात्कार, दिल्ली 12 दिसम्बर, 2005.
24. Sharma (ed.), *Unquiet Worlds*, p. 12.
25. सी.जे. कुट्टपन से साक्षात्कार।
26. बासुदेव सुन्नानी के साथ साक्षात्कार, भुवनेश्वर, 28 जून, 2015। मैंने बासुदेव सुन्नानी के साथ लम्बी बातचीत की और अंग्रेजी में प्रकाशित उनके लेखों का भी हवाला लिया है। साथ ही, उनकी उड़िया में प्रकाशित बहु–प्रशंसित पुस्तक 'दलित सांस्कृतिक इतिहास' से भी मैंने कई सन्दर्भ लिए हैं। इस पुस्तक के कुछ हिस्सों का अंग्रेज़ी में अनुवाद जाने–माने लेखक और संस्कृतिकर्मी कपिलेश ने किया है।
27. Basudev Sunani, 'Dalit Culture, Its Interpretation and Identity', in Basudev Sunani (ed.), *Buddhism and Dalit Vision of Modern India*, Kaliga Mahasagha Trust, Odisha, November 2014, pp. 51-2.
28. बासुदेव सुन्नानी के साथ साक्षात्कार।
29. वही।
30. कई दलित क्षेत्रों और परम्पराओं में पृथ्वी की पूजा की विभिन्न परम्पराएँ हैं। लेखक और जाने–माने दलित ईसाई धर्म मीमांसक जेम्स मेसी ने पंजाब के अपने गाँव जाफ़रवाल का उदाहरण दिया है जहाँ दलित मिट्टी का टीला बनाते हैं, इसे बाला शाह कहते हैं और उसकी पूजा–अर्चना करते हैं। यह टीला पूरब की तरफ़ रहता है, किसी पेड़ के नीचे या खुले में भी स्थापित होता है, इस पर मिट्टी का दीया भी जलता रहता है और इसके सिरे पर एक लाल झण्डा भी फहराता है। कुछ ख़ास मौक़ों पर यहाँ कुछ चढ़ावा भी दिया जाता है। जलता

दीया और लाल झण्डा दुष्ट ताक़तों से बचाव करता है। विस्तार के लिए : www.madamgjournal.com/bbs/view accessed on 26 July, 2015.

31. विस्तार के लिए : Basudev Sunani, 'Cultural History of Dalit & Their Relationship with Natural Resources', Lokaratna, V & VI, 2013, pp. 10-2.
32. मैं इस सन्दर्भ के लिए तुषार व्यास, सहायक प्रोफ़ेसर, एस.डी. आर्ट्स एंड बी. आर. कॉमर्स कॉलेज, मनसा, गुजरात का आभारी हूँ जिन्होंने मायावेल के बारे में लेखन–प्रकाशन किया है। उन्होंने ही दलपतभाई श्रीमाली की किताब भी खोजी है। उन्होंने अहमदाबाद में उदारता के साथ मुझे समय और सहायता दी और लोक गीत के बारे में विस्तार से जानकारी दी।
33. तुषार व्यास के साथ साक्षात्कार, अहमदाबाद, 2 जून, 2015.
34. तुषार व्यास के साथ साक्षात्कार, अहमदाबाद, 1 जून, 2015.
35. Dalpatbhai Shrimali, *Harijan Saint and Folklore : Legend to Record*, Gujarat Granthratna Karyalaya, Ahmedabad, 1988, p. 21.
36. वही, पृ. 42.
37. वही, पृ. 36.
38. तुषार व्यास के साथ साक्षात्कार, अहमदाबाद, 2 जून, 2015.
39. Shrimali, *Harijan Saint*, p. 45.
40. वही, पृ. 46.
41. Ilaiah, *Why I am Not a Hindus*, p. 62.
42. वही, पृ. 91-4.
43. D.V. Rao & P. Lakshmi, *Dalits and Environment : A Critical Analysis*, Sunrise Publications, New Delhi, 2008, p. 14.
44. Kent, *Sacred Groves*, pp. 103-4.
45. 'Village Deities', Siddalingaiah in conversation with Chandan Gowda, *Seminar*, 612, 2010, http:/www.india-seminar.com/cd8899.html, accessed on 19 August, 2015.
46. प्रसिद्ध दलित लेखक के.बी. सिद्दैया ने अपनी लम्बी कविता 'बकाला' में यह बयाँ किया है। विस्तार के लिए : K. Satyanarayana and Susie Tharu (eds), *Steel nibs are sprouting : New Dalit Writing from South India*, Harper Collins, India, 2013, p. 141.
47. वही, पृ. 427.
48. बिहार के गंगाई मैदानी इलाक़ों में मुसहरों के एक अध्ययन में यह पाया गया कि वे विभिन्न ज़िलों में अलग–अलग नामों से–माँझी, मण्डल, सदा, सदाई, ऋषि, ऋषिदेव और भील–जाने जाते हैं। उत्तर बिहार में मुसहरों के बीच तुलसी वीर की कहानी के कई लोकप्रिय संस्करण मिलते हैं। विस्तार के लिए : Hemant Joshi and Snjay Kumar (eds.), *Asserting Voices : Changing*

Culture, Identity and Livelihood of the Musahars in the Gangetic Plains, Deshkal Publication, Delhi, 2002, pp. xiii-xxiii.

49. L.S.S.O' Malley, Bengal District Gazetteers : Gaya, Logos Press reprinted, New Delhi, 2007 [1906], p. 93.
50. Gyan Prakash, *Bonded Histories : Genealogies of Labor Servitude in Colonial India*, Cambridge University Press, Cambridge, 1990, p. 53. मैंने इस अध्याय से विस्तार लिया है।
51. विस्तार के लिए : अगला हिस्सा।
52. उद्धृत : Deshpande, *Selected Writings*, p. 62.
53. Wendy Doniger, *On Hinduism*, ALEPH, New Delhi, 2013, p. 488.
54. Dunkin Jalki, 'Animal Rights and minority rights', *The Dalit*, March-April, 2003, p. 28.
55. विस्तार के लिए : Neel Rekha, 'Salhesa Iconography in Madhubani Paintings : A Case of Harijan Assertion', *Folklore and Folklorists,* 4 (2), December 2011, pp. 1-28.
56. Joshi and Kumar (eds.), *Asserting Voices*, pp. 121-2.
57. Kancha Ilaiah, *Buffalo Nationalism : A Critique of Spiritual Fascism*, Samya, Kolkata, 2007, pp. xxv-xxvi.
58. Aravinda Malagatti, 'The she-buffalo on heat an the he-buffalo that followed her', *The Dalit*, March-April, 2003, p. 48.
59. विस्तार के लिए : S. Viswanathan, *Dalits in Darvidian Land : Frontline Reports on Anti-Dalit Violence in Tamilnadu (1995-2004),* Navayana, New Delhi, 2007, pp. 282-90.
60. N.K. Hanumanthaiah, 'Eating cow, becoming one', English Transreation by Nanjundan, *The Dalit*, March-April, 2003, p. 31.
61. विस्तार के लिए : Kumar Suresh Singh, 'Musahar : Community, Context and Equality', Joshi and Kumar (eds.), *Asserting Voices,* pp. 134-42.
62. Sharankumar Limbale, *The Outcast*, Oxford University Press, New Delhi, 2003, p. 50.
63. Anna Grodzins Gold, 'Grains of Truth : Shifting Hierarchies of Food and Grace in Three Rajasthani Tales', *History of Religions,* 38 (2), November 1998, p. 170.
64. Owen M. Lynch, *The Politics of Untouchability : Social Mobility and Social Change in a city of India*, Columbia University Press, New York, 1969, p. 82.
65. Sharmila Rege, Deepa Tak, Sangita Thosar, Tina Aranha (eds.), *Isn't This Plate Indian? : Dalit Histories and Memories of Food*, Krantijyoti Savitribai Phule Women's Studies Center, Pune, 2009, p. 63.

66. Gopal Guru, 'Dalit Cultural Politics in Maharashtra', in Ghanshyam Shah (ed.), *Political Identity of Dalits*, Sage, New Delhi, 2000.
67. Gopal Guru, Food as a Metaphor for Cultural Hierarchies, CASI Working Paper Series, No. 09-01, University of Pennsylvania, Philadelphia, 2009, pp. 16-7.
68. विस्तार के लिए : Bhasha Singh, *Unseen : The Truth about India's Manual Scavengers*, Penguin Books, New Delhi, 2012, p. xxxii.
69. Chandrabhan Prasad, 'A Dalit food festival', *The Dalit*, March-April, 2003, p. 29.
70. इस बारे में कई लेख और रिपोर्ट हैं। कुछ का सन्दर्भ है : Sambaiah Gundimeda, 'Democratisation of the Public Sphere : The Beef Stall Case in Hyderabad's *Sukoon Festival*', *South Asia Research*, 29(2), 2009, pp. 127-49; Anuradha Raman, 'The Majority is Hungry', *Outlook,* 25 August, 2014, pp. 84-5; Meera Kandasamy, 'A Cowed-Down Nation', *Outlook,* 30 April, 2012, p. 30; Hugo Gorringe and D. Karthikeyan, 'The Hidden Politics of Vegetarianism : Caste and *The Hindu* Canteen', *Economic & Political Weekly*, XLIX (20), 17 May, 2014, pp. 20-2.
71. Anuradha Raman, 'Put My View on the Table', *Outlook*, 14 May, 2012, p. 22.
72. विस्तार के लिए : Kancha Ilaiah, 'Indian Counter Culture', in Sukhadeo Thorat and Aryama (eds.), *Ambedkar in Retrospect : Essays on Economics, Politics & Society*, Rawat Publication, Jaipur, 2007, pp. 301-14.
73. Mark Juergensmeyer, *Religious Rebels in the Punjab : The Ad Dharm Challenge to Caste*, Navayana, New Delhi, 2009, p. 51.
74. विस्तार के लिए : M.S.S. Pandian, *Brahmin & Non-Brahmin: Genealogies of the Tamil Political Present,* Permanent Black, Delhi, 2007, pp. 242-3.
75. विस्तार के लिए : G.P. Prashant, 'Mool Vansha Katha', in Badri Narayan and A.R. Mishra (eds.), *Multiple Marginalities : An Anthology of Identified Dalit Writings*, Manohar, Delhi, 2004, pp. 74-5.
76. विस्तार के लिए : Banwari Lal Suman & Manju Suman, *Krishi, Van-Vriksh, Paryavaran Aur Bauddh Dhamma*, Samyak Prakashan, New Delhi, 2010, pp. 7-14.
77. फुले पर कई किताबें और लेख हैं। कुछ प्रमुख हैं : Rosalind O'Hanlon, *Caste, Conflict and Ideology : Mahatma Jyoti Rao Phule and Low Caste Protest in Nineteenth-Century Western India,* Permanent Black, Ranikhet, 2002; Dhananjay Keer, *Mahatma Jyoti Rao Phooley : Father of the Indian Social Revolution*, Popular Prakashan, Mumbai, 2013; G.P.

Deshpande (ed.), *Selected Writings of Jyoti Rao Phule*, Left Word, Delhi, 2010; Ramachandra Guha (ed.), *Makers of Modern India*, Penguin Books, Gurgaon, 2012.

78. Deshpande, *Selected Writings*, p. 20.
79. Gail Omvedt, *Jyoti Rao Phule & the Ideology of Social Revolution in India*, Critical Quest, New Delhi, 2004, p. 5.
80. Deshpande, *Selected Writings*, p. 14.
81. O'Hanlon, *Caste, Conflict and Ideology*, p. 128.
82. वही, पृष्ठ 130.
83. Guha, *Makers of Modern India*, p. 85.
84. Deshpande, *Selected Writings*, pp. 115-16.
85. वही, पृ. 40.
86. Jyoti Rao Phuley, Slavery, Critical Quest, New Delhi, 2008, pp. 3-4.
87. विस्तार के लिए : Deshpande, *Selected Writings*, pp. 12-14.
88. Ramachandra Guha, *India After Gandhi : The History of the World's Largest Democracy*, Picador, Basingstoke, 2007, p. 284.
89. APS Chouhan and Niraj Kumar Jha, 'Periyar : Persona, Principles, Praxix', *The Indian Journal of Political Science*, LXVI (3), July-September, 2003, p. 667.
90. Mary Pillai, 'The Non-Brahmin Movement and Desacralization', *Social Compass*, XXIX (4), 1982, p. 350.
91. Tapan Basu (ed.), *Translating Caste*, Katha, New Delhi, 2002, p. xxx.
92. V. Geetha and S.V. Rajadurai, *Towards a Non-Brahmin Millennium : From Iyothee Thass to Periyar, Samya*, Kolkata, 2011, p. 417 [drawing from *Kudi Arasus* 13.9.1931].
93. Geetha and Rajadurai, *Towards a Non-Brahmin Millennium*, p. 511-2.
94. वही, पृ. 418 [*Kudi Arasus* 7.6.1931].
95. वही, पृ. 419-20 [*Kudi Arasus* 18.2.1940].
96. Pillai, 'The Non-Brahmin Movement', पृ. 362.
97. Geetha and Rajadurai, Towards a *Non-Brahmin Millennium*, p. 402.
98. Periyar E.V. Ramasami, *March Towards Peace, Prosperity and Progress, trans*. A.S. Venu, Periyar Self-Respect Propaganda Institute, Madras, 1983, pp. 3-4.
99. Periyar E.V. Ramasami, *Rural Development* (Village Reform), trans. A.S. Venu, Periyar Self-Respect Propaganda Institute, Madras, 1983, pp. 7-11.
100. वही, पृ. 4-5.
101. वही, पृ. 14-5.

अम्बेडकर और पर्यावरण सोच

पिछले दो दशकों में देश–विदेश में डॉ. भीमराव रामजी अम्बेडकर पर विशद विचार और शोध हुए हैं।[1] भारत के राजनीतिक इतिहास के एक केन्द्रीय, बहु–आयामी व्यक्तित्व डॉ. अम्बेडकर को देश का पहला अस्पृश्य नेता, भारतीय संविधान का मुख्य निर्माता, एक महान राजनीतिक विद्वान, एक अनथक इतिहासकार, एक सम्मानित अर्थशास्त्री, आधुनिक भारत के जनक, मुक्तिकामी, पथप्रदर्शक, आदि से नवाज़ा गया है। यह सच है कि अम्बेडकर ने राजनीतिक और आर्थिक स्वाधीनता, जाति, अस्पृश्यता, धर्म, अस्मिता, अर्थशास्त्र, राष्ट्रवाद, संविधान और क़ानून के क्षेत्र में कई नये विचार और कार्यक्रम प्रतिपादित किये। कोई चालीस सालों के दरमियान उन्होंने विविध विषयों पर–अर्थशास्त्र से लेकर इतिहास, हिन्दूवाद से लेकर राजनीतिक हस्तक्षेप–काफ़ी संख्या में किताब, शोधपत्र, लेख, पर्चे, आदि प्रकाशित किये।[2] इससे पहले के अध्याय में मैंने कई तरह के दलित लेखन और अन्य सामग्रियों की चर्चा की। इस अध्याय में मैं ख़ासकर अम्बेडकर के विचारों और भारतीय कृषि और पर्यावरणीय परम्पराओं से उसके गहरे सम्बन्धों की समीक्षा करूँगा। विविध दलित आवाज़ों के सतरंगे आसमान के बाद एक दलित व्यक्तित्व और देश के आधुनिक पर्यावरण आन्दोलन में उसके योगदान पर ध्यान धरना उपयोगी हो सकता है। एक बेहद अनुभवी और गम्भीर विचारक, हिन्दूवाद और जाति व्यवस्था के कट्टर आलोचक और दलित मुक्ति के योद्धा अम्बेडकर का पर्यावरणीय परिप्रेक्ष्य दलितों की प्रकृति दृष्टि और कार्यक्रम के लिए सर्वाधिक महत्त्वपूर्ण हो सकते हैं।

देश के पर्यावरण लेखकों और विचारकों ने भारतीय अतीत से प्रेरणा लेते हुए महात्मा गाँधी के विचारों को शीर्ष स्थान दिया है। गाँधी के विचारों में समकालीन पर्यावरण समस्याओं का समाधान पाया जाता है और औद्योगीकरण और शहरीकरण, तकनीक और पश्चिमी विज्ञान के

बारे में गाँधी की आलोचनाओं का हवाला दिया जाता है। यह कहा जाता है, प्रायः सही तौर पर, कि गाँधी के विचार पर्यावरणीय सन्तुलन और समानता के सिद्धान्तों में निहित हैं।[3] हाल के वर्षों में जवाहरलाल नेहरू और इन्दिरा गाँधी को भी पर्यावरणीय चश्मे से देखा–समझा गया है।[4] पर पर्यावरण के सवालों पर अम्बेडकर के प्रकृति, गाँव, ज़मीन, कृषि, जल, समुदाय, उद्योग, तकनीक और विज्ञान–सम्बन्धी विचार और हस्तक्षेप देश के राजनीतिक और पर्यावरणीय परम्परा के सबसे मौजूँ और प्रभावशाली मुद्दे रहे हैं। गाँधी की तुलना में जिन्हें आधुनिक सभ्यता का एक सहज और अन्तर्शानी समालोचक कहा गया है, अम्बेडकर की उनके आधुनिकीकरण सम्बन्धी विचारों और कार्यक्रमों को लेकर अक्सर ही आलोचना की गयी है जो पश्चिम से गहरे प्रभावित हैं।[5] भारत के पर्यावरणवादियों और पर्यावरण आन्दोलन ने गाँधी और कई अन्य को महिमामण्डित करते हुए अम्बेडकर को हमेशा हाशिए पर रखा है। उनकी आलोचना है कि अम्बेडकर ने गाँधी और नेहरू के विपरीत पर्यावरण में कोई रुचि नहीं दिखायी और वह आधुनिकता और विज्ञान के क़ायल रहे। इन सन्दर्भों से पता चलता है कि क्यों अम्बेडकर या कोई भी अन्य दलित विचारक भारतीय पर्यावरणवादियों और लेखकों की जमात में शुमार नहीं होता है।

साथ ही हम यह भी देखते हैं कि भारतीय पर्यावरणवादियों का समुदाय और जाति विमर्श के साथ उल्लेखनीय वैचारिक और राजनीतिक जुड़ाव है। यह कोई संयोग नहीं है कि हमारे प्रारम्भिक पर्यावरणवेत्ता, जैसे माधव गाडगिल और वन्दना शिवा जाति और समुदाय के रूमानी समर्थक थे। पर्यावरणवाद की यह धारा ब्राह्मणवादी हिन्दू धर्म, परम्परा और संस्कृति के प्रति गहरे आकर्षित है और समुदाय, सामाजिक व्यवस्था, संरक्षण, एकता, आदि का काफ़ी मूल्यवर्द्धन करती है। यहाँ जाति का पर्यावरणीय औचित्य स्थापित किया जाता है और यह तर्क दिया जाता है कि जाति व्यवस्था से प्राकृतिक संसाधनों का समुचित और सफल वितरण हुआ जिससे संरक्षण और संवर्द्धन सम्भव हुआ।[6] यह निष्कर्ष निकाला गया :

'भारतीय समाज की जातीय संरचना ने, ख़ासकर प्राकृतिक संसाधनों पर सीधे निर्भर जातियों ने, संसाधनों के वितरण की विवेकपूर्ण और संरक्षित व्यवस्था बनाने में योगदान दिया। इससे आधारभूत संसाधनों को एक स्थायित्व मिला और विभिन्न जाति समूहों के बीच आपसी प्रतियोगिता को संयमित किया जा सका। इससे जाति समूह एक–दूसरे के सहयोगी

बन सके और उन्होंने भारतीय समाज के स्थायित्व में एक महत्त्वपूर्ण भूमिका निभायी।'[7]

जाति व्यवस्था पर कोई भी ध्यान दिये बग़ैर मारिया माईस और वन्दना शिवा ने 'इकोफेमिनिज़्म' में पूर्व–पूँजीवादी एशियाई समाज और यूरोपीय साम्राज्यवादियों द्वारा आरोपित औपनिवेशिक समाज के बीच तुलना की है–एक समाज जो प्रकृति के साथ मूलभूत एकता पर निर्भर था और दूसरा समाज जिसने यह एकता तहस–नहस कर दी और मौजूदा सामाजिक, आध्यात्मिक और पर्यावरणीय संकट खड़ा किया। दोनों पर्यावरणवादियों का दावा है कि भारत में प्रकृति को पवित्र और पूजनीय माना जाता रहा है और मानवीय विकास का मूल्यांकन प्रकृति की प्रवृत्तियों और तरंगों के साथ समागम की क्षमता के विकास के आधार पर किया जाता रहा है।[8] ऐसी पर्यावरण समझदारी की परम्परा पर सवाल उठाना या उसे हिलाना बेहद मुश्किल रहा है। उदाहरण के लिए, वन संरक्षण और लोगों के वन अधिकारों पर समकालीन बहस में कई बार पर्यावरणवादियों ने यह आशंका ज़ाहिर की है कि वनवासियों और आदिवासियों के वन अधिकारों के बढ़ते ज्वार से देश के अनमोल वनों का विनाश हो जायेगा।

यह भी दर्ज करना ज़रूरी है कि पिछले तीन दशकों में अम्बेडकर के विचारों के विभिन्न पहलुओं पर बेहतर अध्ययन–प्रकाशन हुआ है, पर किसी ने भी उनके पर्यावरण सम्बन्धी विचारों पर ध्यान नहीं दिया है। हमें अम्बेडकर के व्यक्तिगत बलिदानों और संघर्षों का मार्मिक वर्णन मिलता है। पश्चिमी भारत के सामाजिक और आर्थिक परिदृश्य जिसमें अम्बेडकर का विकास हुआ, महार आन्दोलन, धर्मान्तरण और बौद्ध धर्म पर अम्बेडकर के विचार, अम्बेडकर के बारे में नारीवादी समझ, एक राजनीतिक, विचारक, समाजशास्त्री के रूप में अम्बेडकर, अम्बेडकर बनाम गाँधी, जाति, धर्म, अस्पृश्यता, अस्मिता, अर्थशास्त्र, राष्ट्रवाद, संविधान और संविधानवाद, क़ानून, लोकतन्त्र, आदि पर विशाल साहित्य उपलब्ध है।[9] यह सारा साहित्य बेहद समृद्ध और ज्ञानवान है जो हमें कभी–कभी अम्बेडकर के पर्यावरण सम्बन्धों और गाँव, समुदाय, प्राकृतिक संसाधन, खाद्य, ज़मीन, जल और पर्यावरण–सम्बन्धी विचारों की झलकें देते हैं। पर किसी अध्येता ने इन तमाम मुद्दों और विचारों को एक सम्यक् पर्यावरण परिप्रेक्ष्य से गूँथने और देखने की कोशिश नहीं की है।

इस अध्याय में मेरी यह स्थापित करने की कोशिश है कि अम्बेडकर

के पर्यावरण विचारों पर फ़ोकस करके हम न केवल अम्बेडकर के बारे में ज़्यादा गहरी और जटिल समझदारी हासिल कर सकते हैं, बल्कि दलित नज़रिये से पर्यावरणवाद की समझदारी भी व्यापक बना सकते हैं। इस प्रयास से पर्यावरण सोच की हमारी अवधारणा विकसित हो सकती है, जोकि कई कारणों से आमतौर पर अन्तर्मुखी रही है। अर्थव्यवस्था, पर्यावरण और अम्बेडकर के अन्तःसम्बन्धों के ज़रिये हम पर्यावरण–न्याय का परिप्रेक्ष्य भी खोज सकते हैं। अम्बेडकर के लेखों और गतिविधियों के बृहद् सर्वेक्षण के ज़रिये इस अध्याय में उनके विचारों के विभिन्न पहलुओं को एक साथ लाकर कृषिक और पर्यावरण–दर्शन का एक कोलाज बनाया गया है। इस प्रक्रिया में पर्यावरण को लेकर अम्बेडकर की अस्पष्टताओं और अन्तर्विरोधों का भी पता चलता है। अम्बेडकर प्रकृति और पर्यावरण पर काफ़ी कुछ कहते हैं, पर ज़मीन और कृषि के बारे में उनका लेखन गाँधी से जुदा है। अम्बेडकर उद्योग, शहर, विज्ञान, तकनीक पर भी प्रासंगिक बहस करते हैं, पर यहाँ उनके तर्क नेहरू से अलग हैं, पर अम्बेडकर और नेहरू, दोनों ही आधुनिकता की कुछ ज़मीन पर साथ खड़े होते हैं। उदाहरण के लिए, पर्यावरण लेखक महेश रंगराजन का नेहरू के बारे में यह आकलन है : *'तकनीक के सम्मोहन ने पंचवर्षीय योजनाओं में समानतावादी आग्रहों को ग्रसित कर लिया। आदिवासी और वन संस्कृति के सम्मान के बावजूद यही समझ थी कि एक आधुनिक अर्थव्यवस्था के व्यापक अभियान के तहत इस समुदाय और संस्कृति का अजीबोग़रीब संरक्षण करना है।'*[10]

इस प्रकार नेहरूवादी विकास प्रयोजनों से परिवर्तन के साथ–साथ दमन का जातिवादी ढाँचा भी मज़बूत हुआ। अम्बेडकर ऐसी आधुनिकता में विश्वास करते हैं जो केवल आर्थिक तर्कों और संरचना में सीमित नहीं है, बल्कि उसका एक सामाजिक, सांस्कृतिक और राष्ट्रीय फ़लक है। यह फ़लक आधुनिकता का जनक है और आधुनिकता इसे सम्बोधित है। अधिकार, आज़ादी, सम्मान, जाति विभेद के भीषण असर से अम्बेडकर की प्राकृतिक परिवेश सम्बन्धी समझ और लेखन संचालित होते हैं। उनके सामने जाति दमन–भौतिक सम्बन्धों, गतिविधियों और सत्ता की संयुक्त अभिव्यक्ति–प्राकृतिक परिवेश के साथ मानवीय सम्बन्धों की पृष्ठभूमि और प्रकृति के रूप में साकार होती है। साथ ही, इस अध्याय में अम्बेडकर की विकास अन्तर्दृष्टि की चर्चा है–ऐसी अन्तर्दृष्टि जो स्वाधीनता के बाद

के दौर में हमारे पारम्परिक, कृषिक अतीत से दूर जाने की उत्कट इच्छा से प्रेरित होती है। पर इसमें अम्बेडकर के पर्यावरण परिप्रेक्ष्य के अनिश्चय, सन्देह और असंगति भी दिखती है। मेरी यह स्थापना है कि अम्बेडकर भारतीय पर्यावरण सोच का एक अलग आसमान दिखते हैं और प्राकृतिक विश्व के बारे में दलित समझ के योगदान के बारे में हमारी जानकारी समृद्ध करते हैं।

I. अम्बेडकर और पर्यावरणीय असमानताएँ

डॉ. अम्बेडकर आज के मध्य प्रदेश राज्य में इन्दौर के नज़दीक मऊ में 14 अप्रैल, 1891 को महार जाति–महाराष्ट्र की एक जानी–मानी अस्पृश्य जाति–में पैदा हुए। उनका पैतृक गाँव था–तत्कालीन बम्बई प्रान्त के रत्नागिरी ज़िले के मानगढ़ ताल्लुका का अंबाबाड़ी गाँव। अम्बेडकर के पिता और परिवार के सदस्यों ने ब्रिटिश सेना में नौकरी करके अपने समुदाय के बीच एक सम्माननीय स्थान हासिल किया था। पर उनके बचपन और युवाकाल की 'प्राकृतिक' और 'सामाजिक' दुनिया में अन्याय और आतंक था : 'तुम अपनी नियत जगह में ही सीमित रहो'–यह जैसे सारी दुनिया का स्थायी टेक था।[11] जबकि अम्बेडकर अपनी प्रारम्भिक अवस्था में छावनी क्षेत्र में रहते थे जहाँ उनका बाहरी–व्यापक दुनिया से काफ़ी कम मेल–जोल था : इस प्रकार वह अस्पृश्यता के कंटक से भी अनजान थे।'[12]

अम्बेडकर के लिए उनकी महार जाति और गाँव में असमानता अन्तर्निहित थी जो उन्हें शारीरिक और नैतिक रूप से अशक्त बनाती थी; पश्चिम–मध्य भारत के मराठा–बोली गाँव में बग़ैर किसी अपवाद के महारवाड़ा (महारों के घर) होता था। महारों का पारम्परिक पेशा था निम्न श्रेणी के, घटिया, अवतर गाँव की चाकरी करना। यह माना जाता था कि महारों में कोई ख़ास हुनर नहीं होता है और उनका काम है चौकीदार, सफ़ाईकर्मी, मृत जानवरों के शव हटाना, श्मशान की देखभाल और सरकारी अधिकारियों की सेवा–टहल।[13] अम्बेडकर के लिए जाति ने प्रकृति को गढ़ा था; जैसे कि पानी की एक अलग जाति थी और वह दलित के स्पर्श से ही 'प्रदूषित' हो जाती थी : *'गर्मी के एक दिन वह अपने बड़े भाई और छोटे भतीजे के साथ अपने पिताजी से मिलने के लिए बाहर निकले जो गोरेगाँव में खजांची का काम करते थे। वह पदाली*

रेलवे स्टेशन गये और वहाँ से मैसूर पहुँचे। पर पिता को उनके आगमन की चिट्ठी समय पर नहीं मिली थी, इसलिए वह स्टेशन नहीं पहुँचे। काफ़ी लम्बा इन्तज़ार करने के बाद उन्होंने मुश्किल से स्टेशन मास्टर को जो कि हिन्दू था, एक बैलगाड़ी ठीक करने के लिए मनाया। बैलगाड़ी से कुछ ही फ़ासला तय करने के बाद उनकी बदक़िस्मती से भगवान से डरने वाले हिन्दू गाड़ीवान को पता चल गया कि उनकी बैलगाड़ी में बैठे अच्छे–भले कपड़े वाले लड़के वास्तव में अछूत हैं। उसने गुस्से से बौखलाते हुए लड़कों को गाड़ी से ऐसे उतारा जैसे कूड़ेदान से कूड़ा फेंकते हैं, क्योंकि लड़कों ने उसकी बैलगाड़ी को प्रदूषित कर दिया था, यहाँ तक कि उसके पालतू जानवरों की पवित्रता भी ख़त्म हो गयी थी। पर लड़कों ने गाड़ीवान का गुस्सा शान्त किया, उसे दोगुना भाड़ा दिया, भीम के बड़े भाई ने गाड़ी चलायी, और गाड़ीवान गाड़ी के पीछे–पीछे पैदल चला। शाम से आधी रात तक लड़के सफ़र करते रहे, उनके कण्ठ प्यास से सूख गये, पर उन्हें रास्ते में कहीं भी पीने का पानी नहीं मिला। लोगों ने हर बार उन्हें या तो गँदले पानी की ओर इशारा किया या दूर जाने के लिए दुत्कारा। भीम के विकसित हो रहे मन–मस्तिष्क के लिए यह पहला भद्दा और तोड़ने वाला वाक़िया था। उसने उस दिन यह जाना कि वह एक ऐसे परिवार का सदस्य है जो अछूत है और गन्दा खाने और पीने के लिए अभिशप्त है। कुछ दिनों बाद उसका मत पक्का हो गया। प्यास से मजबूर भीम एक दिन एक सार्वजनिक नल से पानी पी रहा था। वह पकड़ा गया और उसकी बुरी तरह पिटाई हुई।'[14]

अम्बेडकर के लिए ग्रामीण और शहरी भारत के पर्यावरण की मानवीय बुनावट–सरकारी भवनों, घरों, स्कूलों, गलियों, मुहल्लों का परिदृश्य–दलित दमन और आकांक्षाओं के केन्द्र थे। सतारा के स्कूल में अम्बेडकर को प्रायः कक्षा के एक कोने में चटाई पर बैठने का निर्देश था। वह जब रोज़गार के लिए वड़ोदरा आया, तो उसे और उसके साथ आये बड़े भाई को किसी होटल या छात्रावास में जगह नहीं मिली। जब उसने वड़ोदरा राज के लिए काम करना शुरू किया, तो उसके मातहत ने एक अछूत के स्पर्श से बचने के लिए अपनी मेज़ से फ़ाइलें और कागज़ फेंक दिये। जब वह वड़ोदरा के एक पारसी धर्मशाला में रह रहा था, तब उसकी जाति का पता चलते ही उसे तत्काल ख़ाली करने के लिए कहा गया। अम्बेडकर कहते हैं : *'शहर में कोई हिन्दू, कोई मुसलमान उनको*

आश्रय नहीं देगा। उसने महाराज को पत्र लिखा जिन्होंने अपने दीवान को दिया। पर दीवान ने इस मामले में कुछ कर पाने में अपनी असमर्थता जतायी। थका, भूखा, निढाल होकर वह एक पेड़ के नीचे बैठ गया और आँसुओं में नहा गया।"[15]

अम्बेडकर के पर्यावरण अनुभव अलगाने वाले थे जिसमें पीढ़ियों की सन्त्रास और कठिनाई की कई कहानियाँ मिलती हैं। उनके जीवन के लगभग सारे पहलुओं में प्राकृतिक वातावरण के साथ व्यावहारिक सम्पर्क के अनेक अनुभव छिपे थे। उनके लिए प्राकृतिक दुनिया का मानवीय दुनिया से कोई अलग अस्तित्व नहीं था। उनके पर्यावरण सम्बन्धों का हर सिरा अनिवार्य तौर पर जाति से बँधा हुआ था जिसकी प्रकृति सामाजिक और राजनीतिक भी थी। ऐसे जीवन्त सम्बन्धों के साथ पर्यावरण आख़िरकार अम्बेडकर के लिए, या किसी भी दलित के लिए क्या मायने रखता है जहाँ वे दिन–रात बसते या बिखरते हैं? अम्बेडकर के लिए पर्यावरण के क्या लक्ष्यार्थ थे? किस प्रकार जाति, धर्म और विज्ञान ने प्रकृति के प्रति उनका नज़रिया बनाया? क्या अम्बेडकर ने किसी प्रकार का पर्यावरणवाद प्रतिपादित और क्रियान्वित किया और क्या हम समकालीन दलित चिन्तक और उनके बीच कोई तुलना कर सकते हैं?

अम्बेडकर प्रकृति प्रेमी थे–अपनी रोज़मर्रा की ज़िन्दगी में प्रकृति और उसके बाहरी स्वरूपों से नज़दीकी जुड़ाव रखने वाला। वह विभिन्न भू–दृश्यों और परिदृश्यों के प्रति आकर्षित थे–कभी बागवानी में इतनी ज़्यादा रुचि कि 'अपने पास का हर पैसा वह नये पौधे ख़रीदने में ख़र्च दें'; 'कभी अपने पालतू कुत्ते की बीमारी' पर 'शोकसन्तप्त माँ' की तरह दुखी हो जायें।[16] अम्बेडकर ने अलग–अलग प्रकार से जानवरों का हवाला दिया–इन्सानों को जानवरों से अलग दिखाना, अछूतों की स्थिति जानवर से बदतर बताना, आदि। अम्बेडकर की व्यक्तिगत ज़िन्दगी के कुछ टुकड़े–टुकड़े उदाहरणों से हमें यह झलक मिलती है कि प्रदूषण और मलिनता भरी ज़िन्दगी जीने वाले के नज़रिये से पर्यावरण को कैसे समझा जा सकता है।

साथ ही साथ, प्रकृति के बारे में अम्बेडकर की समझदारी काफ़ी जटिल थी–प्राकृतिक दुनिया के साथ अपने व्यक्तिगत अनुभवों के दायरे से बाहर और व्यापक। अम्बेडकर के विचारों में प्रकृति और प्रकृति का सामाजिकीकरण एक अनिवार्य, अपरिहार्य तत्त्व थे। अम्बेडकर अपने सारे

जीवन प्रकृति के तीन बेहद जटिल पर अन्तःसम्बन्धित पहलुओं से दो–चार होते रहे। पहला था, प्रकृति का बाह्य स्वरूप, यानी खुली–सीधी भौतिक दुनिया जिसके साथ समाज की अन्तःक्रिया से भौतिक उत्पादन का मज़बूत आधार क़ायम होता है। इस क्रिया से प्रकृति का उद्देश्यपूर्ण, उपयोगी रूपान्तरण होता है और इससे समाज और मानवीय सम्बन्ध प्रभावित होते हैं। अम्बेडकर ने प्रकृति के इस बाह्य स्वरूप को 'पृथ्वी से उपयोगी पदार्थ, मिट्टी या जल, या शिकार, माहीगिरी, पशुपालन, खनन या लकड़ी काटना–भौतिक दुनिया से ऐसे उपयोगी पदार्थों का निचोड़ जो मनुष्य के जीवन–यापन के बुनियादी स्रोत'[17] के रूप में चित्रित किया। दूसरा था सार्वजनीन प्रकृति, यानी सर्वव्यापक 'प्राकृतिक' चीज़ें जिसका समाज में आधिपत्य है। इसके तहत 'प्राकृतिकीकरण' और 'प्राकृतिक नियम' समाज की संरचना तय करते हैं जो अछूतों के लिए घातक होता है। अम्बेडकर के अनुसार 'यह हिन्दुओं का ईश्वरीय शासन है जो लिखित रूप से संहिताबद्ध है...एक दैवी संहिता जो बेहद विस्तार और बारीक़ी से हिन्दुओं के धार्मिक, कर्मकाण्डी और सामाजिक जीवन को नियन्त्रित करने के तौर–तरीक़े तय करती है।'[18] और तीसरा था सामाजिक प्रकृति, यानी सामाजिक बहिष्कार की प्रकृति जिसमें 'पारम्परिक' का 'प्राकृतिक' के साथ गठबन्धन होता है, और प्रकृति बहिष्कार, भेदभाव और अन्याय को साकार करती है। अम्बेडकर इस प्रक्रिया को 'सामाजिक पर्यावरण से अछूतों का अलगाव, निष्कासन और ग़ैर–मित्रतापूर्ण व्यवहार'[19] क़रार देते हैं। अम्बेडकर की समझ में प्रकृति की बाह्य, सार्वजनीन और सामाजिक अभिव्यक्तियाँ मनुष्य के साथ इसके अन्तःसम्बन्धों को गहरे तक प्रभावित करती है। इस प्रकार प्रकृति एक गहरी द्वन्द्वपूर्ण सामाजिक वास्तविकता है, यहाँ मानवीय गतिविधियों की अनवरत कार्यशाला है जिसमें सकारात्मक और नकारात्मक घटनाएँ घटती रहती हैं। अम्बेडकर के अनुसार 'मानव' की अवधारणा प्राकृतिक समानता पर आधारित है जो उसे प्रकृति को निर्मित और पुनर्निर्मित करने की क्षमता देती है। अम्बेडकर के लिए, स्पष्ट रूप से, मानव के अन्तर्गत प्रकृति निहित है और प्रकृति सामाजिक सम्बन्धों से संचालित है। प्रकृति का जब भी और जितना भी सामाजिकीकरण होता है और वह मानव के सामाजिक जीवन में रूपान्तरित होती है, उतना ही दूरगामी परिवर्तन सामने आता है। ऐसी समझदारी में यह काफ़ी सम्भव है कि 'प्राकृतिक' प्रक्रियाओं में परिवर्तन आता है और इससे प्रकृति का

जीवनमण्डलीय, जैविक, चेतन भाग भी रूपान्तरित होता है। अम्बेडकर सार्वजनीन और सामाजिक प्रकृति की विचारधाराओं के मुखर आलोचक थे क्योंकि इसमें दमनकारी जातिवादी सम्बन्धों के इतिहास और राजनीति को प्रायः छिपाया–दबाया जाता रहा है। उनके तर्क और न्यायसंगत विचारों का मक़सद था भौतिक मानवीय प्राकृतिक विभाजन मिटाना और उसके पार जाना, क्योंकि अम्बेडकर ने लगातार प्रकृति की रचना और पुनर्रचना की।

1. प्राकृतिकवाद और हिन्दु सामाजिक व्यवस्था

अम्बेडकर के पर्यावरण से जुड़े अनुभवों की पृष्ठभूमि थी हिन्दू जाति व्यवस्था–वर्णाश्रम धर्म। इसके साथ ही वह विभिन्न संस्कृतियों, अनुभवों और प्रभावों से गुज़रे जिससे उनकी पर्यावरण संवेदनाएँ रूपान्तरित हुईं। वर्णाश्रम धर्म में प्रकृति और मनुष्य के बीच निरन्तरता का आग्रह है। हिन्दू धर्मग्रन्थों के अनुसार हर मानवीय समाज में किसी–न–किसी हद तक एक प्रकार का प्राकृतिक वर्गीकरण होता है। व्यक्तियों में काम की अलग–अलग प्रवृत्तियाँ अन्तर्निहित होती हैं जो उनके विभिन्न व्यक्तिगत कौशलों में नज़र आती है। जीवन में प्राकृतिक व्यवस्थाएँ भी होती हैं जब लोगों के लिए कुछ ख़ास गतिविधियाँ आसान और बेहतर होती हैं। व्यक्ति ऐसे प्राकृतिक प्रबन्धों का ध्यान करके अपनी क्षमताओं का सर्वोत्तम उपयोग कर सकता है और इसी के अनुसार समाज को संगठित करना चाहिए। इस उपमा के तहत सामाजिक निकाय और उसके अवयवों की तुलना मानवीय रूप से की जाती है। व्यक्तियों और समुदायों की सामाजिक भूमिका का निर्धारण भी प्राकृतिक आधार पर होता है। उदाहरण के लिए, ब्राह्मण समाज के मस्तक, आँख या मुख हैं जो अपनी स्थिति के अनुसार समाज और लोगों को शिक्षित और आध्यात्मिक रूप से विकसित बनाते हैं। क्षत्रिय हमारी भुजा हैं और जैसे भुजा का काम शरीर की रक्षा करना है, वैसे ही क्षत्रिय की मुख्य भूमिका है समाज की रक्षा। वैश्य की मुख्य ज़िम्मेदारी है भौतिक/आर्थिक भरण–पोषण और शूद्र की नियति है समाज के हर तबके का समर्थन करना। आश्रम या जीवन की व्यवस्थाएँ भी कई बार इसी रूपक से बँधी होती हैं–छात्र जीवन, गार्हस्थ्य जीवन, अवकाश और मोक्ष जो पैर, पेट, भुजा और मस्तक से जुड़े हैं। ऐसा प्राकृतिकवाद मानता है कि प्रकृति उसमें निहित मनुष्य और उसकी सहमति के दायरे से

बाहर है। मनुष्य की निष्ठा भी प्राकृतिक तत्त्वों जैसे; जन्म, रक्त या शरीर के आधार पर तय होते हैं। यह प्राकृतिकवाद करीबी तौर पर जैविकवाद से जुड़ा है जिसमें प्रकृति की संकल्पना एक जीवन्त अवयव, अपने–आप में सम्पूर्ण और विशिष्ट इकाई के रूप में की जाती है। यहाँ यह विश्वास होता है कि समाज या समुदाय एक प्राकृतिक निर्मिति है–प्रकृति की इच्छा पर आधारित। इस प्रकार मानव समाज और ब्रह्माण्ड का दैविक स्वरूप एक–दूसरे से सीधे जुड़े होते हैं। प्राकृतिक, मानवीय और सामाजिक व्यवस्था के अनुरक्षण का मतलब है दैविक व्यवस्था का संरक्षण–यही धर्म है। असीम और अनन्त हिन्दूवाद की काल्पनिक अवधारणाएँ प्रकृति के साथ पूरी तरह घुल–मिल जाती हैं। कई पर्यावरणवादी विचारकों और लेखकों की सोच में हमें प्रकृति, प्रकृतिवाद, हिन्दूवाद के ऐसे अन्तःसम्बन्धों की झलक मिलती है।

अम्बेडकर प्रकृति और उसके नियमों के बारे में ऐसे ब्राह्मणवादी हिन्दू सोच पर बुनियादी सवाल उठाते हैं जिसमें अस्पृश्यता को एक प्राकृतिक घटक माना गया है। उनके अनुसार जाति व्यवस्था का प्रतीक ब्राह्मणवाद जन्म पर आधारित श्रेणीबद्ध असमानता की कठोर व्यवस्था है जिसमें मनुष्य अपनी व्यक्तिगत पहचान से वंचित रहता है। ब्राह्मणवाद के उदय ने एक विशिष्ट, अद्वितीय सामाजिक व्यवस्था स्थापित की, क्योंकि अम्बेडकर के अनुसार 'किसी भी समाज में ऐसी आधिकारिक, स्थायी और स्थिर व्यवस्था नहीं है–शीर्ष के लिए ज़्यादा–से–ज़्यादा सम्मान और निम्न के लिए ज़्यादा–से–ज़्यादा अपमान।'[20] अम्बेडकर ने प्रकृति के दैविक और जैविक होने के तर्क को ख़ारिज किया और उस प्राकृतिक योजना पर गहरे सवाल उठाये जो 'न केवल ढाँचागत व्यवस्था को प्राकृतिक और आदर्श बल्कि उसे पवित्र और स्वर्गिक मानता है।'[21] ऐसे 'प्राकृतिक' जीवन की अवधारणा को एकदम उलटा करते हुए उन्होंने अपने युगान्तकारी प्रकाशन 'जाति के उन्मूलन' में बेबाक लिखा : *'इसका मतलब है जीवन की मूल अवधारणा में सम्पूर्ण बदलाव। जीवन के मूल्यों में सम्पूर्ण बदलाव। मनुष्य और चीज़ों के प्रति हमारे नज़रिये और प्रवृत्ति में सम्पूर्ण बदलाव। इसका मतलब है रूपान्तरण; पर यदि आपको यह शब्द पसन्द नहीं है तो मैं कहूँगा इसका मतलब है नयी ज़िन्दगी। पर एक नयी ज़िन्दगी ऐसे शरीर में प्रवेश नहीं कर सकती है जो मृत है। नयी ज़िन्दगी एक नये शरीर में ही प्रवेश कर सकती है। नये शरीर के अस्तित्व में आने और*

उसमें नयी जान डालने से पहले पुराना शरीर ज़रूर ही समाप्त हो जाना चाहिए। सीधे शब्दों में कहा जाये कि नये में जीवन और उसकी धड़कन आने से पहले पुराने शरीर का अस्तित्व समाप्त हो जाना चाहिए। यही मेरा मतलब है जब मैं यह कहता हूँ कि आप शास्त्रों के आधिपत्य को नकारो और शास्त्रों के धर्म को समाप्त करो।[22]

अम्बेडकर के लिए प्रकृति और समय में कुछ स्थिर, सनातन और शाश्वत नहीं था। वह ऐसी प्राकृतिक और सामाजिक व्यवस्था की पवित्रता और शाश्वत को नष्ट करना चाहते थे जिससे जाति जन्मती और बढ़ती थी। उनके लिए समाज और प्रकृति एक भौतिक निरन्तरता में कोई एक सम्पूर्ण इकाई नहीं थे। उनकी मान्यता थी कि हर चीज़ में परिवर्तन होना चाहिए और परिवर्तन ही जीवन का नियम है।[23] जाति के विनाश का मतलब केवल शारीरिक प्रतिबन्धों का विनाश नहीं है। इसका मतलब है हमारी सोच और अवधारणा में परिवर्तन। विज्ञान के दर्शन पर शोध करने वाली प्रमुख अकादमिशियन मीरा नन्दा का तर्क है :

'हिन्दू ज्ञान मीमांसा में कर्म के नियम को प्रकृति के आधिकारिक नियम का दर्जा हासिल है। क्योंकि प्रसिद्ध अद्वैत हिन्दू मीमांसा पदार्थ या भौतिक प्रकृति को आत्मा या नैतिक क्षेत्र से पृथक् नहीं मानता है। यहाँ नैतिक क्षेत्र की कोई क्रिया भौतिक क्षेत्र में भी समान प्रतिक्रिया लाती है। इसलिए यहाँ 'कर्म के मिश्रित अपराधों' के कारण अस्पृश्य के रूप में जन्म, प्राकृतिक विपदा–भूकम्प, बाढ़, सूखा, महामारी आदि सम्भव है। हिन्दू धर्मशास्त्रों की ऐसी विचित्र प्रकृति के कारण जिसमें प्रकृति के नियमों के कारण अन्याय और दुखों को प्राकृतिक माना जाता है, अम्बेडकर ने विज्ञान सम्मत प्रकृति के नियमों की वकालत की जिससे हिन्दू दर्शन को चुनौती मिल सकती थी।'[24]

जातिवादी पर्यावरणीय नियतिवाद के मुखर आलोचक अम्बेडकर ने मनुष्य और प्रकृति की उत्पत्ति के हिन्दू सोच–विचार को नकारा। प्रकृति को उसकी सर्वव्यापकता–प्राकृतिक, सामाजिक, भौतिक में समझते हुए उन्होंने जाति व्यवस्था और ब्राह्मणवाद को बेहद सावधानी और एकाग्रता से समझते हुए उसकी आन्तरिक और तथाकथित प्राकृतिक बुनावट को उधेड़ा। प्राकृतिककरण के विभिन्न रूपों की–शाश्वत, दैविक, जैविक–आलोचना में निहित था प्रकृति के निर्माण की अवधारणा में परिवर्तन जिसमें अस्पृश्यों की अपनी स्वन्तत्र भूमिका थी।

2. गाँव और समुदाय

प्राकृतिक दुनिया के साथ अम्बेडकर के सम्बन्धों में केन्द्रीय है उनकी समझ गाँव और समुदाय के बारे में। अम्बेडकर के अनुसार हमारे गाँव और समुदाय ने मिलकर प्रकृति और मानव श्रम पर नियन्त्रण किया है। उपनिवेशवादियों और राष्ट्रवादियों, समाजशास्त्रियों और मानव विज्ञानियों, पर्यावरणवादियों और अर्थशास्त्रियों ने अलग–अलग प्रकार से भारतीय ग्रामीण समाज और समुदाय की परिकल्पना की है।[25] कुछ औपनिवेशक और पाश्चात्य लेखकों, जैसे–सर चार्ल्स मेटकॉफ़, और कुछ भारतीय विचारकों और नेताओं ने भारतीय गाँवों को सामाजिक संगठन का एक आदर्श रूप और ग्रामीण समुदायों को छोटे–छोटे गणराज्य कहा है। अग्रणी समाजशास्त्री और मानव विज्ञानियों ने कई बार भारतीय गाँवों को सौहार्द और समन्वय का प्रतीक क़रार किया है।[26] प्रसिद्ध समाजशास्त्री सुरेन्दर एस. जोधका का कहना है : ''पारम्परिक' भारतीय समाज को समझने के लिए गाँव को काफ़ी समय से एक प्रस्थान बिन्दु माना गया है। गाँव को असली देशज जीवन, बाहरी प्रभावों से मुक्त विशुद्ध सामाजिक और सांस्कृतिक इकाई के रूप में देखा गया है।'[27]

भारत के पर्यावरण आन्दोलन, संगठन और विमर्श पर ग्रामीण समुदाय की अवधारणा का असर काफ़ी व्यापक रहा है। इसके प्रभाव में और गाँधीवादी विचारधारा के साथ जोड़कर, भारतीय गाँवों को बेहद रूमानी दृष्टि से देखा गया है और इसे परम्परा, समरसता और सद्‌भाव का आदर्श स्थल माना गया है। जाने–माने पर्यावरणविद् माधव गाडगिल और रामचन्द्र गुहा कहते हैं : 'सामाजिक संगठन की बुनियादी इकाई –गाँव–में प्रायः विभिन्न अन्तर्विवाही जाति समूहों की आबादी बसती थी। ये ग्राम समुदाय कई प्रकार से आत्मनिर्भर होते थे...गाँव एक समुदाय के तौर पर राज्य को अनाज का एक हिस्सा कर के रूप में जमा करता था।'[28]

गाँव का आकर्षण शहरीकरण और विकास को चुनौती देने के लिए एक सशक्त माध्यम बन गया। अग्रणी पर्यावरणविद् अनिल अग्रवाल और सुनीता नारायण का भारतीय गाँवों के बारे में यह कथन था : 'भारतीय गाँव काफ़ी एकीकृत कृषि–पशुपालन आधारित व्यवस्था है। दूसरे शब्दों में, हर भारतीय गाँव की अपनी कृषि भूमि, चरागाह, पेड़ या वन भूमि हैं, और ये सभी भूमि उपयोग के सन्दर्भ में एक–दूसरे के साथ जुड़े हैं।'[29]

ऐसी अवधारणाओं के बीच अम्बेडकर ने गाँव के बारे में एक अलग समझदारी रखी। जोधा का कहना है कि स्वाधीनता आन्दोलन के तीन मुख्य विचारकों और पुरोधाओं–गाँधी, नेहरू और अम्बेडकर में अम्बेडकर अपने–आप में अकेले थे जिन्हें गाँव के जीवन का सीधा प्रत्यक्ष अनुभव था और वह भी एक दलित लड़के के रूप में।[30] यह भी ध्यान रखिए कि महाराष्ट्र की परम्परा के मुताबिक़ उनका आख़िरी नाम 'अम्बेडकर' पुश्तैनी गाँव 'अम्बावाडे' पर रखा गया था। गाँधी जहाँ गाँव को एक विश्वसनीय और विशुद्ध स्थल मानते थे, अम्बेडकर उसे दमन के स्थल के रूप में देखते थे। गाँधी के लिए यह सौहार्द स्थल था, तो अम्बेडकर इसे शोषण और असन्तुलित आर्थिक और पर्यावरण व्यवस्था का प्रतिनिधि मानते थे।

भारतीय गाँवों के बारे में अम्बेडकर का उत्कृष्ट वर्णन उसे हिन्दू सामाजिक संगठन के एक नमूना, एक सूक्ष्म दर्शन के रूप में प्रस्तुत करता है–'हिन्दू सामाजिक व्यवस्था की एक कर्मशाला जहाँ हिन्दू सामाजिक जीवन की गति और दिशा को पूरी तरह सक्रिय देखा जा सकता है',[31] हिन्दू सामाजिक व्यवस्था की निरन्तरता और इसके राजनीतिक और सामाजिक आधिपत्य के लिए गाँव के घर–वास, प्राकृतिक संसाधनों और अर्थव्यवस्था का नियन्त्रण केन्द्रीय है। यह उल्लेखनीय है कि निस्सन्देह ही अस्पृश्य होने के कारण अम्बेडकर गाँव के परिवेश को एक स्पृश्य की तुलना में निहायत ही भिन्न तरीक़े से देख–समझ पाये। अम्बेडकर के लिए गाँव एक मुक्कमल सामाजिक इकाई नहीं था बल्कि यह दो भागों में–अस्पृश्य और स्पृश्य–विभाजित था जहाँ स्पृश्य गाँव के अन्दर और अस्पृश्य गाँव के बाहर रहते हैं। आर्थिक तौर पर, स्पृश्य मज़बूत और प्रभावशाली और अस्पृश्य कमज़ोर और हाशिये पर हैं। हर गाँव में स्पृश्यों ने अस्पृश्यों के लिए कठोर संहिताएँ बनाई हैं जिन्हें अनिवार्य तौर पर अमल करना है : उन्हें स्पृश्यों से कितनी दूरी पर रहना है; उन्हें क्या कपड़े पहनने हैं; उन्हें किस भाषा में पढ़ना और बोलना है; वे अपना क्या नामकरण कर सकते हैं; वे क्या खा–पी सकते हैं; उन्हें क्या और कहाँ बेगार करनी है। जब सारा गाँव होली और दशहरा जैसे त्योहार मनाता है, तो अस्पृश्यों को ज़रूर ही चाकरी करनी होती है। कुछ ख़ास त्योहारों पर अस्पृश्य स्त्रियों का ख़ासा मज़ाक़ उड़ाया जाता है। गाँव में प्रकृति पर पूरा आधिपत्य स्थापित करने के लिए यह ज़रूरी है कि अस्पृश्यों पर पूरा कब्ज़ा रखा जाये। अम्बेडकर ने यह भी देखा कि अस्पृश्यों के लिए

ज़मीन ख़रीदना असम्भव है। उनके पास रोज़गार नहीं है और जब खेती का समय निकल जाता है, तो उनके लिए जीवन–यापन मुश्किल होता है। उनके लिए आजीविका के कोई साधन या कौशल नहीं हैं। अम्बेडकर ने बेबाक निष्कर्ष निकाला : *'भारतीय गाँव के अन्दर का दृश्य ऐसा ही है। इस गणराज्य में, लोकतन्त्र के लिए कोई जगह नहीं है। यहाँ समानता के लिए कोई जगह नहीं है। यहाँ कोई भाईचारा नहीं है। भारतीय गाँव गणराज्य का नकार है। यदि यह कोई गणराज्य है, तो यह स्पृश्यों का, उनके द्वारा और उनके लिए स्थापित है। यह गणराज्य अस्पृश्यों पर हिन्दुओं का साम्राज्य है। यह एक प्रकार से हिन्दुओं का उपनिवेशवाद है अस्पृश्यों के शोषण के लिए। यहाँ अस्पृश्यों को कोई अधिकार नहीं है। उनका काम है केवल इन्तज़ार करना, सेवा करना और अधीन रहना। वे यहाँ हैं या तो काम करने के लिए या बेमौत मरने के लिए। उनके पास कोई अधिकार नहीं है क्योंकि वे ग्राम गणराज्य के बाहर हैं। वे ग्राम गणराज्य के बाहर हैं क्योंकि वे हिन्दू दायरे के बाहर हैं।'*[32]

ग्रामीण समुदाय को एक प्राकृतिक कृति मानने या उसे भारतीय सभ्यता के लिए स्वाभाविक गणराज्य समझने की अवधारणा पर अम्बेडकर ने बुनियादी सवाल उठाये। बतौर एक अस्पृश्य, और एक दलित नज़रिये से उन्होंने प्रकृति और गाँव के बीच निर्मित सम्बन्धों के बारे में अपना आलोचनात्मक रुख़ रखा। गाँवों के बारे में अपने शुरुआती लेखन से लेकर संविधान सभा की बहसों में अम्बेडकर ने भारतीय सोच की परम्परा में गाँवों को लेकर एक अलग, अपेक्षाकृत कम महिमामण्डित छवि बनायी। यहाँ गाँव कोई स्वर्णिम, निर्दोष या सामंजस्यपूर्ण स्थल नहीं है, बल्कि यह हिन्दू प्रभुत्व और दमन की भूमि है जिसे भारतीय सभ्यता या संविधान की बुनियादी इकाई के रूप में क़तई नहीं देखा जाना चाहिए।[33] अम्बेडकर भारतीय 'हिन्दू गाँवों' के बारे में अपनी समझ में इतने स्पष्ट और प्रखर थे कि उन्होंने हिन्दू गाँवों से अलग और स्वतन्त्र अस्पृश्यों के लिए अलग बस्ती बनाने की माँग की थी। अम्बेडकर के अनुसार हर हिन्दू गाँव से जुड़ी हुई एक छोटी बस्ती होती है–आर्थिक संसाधनों से वंचित और बेहतरी के अवसरों से जुदा। अस्पृश्यों की बस्ती को न तो कभी आर्थिक और सामाजिक स्वाधीनता मिलेगी और न ही कभी उनकी हीन भावना ख़त्म होगी। इसलिए उन्होंने आह्वान किया : *'ग्रामीण व्यवस्था को निश्चित तौर पर नष्ट करना चाहिए। अस्पृश्यों के लिए यही एकमात्र*

रास्ता है यदि वे ग्रामीण व्यवस्था के ज़रिये बनाये गये हिन्दुओं के शिकंजे से मुक्त होना चाहते हैं। मेरा सुझाव है कि उन्हें संविधान में विशेषकर अस्पृश्यों के लिए नये और स्वतन्त्र गाँव बनाने के प्रावधान पर ज़ोर देना चाहिए। ये गाँव केन्द्र सरकार द्वारा सार्वजनिक ख़र्चे से बनने चाहिए।'[34]

इसी प्रकार अम्बेडकर ने समुदाय, जाति समाज में इसकी स्थिति और प्रकृति और एक लोकतान्त्रिक समाज में अस्पृश्यों के लिए समुदाय के मायनों पर आलोचनात्मक टिप्पणी की। प्रसिद्ध इतिहासकार पार्थ चटर्जी मानते हैं कि समुदाय, राज्य के बरअक्स, निम्नवर्गीय लोगों का एक पवित्र, अनऔपनिवेशिक अन्तःस्थल है जो अपनापे के आधार पर एक–दूसरे से सम्बन्धित रहते हैं।[35] चटर्जी का तर्क है कि समुदाय 'पूँजी के अफ़साने में आसानी से समाहित नहीं हो सकता है' क्योंकि 'यह एक अप्रत्यक्ष, भूमिगत, विध्वंसकारी क्षमताएँ रखता है और इसकी हस्ती काफ़ी जानदार होती है।'[36] मूर्धन्य विचारक रणजीत गुहा भी यह दर्ज करते हैं कि प्रगाढ़ता और संसक्ति निम्नवर्गीय समुदाय के महत्त्वपूर्ण तत्त्व हैं।[37] पर्यावरणवादियों ने भी समुदाय को परम्परा के प्राकृतिक संवाहक, आधुनिकता की जकड़न से दूर, समानता, समरसता और सहयोग के प्रतीक और विकास मॉडल को सशक्त चुनौती देने वाली इकाई के रूप में देखा है। समुदायों की अद्भुत और विलक्षण कल्पनाएँ की गयी हैं, इसे बार–बार दोहराया गया है, पर इसे शायद ही जाति के सवालों और प्रकृति में ग़ैर–बराबर हिस्सेदारी के मुद्दे के साथ जोड़ा गया है। उदाहरण के लिए, पर्यावरण लेखक और कार्यकर्ता आशीष कोठारी और असीम श्रीवास्तव का कहना है : 'हज़ारों पारम्परिक भारतीय समुदाय आज अपनी ज़मीन और संसाधनों के लिए लड़ रहे हैं और वे पारम्परिक तौर पर पर्यावरण सन्तुलन के सरल सिद्धान्तों का पालन कर रहे हैं।'[38] एक अन्य जगह पर वह लिखते हैं : 'अन्ततः भारत (और आमतौर पर दक्षिण एशिया) दुनिया की उन कुछ जगहों में से एक है (अफ्रीका और एशिया एवं लातिनी अमेरिका के कुछ हिस्से भी) जहाँ आदिवासियों और अन्य पारम्परिक लघु–स्तर के समुदायों ने आज तक औद्योगिक आधुनिकता के हमले के ख़िलाफ अपना अस्तित्व बचा रखा है।'[39]

समुदाय के अस्तित्व और उपयोग का मंगल गान करने की बजाय अम्बेडकर ने यह ध्यान दिया कि जाति और अस्पृश्यता ने किस प्रकार समुदाय को प्रभावित किया है, किस प्रकार हिन्दू समाज कोई समुदाय

न होकर जातियों का समूह–भर है। राजनीतिक नज़रिये से, समुदाय के बारे में अम्बेडकर का नज़रिया अस्पृश्यों का हितरक्षण है, क्योंकि उनकी स्थिति भारतीय समाज के लिए निर्णायक है। अम्बेडकर एक नया समुदाय खोजने की कोशिश कर रहे हैं। उन्होंने अस्पृश्यों का/के लिए धर्मान्तरण प्रस्तावित करके ऐसा ही एक नया समुदाय खोजने–बनाने की कोशिश की थी। उनका कहना है : 'अस्पृश्यों के लिए अपना सामाजिक अलगाव ख़त्म करने का एक अकेला रास्ता है वैसे दूसरे समुदाय से नाता जोड़ना जो जाति की जकड़ से मुक्त हो।'[40] यही नहीं, एक समुदाय के निर्माण के लिए धर्मान्तरण का औचित्य बताते हुए उन्होंने कहा : 'एक समुदाय इस शब्द के सीधे अर्थों में सजातीयता और सगोत्रता है। एक समाज कई समुदायों का संकलन या कई सगोत्रों का संचयन है। एक समुदाय को साथ जोड़े रखने के लिए सगोत्रता चाहिए जबकि एक समाज को साथ जोड़े रखने के लिए नागरिकता चाहिए।'[41]

एक दार्शनिक नज़रिये से अम्बेडकर के विचार समुदाय का अर्थ समझने की कोशिश है। यह भी कोशिश है कि जीवन जीने की ऐसी पद्धति खोजी जाये जो समाज के निर्धारित मूल्यों में परिवर्तन ला सकती है। इसलिए उन्होंने कई कठिन सवाल उठाये : एक समतामूलक समाज में कैसे ऐसा समुदाय गठित किया जाये जहाँ हमारी साझी गतिविधियों, संचेतना और संचार से एक नयी एकजुटता बन पाये? क्या धर्मान्तरण असमानता और भेदभाव ख़त्म कर पायेगा, और पुराने समुदाय की जगह किस प्रकार की नयी सामाजिक शख़्सियत शक्ल लेगी? क्या तकनीक, विज्ञान और विकास से व्यक्ति मुक्त और सशक्त होगा और समुदाय और जाति समाज कमज़ोर होंगे? इसके साथ ही, अम्बेडकर ने जाति के बोझ से मुक्त नया समाज बनाने के लिए विविध विचारों और दृष्टियों का अन्वेषण किया। उनके अनुसार हिन्दुओं में एक जीवन्त समुदाय और जीवन की कोई अवधारणा नहीं है, क्योंकि 'जाति व्यवस्था ने हिन्दुओं को एक एकीकृत जीवन वाले समाज और अपने बारे में चेतनता से अवरुद्ध कर दिया है।' इसलिए उनका प्रस्ताव है : *'इन्सान के लिए यही ज़रूरी है कि वह साझी गतिविधियों में भागीदारी करे जिससे दूसरों को जोड़ने और प्रेरित करने वाली भावनाएँ संचारित हों। साझी गतिविधियों में किसी व्यक्ति को भागीदार या समानदार बनाने से ही वह इसकी सफलता को अपनी सफलता या इसकी विफलता को अपनी विफलता समझता है–यही*

वह चीज़ है जो लोगों को आपस में जोड़ती है और उनसे जुड़कर समाज का निर्माण करती है।[42]

ब्राह्मणवादी हिन्दू धर्म समाजों को एक जीवन्त जगत मानता है, जिसमें व्यक्ति एक समाज में सचेतन, स्वतन्त्र व्यक्ति न होकर एक समस्त संस्कृति का एक कार्यकारी हिस्सा होता है। इस प्रकार की समझ और विश्वास में समाज को एक निर्मित इकाई न समझकर एक प्राकृतिक समुदाय समझा जाता है। यह प्रकृति का एक पर्यावरणीय मॉडल भी है जिसमें समुदाय को एक प्राकृतिक पर्या–व्यवस्था के रूप में देखा जाता है। यद्यपि पर्या–प्राकृतिकीकरण के अनुसार प्रकृति एक ऐसा मानक मुहैया कराती है जिससे प्राकृतिक सामाजिक व्यवस्था बनाई जा सकती है, वर्चस्वशाली हिन्दू धर्म समाज, समुदाय और प्रकृति के बीच एक अस्तित्ववान, स्थिर पहचान की बात करती है और इस पहचान को सार्वजनीन स्तर पर स्थापित करने की कोशिश करती है। वर्चस्वशाली हिन्दू व्यवस्था और प्रकृति के अन्तःपटल पर लोगों, संस्कृति, धर्म और समाज एक एकीकृत और बन्द पर्या–व्यवस्था के अभिन्न अंग के रूप में देखे–दिखाये जाते हैं। भारत में प्रकृति और पर्यावरण संरक्षण की चर्चा में परम्परागत तौर पर व्यक्ति के ऊपर समुदाय को प्राथमिकता दी जाती है, हमारे सांस्कृतिक और सामाजिक मूल्यों के ह्रास पर चिन्ता ज़ाहिर की जाती है और साथ ही हमारे बुनियादी नैतिक मूल्यों की ओर वापसी की ज़रूरत पर ज़ोर दिया जाता है। इस सबके ऊपर यह समझ व्याप्त है कि हमारा धर्म, संस्कृति और लोग एक प्राकृतिक रूप से अस्तित्ववान, जैविक, शाश्वत तत्त्व हैं। पर इसके विपरीत अम्बेडकर ईश्वर, समाज और मनुष्य के बीच के सम्बन्धों के बारे में एक गहरी आलोचनात्मक दृष्टि रखते हैं और यह तीखा सवाल उठाते हैं कि क्या हिन्दू धर्म ने समुदाय और समाज के निर्माण में समानता और भाईचारे के मूल्य समाहित किये हैं। अम्बेडकर ने अपने प्रकाशन 'हिन्दू धर्म के दर्शन' में पहले समाज के संरचना की बात की है : 'हर मनुष्य; अपनी ओर से किसी चुनाव के बग़ैर, बल्कि केवल अपने जन्म और परवरिश के कारण; अनिवार्य सदस्य है जिसे हम प्राकृतिक समाज कहते हैं।' फिर वह हिन्दू धर्म, हिन्दू समाज और समुदाय के मूल्यांकन के लिए न्याय और उपयोगिता की कसौटी प्रस्तावित करते हैं। अम्बेडकर के लिए : *'न्याय का सिद्धान्त ऐसा मुख्तसर है कि इसमें कई और सिद्धान्त शामिल हैं, इसलिए यह हमारी नैतिक व्यवस्था का*

आधार है। न्याय ने हमेशा ही समानता के विचार, और 'भरपाई' के भाग को प्रेरित किया है। न्याय का मतलब है समानता। नियम और क़ानून, अधिकार और अधिकार–सम्पन्नता, सभी समानता के मूल्य से जुड़े हुए हैं। यदि सभी मनुष्य समान हैं, सभी मनुष्यों का मूल तत्त्व समान है, तो हमारा सामान्य सबों को समान मौलिक अधिकारों और समान स्वतन्त्रता का हक़दार बनाता है। संक्षेप में, न्याय ही स्वाधीनता, समानता और सहकार का दूसरा नाम है।'[43]

समुदाय के बारे में अम्बेडकर की अवधारणा में कल्पित समुदाय को जो आपस में शान्तिपूर्ण जीवन जीते हैं, या जो एक समान वर्ग स्तर पर प्यार, आपसी समझदारी और विद्वेष से साथ हैं, परे रख देना चाहिए। अम्बेडकर की समुदाय की समझदारी में पर्यावरणीय न्याय के तत्त्व समाहित हैं। सवर्ण हिन्दुओं और पिछड़े वर्ग के लोगों के बीच सहभोज के अम्बेडकर के प्रस्ताव में गाँधी की रामराज्य की अवधारणा और हेगल/मार्क्स के वर्ग अन्तर्विरोध से अलग प्रकार का समुदाय सामने आता है। यहाँ समुदाय दमन, असंगतता और विचारशीलता के अलग–अलग जटिल रूपों में सामने आता है : 'समुदाय का अम्बेडकरवादी मॉडल ऐसा है जो समुदाय को हमेशा दबाव और तनाव में रखता है, उसे साथ जोड़ता–तोड़ता है; उथल–पुथल, धीमे–तेज़, आगे–पीछे करते हुए; यहाँ हमेशा अस्थायी एकता रहती है।'[44] अम्बेडकर समुदाय निर्माण के अपने विचारों को लगातार बदलते–विकसित करते हैं और नये तरह से तराशते हैं–ग्रामीण और शहरी परिवेश से बाहर आकर शक्ल लेने वाला समुदाय, हिन्दू जाति और धर्म त्यागकर बनने वाला नया सांस्कृतिक समुदाय, स्मृतियों में निर्मित और पुनर्निर्मित समुदाय जिसमें अस्पृश्य नैतिक रूप से महत्त्वपूर्ण इतिहास गढ़ते हैं, शिक्षा, विज्ञान और तकनीक से लैस आधुनिक समुदाय। इस प्रकार समुदाय निरन्तर परिवर्तन में रहता है, पर हर स्थितियों में सामाजिक न्याय उसका आधार है। यह व्यक्ति और समूह, दोनों की महती ज़िम्मेवारी है। अम्बेडकर की समझदारी में प्रकृति, लोगों और समाज की एकता इसके अलग–अलग हिस्सों को जोड़कर हासिल की गयी एकता से हासिल की जानी चाहिए। उन्होंने साझी गतिविधियों और परस्पर निर्भरता के साथ–साथ व्यक्तियों की अपनी नैतिक स्वायत्तता पर भी ज़ोर दिया जिससे समाज का नैतिक ताना–बाना बनता है। धर्म, धम्म और लोकतन्त्र की अवधारणाएँ नैतिक लक्ष्यों के साथ सामाजिक

ताक़त को और पुख़्ता बनाती हैं। अन्ततः यह तर्क दिया जा सकता है कि अम्बेडकर की समुदाय की अवधारणा सगोत्र या सजातीयता पर आधारित न होकर बहिष्कार और वर्जन पर आधारित थी और यह श्रेणी न्याय की अवधारणा से उत्सर्जित थी। इस प्रकार उनके समुदाय की अवधारणा समाज और समुदाय का संकर है—यह आक्रोश और आकांक्षा की एक गहरी और साझी संवेदना पर आधारित है जिससे लोग नागरिकता के सम्पूर्ण अधिकारों और इसकी सामान्य स्वीकृति से वंचित रहे हैं। अम्बेडकर का बौद्ध भी उनके इन्हीं विचारों का एक नया विस्तार कहा जा सकता है।

3. अम्बेडकर के कृषि विषयक विचार

'महाड़ का यह तालाब एक सार्वजनिक सम्पत्ति है। महाड़ के स्पृश्य लोग इतने उदार हैं कि वे सभी को यहाँ से पानी लेने देते हैं, यहाँ तक कि मुसलमान और अन्य धर्मों के लोग भी यहाँ से पानी लेने के लिए आज़ाद हैं। यही नहीं, उन्हें इस तालाब से जानवरों के पानी पीने पर भी कोई आपत्ति नहीं है। वे सारे जानवरों को चाहे वे अस्पृश्यों के भी हों, यहाँ आने देते हैं। स्पृश्य हिन्दू इतने दयावान और शान्तिकामी लोग हैं कि वे कभी हिंसा नहीं करते, न ही कभी किसी को नुक़सान पहुँचाते हैं। इस धर्म में पैदा हुए कई सन्त–साधुओं के कारण यह हुआ है। दूसरों का भला उनकी ख़ूबी है और दूसरों को दर्द देना एक पाप है—ऐसी उनकी प्रवृत्ति है। वे निर्दोष, सीधे जानवरों, जैसे—गाय की पूजा और रक्षा करते हैं और यहाँ तक कि साँपों को सम्मान देते हैं। 'एक आत्मा सभी प्राणियों में वास करती है'—यही उनका सिद्धान्त है। पर यही महान स्पृश्य हिन्दू अपने ख़ुद के धर्म के लोगों को महाड़ तालाब से पानी लेने से मना करते हैं...

महाड़ के स्पृश्य महाड़ तालाब से अस्पृश्यों को पानी लेने की अनुमति इसलिए नहीं दे रहे कि पानी गन्दा हो जायेगा या वो हवा में विलीन हो जायेगा। वे विरोध कर रहे हैं क्योंकि वे अस्पृश्यों को अपने बराबर नहीं मानना चाहते हैं। भाइयो, आप लोग हमारे सत्याग्रह आन्दोलन का महत्त्व समझेंगे। कृपया यह मत सोचिए कि सत्याग्रह समिति ने आपको महाड़ तालाब का पानी पीने के लिए आमन्त्रित किया है। अतीत में तुमने कभी यह पानी इस्तेमाल नहीं किया। ऐसा नहीं कि इसके पानी के इस्तेमाल के बग़ैर हम मर जायेंगे। हमारा उद्देश्य यह साबित करना है कि हम भी

दूसरों की तरह मनुष्य हैं। इसलिए यह सम्मेलन सामाजिक समानता की स्थापना का आधार बनाने के लिए आयोजित हुआ है।[45]

ये या ऐसे उद्धरण हमें भारतीय पर्यावरणवाद के सामान्य मानवीय वृत्तान्तों में कभी नहीं मिलते हैं। यदि कभी मिलते भी हैं, तो उन्हें हमारी पर्यावरण परम्परा की एक अभिव्यक्ति नहीं माना जाता है बल्कि इसे साधारणतया सामाजिक न्याय के विमर्श के तौर पर देखा जाता है। जबकि भूमि, जल और कृषि पर अम्बेडकर का विस्तृत लेखन–मनन एक अलग परिप्रेक्ष्य की ज़मीन तैयार करता है–यहाँ पर्यावरण को जाति विषमता और अन्याय की कुरूपता से अलगाया नहीं जा सकता, यहाँ ग्रामीण परिदृश्य के विकास को इसमें अन्तर्निहित सामाजिक सम्बन्धों और शक्ति संरचना से अलग नहीं देखा जा सकता, यहाँ पर्यावरण को लोकतन्त्र के संक्रमण और परिवर्तन की चुनौतियों से जूझना होता है। यह भी कहा गया :

'अम्बेडकर ने कृषि अर्थव्यवस्था में काफ़ी योगदान किया जिसे प्रायः नज़रअन्दाज़ किया गया। अम्बेडकर को भूमि सुधारों का पिता माना जा सकता है। भारत में भूमि सुधारों की बुनियाद जिसे भारत सरकार ने आज़ादी के बाद लागू किया, काफ़ी पहले 1937 में पड़ गयी थी। उन्होंने ज़मीन की सीमा, सामूहिक कृषि, खोटी व्यवस्था, सूदख़ोरी, आदि पर भी अपने विचार व्यक्त किये।[46]

अपने जीवन अनुभवों, स्मृतियों और संघर्षों से प्रेरित अम्बेडकर ने कृषि विषयक दृष्टि और परिकल्पना बनाने में काफ़ी ऊर्जा लगायी : भूस्वामित्व और भूमि सुधारों के प्रति दलितों के गहरे लगाव का प्रतिनिधित्व; सवर्ण भूस्वामियों से मुक्ति और उनके साथ बराबरी; पानी को वर्चस्वशालियों से मुक्त कराना; व्यक्तिगत स्वाधीनता, राजनीतिक–सामाजिक समानता के नज़रिये से 'प्राकृतिक' विश्व पर दलितों की भी पहुँच और पकड़। अम्बेडकर ने एक सुविचारित और केन्द्रित कृषिवाद विकसित किया जिसके विविध पहलू थे–राजनीतिक, आर्थिक, सांस्कृतिक, पर्यावरणीय, आध्यात्मिक और नैतिक। अम्बेडकर के लिए यह केवल बौद्धिक कयास–भर नहीं था बल्कि वह प्राकृतिक और ग्रामीण पर्यावरण में दलितों की दावेदारी के लिए एक नया, राजनीतिक रूप से प्रखर विचार विकसित करने की कोशिश कर रहे थे। कृषिक हमेशा अनिवार्य तौर पर प्राचीन विचारों और परम्परावाद से ही प्रेरित नहीं हो सकते हैं। अम्बेडकर ने भी प्रत्यक्ष तौर पर ग्रामीण जीवन का एक रूमानी चित्र नकारते हुए उसका ठोस सामाजिक, राजनीतिक

और आर्थिक विश्लेषण किया। उन्होंने प्रायः प्राकृतिक संसाधनों पर अपनी चिन्ताओं को नागरिक अधिकार के मुद्दों के तौर पर प्रस्तुत किया। इनमें यह विश्वास व्यक्त होता था कि सबके अच्छे जीवन के लिए पर्यावरण संसाधनों पर पहुँच और पर्यावरण विषमताओं से मुक्ति ज़रूरी है–ऐसी परिकल्पना जो समकालीन पर्यावरण न्यायसम्मत आन्दोलनों में भी झलकती है। भारत में लोकतान्त्रिक कृषिक व्यवस्था की कई विविध परम्पराएँ हैं। ऐतिहासिक तौर पर लोकतान्त्रिक कृषिक मूल्यों, जैसे प्राकृतिक संसाधनों पर अधिकार, श्रम/श्रमिक का आर्थिक और नैतिक मूल्य, आर्थिक और राजनीतिक समानता की माँग, व्यक्तिगत स्वाधीनता का मूल्य, आदि की पृष्ठभूमि और प्रेरणा से अम्बेडकर ने जाति समाज और प्रकृति के स्पृश्य–अस्पृश्य रूपों और रंगों पर कुठाराघात करते हुए एक लोकतान्त्रिक ग्रामीण विकास की मुक्कमल नींव डाली।

अम्बेडकर के विचारों में भारतीय कृषक समाज के परिवर्तन के लिए भूमि और खेती का केन्द्रीय महत्त्व था। अपनी शुरुआती राजनीतिक गतिविधियों से लेकर अन्तिम दिनों तक अम्बेडकर ऐसे कई विचारों और कार्यक्रमों के प्रणता थे जिससे भूमिहीनों, किसानों और अस्पृश्यों के नज़रिये से भू–स्वामित्व, भू–राजस्व, भूमि रिकॉर्ड, भूमि वितरण, वन भूमि में बदलाव लाया जाये। अम्बेडकर को भारतीय अतीत से जिस प्रकार का कृषक समाज विरासत में मिला था, उसके बुनियादी आर्थिक और नैतिक विचारों का पुनर्गठन करते हुए उन्होंने ख़ासकर भू–स्वामित्व और वितरण और भूमि सुधार के सम्बन्ध में एक नये भारतीय कृषक बुद्धिजीवी परम्परा की नींव डालने और उसे मज़बूत बनाने की कोशिश की। उदाहरण के लिए, उन्होंने महाराष्ट्र विधानसभा के अन्दर और बाहर सभाओं, प्रस्तावों, विधेयकों के ज़रिये दमनकारी वातनदार महार व्यवस्था समाप्त करने का अभियान चलाया। वातनदार व्यवस्था अलग–अलग नामों से अलग–अलग राज्यों; जैसे–गुजरात, कर्नाटक आदि में भी प्रचलित थी। वातन अधिनियम के तहत सारे वातनदार महार थे, वे सरकारी नौकर थे और दिन–रात किसी भी समय किसी भी सरकारी विभाग/अधिकारी की मर्ज़ी के दास थे। न केवल एक महार बल्कि उसके परिवार के सारे सदस्य नौकर माने जाते थे और सरकारी विभाग की सेवा करते थे। सरकार वातनदारों की सेवा के लिए सीधे कोई मज़दूरी/वेतन नहीं देती थी। वातनदारों की आय के दो स्रोत थे : पहला, पुराने राजाओं द्वारा दी

गयी इनाम भूमि–ज़मीन का छोटा टुकड़ा; दूसरा, वलूता यानी वातनदारों द्वारा सवर्ण गाँवों से जमा किया अनाज। सरकार की वलूता तय या संग्रह करने में कोई भूमिका नहीं थी, वातनदार पूर्णतः सवर्ण भूस्वामियों पर निर्भर थे जो आमतौर पर ब्याज देने से मना करते थे। साथ ही, यदि उनके अधिकारी–पाटिल, कुलकर्णी, मामलादार ख़ुश नहीं, तो वातनदारों और उनकी मामूली आय के स्रोतों को ख़ारिज कर दिया जाता था। 'एक पाशविक व्यवस्था जिसका कोई न्यायिक औचित्य नहीं है', यह अम्बेडकर ने बम्बई विधानसभा में अगस्त 1928 में बम्बई हेरीडेटरी ऑफ़िसेज एक्ट में संशोधन का प्रस्ताव रखते हुए कहा था। अम्बेडकर ने यह विस्तार से बताया कि किस प्रकार किसी–किसी गाँव में यदि महारों ने रैयतों की इच्छा के विरुद्ध कुछ किया, तो तुरन्त उनका वलूता रोक दिया गया और उनका सामाजिक बहिष्कार किया गया। उदाहरण देते हुए उन्होंने बताया कि एक गाँव में महार का कोई सम्बन्धी जूता और मोजा पहनकर आ गया, इससे रैयत नाराज़ हो गये और उन्होंने वलूता रोक दिया। एक गाँव में एक महार ने अपना घर बनाने में टाइल लगा ली जिससे नाराज़ होकर रैयतों ने वलूता रोक दिया। अम्बेडकर तर्क देते हैं :

'यह ऐसी व्यवस्था है जो सारी आबादी को ग़ुलाम बनाती है। यह विकास का उत्साह, आगे बढ़ने के रास्ते अवरुद्ध करती है। मेरे विचार से ऐसी व्यवस्था को कोई भी सोचने–समझने वाला, संवेदनशील इन्सान स्वीकार करेगा।'[47]

यहाँ अम्बेडकर दलितों के लिए एक नये कृषक जीवन की परिकल्पना कर रहे थे–न केवल रैयतों पर तत्कालीन विजय हासिल करने के लिए, न केवल महारों को कुछ आर्थिक रियायत दिलाने के लिए, बल्कि सारी समस्या को एक व्यापक, दीर्घकालीन दृष्टि से देखने की कोशिश।[48] इसी प्रकार अप्रैल 1929 में चिपलुन, रत्नागिरी में अम्बेडकर ने कोठी प्रथा को चुनौती देना शुरू किया :

'यहाँ आने और आपके दुख–दर्द के मुद्दे उठाने के लिए मेरी ज़िन्दगी ख़तरे में है। मनुष्य नाशवान है। सबको एक दिन मौत आनी है। पर हमें अपनी ज़िन्दगी स्वाभिमान और बेहतर मानवीय ज़िन्दगी के लिए न्योछावर करने की प्रतिज्ञा लेनी चाहिए। हम ग़ुलाम नहीं हैं।'[49]

बम्बई प्रेसीडेन्सी में–मुख्यतः रत्नागिरी, कोलाबा और थाने ज़िले में कोठी प्रथा–ज़मीन की पट्टेदारी की प्रथा प्रचलित थी। यह प्रथा क़ानून,

परम्परा या दान–आधारित थी। सामान्य पट्टेदारी व्यवस्था से अलग जहाँ सरकार सीधे भू–स्वामियों से राजस्व वसूलती है, कोठी व्यवस्था में सरकार राजस्व वसूलने के लिए कोठ बहाल करती थी। कोठी प्रथा के तहत काम करने वाले रैयत निम्नतर माने जाते थे। उन पर कई तरह के नियन्त्रण होते थे–'एक तरह का दास जीवन।' कई बार कथित नीच रैयतों और कोठ के बीच हिंसक टकराव होते थे जिसमें कोठ की मौत होती थी। 1937 में अम्बेडकर ने कोठी प्रथा के उन्मूलन के लिए विधेयक प्रस्तुत किया। अम्बेडकर इन निम्नतर रैयतों और सरकार के बीच सीधा रिश्ता बहाल करना चाहते थे जिससे उन्हें रैयतों के सारे अधिकार मिल सकें। इसी साल उन्होंने बम्बई में किसानों का प्रदर्शन आयोजित किया। ऐसे एक प्रदर्शन के बाद उन्होंने मुख्यमन्त्री से मुलाक़ात करके अपना माँग–पत्र दिया जो कृषि सुधारों की एक प्रकार की सुविचारित रूपरेखा है :

'प्रतिनिधिमण्डल की पहली माँग थी कृषि मज़दूरों के लिए मज़दूरी का न्यूनतम स्तर। दूसरी माँग थी कि करों के बकाये माफ़ किये जायें क्योंकि राजस्व बकाये पहले ही माफ़ किये जा चुके हैं। उनका अनुरोध था कि कोठी और ईनामदार प्रथा के उन्मूलन–मुआवज़ा या इसके बग़ैर–के लिए तत्काल विधेयक बनाया जाये। जमींदारी–जो आर्थिक रूप से हानिकारक और सामाजिक रूप से अत्याचारी है–ख़त्म की जाये। आख़िरी माँग थी कि छोटे किसानों के सिंचाई करों में पचास प्रतिशत कटौती की जाये।'[50]

अम्बेडकर ने भू–राजस्व, पट्टेदारी, भूमि अधिग्रहण, भूमि खाते, वन भूमि, छोटे किसान और जोत, सहकारी कृषि, आदि के बारे में जटिल राजनीतिक और आर्थिक विचार विकसित किये जिन्हें एक साथ जोड़कर देखने से पर्यावरणीय संवेदनशीलता के साथ ग्रामीण विकास की एक भविष्य दृष्टि निर्मित होती है; जैसे, छोटे और बिखरे जोतों के बारे में अम्बेडकर की चिन्ताएँ गम्भीर थीं। उनके अनुसार खेतों की विभाजनदर; विभाजन और बिखराव की समस्या को ज़मीनों के संयुक्तीकरण की व्यापक योजना के ज़रिये सुलझाना चाहिए। संयुक्तीकरण और संरक्षण, दोनों एक–दूसरे से इतने गहरे जुड़े हैं कि एक के बग़ैर दूसरे की कल्पना नहीं की जा सकती है। साथ ही, उन्होंने यह भी देखा कि किसी खेत का आर्थिक या अनार्थिक होना अनिवार्यतः केवल उसके आकार–प्रकार

पर निर्भर नहीं करता है। उत्पादन के अन्य महत्त्वपूर्ण तत्त्व जैसे श्रम और पूँजी से भी आर्थिकता प्रभावित होती है। उनका कहना था :

'हम एक कृषि देश हैं और हमारी मिट्टी क्षीण हो गयी है। हम हज़ारों सालों से खेती कर रहे हैं और हम चाहे कोई भी कोशिश करें, ज़मीन की उत्पादकता नहीं बढ़ा सकते हैं...समस्या का निवारण खेतों का विस्तार करने में नहीं है बल्कि ऐसी सघन खेती करनी चाहिए जिसमें एक खेत में ज़्यादा पूँजी और श्रम से ज़्यादा उत्पादकता हासिल हो सके।'[51]

यह आर्थिक रूप से लाभकारी जोत है–मिट्टी, तकनीक, श्रम, फ़सल, पूँजी, आदि का कुशल प्रबन्ध। उन्होंने बेरोज़गार, निरुद्योग श्रम के बारे में लिखा :

'न्यूनतम ज़मीन पर निर्भर अधिकतम कृषि आबादी वाली खेती का मतलब है कि काफ़ी कृषक समाज फ़ालतू और बेकार रहता है...इस बेकारी का आर्थिक असर यह है कि हमारी कृषक आबादी ज़मीन पर बेतहाशा दबाव बनाती है।'[52]

अम्बेडकर ने ज़मीन अधिग्रहण और गाँवों की ज़मीन की बेहतरी के बारे में अपनी आवाज़ उठायी। वह वन भूमि के कुछ हिस्से पिछड़े वर्गों को आवंटित करना चाहते थे। वह चरागाहों की उपलब्धता के बारे में सचेत थे। उन्होंने भूमि रिकॉर्डों की ज़रूरत पर ज़ोर दिया। उन्होंने रासायनिक खादों और कृत्रिम उर्वरकों के फैलाव पर सवाल उठाया, और जैविक खाद और उपयोगी पशुओं की कमी पर चिन्ता ज़ाहिर की। उनका आग्रह था कि राज्य को कृषि क्षेत्र को नियन्त्रित और संचालित करना चाहिए–सामूहिक खेती के आधार पर खेती का सामूहिकीकरण होना चाहिए, और राज्य को पानी, उपकरण, खाद–बीज, आदि की आपूर्ति करके कृषि का समर्थन करना चाहिए।[53] ऐसे तमाम उपायों से आमतौर पर कृषि और विशेषकर अस्पृश्यों की स्थिति बदलेगी। यहाँ अम्बेडकर दलितों और किसानों के मुखर समर्थक थे।[54] महाराष्ट्र में 1950 और 60 के दशक में व्यापक भूमि सत्याग्रह और 'भुखमरी विरोध' में उनकी विरासत मिलती है।[55] कृषक न्याय की उनकी खोज भूमि केन्द्रित थी जिसमें एक नये समाज के निर्माण के लिए राजनीतिक अभियान पर ज़ोर था :

'अस्पृश्यों को गाँव त्याग देना चाहिए और उन्हें जहाँ भी ख़ाली ज़मीन मिले, उस पर कब्ज़ा करके खेती शुरू करना चाहिए। यदि कोई उन्हें रोके, तो उसका विरोध करना चाहिए और सरकार को उचित राजस्व

का भुगतान करके ज़मीन पर अपने स्वामित्व का दावा करना चाहिए। इस प्रकार वे अपने नये समाज में सम्मान के साथ जी सकते हैं। इन रास्तों से वे एक नया सम्माननीय, समतामूलक समाज निर्मित कर सकते हैं।'[56]

अम्बेडकर पानी के मुद्दे पर भी समान रूप से विचारशील और सक्रिय थे। वास्तव में अम्बेडकर की व्यक्तिगत और राजनीतिक ज़िन्दगी को पानी के उफानों के ज़रिये भी बयान किया जा सकता है। हिन्दूवाद में पानी को लेकर कई आस्थाएँ और विश्वास हैं। हमारे पर्यावरणवादियों ने भी पानी के मुद्दे को पूरी तरह से जाति के मुद्दे से अलग करके देखा है। पानी की परम्परागत व्यवस्थाओं की निर्विवाद प्रशंसा की गयी है : 'एक समुदाय के रूप में भारतीय गाँव पानी के महान संग्रहक रहे हैं, सम्भवतः दुनिया में सर्वोत्तम।'[57] पर यह एक कड़वी सच्चाई थी कि अम्बेडकर बार–बार ऐसे विचारों और व्यवहारों से दो–चार होते थे जिसमें पानी को पवित्रता के संरक्षण और प्रदूषण के उन्मूलन के लिए एक महत्त्वपूर्ण वाहक बनाया जाता था। प्रतीक तौर पर सवर्ण हिन्दू के लिए पानी शारीरिक स्वच्छता और आध्यात्मिक शुभता, पूजा–अर्चना के माध्यम, निर्मलता और शुचिता, धार्मिक कर्मकाण्ड जो प्रदूषण और गन्दगी दूर करता है, लोगों की शारीरिक और मानसिक 'शुद्धि', आदि के रूप में सोचा–समझा जाता है। पानी को लेकर ऐसे विश्वासों–व्यवहारों के कारण दलित पानी के स्रोतों और व्यवस्थाओं से बाहर या बहिष्कृत हो जाते हैं। दलितों के लिए पानी जीवन का स्रोत नहीं रहता है बल्कि निरन्तर पीड़ा और अलगाव का कारण बन जाता है।

महाड़ सत्याग्रह और मनुस्मृति जलाना दलित और अम्बेडकर के पानी संघर्ष के प्रतीक हैं। महाड़ सत्याग्रह का केन्द्रीय मुद्दा था सार्वजनिक जल स्थलों से पानी लेने के अस्पृश्यों के बुनियादी अधिकार की स्थापना जो अम्बेडकर के राजनीतिक विचार और कार्रवाई के विकास की भी एक ऐतिहासिक घड़ी थी। बम्बई प्रेसीडेंसी के कोलाबा ज़िले में स्थित महाड़ शहर तालुक का मुख्यालय भी था। इसकी आबादी 7–8 हजार थी जिसमें कोई 400 अस्पृश्य थे। यह एक पुराना सार्वजनिक तालाब था, नगरपालिका के अधीन बारिश के पानी और कुछ प्राकृतिक स्रोतों पर आधारित। तालाब के आस–पास, वास्तव में, हर तरफ़ सवर्ण हिन्दुओं के घर थे। अस्पृश्य कई कामों से शहर आते थे : सौदा–सुलुफ, सरकारी करों का भुगतान या सरकारी सेवक या सेवा। यही एक ऐसा सार्वजनिक तालाब था जिससे

कोई बाहरी व्यक्ति पानी ले सकता था, इसके बावजूद अस्पृश्यों को तालाब से पानी लेने की मनाही थी। 1923 में बम्बई विधानसभा ने यह प्रस्ताव भी पारित किया था कि सार्वजनिक कोष से निर्मित या सहायता प्राप्त सभी सार्वजनिक जलाशयों, कुओं और धर्मशालाओं में अस्पृश्यों का प्रवेश होना चाहिए। सरकार ने यह प्रस्ताव स्वीकार करके सम्बन्धित आदेश भी निकाल दिया था और महाड़ नगरपालिका ने जनवरी 1924 में यह आदेश स्वीकृत कर लिया था। इस सन्दर्भ में 19–20 मार्च, 1927 को महाड़ में अम्बेडकर की अध्यक्षता में अस्पृश्यों का सम्मेलन आयोजित करने का निर्णय किया गया। 20 मार्च को सम्मेलन ने यह निर्णय किया कि वे तालाब से पानी लेने के अस्पृश्यों के अधिकार की बहाली के लिए सामूहिक तौर पर तालाब जायेंगे। प्रतिनिधियों ने शान्तिपूर्ण तरह से तालाब की ओर कूच किया। अम्बेडकर वर्णन करते हैं :

'शहर के हिन्दू निवासियों ने यह दृश्य देखा। वे विचलित हो गये। वे आश्चर्यचकित हो गये क्योंकि उन्होंने पहले कभी ऐसा दृश्य नहीं देखा था। कुछ पल के लिए वे अवाक् और स्तम्भित हो गये। अस्पृश्यों का जुलूस तालाब तक पहुँचा और पहली बार उन्होंने तालाब से पानी पिया।'[58]

धार्मिक कट्टरपन्थियों को चुनौती पेश आयी, और तालाब के नज़दीक स्थित मन्दिर के पुजारी ने यह अफ़वाह उड़ा दी कि अस्पृश्य मन्दिर में प्रवेश की योजना बना रहे हैं। दंगा भड़क उठा। सवर्ण हिन्दुओं ने दलितों पर हमला किया, कई दलित गम्भीर रूप से घायल होकर अस्पताल पहुँचे। सवर्ण हिन्दुओं ने तालाब के पानी को अस्पृश्यों के स्पर्श के कारण अपवित्र क़रार करते हुए उसके शुद्धीकरण का धार्मिक कर्मकाण्ड आयोजित किया। फिर भी दलितों का संघर्ष जारी रहा और सवर्ण हिन्दुओं के आक्रामक रवैये के बावजूद उन्होंने 25 दिसम्बर को एक दूसरा सत्याग्रह शुरू किया। इस बीच महाड़ नगरपालिका ने पिछड़े वर्गों के लिए तालाब खोलने का अपना प्रस्ताव निरस्त कर दिया, कट्टरवादी हिन्दू नेताओं ने अम्बेडकर और उनके सहकर्मियों के ख़िलाफ़ अदालत में स्थगन याचिका दायर की। 1927 में हज़ारों दलित महाड़ में जमा हुए। उनका संकल्प था कि याचिका के ख़िलाफ़ तालाब पहुँचकर किसी भी क़ीमत पर पानी का अधिकार हासिल किया जाये। कई उतार–चढ़ावों के बीच अम्बेडकर ने सड़कों पर संघर्ष की बजाय न्यायालय में मुद्दा सुलझाया। 27 दिसम्बर

की सुबह उन्होंने दलितों से सार्वजनिक अपील की कि तालाब पर कूच करने से पहले दोबारा विचार करें और याचिका का अन्तिम फ़ैसला होने तक संघर्ष स्थगित करें। महाड़ की सड़कों पर एक प्रतीकात्मक जुलूस निकाला गया, पर तालाब से पानी नहीं लिया गया। अन्ततः बम्बई उच्च न्यायालय ने 1937 में अम्बेडकर के पक्ष में यह फ़ैसला किया कि सवर्ण हिन्दू किसी दैवी और रीति–रिवाज के आधार पर अस्पृश्यों को तालाब के पानी से वंचित नहीं कर सकते हैं। दूसरे महाड़ सम्मेलन में चार प्रस्ताव पारित किये गये–मानव अधिकार घोषणा–पत्र, मनुस्मृति का परित्याग, हिन्दू समाज में एक वर्ग की बहाली और सभी को पुरोहित पेशे में प्रवेश का अधिकार। जब तालाब का संघर्ष शिखर पर था, तभी 20 दिसम्बर को महाड़ में सार्वजनिक तौर पर मनुस्मृति जलाने का राजनीतिक कार्यक्रम हुआ। यह कार्यक्रम भी अस्पृश्यों के जल अधिकार की बहाली के अभियान का एक अभिन्न हिस्सा था। कई शोधार्थियों ने महाड़ सत्याग्रह के अर्थ और असर पर गहन शोध किये हैं और सत्याग्रह को एक ऐतिहासिक घटना के रूप में चित्रित किया है जिसने न केवल अस्पृश्यों को काफ़ी प्रभावित किया बल्कि एक नयी दलित राजनीति के उदय का सूत्रधार बना। अनुपमा राव का सारगर्भित निष्कर्ष है :

'महाड़ सत्याग्रह दलितों के अभिगमन और प्रवेश के मुद्दे पर एक आदर्श और परीक्षण का मामला बन गया–एक ऐसा मुद्दा जिसमें पहली बार दलित अधिकारों के पक्ष में न्यायालय का निर्णय हुआ। पर सत्याग्रह ने कई मुश्किल सवाल भी खड़े किये : क्या दलितों को तालाब से पानी लेने का अधिकार था, या सत्याग्रहियों ने एक 'नया' अधिकार प्रचारित किया? यदि दलितों को तालाब से पानी लेने का अधिकार था, तो अतीत में उन्होंने इस अधिकार की स्थापना का सवाल क्यों नहीं उठाया? क्या उनके एक नये अधिकार हासिल करने से हिन्दू जाति का यह तर्क खण्डित होता है कि सार्वजनिक जलाशयों पर दलितों के प्रवेश से धर्मग्रन्थों की वर्जनाएँ खण्डित होती हैं?'[59]

महाड़ सत्याग्रह की कई विचारोत्तेजक समीक्षाओं को हम 'लोकतान्त्रिक कृषिकरण' और समतामूलक पर्यावरणवाद के नज़रिये से देख सकते हैं। यह संघर्ष अस्पृश्यों, कृषक प्रकृति और पर्यावरणीय परम्परा की आपसी क़रीबी का भी प्रतीक है। अस्पृश्यों के लिए पानी का केन्द्रीय महत्त्व और सार्वजनिक जल स्थलों का दुरुपयोग और दुराग्रह

कई विभिन्न परम्पराओं और संगठनों के लिए एक सामान्य बिन्दु बन गया और इससे लोकतान्त्रिक कृषिकरण का एक मानवीय सिद्धान्त सामने आया।

पानी के मुद्दों के साथ अम्बेडकर का जुड़ाव जारी रहा। यह कोई संयोग नहीं है कि अम्बेडकर के बुद्ध अपनी सामाजिक संचेतना के शुरुआती पहर में पानी अधिकार के मुद्दे पर व्याप्त द्वन्द्व में एक विशेष पक्षपोषण करते हैं : रोहिणी नदी के पानी को लेकर साक्या और कोलिया राज के बीच हिंसक टकराव हो रहा था। जब साक्या के सेनापति ने नदी से पहले पानी लेने के सवाल पर कोलिया राज के ख़िलाफ़ ज़ंग का बिगुल बजाने के प्रस्ताव पर साक्य संघ का सत्र बुलाया तो बुद्ध ने अन्तर्राज्यीय जल विवाद के शान्तिपूर्ण समाधान का रास्ता सुझाया। सिद्धार्थ गौतम का प्रस्ताव अस्वीकार हो गया क्योंकि 'सेनापति ने उनके प्रस्ताव पर मतदान कराया। और युद्ध के प्रस्ताव को भारी बहुमत से स्वीकृति मिल गयी।'[60] अपने जीवन के उत्तरार्द्ध में अम्बेडकर ने जल संसाधनों और सिंचाई की योजनाएँ बनाने में महती योगदान किया। जल परियोजनाएँ इस सामाजिक और वैचारिक पृष्ठभूमि में साकार हुईं जहाँ नदियाँ पवित्र और देवी हैं, जहाँ शुद्ध साधन सम्पन्न लोग पानी के ज़रिये और शुद्ध और पवित्र होते हैं और अशुद्ध पानी में फौरी तौर पर अपनी अशुद्धता धोने और अशुद्धता साफ़ करने का जीवनभर बोझ उठाते रहते हैं।

II. दलित संचेतना और आधुनिक विकास की खोज

'मनुष्य को भौतिक और आध्यात्मिक प्रगति करनी चाहिए। समाज को नयी बुनियाद डालने का लक्ष्य बनाना चाहिए जिसे फ्रांस की क्रान्ति ने तीन शब्दों में—बन्धुत्व, स्वाधीनता और समानता; संयोजित किया है। फ्रांस की क्रान्ति का स्वागत इसके नारों के कारण किया गया। पर यह क्रान्ति समानता लाने में असफल रही। हम रूसी क्रान्ति का स्वागत करते हैं क्योंकि इसका मक़सद है समानता। पर यह कहने की ज़रूरत नहीं है कि समाज में समानता लाने में भाईचारे और स्वाधीनता की बलि चढ़ा दी जाये। भाईचारे और स्वाधीनता के बग़ैर समानता का कोई मूल्य नहीं है। ऐसा प्रतीत होता है कि ये तीनों बुद्ध के मार्ग में ही साथ—साथ रह सकते हैं। साम्यवाद कोई एक चीज़ दे सकता है, सब कुछ नहीं।'[61]

अम्बेडकर मशीन और आधुनिकता के साकार रूप और उसके संक्रमण, दोनों के प्रतीक हैं जो विकास की आकांक्षाओं और प्रतिबद्धताओं को नैतिक और आध्यात्मिक सरोकारों के साथ जोड़ने की कोशिश करते हैं। अम्बेडकर का लोकतान्त्रिक कृषकवाद विकास के लोकतान्त्रिकरण के साथ भी गहरे जुड़ा हुआ है जहाँ विकास को अधिकारों की भाषा–समानता, स्वाधीनता, सम्मान, स्वाभिमान और स्वीकृति की पहचान और अमल के रूप में देखा जाता है। भूमि, श्रम और सम्मान से वंचित अम्बेडकर का प्राकृतिक दुनिया में प्रवेश बिन्दु आमतौर पर प्राकृतिक संसाधनों पर दलित की पहुँच से प्रेरित होता है। साथ ही साथ इसमें गहन रूप से जुड़ते हैं असमानता, उत्पादन, नियोजन और वितरण के मुद्दे। अम्बेडकर की इस वैचारिक स्थिति के कारण वह समस्या और इसके समाधान के सामाजिक और आर्थिक पहलुओं से अपने को जुदा नहीं कर पाये। अस्पृश्य जाति और असमानता के ज़रिये प्रकृति के सम्पर्क में आते हैं, इसलिए अम्बेडकर के लिए इसका समाधान है प्राकृतिक सत्ता सम्बन्धों, उत्पादन प्रक्रियाओं, व्यवस्थाओं और सम्बन्धों और आर्थिक ढाँचे में बदलाव। आधुनिकता और विकास पर अम्बेडकर के विचारों की सम्यक समझ के लिए हमें उन व्यापक ऐतिहासिक, सामाजिक और राजनीतिक सन्दर्भों का महत्त्व समझना होगा जिसके तहत ये विचार गढ़े गये। इसका तत्कालीन महत्त्वपूर्ण सन्दर्भ था स्वाधीनता आन्दोलन और स्वाधीनता, लोकतंत्र और विकास की ओर यात्रा।

अम्बेडकर ने उद्योग, विज्ञान, तकनीक, आधुनिकीकरण, शहरीकरण, विकास और नियोजन पर काफ़ी विचार–विमर्श किया। उन्हें 'ख़ालिस आधुनिकतावादी कहा गया जो विज्ञान, इतिहास, तार्किकता, धर्मनिरेपक्षता और इस सबसे बढ़कर मानवीय विकास और विचार की यथार्थता के लिए राज्य की महत्त्वपूर्ण भूमिका' पर विश्वास करता था। अम्बेडकर ने युद्ध के बाद के दौर में आर्थिक नियोजन की रणनीति बनाने और पानी और बिजली के विकास की परिकल्पना करने में प्रत्यक्ष और ठोस भूमिका निभायी। देश की कुछ प्रमुख नदी घाटी परियोजनाएँ; जैसे दामोदर, महानदी और सोन और दक्कन की नदियों के विकास के परियोजनाएँ बनाने में अम्बेडकर की अग्रणी भूमिका थी। इन मुद्दों पर उनका विमर्श तत्कालीन भौतिक सम्बन्धों, गतिविधियों और सत्ता के साँचे में बनता–बिगड़ता है।

आधुनिकता के साथ गूँथा हुआ अम्बेडकर का व्यक्तित्व आमतौर

पर पश्चिम, ज्ञान, विज्ञान और सत्ता के बारे में उनके कुछ विशिष्ट विचारों और बयानों से जुड़ा है। उनकी आधुनिकता के केन्द्र में है एक ज्ञान से आलोकित व्यक्तित्व जिसने अपनी बुद्धिमत्ता और तार्किकता के विकास के ज़रिये ज्ञान, शक्ति और अधिकार हासिल किया है। यह धर्म, संस्कृति या परम्परा न होकर मनुष्य की तार्किकता है जो उसे समाज को देखने–समझने की क्षमता देता है। वैज्ञानिक प्रवृत्तियों और तरीक़ों के ज़रिये तार्किक विचारों के प्रचार–प्रसार ने उसे 'सही' सोच दी है और ऐसी सोच से ही उसे राजनीतिक स्वाधीनता और प्रगति का रास्ता हासिल हुआ है। इसलिए अम्बेडकर के लिए आधुनिकता का विचार, तर्कसंगतता, वैज्ञानिक ज्ञान और लोकतन्त्र से प्रतिबद्ध है। दलितों की आधुनिकता का अनुभव अलग है। मोटे तौर पर यह कहा जा सकता है कि बीसवीं सदी की शुरुआत और आज़ादी के बाद के दौर में दलित पर्यावरणीय और बौद्धिक स्थल से बाहर थे जिनमें केवल/मुख्य तौर पर सवर्ण हिन्दू बसते थे। वे शिक्षा, उद्योग, रोज़गार और प्रगति के परे थे। वे औद्योगिकीकरण और विकास को ऐसे समूह की नज़र से देख–परख रहे थे जो अभी भी अर्थव्यवस्था के बाहर था।[62] स्वाधीनता और लोकतन्त्र, अतीत और भविष्य के विमर्श उन तक जाति और प्रदूषण की भाषा और अर्थ में पहुँचते थे। प्रकृति और औद्योगिक शोषण, कई दलितों के लिए भी था, पर उसके सामाजिक अर्थ और स्वीकृति अलग थे। शहरों में प्रवास और काम करने वाले दलित आमतौर पर गाँवों में व्याप्त अत्याचार और प्रदूषण की स्थिति से अपेक्षाकृत बेहतर थे। गाँवों और जाति के दमन के विशिष्ट इतिहास में दलितों में कम या ज़्यादा असुरक्षा के बीज रहते हैं और इस सन्दर्भ में ही उनकी प्राकृतिक स्थिति और अनुभव शक्ल लेते हैं। इस तरह जब दलित प्रकृति और पर्यावरण की बात करते हैं, तो वे प्रायः ग़ैर–दलितों जैसी भाषा का ही इस्तेमाल करते हैं, पर वे इस भाषा से अपने मन–मस्तिष्क में व्याप्त अलग अनुभवों, अपनी अलग प्रकार की समस्याओं और अपने अलग मतलबों की बानगी देते हैं। पहले तो उन्होंने मुख्यधारा की राजनीतिक परम्पराओं से हासिल तर्कों के ज़रिये ग़ैर–दलित, सवर्ण समुदाय को सम्बोधित किया और कभी उसका प्रतिकार किया। इसके अलावा और इतना ही महत्त्वपूर्ण, उन्होंने इस भाषा के ज़रिये दलित समुदाय को सम्बोधित किया–किस प्रकार अपने अधिकारों और मूल्यों को बचाया–बढ़ाया जा सकता है। इस प्रकार

अम्बेडकर एक प्रकार दोहरे अनुवाद में संलग्न थे। इसका नतीजा था दलित विकास और पर्यावरणीय सोच की एक नयी परम्परा–ऐसी परम्परा जो वर्चस्वशाली विमर्श की तीखी आलोचक थी, साथ–ही–साथ उसका यह गम्भीर आग्रह था कि किस प्रकार प्राकृतिक दुनिया को जाति दमन की सामाजिक दुनिया की समस्याओं से जूझने के लिए रूपान्तरित किया जा सकता है।

यह भी सच है कि अम्बेडकर की आधुनिकता का एक जटिल वजूद है जिसे बेहद विरोधाभासी नज़रियों से देखा जाता है। उन्हें एक 'समालोचनात्मक आधुनिकतावादी' बताया गया जिसमें बौद्ध धर्म ने एक महत्त्वपूर्ण भूमिका निभायी और उन्हें आधुनिकता के पक्के पुजारी से बदलकर उसका समीक्षात्मक समर्थक बनाया। यह कहा गया कि अम्बेडकर एक ऐसी हस्ती थे जिसने अपने वर्तमान अनुभवों के आधार पर अतीत और भविष्य की व्याख्या की।[63] अम्बेडकर द्वारा वर्तमान परम्पराओं के सम्पूर्ण नकार के सन्दर्भ में यह निष्कर्ष निकाला गया :

'अम्बेडकर की सांस्कृतिक राजनीति की मुख्य मान्यता यह है कि जाति व्यवस्था भारतीय समाज के जीवन के सभी हिस्से में मूलभूत रूप से शामिल है। जाति प्रकृति उन सभी संस्थाओं में है जो भारतीय समाज ने अपने सदियों के इतिहास में बनाये और अतीत में इसके ख़िलाफ़ सारे आन्दोलनों को मुँह की खानी पड़ी। इस समझ के कारण अम्बेडकरवादियों में आधुनिक विकास के प्रतिमानों को लेकर मज़बूत पसन्द विकसित हुई। लाक्षणिक तौर पर यह कहा जा सकता है कि मशीन और महानगरों के मिलने को अस्पृश्यता ख़त्म करने वाले एक नये समाज के आगमन की घड़ी के रूप में देखा गया। इन कारणों से बाबासाहब आधुनिक व्यवहारों के महान समर्थक थे। उनकी और अन्य शूद्र नेताओं की मान्यता थी कि पूँजीवाद के संस्थान जाति व्यवस्था के शिकंजों से मुक्त हैं।[64]

कुछ अन्य का मानना है कि अम्बेडकर का व्यक्तित्व भारतीय पुनर्जागरण और पुनर्विकास का प्रतीक था जिसने हिन्दू लौकिक–पारलौकिक विश्वासों और मान्यताओं के तार्किक पुनर्मूल्यांकन की माँग की और नये जाति और लिंग भूमिकाओं और आधुनिकता के मौलिक और लोकतान्त्रिक अर्थ की परिकल्पना की।[65] कुछ आलोचकों के अनुसार अम्बेडकर भारतीय इतिहास में व्याप्त भीषण असमानताओं से यन्त्रणापूर्ण परिचित थे, पर इसकी भयंकरता से दूर जाने या उसे समाप्त करने की फौरी तत्परता

में वह पश्चिमी आधुनिकता के विनाशकारी ख़तरों को देखने–समझने में असफल रहे।'[66]

1. मशीन, मानव, आधुनिकता

'यह कहा जाता है कि मशीनरी और आधुनिक सभ्यता ने अपेक्षाकृत चन्द हाथों में नियन्त्रण और प्रबन्ध केन्द्रित करने में मदद की है और बैंकिंग और वाणिज्यिक तन्त्रों से सभी उत्पाद, कारखाने और मिल भी कुछ हाथों में केन्द्रित हो रहे हैं जिनमें लाखों लोग अपने घरों से हज़ारों मील दूर रहकर ख़ून–पसीना बहाकर काम करते हैं। यह भी कहा जाता है कि मशीनरी और आधुनिक सभ्यता से अब तक होने वाले युद्धों के नुक़सान से भी ज़्यादा लोग मौत, अपाहिजता और बीमारी के शिकार हुए हैं और इस सभ्यता से प्रत्यक्ष या परोक्ष तौर पर बीमारी, शारीरिक क्षय, बड़े शहरों के विकास से धुआँ, गन्दगी, शोरगुल, गन्दी हवा, स्लम, वेश्यावृत्ति और अप्राकृतिक जीवन, आदि दुष्परिणाम आये हैं। पर ये सभी तर्क पुराने और पिटे–पिटाये हैं। इसमें कुछ भी नया नहीं है...

मशीनरी और आधुनिक सभ्यता मनुष्य को पशुवत जीवन जीने की मजबूरी से मुक्ति और उनके लिए विश्राम और संस्कृतिपूर्ण जीवन की सम्भावना के लिए अपरिहार्य है। मशीनरी और आधुनिक सभ्यता की आलोचना करने वाला इन्सान इसके मक़सद को समझने में असमर्थ है और मानव समाज इसके ज़रिये क्या हासिल करने के लिए कटिबद्ध है...जो समाज लोकतन्त्र में विश्वास नहीं करता है, वह मशीनरी और इस पर आधारित सभ्यता से उदासीन रह सकता है। ऐसा अलोकतान्त्रिक समाज चन्द लोगों के लिए आराम और सांस्कृतिक जीवन और ज़्यादा लोगों के लिए दासता और कठोर जीवन से सन्तुष्ट रह सकता है। पर एक लोकतान्त्रिक समाज को अपने हर नागरिक के लिए आराम और सांस्कृतिक जीवन की गारंटी करनी चाहिए। यदि उपरोक्त विश्लेषण सही है, तो एक लोकतान्त्रिक समाज का नारा होना चाहिए–मशीनरी, और मशीनरी। संस्कृति, और संस्कृति!'[67]

अम्बेडकर की आधुनिकतावादी कल्पना, विकासवादी परिप्रेक्ष्य और इनके बीच समाज और प्रकृति के अन्तःसम्बन्धों की क्रिया–प्रतिक्रिया के बारे में विचारों की जटिलता पर सम्यक् समझदारी आसान नहीं है, पर

यह भारतीय पर्यावरणवाद की विरासत की खोज के लिए अत्यावश्यक है क्योंकि हमारे पर्यावरणविदों ने विरासत की इस धारा को सतही तौर पर ख़ारिज कर दिया है। इस खोज से समाज और मानवजाति के बीच के बहुआयामी सम्बन्धों–एक सामाजिक गठन, न कि प्राकृतिक या जैविक जीव और पर्यावरण के साथ इसके जटिल रिश्ते की समझ का आधार बनता है। यह समझ इसलिए भी ज़रूरी है क्योंकि समाज–पर्यावरण के बीच की अन्तःक्रिया में प्राकृतिक, शारीरिक, भौतिक पड़ाव या मंज़िल किसी–न–किसी प्रकार से अन्ततः लोगों और उनकी उत्पादक गतिविधियों (पेशा, श्रम, आजीविका, आदि) से जुड़े होते हैं। इसलिए दलितों के जीवन्त जीवन की विकास रणनीति के निर्धारण के लिए एक दार्शनिक–सामाजिक नज़रिया रखना निर्णायक महत्त्व की बात है।

अम्बेडकर विरासत की अपनी कल्पना में किसी हिचक और सन्देह के बग़ैर यह मानते हैं कि दलितों की बुनियादी सामाजिक–आर्थिक समस्याओं का समाधान है उनके अस्तित्व और रोज़गार का सामाजिक पुनर्गठन, उन्हें सामूहिकवाद और नियोजित विकास की परिकल्पना के आधार पर पुनर्नियोजित करना जिससे समाज के एक हिस्से का दूसरे पर शोषण समाप्त हो और प्रकृति और उसके संसाधनों के साथ मानव समाज की गति वास्तव में तार्किक, मानवीय और सामाजिक आधारों पर प्रेरित हो। वैज्ञानिक–तकनीकी विकास की प्रकृति देखते हुए अम्बेडकर इस पर बात भी समान रूप से ज़ोर देते थे कि नये आर्थिक और तकनीकी शक्तियों द्वारा प्रकृति के रूपान्तरण से न केवल हमारे प्राकृतिक परिवेश की अलग–अलग इकाइयों पर एक जीवन्त असर पड़ेगा, बल्कि इससे पूरे समाज के बदलाव की सम्भावनाएँ पैदा होंगी, साथ–ही–साथ इसके अविभाज्य जैव–सामाजिक पक्ष–मानव और मानवता के लिए भी नये रास्ते प्रशस्त होंगे। इसलिए अम्बेडकर ने 'मानवीय व्यक्ति' का उल्लेख किया जिसमें वह 'हमारी सबसे बेशक़ीमती चीज़ों और हमारी ज़िन्दगियों को मानवीय व्यक्ति के अधिकारों के लिए न्योछावर करने' की वकालत करते हैं। आधुनिकता के अन्तःकरण में उनका मनुष्य एक मुकम्मल व्यक्ति है जो अपने हाथों में अपनी प्रज्ञा और संकल्प धरता है, केवल शारीरिक तौर पर नहीं बल्कि ज्ञान और प्यार के आधार पर एक आध्यात्मिक परा–इकाई के तौर पर जहाँ वह ख़ुद एक प्रकार से अपने–आप में ब्रह्माण्ड है, एक सूक्ष्म जगत जिसमें ज्ञान के ज़रिये सारी दुनिया समाहित हो सकती है।[68]

अम्बेडकर का बुद्ध मनुष्य को विवेक के रास्ते की ओर अग्रसरित करता है–एक स्वाधीन मनुष्य सच की तलाश में। उसका धर्म (धम्म) उससे स्वतन्त्र मस्तिष्क और स्वतन्त्र विचार के लिए प्रेरित करता है जहाँ यथार्थ तथ्यों पर निर्भर है और विचार तार्किकता पर आधारित। स्वाधीनता की चाह में अम्बेडकर बुद्ध के शिक्षण को पुनर्जागरण की खोज और एक नये जीवन की आकांक्षा के रूप में चित्रित करते हैं। बुद्ध और उनके धम्म का शिक्षण है प्रजना (अन्धविश्वास और प्राकृतिक व्यवस्था के ख़िलाफ़ समझदारी), करुणा (संवेदना) और समता का निर्माण। कार्य और कारण के ऐसे नये विश्व में, इसकी तमाम जटिलताओं समेत, कुछ भी अमोघ नहीं है, न ही कुछ अन्तिम है। हर चीज़ पुनर्मूल्यांकन और पुनरीक्षण के लिए प्रस्तुत है। नये ज्ञान और अन्वेषण, नयी विचारशीलता और समभाव के साथ उनका बुद्ध मनुष्य द्वारा ज्ञान के उपयोग की प्रकृति के प्रति भी संवेदनशील है। ज्ञान का महत्त्व केवल ज्ञान के लिए नहीं है। अम्बेडकर के लिए मनुष्य के जीवन में प्रमुख है उसकी संचेतना और संज्ञानात्मक संचेतना का मतलब है ज्ञान और सूचना का प्रवाह, साथ ही साथ आन्तरिक तथ्यों और बाह्य घटनाओं, दोनों की पकड़ और प्रशंसा। नैतिकता के रास्ते पर चलते हुए तभी अम्बेडकर यह कहते हैं :

'दुनिया के इतिहास में कभी भी मुक्ति की योजना इतनी स्पष्टता से नहीं बनाई गयी–अपनी प्रकृति में सरल, अलौकिक और दैवी प्रतिनिधियों से मुक्त, स्वाधीन; और आत्मा, ईश्वर और मृत्यु के बाद पुनर्जन्म जैसे विश्वासों के प्रखर रूप से विरोधी।'[69]

अम्बेडकर आधुनिक मनुष्य के बारे में एक जटिल नज़रिया रखते हैं और इसके लिए मानवीय ज्ञान की आपसी एकता के महत्त्वपूर्ण सिद्धान्त का आधार बनाते हैं। यही आधार अस्पृश्यों के सामने आने वाली प्रमुख समस्याओं से निबटने के प्रयास में सामाजिक, प्राकृतिक और तकनीकी विज्ञानों की एकता स्थापित करने का काम करता है। एक असमान और जाति–संचालित समाज में अम्बेडकर प्रकृति, समाज और विज्ञान की पारस्परिक क्रिया में बढ़ोतरी और बेहतरी के पक्षधर थे। यह तार्किक तौर पर उभरकर आता है कि पारस्परिक क्रिया विशेषकर मानवतावाद के साँचे में प्रकट होती है जिसका केन्द्र है दलित। इसलिए अम्बेडकर का यह कथन काफ़ी समीचीन है :

'आधुनिक विवेक के विजय का आधार बनाता है–जादुई और जड़

धार्मिक विश्वदृष्टि से पूरी आज़ादी। उन्होंने इसे समझने के लिए हमेशा तीन–स्तरीय इतिहास लेखन/समझ का सुझाव दिया। विवेक की विजय से मानवीय व्यक्ति और उसके विशिष्ट मूल्यों का महत्त्व स्थापित हुआ। विवेक मानव जाति का वह गुण है जो उसकी समझदारी, मूल्यांकन, विचार और निर्णय में व्यक्त होता है। साथ–ही–साथ यह विज्ञान और तकनीक, आधुनिक संस्थाओं के उदय और प्रकृति के साथ मनुष्य के अन्तर्सम्बन्धों में भी शक्ल लेता है।[70]

अम्बेडकर ने 'प्रकृति की ओर वापसी' के विचार पर सवाल उठाये और इस पर गाँधी से ज़ोरदार बहस की। अम्बेडकर के अनुसार प्रकृति की ओर वापसी का मतलब है भौतिक उत्पादन का नकार और समाज और प्रकृति का विलय। वह इस बात से निरन्तर चिन्तित थे कि ऐसी स्थिति की सम्भावना में अस्पृश्यों का श्रमिकों के रूप में अस्तित्व और विकास ख़त्म हो जायेगा, क्योंकि अस्पृश्यों को सवर्ण हिन्दुओं से अलग करने वाली मुख्य बात है एक व्यक्तिगत और सामाजिक इकाई के रूप में श्रम की सम्भावनाएँ। अस्पृश्यों और स्पृश्यों के बीच का यह फ़र्क़ सामाजिक और प्राकृतिक परिघटनाओं के बीच की सभी प्रमुख विभिन्नताओं को प्रभावित करता है। दूसरे शब्दों में, अम्बेडकर के अनुसार, कोई भी समाज उत्पादन के बग़ैर नहीं होता है और ऐसा क़तई होना भी नहीं चाहिए। अम्बेडकर का वैचारिक परिप्रेक्ष्य जाति के ऐतिहासिक रूप से सर्वव्याप्त बोझ की आर्थिक असलियत से सृजित होता था जहाँ अस्पृश्यों के लिए आगे के सारे रास्ते बन्द थे और वे जानवरों का जीवन जीने के लिए मजबूर थे, इसलिए उन्होंने प्रकृति की ओर वापसी के प्रस्ताव भर को बकवास बताया। उन्हें अपने विचारों को लेकर कोई पछतावा नहीं था, पीछे देखने का कोई सवाल ही नहीं, केवल नयी ज़िन्दगी और आगे की गति की चाहत और आग्रह। उनके सामने प्राकृतिक और सामाजिक परिस्थितियों को बार–बार बदलते रहने के अलावा कोई और विकल्प नहीं था। अम्बेडकर कहते हैं :

'भारत में कई ऐसे पेशे हैं जिन्हें हिन्दू नीचा मानते हैं, इसलिए इन पेशों में संलग्न लोग अपमानित और उत्तेजित होते हैं। इसलिए लोगों में हमेशा ही इन पेशों से पीछा छुड़ाने या उन्हें त्यागने की इच्छा रहती है। इसका मुख्य कारण है हिन्दू धर्म द्वारा इन पेशों को पूरी तरह कलंकित और तिरस्कृत करना और इसने लोगों की गरिमा और समझ को गहरे प्रभावित किया है।[71]

समाज और प्रकृति के बीच सम्बन्धों को परिभाषित करने में अस्पृश्य श्रमिक और उनका श्रम एक महत्त्वपूर्ण कोटि बन जाते हैं जो मनुष्य और उसके स्थूल, भौतिक पर्यावरण के बीच के आपसी आदान–प्रदान को नियन्त्रित, परिवर्तित और संवाहित करते हैं। अस्पृश्य श्रमिक, उद्योग और उत्पादन के माध्यम से प्रकृति के साथ एक पारस्परिक रिश्ता बनाते हैं, क्योंकि वे अब बँधुआ नहीं हैं और पहले से कहीं ज़्यादा आज़ादी के साथ स्थानान्तरण कर सकते हैं। जाति के शिकंजे से श्रम की मुक्ति की दो अन्तःसम्बन्धित प्रवृत्तियाँ हैं : (1) सकारात्मक है, व्यक्तियों की भौतिक और आध्यात्मिक ज़रूरतों की पूर्ति की सम्भावना और (2) नकारात्मक है जिससे काम, रोज़गार और कार्यस्थलों पर दलितों के लिए बन्दिशें समाप्त होती हैं। अम्बेडकर की समझ में, ये प्रवृत्तियाँ सामाजिक और आर्थिक विकास, लोकतन्त्र के ज़रिये मानव और प्रकृति के सम्बन्धों के पुनर्गठन और परिवर्तन की प्रक्रिया की तीव्रता से भी विकसित होती हैं। अम्बेडकर के अनुसार :

'श्रमिक राजनेताओं से ज़रूर ही ये सवाल कर सकते हैं कि कितने बेघर लोगों को उपयुक्त घर मुहैया कराया गया है, कितने नंगे लोगों को पर्याप्त वस्त्र दिये गये हैं, कितने भूखे आदमियों और औरतों को पूरा पोषण मिला है, कितने अशिक्षित लोगों को शिक्षा मिली है, कितने बीमारों का स्वास्थ्य बहाल किया गया है, क्या युद्ध पर होने वाला ख़र्च सार्वजनिक सेवाओं के लिए आवंटित हुआ है?'[72]

अम्बेडकर 'भारत के भयानक, मृत अतीत के पुनर्जीवन और पुनर्गठन' के बारे में बेहद कटु थे। उनके अनुसार 'यह संकीर्णता की पराकाष्ठा है। जहाँ तक भारत का सवाल है, यह एक घोर प्रतिक्रियावादी धारा है जो वास्तव में पुरातन की वापसी का आह्वान कर रही है।'[73] अम्बेडकर की स्पष्ट राय थी कि अतीत की ओर वापसी और प्रकृति की ओर वापसी, दोनों साथ–साथ हैं, यद्यपि उनके दौर में व्यक्त विभिन्न स्थापनाओं में पूर्व औद्योगिक या भौतिक उत्पादन के ग्रामीण स्वरूपों को भी अपनाने की चर्चा की जा रही थी। जाति–शासित गहरे रूप से श्रेणीबद्ध समाज में ऐसे पुरातन समाजों या प्रकृति की ओर वापसी अपनी असलियत में दलितों के लिए बेहद प्रतिगामी साबित हो सकती है। जाति के अधीन प्रकृति और अतीत से दूर अम्बेडकर का मनुष्य उत्पादन के नये सामाजिक क्षेत्र में मशीन, उद्योग और शिक्षा के साथ अपने स्व–विकास और स्व–गति के

लिए तत्पर है। अम्बेडकर की दुनिया में, मशीन दलितों के लिए केवल एक प्रस्थान बिन्दु है अधिकारविहीनता से सामर्थ्य हासिल करने की यात्रा में। एक सम्माननीय, समर्थ जीवन हासिल करने के लिए उसे ज्ञान, कौशल, मानवीय संसाधन आदि के कठिन रास्ते से गुज़रना होगा, तभी वह अपने और समाज के लिए कुछ उत्पादक कर पायेगा। पर अम्बेडकर के मनुष्य, मशीन और आधुनिकता के मिलन बिन्दु पर कुछ निर्णायक घड़ियाँ आती हैं : (1) अस्पृश्यों की पहचान, क्योंकि उनकी आजीविका उनके परिचय, आज़ादी और गति का भी सूचक है; (2) उनकी मध्यस्थता, क्योंकि वे दूसरे के स्पर्श से पाक–साफ़/प्रदूषित होते हैं; (3) उनका व्यक्तिगत और सामाजिक रूपान्तरण, क्योंकि काम के ज़रिये उनकी बुनियादी मानवीय ज़रूरतों की पूर्ति होती है। अन्ततः, एक मौजूद सामाजिक और प्राकृतिक वातावरण में, मशीन/मानव/आधुनिकता की कड़ी एक जीवन–परिवर्तन प्रक्रिया हो सकती है जो सिद्धान्त और व्यवहार में असीमित होती है। यहाँ मनुष्य और मशीन के ज़रिये प्रकृति न केवल हमारी मौजूदा ज़रूरतों की पूर्ति करती है बल्कि एक नयी शख़्सियत बनाती और सामने लाती है : 'मनुष्य को पशुवत जीवन जीने से आज़ादी, उसके लिए विश्राम और संस्कृतिपूर्ण जीवन की सम्भावना।'[74] यहाँ अस्पृश्य अपनी नयी आर्थिक स्थिति के कारण नये प्रकार के उद्योग और उत्पादन का विकास करता है जो अतीत से भिन्न है। इससे स्वाधीनता की नयी प्रक्रियाएँ शुरू होती हैं। अपने विचार के शुरुआती दौर में ही अम्बेडकर ने समझा था कि किस प्रकार जाति समाज ने दलितों को पूरी तरह तोड़ डाला है, पर इसके साथ–साथ उनमें प्रकृति से अन्तरंग सम्बन्ध क़ायम करने और मानवीय औज़ारों और उपकरणों से प्रकृति के रूपान्तरण और अपने आर्थिक जीवन की बेहतरी की गहरी जिजीविषा है। पर यह तर्क भी दिया गया है कि दलितों के लिए एक नये आर्थिक और सामाजिक फ़लक की खोज में अम्बेडकर आधुनिकता की अपनी सम्यक् आलोचना में कमज़ोर थे और आधुनिक पूँजीवादी अर्थव्यवस्था के मूल्यांकन में लगातार सात–पाँच करते रहे। यद्यपि वह एक वैकल्पिक आर्थिक व्यवस्था की खोज के विरुद्ध नहीं थे, उन्होंने इस विषय पर अपनी ज़्यादा ऊर्जा नहीं लगायी। इस सन्दर्भ में राजनीतिक विचारक सुहास पलसीकर टिप्पणी करते हैं : 'उन्होंने सम्भवतः यह सोचा कि आधुनिकता की ताक़तें जाति समाज की जड़ें काटती हैं, इसलिए वह आधुनिकता में निहित हानियों के बारे में आश्वस्त नहीं थे।'[75]

दार्शनिक और मनोवैज्ञानिक जॉन डीवी के शिक्षा, उदारतावाद, लोकतन्त्र सम्बन्धी विचारों से गहरे प्रभावित और गैलीलियो, न्यूटन और डार्विन के सत्य की मीमांसा करने वाली वैज्ञानिक पद्धतियों के प्रशंसक अम्बेडकर का शिक्षा–ज्ञान आग्रह एक विविध और बहुआयामी विचार था। इसमें प्राकृतिक और सामाजिक हलकों में तर्क, प्रगति, सम्पन्नता, नैतिकता, त्याग और आध्यात्मिकता का संयोग था। बौद्धिकतावाद की परम्परा में अम्बेडकर के विचार सार्वजनीन थे, साथ ही उन्हें व्यक्ति की बेहतरीन बौद्धिक और शारीरिक क्षमता के स्तर पर भी आजमाया जाता था। उनका अर्थ और उत्साह आशावादी था, जहाँ उनका अभिप्राय यह था कि जाति, दमन, पेशे के बन्धन से मुक्त होकर अस्पृश्य निरन्तर तकनीकी/वैज्ञानिक, सामाजिक और नैतिक प्रगति हासिल कर सकते हैं। उनका विश्वास था कि मानवीय विवेक, न्यूटन की तरह, न केवल प्राकृतिक दुनिया की खोज कर सकता है बल्कि सामाजिक दुनिया के नियमों का भी उद्‌घाटन सम्भव है। अस्पृश्य अपने विवेक और ज्ञान के ज़रिये न केवल बाह्य प्रकृति बल्कि आन्तरिक प्रकृति के भी नियन्ता हो सकते हैं। 'यहाँ' और 'यहीं' से प्रेम करने वाले पर्यावरणवादियों–एक स्थल के प्रति भावनात्मक और मनोवैज्ञानिक लगाव के विपरीत अम्बेडकर का स्वत्व आन्तरिक न होकर मुख्यतः बाहरी परिवेश में स्थित था। इसलिए उनके लिए यह कथन सम्भव था :

'गाँधी जी, मेरी कोई मातृभूमि नहीं है...कोई रत्ती मात्र भी स्वाभिमानी अस्पृश्य इस भूमि पर गौरव नहीं करेगा। इस भूमि में हमारे ऊपर अन्याय और पीड़ा इतनी ज़्यादा है कि यदि हम जाने–अनजाने इस देश के साथ विश्वासघात करने लगते हैं, तो इसकी ज़िम्मेवारी पूरी तरह से इस भूमि की होगी।'[76]

यहाँ ये मुद्दे महत्त्वपूर्ण हैं कि क्या हम संस्कृतियों, परम्पराओं और लोगों को प्राकृतिक, पर्यावरण निर्मित या मानव–निर्मित मानते हैं; क्या हम मनुष्यों को एक विशिष्ट प्राकृतिक परिवेश में स्थिर और जड़ीभूत या मूलतः परिवर्तनकामी मानते हैं; क्या हम मानवीय पहचान को प्रकृति द्वारा निर्धारित या स्वायत्त और स्वनिर्धारित मानते हैं।

2. आधुनिक मनुष्य की पारिस्थितिकी

भौतिक और प्राकृतिक पर्यावरण के साथ अम्बेडकर के सम्बन्ध में लगातार एक निर्णायक तत्त्व था–देश की आज़ादी के संघर्ष में अस्पृश्यों की स्थिति तय या विकसित करने के लिए वैज्ञानिक और तकनीकी ज्ञान के विकास का स्तर और तत्कालीन सामाजिक माहौल। स्वाधीनता आन्दोलन के दौर ने अम्बेडकर के विकास और पर्यावरण की समझदारी पर असर डाला। मनुष्य और पर्यावरण के बीच एकता या समरसता का विचार अस्पृश्यों के लिए मतभेद का एक महत्त्वपूर्ण मुद्दा था, क्योंकि अम्बेडकर के समय के ज़्यादातर चिन्तक की वैचारिक अवधारणा में पर्यावरण की परिकल्पना उन्हीं दार्शनिक, आर्थिक और वैज्ञानिक नज़रिये से की जा रही थी जिसके तहत समाज में प्राकृतिकवाद, जैविकता और जड़वत विशेषताएँ देखी जाती थीं। साथ–ही–साथ, विचारकों और नेताओं के विश्लेषण और गतिविधियों का एक मुख्य साँचा था 'जाति' और समुदाय। इन सबमें 'समुदाय' पर सबसे ज़्यादा ज़ोर था और यह महात्मा गाँधी जैसे राजनेताओं का एक प्रमुख सैद्धान्तिक आधार था। एक प्रकार से, समुदाय उसी प्रकार से समाज के लिए निर्मित और अनिवार्य था जैसे पशुओं और पौधों की पारिस्थितिकी के लिए जीवमण्डल महत्त्वपूर्ण होता है। इस अवधारणा में मनुष्य, पौधे और पशु सभी एक साथ समुदाय के अंग हैं। समुदाय की परिकल्पना ऐसी है कि वह एक साथ धार्मिक, देशिक और कार्यकारी इकाई है। इन सन्दर्भों में अम्बेडकर यह स्थापित करना चाहते थे कि मानव समाज में कोई नैसर्गिक सहजीवन नहीं है, और इसकी जगह वह अलग, विशिष्ट 'मानवीय' तत्त्वों की पहचान की कोशिश कर रहे थे। एक ऐसा महत्त्वपूर्ण तत्त्व था दलित श्रम की मुक्ति। ऐसा ही एक अन्य विशिष्ट तत्त्व था भौतिक उत्पादन और सामाजिकीकरण का विकास, साथ ही प्रकृति के साथ समाज के अन्तःसम्बन्धों की विशालता–इससे यह सुनिश्चित होगा कि मनुष्य की अपने अस्तित्व के लिए प्रकृति पर निर्भरता पशुओं से कमतर होगी।

अम्बेडकर ने प्राकृतिक, भौतिक और समाज विज्ञान की कई शाखाओं में शिरकत की। मनुष्यों और विचारों की पारिस्थितिकी की सम्यक् समझदारी के लिए, अम्बेडकर के अनुसार, अर्थशास्त्र, कृषि, जल, विद्युत, ऊर्जा और खाद्य का बुनियादी महत्त्व था। इसके साथ–ही–साथ

पारिस्थितिकी के कई व्यावहारिक पहलू भी जुड़ते थे जो प्रकट तौर पर पर्यावरणीय नहीं जान पड़ते हैं। उनकी अवधारणाएँ धार्मिक, प्राकृतिक और जीव वैज्ञानिक से इतर थीं, इसलिए वह प्रकृति–मनुष्य के सम्बन्धों की तत्कालीन से मेल नहीं खाती थी। मनुष्य और उसके भौतिक, सामाजिक और आर्थिक पर्यावरण के बीच के सम्बन्धों के विकास को समझने के लिए उन्होंने विवेक और विचार की विभिन्न शाखाओं को एक साथ जोड़ने की कोशिश की। वह प्राकृतिक संसाधनों के नये उपयोग और नियोजन के ज़रिये अस्पृश्यों को सभी सामाजिक और तकनीकी गतिविधियों के साथ जोड़ना चाहते थे। मानव समाज के पर्यावरण के साथ अम्बेडकर के हस्तक्षेपों को कम–से–कम चार ख़ानों में देखा जा सकता है : (1) आर्थिक–विविध प्रकार की परिघटनाएँ और गतिविधियाँ, जैसे उद्योग और पेशे की प्रकृति और संगठन पर ज़ोर; (2) तकनीकी और वैज्ञानिक–जिसमें विज्ञान, तकनीक और प्रबन्ध, आदि शामिल थे; (3) राजनीतिक और प्रशासनिक, जैसे अन्तर्राज्यीय पहल, प्राकृतिक संसाधनों का अभिशासन और सम्बन्धित नियम; (4) भौगोलिक जिसमें क्षेत्र, संसाधन और जलवायु स्थितियाँ शामिल थे। अम्बेडकर की दुनिया में मानवीय और सामाजिक पर्यावरण व्यावहारिक रूप में सभी प्राकृतिक और प्राकृतिक परिघटनाओं से सम्बन्धित है और इसमें प्रकृति और समाज के बीच के व्यापक अन्तर्फ़लक भी निहित हैं।

भगवान दास, सुखदेव थोराट, भालचन्द्र मुंगेकर जैसे कई जाने–माने शोधकर्मियों ने आर्थिक योजना, जल, विद्युत, कृषि, श्रम और अन्य विकास नीतियों के बारे में अम्बेडकर के विचारों पर काफ़ी शोध किया है। इन विशद् शोधों पर एक विहंगम दृष्टि से हमें विभिन्न सम्बन्धित मुद्दों पर अम्बेडकर के विचारों और पहलक़दमियों की काफ़ी जानकारी मिलती है। प्रसिद्ध दलित चिन्तक और संघर्षकर्मी भगवान दास ने, जिन्होंने अम्बेडकर के साथ भी काम किया, सबसे पहले 1940 के दशक में युद्ध, अकाल, बाढ़ और ग़रीबी से जूझने में अम्बेडकर के योगदान की चर्चा की है। इस दौर में भारत जापानी आक्रमण, बंगाल में अकाल और निरन्तर बाढ़ के संकट से गुज़र रहा था। भगवान दास बताते हैं कि किस तरह अम्बेडकर ने निर्माण, पुनर्वास, रोज़गार और नियोजन के महत्त्वपूर्ण मुद्दों पर अपना ध्यान लगाया। 1943 में सार्वजनिक कार्य और विद्युत पर पुनर्निर्माण नीति समिति की पहली बैठक में अम्बेडकर का भाषण इसकी एक मिसाल था।

उनको यह गम्भीर कमी मालूम हुई कि भारत सरकार की कोई जल नीति नहीं है जिससे बाढ़ नियन्त्रण, बाँध निर्माण आदि पर सोच/कार्यक्रम का अभाव है। साथ ही विद्युत निर्माण, जल मार्ग निर्माण पर भी कोई अखिल भारतीय नीति नहीं है। अम्बेडकर इस चुनौती से भी जूझ रहे थे कि देश में औद्योगिकीकरण की गति कैसे तेज़ की जाये जिसके लिए विद्युत और ऊर्जा का विकास अनिवार्य था। अम्बेडकर की बेहद इच्छा थी कि विद्युत, बाढ़ नियन्त्रण और जल परिवहन के लिए संसाधनों के उपयोग की एक सम्यक् नीति बनाई जाये। साथ–ही–साथ वह बहुउद्देश्यीय परियोजनाओं, ख़ासकर दामोदर नदी घाटी परियोजना शुरू करने के लिए भी उत्सुक थे।[77] अर्थशास्त्री और दलित एवं अम्बेडकर के आर्थिक–सामाजिक विचारों पर कई किताबों के लेखक प्रोफ़ेसर सुखदेव थोराट ने अपनी किताब 'अम्बेडकर्स रोल इन इकॉनॉमिक प्लानिंग, वाटर एंड पावर पॉलिसी' में विस्तार से यह बताया है कि किस प्रकार 1942–46 के दौरान श्रम, सिंचाई और विद्युत विभाग के कार्यकारी कैबिनेट मन्त्री के रूप में अम्बेडकर सक्रिय रूप से आर्थिक नियोजन, जल और विद्युत नीतियाँ बनाने और उसके अमल की रणनीति तय करने में व्यस्त थे। थोराट के अनुसार, अम्बेडकर के नेतृत्व में जुलाई 1942 में श्रम मन्त्रालय के तहत सिंचाई और बिजली, साथ ही, पन–बिजली के विकास की योजनाएँ बेहद महत्त्वपूर्ण मुद्दे थे।[78] अम्बेडकर ने 1942–47 के दौरान पानी और बिजली की राष्ट्रीय नीति निर्माण में अग्रणी भूमिका निभायी। इस दौर में अम्बेडकर ने देश में कई नयी परियोजनाओं और विचारों की शुरुआत की, जैसे, सिंचाई और पन–बिजली से सम्बन्धित अन्तर्राज्यीय मुद्दों के लिए नदी घाटी प्राधिकरण की स्थापना, केन्द्र और राज्यों में सिंचाई और विद्युत परियोजनाओं के मार्गदर्शन के लिए वर्तमान केन्द्रीय जल आयोग और केन्द्रीय विद्युत प्राधिकरण की स्थापना के विचार और कार्यक्रम की शुरुआत, नदी घाटी परियोजनाओं के क्षेत्रीय और बहुउद्देश्यीय विकास की परिकल्पना, दामोदर, महानदी और सोन नदी पर जानी–मानी नदी घाटी योजनाओं का सूत्रपात। अम्बेडकर ने लगातार जल संरक्षण के महत्त्व पर ज़ोर दिया :

'यह सोच ग़लत है कि पानी की अतिशय मात्रा कोई बुराई है। पानी कभी इतना ज़्यादा नहीं हो सकता कि वह बुराई बने। मनुष्य पानी की बहुतायत से नहीं बल्कि उसके अभाव से ज़्यादा पीड़ित होता है। परेशानी यह है कि प्रकृति न केवल पानी देने में कृपण है, बल्कि पानी के वितरण

में भी अनियमित है—सूखे और तूफ़ान के बीच अदल—बदल करते हुए। पर इस सबसे यह सच्चाई नहीं बदलती है कि जल सम्पत्ति है। पानी लोगों के लिए सम्पत्ति है और इसका वितरण अनिश्चित है, इसलिए सही रवैया यही है कि हम प्रकृति की शिकायत न करें बल्कि पानी का संरक्षण करें।[79]

जल नीति के निर्माण के दौरान अम्बेडकर को युद्ध के बाद के दौर की कई अन्य जटिल समस्याओं का भी सामना करना पड़ा। युद्ध—पश्चात् आर्थिक नवनिर्माण और विकास की चुनौतियाँ; विभागों और प्राधिकरण के अधिकार क्षेत्र और नीति निर्माण के मुद्दे, अन्तर्राज्यीय जल और अन्य परियोजनाओं में राज्य और केन्द्र की पारस्परिक भूमिका और ज़िम्मेवारियाँ। यहाँ, नदी के जल के उपयोग और संरक्षण को लेकर अम्बेडकर स्थानीय की बजाय क्षेत्रीय रवैये के पक्षधर थे। सोन नदी घाटी प्राधिकरण की स्थापना के बारे में उन्होंने एक क्षेत्रीय प्राधिकरण की स्थापना पर ज़ोर दिया जो विभिन्न राज्यों और क्षेत्रों से गुज़रने वाली नदी और इससे जुड़े क्षेत्रों के विभिन्न मुद्दों—औद्योगिकीकरण, सामाजिक कल्याण, वनीकरण, लोगों के पुनर्वास, सड़क और स्कूल, सहकारी विकास, सामूहिक कृषि एवं अन्य गतिविधियाँ, आदि के लिए क्षेत्रीय नीतियाँ और कार्यक्रम बना सकें। अम्बेडकर के लिए नदी घाटी बुनियादी क्षेत्रीय इकाई थी और बहुउद्देश्यीय परियोजना विकास का निर्देशक और सम्यक् परिप्रेक्ष्य। एक दीर्घकालीन, सकारात्मक परिणाम हासिल करने के लिए साथ—ही—साथ कई तकनीकी ज़रूरतों—परियोजना का सम्यक मूल्यांकन, जल विज्ञान, जल संरक्षण आदि का भी ध्यान रखने की अहमियत होगी।[80]

ऐसी पृष्ठभूमि में दामोदर नदी घाटी परियोजना, सोन नदी घाटी परियोजना और हीराकुण्ड परियोजना के निर्माण के लिए अम्बेडकर के प्रयास अपने समय में काफ़ी नये और चुनौतीपूर्ण थे। ये नियोजन, वैज्ञानिक ज्ञान, सामाजिक पर्यावरण जैसे अपेक्षाकृत नवीन और अविकसित क्षेत्रों में नयी सम्भावनाएँ लाते थे, और प्रकृति एवं समाज के बीच के आपसी विविध सम्बन्धों की झलक देते थे। यह एक प्रकार से विभिन्न प्रमुख बहुउद्देश्यीय परियोजनाओं की शुरुआत का दौर था जिसका बाढ़ नियन्त्रण, जल आपूर्ति, सिंचाई और जल परिवहन पर ध्यान था। इसके साथ ही यह ज़रूरत महसूस की गयी कि राष्ट्रीय स्तर के तकनीकी और वैज्ञानिक संगठन स्थापित किये जायें, और यहाँ भी अम्बेडकर ने दो संस्थानों—सेंट्रल वॉटरवेज़, इरीगेशन एंड नेवीगेशन कमीशन और

सेंट्रल टेक्निकल पावर बोर्ड की स्थापना में अग्रणी भूमिका निभायी। यही दो संस्थान आज भारत में केन्द्रीय जल आयोग और केन्द्रीय विद्युत प्राधिकरण के रूप में विकसित हुए। अम्बेडकर के ऐसे प्रयासों और उनकी कमज़ोरियों की इस प्रकार सुसंगत समीक्षा की गयी :

'अम्बेडकर ने जल परियोजनाओं पर अपनी कई टिप्पणियों में यह एकदम स्पष्ट कर दिया था कि वह ऐसी तकनीक और वैज्ञानिक विश्वदृष्टि को जातिवादी हिन्दू धर्म के पिछड़ेपन और दकियानूसी और देश के शोषणकारी सामाजिक और राजनीतिक संस्थानों की जड़ों में समाहित परम्परावाद के ख़िलाफ़ संघर्ष में मुख्य औज़ार मानते हैं। टेनसी घाटी बाँध परियोजनाओं से प्रेरित अम्बेडकर अमेरिका में इन परियोजनाओं के सफल–निर्माता यू.एस. ब्यूरो ऑफ़ रिक्लेमेशन की मदद से भारतीय इंजीनियरों की विशेषज्ञता और कौशल का विकास करना चाहते थे। निष्कर्ष में, अम्बेडकर बड़े बाँधों के निर्माण के समर्थक थे और उसे भारत में लाने–अपनाने की वकालत करते थे–न केवल तकनीकी हस्तक्षेप के रूप में बल्कि आधुनिक सामाजिक दृष्टि की स्वीकृति के एक अनिवार्य अंग के रूप में। दूसरे शब्दों में, अम्बेडकर आधुनिकता–सम्बन्धी विचारों को इसके गम्भीर सामाजिक परिणामों से अलग करके नहीं देख पाये।'[81]

युद्ध के बाद के दौर में विद्युत ऊर्जा के विकास में अम्बेडकर की महत्त्वपूर्ण भूमिका के बारे में भी काफ़ी दस्तावेज़ हैं। अम्बेडकर अपनी आधिकारिक भूमिका में देश के औद्योगिक और कृषि विकास के लिए बिजली के महत्त्व पर ज़ोर दे रहे थे। साथ ही, वह बिजली की उत्पादन और वितरण व्यवस्था, आम जनता और उद्योग के लिए उसकी उपलब्धता और क़ीमत, और इस सन्दर्भ में ज़रूरी तकनीकी और सांगठनिक ढाँचे के बारे में भी काफ़ी सजग थे। 'बिजली एक जन उपयोगी सेवा है'– इस समझ से संचालित था अम्बेडकर का बिजली उत्पादन, प्रबन्ध और अभिशासन सम्बन्धी प्रस्ताव। यहाँ भी अम्बेडकर क्षेत्रीय नज़रिये–ग्रिड व्यवस्था के समर्थक थे जिसे आज़ाद भारत में नीतिगत तौर पर व्यापक स्वीकृति मिली। अम्बेडकर ने एक सभा में कहा :

'पिछले सालों में भारत सरकार ने ब्रिटेन की 'ग्रिड व्यवस्था' के आधार पर देश के विभिन्न भागों में बिजली के विकास के लिए स्थानीय की बजाय क्षेत्रीय विकास पर ध्यान देने का विचार किया है।'[82]

अम्बेडकर को यह उम्मीद थी कि क्षेत्रीय विकास और ग्रिड व्यवस्था से सभी को सस्ती बिजली मुहैया हो सकेगी। आधुनिक औद्योगिक विकास के साथ–साथ अम्बेडकर औद्योगिक मज़दूरों के श्रम अधिकारों के भी उत्कट समर्थक थे।[83] वायसराय के कार्यकारी परिषद् के लेबर सदस्य या 1936 में लेबर पार्टी के संस्थापक या एक राजनीतिक नेता के तौर पर अम्बेडकर मज़दूर वर्ग को संगठित करने के मुखर हिमायती थे, क्योंकि

'दुनिया में दो वर्ग थे–साधनसम्पन्न और साधनहीन, अमीर और ग़रीब, शोषक और शोषित–उन्होंने किसानों और कामगारों को अपनी ग़रीबी के कारणों के बारे में सोचने के लिए प्रेरित किया। उन्हें बताया कि उनकी ग़रीबी शोषकों की अमीरी में निहित है।[64]

अम्बेडकर श्रमिकों की जाति या मज़हब के बग़ैर उन्हें संगठित करना चाहते थे जिससे उनके बुनियादी मानवीय अधिकारों की गारंटी हो सके और वे अपने प्रतिनिधि चुन सकें। उन्होंने हड़ताल को स्वाधीनता का अधिकार बताया और यूनियनों की मान्यता को औद्योगिक सम्बन्धों को प्रभावित करने वाला महत्त्वपूर्ण कारक स्वीकार किया। वह श्रम क़ानूनों में समरूपता का पक्ष लेते थे। उनके अनुसार 'श्रमिकों की मज़दूरी को उद्योगों के मुनाफ़े का पहला दावेदार बनाया जाना चाहिए',[85] क्योंकि सच्चाई यह है कि 'उद्योग के मालिक का मुनाफ़ा केवल पूँजी से ही नहीं बल्कि दूसरे आदमी के पसीने से भी होता है।'[86] अम्बेडकर के नज़रिये में मज़दूर वर्ग के नेतृत्व में रचित सरकार उदारवादी, मुक्त सरकार नहीं हो सकती है–'यह सरकार अनिवार्यतः नियन्त्रण व्यवस्था पर आधारित होगी। और ऐसी नियन्त्रण व्यवस्था उच्च स्तर के ज्ञान और प्रशिक्षण से बहाल होती है, न कि मुक्त बाज़ार व्यवस्था से।'[87]

समाज और प्रकृति के अन्तःसम्बन्धों के बारे में एक बुनियादी प्रज्ञान विकसित करके अम्बेडकर सम्बन्धित विचारों और उपकरणों का एक पिटारा बनाते हैं जिससे अर्थव्यवस्था, समाज और प्रकृति की विशाल दुनिया में अस्पृश्यों के जीवन और जिजीविषा को दशा–दिशा मिलती है। उनका हर मुकम्मल क़दम–आर्थिक नियोजन, नदी घाटी परियोजना, तकनीकी–वैज्ञानिक संस्थाओं की स्थापना–समानता, न्याय और स्वाधीनता के उनके विचारों के साथ अभिन्न रूप से एक है। इसके साथ ही अम्बेडकर इसको जाति की सच्चाई और अस्पृश्यों के रोज़ाना के व्यावहारिक जीवन में असलियत से जोड़ते हैं। अम्बेडकर निश्चय ही विज्ञान और तकनीक

और इससे जुड़ी विकास परियोजनाओं को केवल प्रगति की अग्रगति और परिणति के सीमित रूप में नहीं देख रहे थे। यह हमारे सामाजिक विन्यास और प्रकृति और इसके अन्य सामाजिक संस्थानों और सार्वजनिक जीवन के विभिन्न हलकों से अन्तःसम्बन्ध को चुनौती देने का एक सशक्त माध्यम था। साथ ही, इससे जाति–मुक्त नव ज्ञान और इसके नैतिक, आध्यत्मिक और प्राकृतिक पहलुओं के दरवाज़े खुलते थे। अम्बेडकर प्रकृति को जड़ या स्थिर नहीं देखते थे जिसे तब उत्पादन, उत्पादकता और व्यक्तिगत मानवीय स्वायत्तता के विरोधी पाले में खड़ा किया जा सकता है। वह प्रकारान्तर से प्रकृति की एक भिन्न अवधारणा, प्रकृति के बारे में एक वैकल्पिक विचार प्रस्तुत कर रहे थे। उनकी दृष्टि में प्रकृति के पोषण, उत्पादन और पुनर्उत्पादन का एक मुख्य और सक्रिय तत्त्व है–मानव प्रकृति। मानव प्रकृति की क्रिया को गुणवत्ता से प्रतिबन्धित देखा गया और इसलिए मानव प्रकृति को आख़िरी तौर पर प्रकृति के साथ ग़ैर–श्रेणी और ग़ैर–साँचा गत सम्बन्धों का प्रतिबिम्ब माना गया। अम्बेडकर आज के दौर की पर्यावरण समस्याओं से नहीं जूझ रहे थे; न ही प्रकृति और प्राकृतिक संसाधनों के प्रति उनका सरोकार उनके समय में राजनीतिक विमर्श और प्रशासनिक ढाँचे में शामिल हो पाया। फिर भी, अपनी राजनीतिक सक्रियता के शुरुआती दौर से ही अम्बेडकर ने अस्पृश्यों को अपनी मुक्ति के आर्थिक आधार के लिए धन–सम्पत्ति की वास्तविकता के प्रति आगाह किया था। उनका कहना था :

'किसी भी राष्ट्र की प्रगति के लिए सम्पत्ति एक सक्षम उपकरण है। इसलिए यह अनिवार्य है कि सम्पत्ति संगृहीत की जाये। पर यदि इसी सम्पत्ति का उपयोग ग़रीब जनता को ग़ुलाम बनाने या उनके विकास को बाधित करने के लिए किया जाता है; या जब अमीर लोग अपना रुतबा दिखाने के लिए इस सम्पत्ति का इस्तेमाल करते हैं, तो यही सम्पत्ति, धार्मिक ग्रन्थों के अनुसार, शैतान की सम्पत्ति बन जाती है। ऐसी सम्पत्ति एक झूठ और जालसाज़ी है।'[68]

आधुनिकता की अपनी समझदारी में अम्बेडकर का मानवतावाद–'मानवीय व्यक्ति'–विज्ञान और तकनीक के साथ–साथ खड़ा होता है। अम्बेडकर न केवल सामाजिक असमानता या औद्योगिकीकरण के बारे में सवाल उठा रहे थे, बल्कि उनका सवाल मूलतः मानव प्रकृति के बारे में था जिसे आमतौर पर पर्यावरण अध्ययन के नव–परम्परावादी पूर्वाग्रह के

कारण एक देय, स्वीकृत स्थिति माना जाता है। अम्बेडकर प्रकृति, विज्ञान और मानवतावाद की एक नयी त्रिमूर्ति निर्मित कर रहे थे। वो इस त्रिमूर्ति के आपसी सम्बन्धों के कुछेक पहलुओं पर ही ध्यान दे पाये। वास्तव में, यह सम्बन्ध दो स्तरों पर–सकारात्मक और नकारात्मक देखा जा सकता है। सकारात्मक है : स्वाधीनता और भोजनः श्रम के शारीरिक, अमानवीय पक्षों का नकार; नयी पहचान, सामाजिक गठन और सशक्तीकरण। इससे दलितों की ऐसी आशा और आधार मिलते हैं जिससे वे विकास के रास्ते पर आगे बढ़ते हुए अपने भौतिक अस्तित्व में बेहतरी की स्थितियाँ बना सकते हैं। नकारात्मक यह है कि आधुनिक मनुष्य और समाज पर विकास के प्रभाव ने समय के साथ एक बेहद ख़तरनाक शक्ल अख़्तियार की है जिससे हमारे भूमण्डल और लोगों के अस्तित्व की निरन्तरता पर ही सवाल खड़े हो गये हैं। अम्बेडकर का आधुनिक मानव और आधुनिक मशीन, दोनों ही अलग–अलग कोणों से एक ही सवाल का हल ढूँढ़ रहे हैं : व्यक्ति की एक विवेकशील और स्वायत्त अहमियत, और इसके साथ ही समाज और संस्कृति एक मानवीय, न कि प्राकृतिक कृति। यहाँ व्यक्ति किसी निश्चित प्राकृतिक और औद्योगिक व्यवस्था की बेड़ियों में जकड़ा नहीं है। वास्तव में, वह किसी भी आरोपित व्यवस्था और प्रबन्ध की बेड़ियों को तोड़ता है। अम्बेडकर दो अलग–अलग, एक–दूसरे से विमुख भाषा नहीं बोलते हैं–एक, विज्ञान और विकास के प्रवक्ताओं की भाषा, और दूसरा प्रकृति और मानवतावाद के पैरोकारों की भाषा। इन 'दो संस्कृतियों' के बीच राह बनाने की कोशिश को लोकतान्त्रिक विकास और वैज्ञानिक मानवतावाद के सिद्धान्तों से एक साथ आगे बढ़ाया जा सकता है। यह दुखद है कि अम्बेडकर की ये अवधारणाएँ अविकसित रह गयीं, पर मुझे ऐसा लगता है कि अम्बेडकर में एक प्रकार की साझी भाषा, एक नया संगम, एक नयी भारतीय भाषा ढूँढ़ने और आज़माने की गुंजाइश है जिससे हम विज्ञान के विवेकशील और परिवर्तनकारी पहलू और मनुष्य की नैतिक दुनिया के बीच सम्बन्ध स्थापित कर सकें और यही मानवीय प्रकृति में अभिव्यक्त हो सके। औद्योगीकीकरण, तकनीकी अग्रगति, आधुनिकता और दलित, उनके के बीच अलगाव के रिश्ते काफ़ी गहरे और ऐतिहासिक तौर पर गुँथे हुए थे। भारतीय समाज के जातिवादी सांस्कृतिक गठन के कारण जिस पर ब्राह्मणवाद हावी है, दलितों को न तो आधुनिकता के क्षेत्रों और कौशलों में शामिल किया

गया है, न ही उन्हें आधुनिकता के लिए कोई श्रेय दिया गया है। दलितों ने ज्ञान और तकनीकी संस्कृति के निर्माण में ख़ासा योगदान किया है, पर उन्हें तकनीक और उद्योग के विशेष, प्रमुख और लाभकारी हिस्सों से व्यवस्थित तौर से बाहर रखा गया है। जाति में सराबोर इतिहास दृष्टि के कारण भी विज्ञान, तकनीक, उद्योग और प्रकृति की धुरियों पर ज़ोर देने वाली नयी पीढ़ी सामने आयी जिसका प्रतिबिम्बन दलित राजनीतिक संघर्षों में हुआ है और यह अम्बेडकर के व्यक्तित्व और वाणी में साकार है।

निष्कर्ष

पर्यावरण और विकास के बारे में अम्बेडकर के विचारों को समझने की कोशिश से हमें भारतीय पर्यावरण सोच के विभिन्न आयामों और जटिलताओं की बानगी मिलती है। साथ–ही–साथ हमें भारत में पर्यावरण न्याय आन्दोलनों की जड़ों का भी पता चलता है जिसमें प्राकृतिक संसाधनों पर दलित अधिकार और उनके विकास के अधिकार की पुकार पर ज़ोर दिया गया। आख़िरकार हमारे देश में पर्यावरण न्याय आन्दोलनों की भाषा और स्वर 1980 के दशक में अचानक ही नहीं उभरे, बल्कि इसका इतिहास दलित आन्दोलनों में भी मिला है। काफ़ी दशकों तक दलितों के राजनीतिक आन्दोलनों के ज़रिये उनकी ज़मीन, पानी, गाँव, शिक्षा, रोज़गार, उद्योग, आदि के मुद्दों को सामाजिक स्वीकृति मिली। अम्बेडकर के लेखन के ज़रिये दलित राजनीतिक विचार के इतिहास को समझने की कोशिश से हमें दलित राजनीति में पर्यावरणीय सोच के ताने–बाने का भी पता चलता है। अम्बेडकर के विचारों में हमें जाति अन्याय–न्याय, पर्यावरणीय संसाधन और लोकतान्त्रिक विकास के आपसी सम्बन्धों को समझने का बहुमूल्य परिप्रेक्ष्य मिलता है–यह एक ऐसा विषय है जिस पर भारतीय पर्यावरणवादियों ने बहुत कम ध्यान दिया है।

अम्बेडकर को पर्यावरणीय चश्मे से देखते हुए यह बेहद लाजिमी है कि हम सामाजिक, भौतिक और प्राकृतिक दुनिया के आपसी सम्बन्धों को स्वीकार करें। अम्बेडकर के लिए विकास प्राकृतिक और सामाजिक दुनिया का विध्वंस और निर्माण, दोनो है, क्योंकि उनका विश्वास था कि 'सौभाग्य से मानव प्रकृति अपनी आन्तरिक संरचना में एक–आयामी विकास के

ख़िलाफ़ है और निस्सन्देह ही वो एक सौहार्दपूर्ण पर्यावरण में सम्यक् विकास चाहती है।'[89] सम्पत्ति, विकास, प्रकृति और लोगों के सवालों से दो–चार होते हुए अम्बेडकर कथित 'पर्यावरणीय निर्दोषता' के हमारे वर्तमान दौर में यह ताकीद करते हैं कि प्रकृति के सवाल सत्ता के सवाल से आन्तरिक रूप से जुड़े हैं, वैसे ही जैसे सत्ता के सवाल आन्तरिक रूप से प्रकृति से जुड़े हैं।

अब तक अध्यायों में हमने कुछ व्यक्तियों और समुदायों पर अपना ध्यान केन्द्रित करके दलित पर्यावरण प्रतीकों का एक कोलाज बनाया है। अगले दो अध्यायों में हम दो पर्यावरण सरोकार–पानी और सार्वजनिक प्राकृतिक सम्पदा पर ध्यान देंगे और यह देखेंगे कि इन मुख्य सरोकारों पर क्या भिन्न दलित दृष्टि और आन्दोलन हैं।

सन्दर्भ

1. उदाहरण के लिए, Dhananjay Keer, *Dr. Babasaheb Ambedkar : Life and Mission*, Popular Prakashan, Bombay, 2009; Eleonor Zelliot, *Ambedkar's World : The Making of Babasaheb and the Dalit Movement*, Navayana, New Delhi, 2014; Christophe Jaffrelot, *Dr. Ambedkar and Untouchability : Analysing and Fighting Caste*, Permanent Black, Delhi, 2004; Shyam Lal and K.S. Saxena (eds.), *Ambedkar and Nation-Building*, Rawat Publications, Jaipur, 2009; C. Gautam (ed.), *Dr. Ambedkar Birth Centenary Souvenir*, Vol. I, II, III, ACCC, UK, 1989, 1990, 1991. पर क्रिस्टॉफ जैफरलॉट (पृष्ठ 2) के अनुसार अम्बेडकर काफ़ी समय तक विस्मृत व्यक्तित्व थे। 1990 के दशक तक उन पर कुछ गिने–चुने प्रकाशन थे। कई प्रादेशिक नेताओं की एक से ज़्यादा जीवनियाँ थीं और गाँधी और नेहरू पर तो अनगिनत जीवनियाँ प्रकाशित हुई थीं, पर अंग्रेज़ी में समान स्तर की अम्बेडकर की जीवनियाँ नदारद थीं। गाँधी, नेहरू, पटेल और पन्त की तुलना में अम्बेडकर के लेखनों का संग्रह 1970 के दशक से पहले शुरू नहीं हो पाया।
2. महाराष्ट्र सरकार ने 1979 और 2006 के बीच Dr. Babasaheb Ambedkar Writings and Speeches (21 Vols.) प्रकाशित किये जिसमें उनके ज़्यादातर लेख और भाषण संकलित हैं। हम इसे आगे BAWS के रूप में उद्धृत करेंगे। इसके अलावा, Valerian Rodrigues (ed.), *The Essential Writings of B.R. Ambedkar*, Oxford University Press, New Delhi, 2002.
3. पर्यावरणविदों ने गाँधी और उनके पर्यावरण विचारों की अगाध प्रशंसा की है। देखिए : T.N. Khoshoo, *Mahatma Gandhi : An Apostle of Applied Human*

Ecology, Tata Energy Research Institute, New Delhi, 1995; Savita Singh, *Global Concern with Environmental Crisis and Gandhi's Vision*, APH Publishing Corporation, New Delhi, 1999; Ramchandra Guha and J. Marinez-Alier, *Varieties of Environmentalism : Essays North and South*, Oxford University Press, Delhi, 1998, pp. 153-68.

4. Mahesh Rangarajan, 'Of Nature and Nationalism : Rethinking India's Nehru', in John McNeill, Jose Augusto Padua and Mahesh Rangarajan (eds.), *Environment History as if Nature Existed*, Oxford University Press, New Delhi, 2009; Mahesh Rangarajan, 'Striving for a Balance: Nature, Power, Science and India's Indira Gandhi, 1917-1984', *Conservation and Society*, 7(4), 2009, pp. 299-312.
5. D.R. Nagaraj, *The Flaming Feet and Other Essays : The Dalit Movement in India*, ed. Prithvi Datta Chandra Shobhi, Permanent Black, Ranikhet, 2010, pp. 56-7.
6. विस्तार के लिए : अध्याय 1.
7. M. Gadgil and K.C. Malhotra, 'The Ecological Significance of Caste', in Ramachandra Guha (ed.), *Social Ecology*, Oxford University Press, New Delhi, 1994, p. 37.
8. Maria Mies and Vandana Shiva, *Ecofeminism*, Zed Books, London, 1993, p. 263.
9. उदाहरण के लिए, धनंजय कीर की जीवनी में अम्बेडकर की जीवन यात्रा और पिछड़े वर्ग के नेता के रूप में उनके उदय की खोज है : Keer, *Dr. Babasaheb Ambedkar*. एक बेहद महत्त्वपूर्ण, ऐतिहासिक शोध में एलोनॉर जेलियट ने पूर्व–अम्बेडकर नेतृत्व, महाड़ सैनिक परम्परा, महाड़ संघर्ष, मन्दिर प्रवेश आन्दोलन, राउंड टेबल कॉन्फ्रेंस, अम्बेडकर द्वारा स्थापित राजनीतिक दल और समाचार–पत्र और धर्मान्तरण आन्दोलन, आदि की चर्चा की है : Zelliot, *Ambedkar's World*. क्रिस्टॉफ जैफरलॉट ने समय के साथ अम्बेडकर के विचारों में आये उतार–चढ़ाव की समीक्षा करते हुए उन्हें 'भारत का पहला दलित नेता' बताया है : Jaffrelot, *Dr. Ambedkar and Untouchability*. वैलरियन रॉड्रिक की पुस्तक में अम्बेडकर के कोई चालीस सालों के लेख, पत्र, भाषण, पर्चा, माँगपत्र, आदि के संकलन के ज़रिये उनके कई विषयों–जाति, धर्म, अस्पृश्यता, अस्मिता, अर्थशास्त्र, राष्ट्रवाद, संविधानवाद, क़ानून, लोकतन्त्र, गाँधी, बुद्ध, आदि पर सोच की झलक मिलती है। रॉड्रिक का सही कथन है कि 'अम्बेडकर के लेखन ने आज़ाद देश के सामाजिक फ़लक पर गहरी छाप छोड़ी है और समकालीन भारत के राजनीतिक और सामाजिक पहलुओं को अलग शक्ल दी है। Rodrigues (ed.), *Essential Writings*, p.1. अनुपमा राव की विचारोत्तेजक किताब में यह दिखाया गया है कि किस प्रकार अम्बेडकर ने भारतीय नागरिकों

की एक राजनीतिक शख़्सियत बनाने में अहम भूमिका निभायी और उन्होंने अधिकारों की अवधारणा के आधार पर एक नयी और विशिष्ट दलित पहचान बनाने और उसे वाणी देने में मदद की। उनका यह भी तर्क है कि अम्बेडकर दलितों की संरचनात्मक नकारात्मकता को एक सकारात्मक राजनीतिक मूल्य में परिवर्तित करते हैं : Anupama Rao, *The Caste Question : Dalits and the Politics of Modern India*, Permanent Black, Ranikhet, 2009. शर्मिला रेगे ने अम्बेडकर के लेखन को स्त्रीवादी नज़रिये से देखते हुए उसके महत्त्व को रेखांकित किया है : Sharmila Rege, *Against the Madness of Manu; B.R. Ambedkar's Writings on Brahmanical Patriarchy*, Navayana, Delhi, 2013.

10. Mahesh Rangarajan, *Nature & Nation : Essays on Environmental History*, Permanent Black, Ranikhet, 2015, p. 208.
11. Rodrigues (ed.), *Essential Writings*, p. 7.
12. Bhagawan Das (ed.), *Thus Spoke Ambedkar*, Vol. 4, Ambedkar Sahithya Prakashana, Banglore, n.d., p. 65.
13. Zelliot, *Ambedkar's World*, p. 27.
14. Keer, *Dr. Babasaheb Ambedkar*, pp. 12-13.
15. Ambedkar's speech, *The Janata*, 23 May, 1936.
16. Keer, *Dr. Babasaheb Ambedkar*, pp. 15, 469.
17. *BAWS*, Vol. 1, p. 455.
18. *BAWS*, Vol. 3, pp. 7-8.
19. Rodrigues (ed.), *Essential Writings*, p. 235.
20. *BAWS*, Vol. 7, p. 26.
21. *Ibid.*, p. 26.
22. Rodrigues (ed.), *Essential Writings*, pp. 301-302.
23. *BAWS*, *Vols* 2-3, deal in detail with these issues.
24. Meera Nanda, *Breaking the Spell of Dharma and Other Essays*, Three Essays Collective, Gurgaon, 2007, pp. 54-56.
25. भारत के ग्रामीण समाज पर विभिन्न विचारों की एक विहंगम जानकारी के लिए देखिए : Surinder S. Jodhka, 'Introduction', in his (ed.), *Village Society*, Orient Blackswan, Hyderabad, 2012, pp. 1-20.
26. उदाहरण के लिए एम.एन. श्रीनिवासन ने ग्रामीण सामाजिक जीवन में असमानता स्वीकार करते हुए भी इस समाज को आपसी एकता, भाईचारा और अन्तर्निर्भरता के साँचे से देखने की कोशिश की : M.N. Srinivas (ed.), *Indian Villages*, Asia Publishing House, London, 1955. Also : S.C. Dube, *Indian Village*, Routledge, London, 1955.
27. Jodhka, 'Nation and Village', p. 44.

28. Madhav Gadgil and Ramchandra Guha, *This Fissured Land : An Ecological History of India*, Oxford University Press, Delhi, 1992, p. 94.
29. Anil Agarwal and Sunita Narain, *Towards Green Villages : A Strategy for Environmentally Sound and Participatory Rural Development*, Centre for Science and Environment, Delhi, 1989, p. 9.
30. Surinder S. Jodhka, 'Nation and Village : Images of Rural India in Gandhi, Nehru and Ambedkar', in Jodhka (ed.), *Village Society*, p. 57.
31. *BAWS*, Vol. 5, p. 19. भारतीय गाँवों के बारे में अम्बेडकर के ज़्यादातर विचार इस खण्ड में संकलित हैं।
32. वही, पृ. 26.
33. भारतीय संविधान की मसविदा समिति में गाँवों, ख़ासकर गाँव पंचायत पर हुए विवादों से पता चलता है कि इन मुद्दों पर हमारे राजनीतिक नेताओं के बीच गहरे मतभेद थे। भारतीय संविधान के प्रारूप की आलोचना की गयी थी कि यह भारत के प्राचीन प्रकृति और राजनीति की अनदेखी करता है। यह सुझाया गया था कि पश्चिमी सिद्धान्तों के अनुगमन की बजाय भारतीय संविधान हमारे गाँव और पंचायत के आधार पर निर्मित होना चाहिए। अम्बेडकर ने इन आलोचनाओं का जवाब दिया कि वह इस तथ्य से ख़ुश हैं कि संविधान के मसौदे में गाँव को दरकिनार करके व्यक्ति को आधार इकाई बनाया गया है। विस्तार के लिए : Jaffrelot, *Dr. Ambedkar,* pp. 110-2.
34. Ambedkar's address at the All-India Depressed Classes Conference, Third Session, Nagpur, 18 July, 1942, in Narendra Jadav (ed.), *Ambedkar Speaks : 301 Seminal Speeches*, Konark Publishers, New Delhi, 2013, p. 248.
35. Partha Chatterjee, *The Nation and its Fragments : Colonial and Postcolonial Histories*, Oxford University Press, Delhi, 1994, p. 165.
36. वही, पृष्ठ 236। अपने बाद के लेखन में चटर्जी समुदाय के बारे में ज़्यादा आलोचनात्मक नज़रिया रखते हैं जो ग्रामीण समुदाय की अन्धप्रशंसा से दूर है।
37. Ranajit Guha, *Elementary Aspects of Peasant Insurgency in Colonial India*, Oxford University Press, Delhi, 1983.
38. Aseem Shrivastava and Ashish Kothari, *Churning the Earth : The Making of Global India*, Penguin, New Delhi, 2012, p. 251.
39. वही, पृ. 316.
40. Rodrigues (ed.), *Essential Writings*, p. 230.
41. वही, पृ. 233.
42. वही, पृ. 268.
43. *BAWS*, *Vol. 3*, pp. 25.

44. R. Srivatsan, 'From Ambedkar to Thakkar and Beyond : Towards a Genealogy of Our Activisms', *Economic and Political Weekly*, 27 September, 2008, p. 99.
45. Ambedkar's presidential speech, 'Mahad Satyagraha Conference, Mahad, 25-27 December, 1927', in Jadav (ed.), *Ambedkar Speaks*, pp. 93-94.
46. Praveen K. Jadhav, *Ambedkarism : Essays on Select Economic and Cultural Issues*, Rawat Publications, Jaipur, 2013, p. 49.
47. *BASW*, *Vol. 2*, p. 79.
48. विस्तार के लिए : Rao, *The Caste Question*, pp. 107-114. राव ने विस्तार से बताया है कि महार वातन विधेयक पारित कराने का प्रयास बुरी तरह विफल हो गया। विधेयक का प्रारूप विधानसभा की पन्द्रह सदस्यीय समिति को भेजा गया जिसका विचार था कि इससे गाँव विखण्डित हो जायेंगे। पर अम्बेडकर और दलितों ने अपना संघर्ष जारी रखा। महार वातन अन्ततः 1959 में एक विधेयक के ज़रिये समाप्त हुआ।
49. Keer, *Dr. Babasaheb Ambedkar*, p. 128.
50. वही, पृ. 300 .
51. *BAWS*, *Vol. 2*, p. 130.
52. *BAWS*, *Vol. 2*, p. 130.
53. N.M. Nimgade, 'The Thoughts of Dr. Babasaheb Ambedkar on Indian Agriculture', in Gautam (ed.), *Dr. Ambedkar Birth Centenary Souvenir*, *Vol. III*, pp. 69-70.
54. Arvind Malagatti, 'Ambedkarite Ideology and Modern Kannada Literature', in K. Satyanarayana and Susie Tharu (eds.), *Steel Nibs are Sprouting : New Dalit Writing from South India*, Harper Collins, India, 2013, p. 236. Also : Keer, *Dr. Babasaheb Ambedkar*.
55. Zelliot, *Ambedkar's World*, pp. 200-1.
56. *BAWS*, *Vol. 18* (3), p. 464.
57. *BAWS*, *Vol. 18* (3), p. 464.
58. *BAWS*, *Vol. 5*, p. 250.
59. Rao, *The Caste Question*, pp. 83.
60. Bhimrao Ramji Ambedkar, *Buddha and his Dhamma*, p. 47 www.ambedkar.webs.com, 10 May 2014.
61. *BAWS*, *Vol. 3*, p. 462.
62. Partha Chatterjee, *The Politics of the Governed : Reflections on Popular Politics in Most of the World*, Columbia University Press, New York, 2004, p. 9.

63. Nagaraj, *The Flaming Feet*, p. 138.
64. वही, पृ. 158-9.
65. Sharmila Rege (selected and introduced), *Against the Madness of Manu : B.R. Ambedkar's Writings on Brahmanical Patriarchy, Navayana*, Delhi, pp. 24-6.
66. Arundhati Roy, 'Introduction : The Doctor and the Saint', in *Annihilation of Caste : The Annotated Critical Edition*, Navayana, Delhi, 2014, p. 50.
67. Rodrigues (ed.), *Essential Writings*, pp. 157-9.
68. *BAWS, Vol. 3*, pp. 95-96.
69. Ambedkar, *Buddha and his Dhamma*, p. 125.
70. Rodrigues (ed.), *Essential Writings*, p. 18.
71. *BAWS, Vol. 1*, p. 60.
72. *BAWS, Vol. 10*, p. 297.
73. *BAWS, Vol. 1*, p. 165.
74. वही, पृ. 159.
75. Suhas Palshikar, 'Gandhi-Ambedkar Interface....when shall the twain meet?', *Economic and Political Weekly*, 3 August, 1996, pp. 2070-2.
76. Keer, *Dr. Babasaheb Ambedkar*, p. 167.
77. Bhagwan Das, 'Ambedkar : Architect of Modern India', in Shyam Lal and K.S. Saxena (eds.), *Ambedkar and Nation-Building*, Rawat Publications, Jaipur, 2009, pp. 99-118.
78. Sukhadeo Thorat, *Ambedkar's Role in Economic Planning, Water and Power Policy*, Shipra Publications, Delhi, 2006.
79. Ambedkar's presidential address at Cuttack Conference, 8 November, 1945, quoted in : Thorat, *Ambedkar's Role*, p. 200.
80. Thorat, *Ambedkar's Role*; P Abraham, 'Notes on Ambedkar's Water Resources Policies', *Economic and Political Weekly*, 30 November, 2002, pp. 4772-74.
81. Rohan D' Souza, 'Why Ambedkerites should be against large dams', *Seminar*, *http://www.india-seminar.com/2000/496/496%20 comment.htm*, accessed on 31 December, 2014.
82. Thorat, *Ambedkar's Role*, p. 110.
83. Bhalchandra Mungekar, 'Labour Policy', in Sukhadeo Thorat and Aryama (eds.), *Ambedkar in Retrospect : Essays on Economics, Politics and Society*, Rawat Publications, Jaipur, 2007, pp. 76-92.
84. Keer, *Dr. Babasaheb Ambedkar*, p. 301.
85. *BAWS, Vol. 3*, p. 231.

86. वही.

87. *BAWS*, *Vol. 1*, p. 201-32.

88. Ambedkar's presidential speech at the Solapur District Vatandar Mahar Parishad, Solapur, 27 November, 1927, उधृत : Jadav (ed.), *Ambedkar Speaks*, p. 31.

89. *BAWS*, *Vol. 1*, p. 490.

पानी की जाति : पर्यावरण पूर्वज दीना, भद्री और एकलव्य

जैसे पानी जानता है
ज़मीन की ढाल
वो जानता है
सदियों–पुरानी दरार
गाँव और वाड़ा के बीच
जैसे कुएँ की कगार का सीलन कभी नहीं सूखता
वो जानता है अस्पृश्यता कभी अलोप नहीं होती।

पानी सब कुछ जानता है।

वो जानता है श्रेणियों का अन्तर
अन्तर समारिया स्त्री और यहूदी के शीशु के बीच
वो उप–जातियों के बीच का अन्तर भी जानता है
अन्तर चमड़े और उसकी लटाई के बीच

वो जानता है पंचमा की पीड़ा
जो ख़ुद पानी भरने के अधिकार से वंचित
सारे दिन कुएँ के पास अपने ख़ाली घड़े के साथ
शूद्र के आगमन का इन्तज़ार करती रही...

हमारे लिए, पानी केवल H_2O नहीं है,
हमारे लिए पानी एक घनघोर संघर्ष है।
यह तालाब के लिए महाड़ संघर्ष है।
पानी की एक बुँद में छिपा है
कई पीढ़ियों के आँसू।

–चल्लापल्ली स्वरूपा रानी, एक दलित स्त्री और तेलुगु लेखक[1]

सजीव शक्ति तीन तत्त्वों से निर्मित होती है–जल, वायु और आकाश। जल से जीवन को ताल और धड़कन मिलती है। यह हमारी रोज़मर्रा की ज़िन्दगी के लगभग हर पहलू में मौजूद है। हमारे शरीर, भूमि, जलवायु और वातावरण, संस्कृति के सिरों से गुज़रते हुए जल से रिश्ते बनते हैं, बदलते हैं और रूपान्तरित होते हैं। कविताओं, गीत–संगीत, साहित्य और धर्म में पानी के गहरे अर्थ खुलते हैं जिनके ज़रिये लोगों की भावनाएँ और विचार व्यक्त होते हैं। पानी पृथ्वी की जान और पहचान है। भूमि की व्यापकता से अपेक्षाकृत कम होते हुए भी पानी सागर और पर्वत को साथ जोड़ता है। पानी जलीय और भौतिक पारिस्थितिकीय व्यवस्थाओं के बीच मध्यस्थता करते हुए एक बड़ी प्रजाति के लिए निवास का परिवेश बनाता है। विभिन्न कालों और स्थलों में नदियों ने बाढ़, भूस्खलन और अन्य घुमावों के ज़रिये ज़मीन की संरचनाएँ बदली हैं। पानी की गति में विरोधी तत्त्व गतिशील रूप से साथ आते हैं। ज्वार और भाटे में, उतार या चढ़ाव में, बारिश या सूखा; पानी का आवागमन जारी रहता है। यह शक्तिशाली और वेदनीय, ख़तरनाक और शान्त, हिंसक और मूक है। इसलिए एक प्रसिद्ध उक्ति है : 'एक ही नदी में हम कभी दुबारा क़दम नहीं रख सकते हैं,'[2] यानी पानी हमेशा प्रवाहमान है।

पानी कई द्वन्द्वों का भी स्रोत रहा है। पानी संघर्षों का एक 'देशज लक्षण' माना गया जो 'समय के साथ ज़्यादा से ज़्यादा व्यापक और तीव्र' हो गया है–पानी के विभिन्न स्रोतों से आपूर्ति, आधुनिक आपूर्ति व्यवस्था, पानी की ऊँचाई या नीचाई, स्रोत या बहाव से प्रभावित आबादी, पानी का कृषि, ग़ैर–कृषि, घरेलू उपयोग और जल परियोजनाओं से लाभान्वित और प्रतिकूल प्रभावित होने वाले लोगों के बीच के द्वन्द्व; सभी विमर्श और द्वन्द्व के विषय बन गये हैं।[3] भारत में पानी एक विषम विवादग्रस्त विषय है जो जाति, वर्ग और लिंग के साथ कई प्रकार से उलझा हुआ है और जटिल सांस्कृतिक मायने और सामाजिक विभेद पैदा करता है। राजनीतिक, आर्थिक और सांस्कृतिक रूप से पानी सत्ता का भी एक स्रोत है। पानी पर सत्ताधारियों का नियन्त्रण रहा है और वे इसके ज़रिये दूसरों पर नियन्त्रण क़ायम करते हैं। यह प्रत्यक्ष और परोक्ष तरीक़ों से दलितों के वर्जन और बहिष्कार का एक पारम्परिक माध्यम रहा है : जल संसाधनों पर दलितों की पहुँच और अधिकार का निषेध; जल स्थलों–नदियों, कुओं, तालाबों, नलकों पर सवर्णों का नियन्त्रण सांस्कृतिक और धार्मिक हलकों

में जल विमर्शों का जातिवादी स्वरूप; और पानी सम्बन्धी हमारी अवधारणा और व्यवहार में जाति, पानी और दलित के अन्तःसम्बन्धों पर सोच–विचार का गम्भीर अभाव; यह सब दलितों की पानी वर्जना के पारम्परिक और आधुनिक उदाहरण हैं।

हिन्दू ब्राह्मणवादी शास्त्रों ने पानी को जाति का रंग दिया है। पानी को लेकर कर्मकाण्डी शुद्धि और प्रदूषण के विचार और पानी पीने, नहाने, मछली पकड़ने और पानी लाने–ले जाने की रोज़ाना की आदतें जाति से प्रभावित हैं; और पानी की सामाजिक व्यवस्था को पवित्र स्वीकृति देती हैं। पानी के साथ दलित सम्बन्ध निर्धारित करने में जाति और हिन्दू धर्म की एक निर्णायक भूमिका रही है और इस कारण पानी, वर्चस्वशाली हिन्दू विमर्श और दलितों के बीच एक तनावपूर्ण सम्बन्ध रहा है। इसमें एक ओर सवर्णों का वर्चस्व है, तो दूसरी ओर दलितों का बहिष्कार और विसर्जन। इसके अलावा, भारत में प्रचलित पर्यावरण विवरणों में जल प्रबन्ध की पारम्परिक पद्धतियों और ज्ञान के बारे में प्रायः एक रूमानी और अतीत के लिए आतुर–भरा विवरण है, जिसमें सामुदायिक भागीदारी और गतिविधियों पर भी ज़ोर दिया गया है। पर इन विवरणों में इस बात की अनदेखी की गयी है कि जल प्रबन्ध की पारम्परिक पद्धतियों में समानता और न्याय का गम्भीर अभाव है। सच्चाई यह है कि पारम्परिक जल पद्धतियाँ और प्रबन्ध जाति के श्रेणीगत और ग़ैर–बराबरियों में गहरे डूबी हुई हैं, ये सत्ता, नियन्त्रण और प्रभावशाली धार्मिक कर्मकाण्डों पर आधारित हैं और इसमें जातिगत पूर्वाग्रह और अवधारणाएँ सन्निहित हैं। अतीत और वर्तमान में इन पद्धतियों के निर्माण, प्रबन्ध, वितरण और भागीदारी में असमानता और अन्याय की परत–दर–परत नज़र आती है। इसके अलावा हमारी मुख्यधारा की पर्यावरणीय समझ, नीतियों और आन्दोलनों में दलितों के पानी सम्बन्धी पर्यावरण विमर्श, अनुभव और ज्ञान को शामिल नहीं किया गया है जिससे हमारी समझ का ढाँचा सीमित रहा है।

हमने पिछले अध्याय में प्रसिद्ध दलित नेता के विचारों पर अपना ध्यान केन्द्रित किया था जिससे हमें एक समतावादी पर्यावरण दर्शन की परिकल्पना करने में मदद मिल सकती है। इस अध्याय में हम पानी पर ध्यान देते हैं जो पर्यावरण विमर्श का एक केन्द्रीय तत्त्व है। पानी के ज़रिये हम यह देखते हैं कि किस प्रकार प्रकृति के साथ मानवीय सम्बन्धों का एक विशिष्ट पहलू जाति के असर से अलग रूप–रंग अख़्तियार कर

लेता है, और किस प्रकार किसी प्राकृतिक संसाधन पर एक विशेष जातीय दबाव के कारण दलित अपनी परम्पराओं और स्मृतियों के प्रति सकारात्मक रूप से सचेत और गतिशील होते हैं। दूसरे शब्दों में, यहाँ पानी की पारिस्थितिकी, उपलब्धि और राजनीति का जाति के ज़रिये मूल्यांकन किया गया है। यह दिखाया गया है कि किस प्रकार अस्पृश्यता, अशुद्धि, प्रदूषण और गन्दगी की हमारी समझ पानी के इर्द–गिर्द के संस्थानों, व्यवहारों और संस्कृति को संचालित करती है जो दलितों के ख़िलाफ़ गहरी असमानता और भेदभाव बरतते हैं। पानी में जाति देखते हुए दलित उन धर्मों, संस्कृतियों, संस्थानों, नीतियों और व्यवहारों पर प्रश्न–प्रतिप्रश्न करते हैं जिससे जातियों के बीच और उनके अन्दर असमानता आती है। पानी में जाति विभाजन पर सवाल उठाने के साथ–साथ दलित और उनके संगठन अपने इतिहास, बिम्ब, साहित्य भी उभारते हैं जिससे पानी की एक अलग सांस्कृतिक राजनीति सामने आती है। मैंने बिहार के दो अलग इलाक़ों में दो संगठनों/आन्दोलनों–गंगा मुक्ति आन्दोलन और लोक शक्ति संगठन के सर्वेक्षण के ज़रिये यह पाया है कि पानी केवल एक प्राकृतिक, देय, जीवन और मृत्यु का स्रोत नहीं है बल्कि एक संस्थान, एक सामाजिक और सांस्कृतिक व्यवस्था है जिसके दलितों के लिए अलग मायने हैं। यहाँ यह समझने की कोशिश की गयी है कि किस प्रकार जल अधिकारों के लिए दलितों के संघर्ष उनकी ऐतिहासिक स्मृतियों, जाति स्थिति, उनके सांस्कृतिक–धार्मिक हस्तियों, जैसे–एकलव्य, दीना और भद्री से जुड़ जाते हैं। यह भी दिखाया गया है कि किस प्रकार दलित अपनी जल राजनीति के ज़रिये जाति और सवर्णों के सामाजिक और आर्थिक ताक़त पर सवाल उठाते हैं।

I. पर्यावरणीय सोच में पानी का सफ़र

भारत में पानी पर शोध और लेखन काफ़ी विविध और सम्पन्न रहा है, पानी को अलग–अलग कोणों से देखते हुए : पानी और पानी क्षेत्रों की राजनीति, संस्कृति और धर्म के अन्तःसम्बन्ध, सामाजिक व्यवस्था से राजतन्त्र, बाढ़, सूखा या प्राकृतिक विपदा, निजीकरण, प्रदूषण से लेकर सामूहिक संघर्ष, प्रकृतावली, जलवायु और नदी तन्त्र, आदि–आदि। भारत की पर्यावरण विवेचना से यह बार–बार प्रकट होता है कि पानी के

मुद्दे वैज्ञानिक, ऐतिहासिक, राजनीतिक, व्यावहारिक, क्षेत्रीय, अन्तर्राष्ट्रीय, साथ–साथ धार्मिक और सांस्कृतिक हैं। देश के पर्यावरण की दशा–दिशा पर विज्ञान और पर्यावरण केन्द्र (सी.एस.ई.), नयी दिल्ली की 1980 से प्रकाशित कई विशद रिपोर्टों में देश भर में पानी से जुड़े विभिन्न मुद्दों की विस्तृत झाँकी दिखाई गयी है : भयंकर जल प्रदूषण, प्रदूषित नदियाँ और जलीय क्षेत्र, जल–आधारित बीमारियाँ, सरकारी भूमिका और जन हस्तक्षेप, भूमिगत जल संसाधन, तालाब और कुएँ, झरने और झीलें, समुद्र जल, मत्स्य पालन और शिकार, मछुआरे, बाढ़ और बाढ़ नियन्त्रण, पारम्परिक जल संग्रहण प्रणालियाँ, जल संसाधन प्रबन्ध के सामूहिक, सामुदायिक उपक्रम और नागरिक पहल।[4] साथ–ही–साथ अनेक लेखों, रिपोर्टों, गीतों, कहानियों, कलाकृतियों में नदी और नदी व्यवस्था का बहुरंगी चित्रण किया गया है : पानी, खाद्य, आजीविका, जीवन, संस्कृति और धर्म के स्रोत के रूप में; या आवागमन, पन–बिजली के माध्यम के रूप में; या सिंचाई, बाँध, पीने के पानी के आधार रूप में; या शहरीकरण और शहरों के वर्तमान स्वरूप के निर्धारक तत्त्व के रूप में। एक समाजशास्त्री के अनुसार :

'नदियाँ भारत के हृदय से गुज़रती हैं, ज़िन्दगियों की कहानियाँ देखते और धड़कते हुए। नदियाँ हमारी स्मृतियों, भावनाओं से सराबोर तलछटों से भरी होती हैं और ख़ास जगहों पर अपनी छाप छोड़ती हैं।[5]

उदाहरण के लिए, नर्मदा नदी से प्रेरित कई लोक गीत हैं जो आदिवासी, ग़ैर–आदिवासी, दोनों में लोकप्रिय हैं; हज़ारों लोग सालाना इन गीतों के साथ नर्मदा नदी की परिक्रमा करते हैं। लेखक और नर्मदा बचाओ आन्दोलन के सक्रिय कार्यकर्ता संजय सघवई[6] कहते हैं कि नर्मदा नदी और उसकी घाटी ने दक्षिणी पठार, विशेषकर आन्ध्र प्रदेश के पूर्वी भाग और तत्कालीन मद्रास राज्य को पुनःपरिभाषित किया और इस महाद्वीप के प्रारम्भिक और मध्यकालीन इतिहास में 'दक्षिणापथ' का रास्ता तैयार किया : 'यही और केवल यही हम पूर्व–ऐतिहासिक से ऐतिहासिक काल तक मानवीय गतिविधियों की अनवरत धारा देख सकते हैं।'[7] नदियों के अलावा, पर्यावरण चिन्तकों ने नदी प्रणालियों, पर्वतों, घाटियों, तलहटियों, आदि पर भी ध्यान दिया है; जैसे–हिमालय की घाटियों से गहरे और तीखे ढलावों से बहने वाले पानी पर प्रत्यक्ष तौर पर लाखों लोगों की ज़िन्दगी निर्भर है। बर्फ़ीले हिमालय में पानी के अक्षय भण्डार और इस पर निर्भर जलवायु, तापमान और पानी का प्रवाह समूचे क्षेत्र के लिए निर्णायक हैं।[8]

1980 के दशक से भारत में पर्यावरणवादियों ने सिंचाई, विद्युत उत्पादन और जल आपूर्ति के लिए नदियों पर निर्मित बड़े बाँधों की आलोचना की है जिसके साथ विस्थापन, पुनर्वास और जन/सामाजिक आन्दोलनों के कई मुद्दे जुड़े रहे हैं।[9] सत्यजीत सिंह के एक उल्लेखनीय अध्ययन में भारत में बड़े बाँधों की राजनीति और सिंचाई विकास और राज्य नीति का ख़ुलासा किया गया है।[10] बड़े बाँधों की कई आधारों पर आलोचना की गयी है–उनका आर्थिक योगदान, पर्यावरणीय प्रभाव, विस्थापन, लागत और लाभ का असमान वितरण।[11] इस प्रक्रिया में, विकल्प के तौर पर छोटे, विकेन्द्रित और सहकारी सिंचाई और पनबिजली परियोजनाओं और तकनीक का समर्थन किया गया है। साथ ही, बड़े बाँधों के निर्माण के बहुराष्ट्रीय सन्दर्भों में सामाजिक आन्दोलनों और ग़ैर–सरकारी संगठनों के बहुराष्ट्रीय समन्वय, नेटवर्क और संघर्ष की भी चर्चा की गयी है जो नर्मदा घाटी और सरदार सरोवर बाँध के ख़िलाफ़ भील आदिवासियों के संघर्ष में राज्य के एकाधिकारवादी वर्चस्व, सामाजिक आन्दोलन, प्रतिकार, प्रतिनिधित्व, विकास, सामूहिक आन्दोलन, आदि से जुड़े मुद्दों पर वाद–विवाद से जाहिर था।[12] गंगा नदी पर टिहरी बाँध के निर्माण के दौर में भी इन मुद्दों पर तीव्र चर्चा हुई थी और काफ़ी साहित्य प्रकाशित हुआ था।[13] पानी पर पर्यावरणीय चर्चा में समुद्री जल, मछुआरों की सुरक्षा और आजीविका पर गम्भीर संकट, समुद्री मत्स्य उद्योग के मशीनीकरण और कॉरपोरेटीकरण के ख़तरे, मछलियों का गिरता उत्पादन, समुद्री सामूहिक–सार्वजनिक क्षेत्र का ह्रास, समुद्री सीमा और देश की सुरक्षा के सरोकार, विभिन्न देशों के मछुआरों के बीच सीमा पर तनाव और संघर्ष, दक्षिण एशियाई देशों में मछुआरों के मानव अधिकारों की अवमानना, जैसे मुद्दे भी उठाये गये हैं।[14] दक्षिण भारतीय राज्यों के समुद्री इलाक़ों में 'नीली क्रान्ति'–सघन समुद्री झींगा मत्स्य उद्योग के पर्यावरण और सामाजिक प्रभावों का भी अध्ययन किया गया है। 'नीली क्रान्ति' से प्रभावित क्षेत्रों में कई बार ख़ूनी संघर्ष हुए हैं जहाँ कई बार किसानों और मछुआरों ने झींगा फार्मों पर हमला करके उन्हें बन्द करा दिया है, तो दूसरी तरफ़ स्थानीय व्यापारी और सम्पन्न तबक़ों ने पुलिस और प्रशासन की मदद से कम्पनियों के साथ ज़ोर–ज़बरदस्ती से फार्म शुरू किया है।[15]

पर्यावरण लेखकों और चिन्तकों ने पानी उपयोग, संरक्षण और प्रबन्ध की पारम्परिक प्रणालियों पर भी काफ़ी ध्यान दिया है। जाने–माने

पर्यावरणविद् अनुपम मिश्र ने सूखे राजस्थान प्रदेश में ऐसे कई सफल, समय–सिद्ध और सामूहिक प्रणालियों का उदाहरण दिया है।[16] यह राज्य विशाल भारतीय रेगिस्तान वाला क्षेत्र है जहाँ देश में सबसे गर्म तापमान और सबसे कम वर्षा का मौसम रहता है। सम्भवतः इस कारण राजस्थान के लोगों ने वर्षा के पानी के संचयन और संग्रहण की बेहद व्यावहारिक और सहज–सुन्दर पद्धतियाँ विकसित कीं। उन्होंने अपने देसी ज्ञान और कौशल से कुई, कुण्डी, तनका, तलैया और तालाब बनाये। पानी की परम्परागत पद्धतियों के ऐसे दस्तावेज़ीकरण से यह रेखांकित हुआ कि हमारे समाज और देश को इन पद्धतियों को समझने और इस पर शोध करने की ज़रूरत है। साथ ही, सीमित प्राकृतिक संसाधनों के संरक्षण और प्रबन्ध के लिए ऐसे समुदाय–आधारित, सामूहिक और विकेन्द्रित प्रकृति की ज़रूरत है जिसमें व्यक्ति, परिवार और समूह जल व्यवस्था बनाते और चलाते हैं और समाज सामूहिक तौर पर सार्वजनीन प्राकृतिक संसाधनों के उपयोग को नियमित करता है। यह भी रेखांकित हुआ कि हमारे सरकारी विभाग और प्रशासक, शोधकर्मी, इतिहासकार और अभियन्ता अपनी कई प्रत्यक्ष–परोक्ष कारगुज़ारियों से इस परम्परा का क्षरण कर रहे हैं।[17] इसी विषय पर एक विस्तृत रिपोर्ट में पारम्परिक जल संग्रहण प्रणालियों के ह्रास, उनकी तकनीक, उनमें नये निवेश की ज़रूरत, उनके प्रबन्ध और देख–रेख/मरम्मत की नयी व्यवस्था, और व्यक्ति, समूह और राज्य के जल अधिकारों की गहन मीमांसा की गयी है। ऐसी रिपोर्ट का मक़सद बताते हुए यह कहा गया है :

'देश में बाँधों के विरोध में बढ़ते आन्दोलन की माँग थी कि जल विकास की सामाजिक और पर्यावरण रूप से कम हानिकारक पद्धतियाँ अपनाई जायें। इसलिए हमने अपने–आप से यह सवाल पूछा : ऐसी पद्धतियाँ क्या हो सकती हैं? क्या हम इन्हें जल प्रबन्ध की अपनी पारम्परिक पद्धतियों में हासिल कर सकते हैं?[18]

पानी के नज़रिये से तटबन्धों, नहरों, बाढ़ और सूखा नियन्त्रण योजनाओं का भी मूल्यांकन किया गया है और विशाल नदी घाटी परियोजनाओं, नदी के बहाव को नियन्त्रण करने की कोशिश करने वाली बाढ़ नियन्त्रण परियोजनाओं की आलोचना की गयी है। इन परियोजनाओं को बाढ़ और जल जमाव की बढ़ती समस्या के लिए ज़िम्मेवार ठहराया गया है।[19] जल संग्रहण विकास की अवधारणा और इसके विभिन्न सफल प्रयोगों पर भी पर्यावरणवादियों और सरकार, दोनों ने ख़ासा ध्यान दिया

जो कई बार ग़रीब, वंचित लोगों के विकास और सशक्तीकरण के महान माध्यम के रूप में भी चित्रित किया गया है। तथाकथित लोगों द्वारा परिकल्पित, नियोजित और कार्यान्वित ऐसी परियोजनाओं को जैव–भौतिक (संसाधन प्रबन्ध और पर्यावरण सन्तुलन), सामाजिक–आर्थिक (उत्पादकता, कृषि विकास और आजीविका समर्थन), और सांस्थानिक (समुचित संसाधन उपयोग, समानता और लाभ–लागत अनुपात) नज़रियों से देखने–समझने की कोशिश की गयी है।[20]

कई पर्यावरण संगठनों और लेखकों के अनुसार भूमण्डलीकरण, उदारीकरण और बाज़ार अर्थव्यवस्था के तीव्र विकास के कारण पानी पर गम्भीर ख़तरा आया है। प्रसिद्ध पर्यावरण लेखिका और कार्यकर्ता वन्दना शिवा इसे 'जल युद्ध' का समय मानती हैं–एक तरफ़, कम्पनियाँ हैं जो मुक्त पानी को बोतलबन्द करके मुनाफ़ा कमा रही हैं, और दूसरी तरफ़ वे आन्दोलनकारी हैं जो इस जीवनदायी संसाधन को अभिजात वर्ग के लिए स्वर्ण देने वाले उपक्रम में परिवर्तित करने की साजिशों के ख़िलाफ़ संघर्ष कर रहे हैं। शिवा कहती हैं :

'भूमण्डलीकृत अर्थव्यवस्था पानी की परिभाषा बदल रही है : एक सार्वजनिक सम्पत्ति की जगह एक निजी वस्तु जिसका स्वच्छन्दता से दोहन और व्यापार किया जा सकता है। विश्व आर्थिक अर्थव्यवस्था पानी के उपयोग और नियमन की सारी वर्जनाओं को ख़त्म करके पानी के बाज़ार स्थापित करना चाहता है। पानी के मुक्त व्यापार के समर्थक इस पर राज्य के स्वामित्व की जगह एकमात्र विकल्प के तौर पर निजी सम्पत्ति अधिकार थोपना चाहते हैं, उनके अनुसार पानी के नौकरशाही नियमन का एकमात्र विकल्प है मुक्त बाज़ार।[21]

शिवा पानी के आध्यात्मिक और पारम्परिक भूमिकाओं की प्रशंसा करते हुए समुदायों और उनके विकल्पों की ओर ध्यान खींचती हैं जो कई सफल अभियानों–आन्दोलनों से अभिव्यक्त होते हैं। पानी के आस–पास के ये कई उभार बताते हैं कि ख़ासकर 1970 के बाद भारत के पर्यावरण कार्यकर्ताओं और शोधकर्मियों ने पानी को एक व्यापक पर्यावरणीय और पारिस्थितिकीय फ़लक में देखने–समझने की कोशिश की है जो आगे बढ़ते–बढ़ते संस्कृति, समाज और समुदाय के साथ पानी के सम्बन्धों को समझने में फलीभूत हुई है। प्राकृतिक संसाधनों के संरक्षण और प्रबन्ध में सामुदायिक, सामूहिक प्रवृत्तियों पर कुछ ज़्यादा ही ज़ोर दिया गया है। यह कहा गया :

'यह केवल समुदाय के हाथों में सौंपा जा सकता है, या बाहरी एजेंसियों और व्यक्तियों के साथ किसी प्रकार का सहकारी या संयुक्त प्रबन्ध। इसके लिए प्रेरक तत्त्व होंगे जैव विविधता संरक्षण, आजीविका की सुरक्षा, जल संग्रहण या अन्य। पर इन पहलों के लिए प्रेरणा की उत्पत्ति और प्रकृति जैसी भी हो, हम समुदाय–आधारित संरक्षण और प्रबन्ध के प्रति एक स्पष्ट रुझान देखते हैं।[22]

पर्यावरणवादियों के ऐसे अपरिमित योगदान के बावजूद उन्होंने प्रायः पानी की जाति और स्पर्श, शुद्धि–अशुद्धि, पवित्र–अपवित्र, भ्रष्ट–अभ्रष्ट से पानी के सम्बन्धों के प्रति अपनी आँखें मूँद रखी हैं। यह भी काफ़ी मार्के की बात है कि पानी पर लगातार बढ़ते हुए पर्यावरणवादी साहित्य के बावजूद जिसमें संस्कृति, समुदाय, संरक्षण, लोग, परम्परा, वितरण, बाज़ार, समाज, अर्थव्यवस्था, आन्दोलन शामिल हैं, यहाँ आमतौर पर दलितों का उल्लेख नहीं मिलता है। पानी पर पर्यावरण साहित्य पानी में दलितों को समाहित करता है, न कि उनके अलग वजूद को सामने लाता है।

1. बहती स्वर्गिकता : पवित्र नदी और शुद्ध पानी

हिन्दू धर्म में पानी की पवित्रता और प्रतीकात्मकता, शुद्धिकरण और प्रायश्चित्त के लिए इसका निमित्त महत्त्वपूर्ण है और इसके साथ जुड़े हुए हैं स्नान–ध्यान, शुद्ध–अशुद्ध, पवित्र–अपवित्र और बासी–ताज़ी की श्रेणीबद्ध अवधारणाएँ और व्यवहार।[23] पानी पंचतत्त्वों में एक तत्त्व है–ब्रह्माण्ड को सजीव, एकताबद्ध और पुनर्जीवित करने वाला महत्त्वपूर्ण तत्त्व।[24] फिर भी, पानी हिन्दू समुदाय में जाति पूर्वाग्रहों और व्यवहारों की एक अनवरत, एक तरह से अन्तर्निहित पहचान है। पानी पर हिन्दू धर्मशास्त्रों के विचार बेहद संकीर्ण और अलगाववादी हैं–यह न केवल ज़्यादातर धर्मशास्त्रों के उपदेशों में ज़ाहिर होता है बल्कि 'प्राकृतिक' और सामाजिक सम्बन्धों के बारे में उनकी अभिव्यक्ति और एक 'पवित्र' ब्रह्माण्ड निर्मित करने के प्रयासों के बारे में प्रयुक्त भाषा और अवधारणाओं में भी मिला हुआ है। यद्यपि इसमें कई अवधान और दरार भी हैं और भारतीय समाज में एक श्रेणीबद्ध जल व्यवस्था स्थापित करने के लिए एक सुस्पष्ट और प्रकट हिन्दू धार्मिक परिपाटी का निर्माण निश्चित तौर पर एक अनिवार्यता नहीं है, फिर भी यह स्पष्ट है कि वर्चस्वशाली हिन्दू ब्राह्मणवादी विमर्श

हमारे जल परिप्रेक्ष्य को पानी–सम्पन्न और पानी–वंचित, दो ख़ानों में बाँटता है।

हिन्दू धर्मग्रन्थों और उपदेशों में पानी एक ख़ास रंग–रूप, एक अलग जाति का रूप अख़्तियार कर लेता है। वैदिक शास्त्र में पानी को आध्यात्मिक शुद्धिकरण का एक माध्यम, आध्यात्मिक पुनरुत्थान हासिल करने का उपकरण, जीवन और पवित्रता का मर्म और ब्रह्माण्ड का आधार बताया गया है; 'पानी शुद्ध और साथ–ही–साथ अशुद्ध करने वाला है–जीवन के वास्तविक और आध्यात्मिक स्रोत के रूप में।'[25] धर्म और मनुस्मृति के नियमों के अनुसार पानी कर्मकाण्डों का आधार है और मानवीय अस्तित्व के शारीरिक शुद्धिकरण को निर्धारित करता है। मनु का मानना है कि जब एक शुद्ध कुआँ या कोई और स्थिर जल स्रोत का स्पर्श करता है, तो पानी और उसका स्रोत, दोनों प्रदूषित हो जाते हैं और ऐसे प्रदूषित पानी के शुद्धिकरण के लिए काफ़ी कर्मकाण्ड करने पड़ते हैं। हिन्दू धर्मशास्त्रों में यह भी उल्लिखित है कि एक ब्राह्मण को शूद्र के स्पर्श, बात या दृश्य प्रदूषण से मुक्ति के लिए स्नान या आचमन करना चाहिए। स्त्रियों को प्रसव या मासिक धर्म के दौरान प्रदूषित माना जाता है और पानी से शुद्ध होने की सलाह दी जाती है। इस प्रकार हिन्दू रूढ़िवादी व्यवहारों में शरीर की पवित्रता–प्रदूषण को रेखांकित करने और सामाजिक कर्मकाण्डी शुद्धिकरण स्थापित करने के लिए पानी को एक महत्त्वपूर्ण और कई बार निर्णायक मानक का दर्जा दिया गया है।[26] हिन्दू धर्म के पर्यावरणीय पहलुओं की खोज करते हुए हमारी पर्यावरण संचेतना की विभिन्न धाराओं में पानी और पवित्र नदी को लेकर पारम्परिक हिन्दू विचारों का काफ़ी गुणगान किया गया है। ऋग्वेद, भगवद्गीता, रामायण और मनु से प्रेरणा लेते हुए पर्यावरणविद् प्रायः पानी के साथ हिन्दू धर्म का घालमेल करते हैं और इसके ज़रिये पानी का अर्थ और महत्ता बढ़ाने की कोशिश करते हैं। इसे कई बार बेहद सांस्कृतिक, सुन्दर, सृजनात्मक, नवीन तरीक़ों से अभिव्यक्त करते हुए पानी का व्यक्तिगत, सामाजिक, सामूहिक महत्त्व जताया जाता है। दुखद यह है कि इन उपक्रमों में जाति और दलित हाशिये पर छोड़ दिये जाते हैं।

इन विचारों के लिए नदियों का सन्दर्भ बेहद प्रासंगिक है। उदाहरण के लिए, नर्मदा नदी को हिन्दुओं के लिए सबसे पवित्र नदी बताया गया है–यह हिन्दुओं का एक प्रसिद्ध तीर्थस्थल है और नर्मदा नदी की

परिक्रमा–इसके उद्‌गम से शुरू होकर किनारे–किनारे गुज़रते हुए फिर उद्‌गम तक वापसी–एक शुभ धार्मिक कृत्य है। नर्मदा को देवी के रूप में भी पूजा जाता है जो मन्दिरों की मूर्ति और धार्मिक साहित्य में प्रचुर उपलब्ध है। इसके अलावा, यमुना नदी का धार्मिक महात्म्य है। यमुना नदी के पर्यावरण को हिन्दू धार्मिक संस्कृति से जोड़ते हुए एक विद्वान लेखक का कथन है :

'इन दोनों प्रवृत्तियों को परखने के लिए तीर्थस्थल वृन्दावन से बेहतर कोई जगह नहीं है–यह दिल्ली से सौ मील दूर ब्रज के सांस्कृतिक क्षेत्र के मर्म में स्थित है। यह क्षेत्र कृष्ण की भक्ति और पूजा से गहरे जुड़ा है और यहाँ यमुना धर्मशास्त्र सबसे ज़्यादा विकसित है। इस क्षेत्र में सदियों से यमुना का पानी कई प्रकार के मन्दिर कर्मकाण्डों में उपयोग होता है। उदाहरण के लिए, मन्दिर के देवी–देवताओं को यमुना नदी के पानी से धोया जाता है। यह आम नज़र आता है कि वृन्दावन के नागरिक और तीर्थयात्री यमुना नदी की पूजा करते हैं–वे नदी को दूध और मिष्ठान भेंट में चढ़ाते हैं और यमुना देवी की भी पूजा करते हैं। अतीत में यह आम था कि तीर्थयात्री नदी जाते थे, यमुना नदी के पानी की बूँदें अपनी हथेलियों में लेते थे और उसे अपने मुँह में डालते थे।'[27]

इसी प्रकार गंगा नदी को 'लाखों हिन्दुओं का पवित्र स्थल' कहा गया है जिसका 'शुद्ध पानी हमें पवित्र करता है और हमें मृत्यु के बाद स्वर्ग सिधारता है।'[28] यह हिन्दू विश्वास है कि 'शुद्ध' को और शुद्ध बनाता है और अशुद्ध अस्थायी रूप से उसमें अपने पाप और प्रदूषण धो सकते हैं। गंगा के पवित्र जल में जाति के भेद की गणना नहीं होती–पापी का पाप जाति के दाग के बग़ैर पूरी तरह धुल जाता है। गंगा की मान्यता एक देवी के रूप में भी है जो दुनियावी गन्दगियों और मनुष्यों को संयोजित–समाहित करने की शक्ति रखती है। विष्णु पुराण के अनुसार, वह उसी तरह दुनिया की अशुद्धियों का शोधन करती है जैसे उसने ज़मीन पर अवतरण के दौरान भगवान विष्णु के पैर धोये थे।[29] गंगा की जानकी भागीरथी नदी है जो राजा भागीरथ से सम्बन्धित है। राजा भागीरथ की कठोर तपस्या से गंगा स्वर्ग से धरती पर अवतरित हुई और पृथ्वी को कपिल ऋषि के श्रापों से मुक्त किया। तपस्वी ऋषि ने अपनी तपस्या भंग करने के कोप में राजा सागर के साठ हज़ार पुत्रों को जलाकर भस्म कर दिया था।[30] यद्यपि हिन्दू धर्म में पानी को लेकर कई मिथ और विश्वास हैं, पर सबसे ज़्यादा आस्था और मान्यता पानी की पवित्रता और इसकी

प्रदूषण से मुक्त कराने की ताक़त को लेकर है। यह शारीरिक–सामाजिक शुद्धिकरण और आध्यात्मिक अच्छाई और गुणों से सम्बन्धित है।

'मनु के विशाल बाढ़' की कहानी भी कुछ पर्यावरण विमर्श में दिखती है; किस प्रकार भयंकर बाढ़ में सारी सृष्टि जलमग्न हो गयी थी, पर मनु को एक मछली ने बचाया था, वही मछली जिसे मनु ने कभी एक बड़ी मछली का शिकार होने से बचाया था। मछली ने मनु को एक बड़ी नाव बनाने के लिए कहा और नाव में बीज और जानवर रखा। मछली ने नाव खेकर उसे हिमालय की ऊँचाइयों में किसी सुरक्षित स्थल पर बचाकर रखा। जब बाढ़ में सारी जीवित प्रजातियाँ बह गयीं, मनु हिमालय में सुरक्षित रहे। इस प्रकार मनु अकेले जीवित बच गये।[31] इसके अलावा, इन्द्र–एक शक्तिशाली योद्धा और उसके पराक्रमी वज्र–की कहानी है जो दुश्मनों का विनाश और शहरों का विध्वंस करता है। वह वर्षा भी लाता है–मानसून के बादल विशाल अजगर की तरह पानी की पहली बौछारें लाते हैं। वह सिन्धु के लोगों द्वारा निर्मित बाँध भी तहस–नहस करता है और इस प्रकार नदियों को बन्धनमुक्त करता है।[32]

देश के कई प्रमुख पर्यावरणवादी अपनी पर्यावरण राजनीति के विकास के लिए पानी की धार्मिक और सांस्कृतिक पुनर्रचना का समर्थन करते हैं। वे भी पानी को पवित्र और शुद्ध, देवी–देवताओं की अलौकिकता का प्रतीक और माता–तुल्य मानते हैं। उनके अनुसार, गंगा एक तीर्थ है, स्वर्ग सिधारने के लिए एक पवित्र सीढ़ी, ऐसा माध्यम जिससे एक से दूसरी जगह प्रस्थान किया जा सकता है। वे नदी के 108 पवित्र नाम उच्चारते हैं। गंगा और यमुना की तरह कई अन्य नदियाँ, जैसे यमुना, कावेरी और ब्रह्मपुत्र को भी पवित्र और दैवी माना जाता है जो भक्तों के आध्यात्मिक और भौतिक पापों का निराकरण करती है। उनका तर्क है :

'महत्त्वपूर्ण, जीवित संसाधनों का संरक्षण केवल बाज़ार की तर्कावली से नहीं किया जा सकता है। इसके लिए ज़रूरी है कि पावन–पुण्य और सार्वजनिक संसाधन पुनर्बहाल किये जायें और ऐसी पुनर्बहालियाँ हो रही हैं। कुछ साल पहले कुछ हज़ार तीर्थयात्री उत्तरी भारत के अपने गाँवों से शिवरात्रि में गंगा का पानी भरने के लिए हरिद्वार और गंगोत्री जाते थे जिसे भगवान शिव का जन्मदिन मानते हैं। काँवड़ उठाने वाले काँवड़ियाँ अब लाखों में नज़र आते हैं...गंगा का पानी भरे हुए सजे–धजे, चमकीले काँवड़ पवित्रता का उत्सव और उसके प्रति लोगों की प्रतिबद्धता है।[33]

'भारत की पर्यावरण रिपोर्ट' गंगा के मिथकीय कहानी की चर्चा करती है जब भागीरथ ने गंगा को धरती पर आने के लिए राजी किया और शिव ने अपनी जटा को ढीला करके गंगा के लिए रास्ता प्रशस्त कराया। इस वर्णन में गंगा को लाखों हिन्दुओं का एक धार्मिक, पुण्य आकर्षण बताया गया है, जो मृत्यु के बाद शान्ति और स्वर्ग दिलाता है।[34] चिपको नेता सुन्दरलाल बहुगुणा ने गढ़वाल में टिहरी बाँध के अनवरत, लम्बे विरोध के क्रम में कई बार गंगा को पवित्र माता के रूप में चित्रित–वर्णित किया, साथ ही इसे राष्ट्रीय एकता और सुरक्षा के विचारों से भी जोड़ा।[35] इस प्रकार के पर्यावरणीय लेखन और अध्ययन में प्रकारान्तर से पानी की पवित्रता और शरीर की शुद्धि के बीच एक निरन्तरता/तारतम्य देखा गया है, दोनों ही 'दूसरों' द्वारा प्रदूषण से आक्रान्त हैं जिसके शोधन, स्वच्छीकरण और परिष्करण की ज़रूरत है। यहाँ पानी जीवन, संस्कृति या ब्रह्माण्ड ही नहीं है, वह आन्तरिक, शुद्ध, पवित्र, भगवान–प्रदत्त प्रकृति और शरीर और मस्तिष्क का स्वास्थ्यवर्द्धक, संरक्षक और संग्रहक है। यह व्यक्ति, समुदाय और राष्ट्र को एक साथ जोड़ता है और एक सशक्त, सामूहिक पहचान निर्मित करता है। पर यह भी कटु सच्चाई है कि इस परिकल्पना में डर, प्रतिशोध और प्रदूषण और प्रदूषित लोगों के प्रति प्रतिशोध निहित है–व्यक्तियों, कणों, स्थलों की अपवित्रताओं और अशुद्धियों को समाज की बुराइयों का मूल कारण समझा जाता है। ऐसी तर्क शृंखला अनुमानित तौर पर जातिजनित पहचान निर्मित करने का केन्द्र बिन्दु है जिसमें दलित निशाने पर रहता है।

2. खुलता पानी पिटारा : लिंग, जाति और दलित

1980 के दशक तक भारत में पानी सम्बन्धी विचारों में लिंग और जाति की समझदारी नहीं के बराबर थी। पर जैसे–जैसे स्त्रियों और दलितों की आवाज़ सशक्त हुई; साथ ही पानी के उपयोग, स्वामित्व, पानी परियोजनाओं के लाभ के समान वितरण, आजीविका और सामाजिक आन्दोलन से जुड़े सवाल भी उभरकर सामने आये, हमें वास्तव में 'पानी का पिटारा' खुलता हुआ दिखा। पर्यावरणवादियों ने ख़ासकर लिंग और जाति के बीच के क़रीबी सम्बन्धों पर ध्यान दिया जिससे पानी सम्बन्धी हमारी दृष्टि और समझ काफ़ी विकसित हुई। पर यह बात जाति, पानी

और दलित के बीच के अन्तःसम्बन्धों के बारे में अधिकार–समेत नहीं कही जा सकती है जहाँ एक संकुचित और पारम्परिक विचार दृष्टि ही प्रचलित रही। भारतीय पर्यावरण अध्येता और लेखक पानी की राजनीतिक पारिस्थितिकी पर विचार करते हुए जाति और ख़ासकर दलितों की विवेचना शामिल करने में काफ़ी परहेज़ी रहे हैं। यद्यपि पानी पर हमारे पर्यावरण आन्दोलन प्रायः दलितों को अपने मोर्चे में शामिल करने में उत्सुक रहे हैं, पर उन्होंने शायद ही दलितों के सांस्कृतिक नज़रिये, अनुभव और सक्रियता को शुमार किया है। पर इसके कुछ अपवाद भी हैं जहाँ अध्येताओं ने बेहद मेहनत से विभिन्न क्षेत्रों में पानी को लेकर दलितों पर अत्याचार, उनका अधिकारविहीन अस्तित्व, पानी से बहिष्कार और 'पानी बिन बेपानी' जैसे स्थितियों का दस्तावेज़ बनाया है–इससे पानी के क्षेत्र में दलितों की पहचान क़ायम करने में उल्लेखनीय योगदान हुआ है। इस भाग में हम पानी, लिंग और जाति पर पर्यावरणीय लेखन की सम्भावनाओं और सीमाओं पर ध्यान देंगे।

लिंग और पानी को एक साथ जोड़कर देखना–समझना विभिन्न सरकारी नीतियों, अन्तर्राष्ट्रीय–राष्ट्रीय ग़ैर–सरकारी संगठनों की रिपोर्टों, बाँध विरोधी और पानी के निजीकरण–विरोधी आन्दोलनों और द्विपक्षीय–द्विदेशीय एजेंसियों में स्वीकृत हुआ है।[36] भारत में इस विषय पर अकादमिक अध्ययन में कई प्रकार से इस रिश्ते की जाँच–पड़ताल हुई है–राजकीय नीति, श्रेणीबद्ध समाज, पीने के पानी को निजी, मुनाफ़ा–आधारित वस्तु बनाना, बाज़ार की भूमिका, स्त्रियों और ग़रीबों के लिए पानी की उपलब्धता में आड़े आने वाले प्रतिगामी संरचनात्मक और सामाजिक ढाँचे, आदि में लिंग और पानी की क्रिया–प्रतिक्रिया पर अच्छा–ख़ासा शोध है। साथ–ही–साथ, पानी की एक विकेन्द्रित अभिशासन व्यवस्था बनायी गयी है जिसमें पानी की घरेलू आपूर्ति को स्त्रियों का वाजिब अधिकार बताया गया है, पर जल संसाधनों के प्रबन्ध को लेकर उन्हें केवल औपचारिक अधिकार दिये गये हैं। मैत्रेयी कृष्णराज के अनुसार इस क्षेत्र में कई सवाल अनुत्तरित रह जाते हैं :

'निर्णयकारी जगहों पर स्त्रियों के प्रतिनिधित्व से किस हद तक उनका सशक्तीकरण होता है या इससे दबे–छुपे तरीक़ों से पारम्परिक सामाजिक वर्गीकरण पुनःस्थापित होते हैं? क्या सार्वजनिक हलकों में स्त्रियों की भागीदारी में प्रत्यक्ष बढ़ोतरी से स्त्रियों के सशक्तीकरण और लिंग समानता की सम्भावनाएँ बढ़ती हैं?[37]

मैत्रेयी कृष्णराज ज़मीनी स्तर पर पानी में स्त्रियों को अधिकार और सत्ता देने और विकेन्द्रीकृत अभिशासन के विभिन्न रूपों और परिणामों की चर्चा करती हैं। एक बेहद महत्त्वपूर्ण लेख में मारग्रीट ज्वारटीवीन यह तर्क देती हैं कि सिंचाई की दुनिया अभी भी 'पुरुषों की दुनिया' है : सिंचाई के पानी और इससे सम्बन्धित अधिरचना का अधिकार प्रमुखतः केवल आदमियों में केन्द्रित है; पेशेवर सिंचाई का क्षेत्र काफ़ी पुरुष–प्रधान/आधिपत्यपूर्ण है; और सिंचाई सम्बन्धित विवरण और ज्ञान में काफ़ी समय तक स्त्रियों के योगदान की अनदेखी की गयी है। उनका निष्कर्ष है :

'सिंचाई के क्षेत्र में व्याप्त और जारी पौरुषता एक ऐसी समस्या है जिसकी तत्काल आलोचनात्मक जाँच–पड़ताल की ज़रूरत है। ऐसी जाँच–पड़ताल हमें बहिष्कार, असमानता के स्थिर नज़रिये से बाहर जाकर करनी चाहिए। हमें पौरुषता तकनीक और संगठन को नारीवादी नज़रिये से देखना चाहिए। हमें जल प्रबन्ध और इंजीनियरिंग को एक संस्कृति के रूप में समझना चाहिए और यह देखना चाहिए कि किस प्रकार इंजीनियरिंग समुदायों के कार्यकलापों के तहत पेशेवर पहचान और लिंग एक–दूसरे को प्रभावित करते हैं और अपनी अलग शक्ल अख़्तियार करते हैं।'[38]

मारग्रीट के अनुसार ऐसे उपक्रम के ज़रिये हम सरकारी जल एजेंसियों में स्त्री इंजीनियरों के लिए ज़्यादा जगह निर्मित करने की पहली सीढ़ी पर पहुँचेंगे, साथ ही पानी की सांस्कृतिक राजनीति के कुछ नये महत्त्वपूर्ण पहलू भी उद्घाटित करेंगे। महाराष्ट्र और गुजरात में विकेन्द्रीकृत जल अभिशासन में स्त्रियों के अधिकार पर एक अन्य महत्त्वपूर्ण अध्ययन में यह पाया गया कि इस पूरी प्रक्रिया में कई नीतिगत और सांगठनिक अवरोध हैं और स्त्रियों, समुदाय, सार्वजनिक और निजी स्थलों के बारे में हमारी अवधारणाएँ भी समस्याग्रस्त हैं। अध्ययन का निष्कर्ष है कि विकेन्द्रीकरण अपने महती उद्देश्यों को तब तक हासिल नहीं कर सकता जब तक हमारी मूल्य व्यवस्था, संस्कृति, संस्थानों और परिवार की प्रकृति बदलती नहीं है।[39] कई प्रकार की कलाकृतियों–चित्र, फ़िल्म, कविता और संगीत में स्त्री और जल के बीच के क़रीबी रिश्तों का चित्र उकेरा गया है। उदाहरण के लिए, एक पुरस्कृत फ़िल्म 'स्वराज' में एक शहीद महिला पार्षद के जीवन का चित्रण किया गया है जो अपने वार्ड में पानी की आपूर्ति में टैंकर माफ़िया द्वारा ग़रीबों के शोषण के ख़िलाफ़

संघर्ष में विजयी होती है, पर विजय के गौरवपूर्ण क्षणों में माफ़िया के लोग उसकी निर्मम हत्या कर देते हैं। यह फ़िल्म यद्यपि एक अलग जगह/नाम में फ़िल्मायी गयी है, पर वास्तव में यह मदुरई, तमिलनाडु की एक महिला पार्षद लीलावती के वास्तविक जीवन पर आधारित है। लीलावती ने अपने चुनाव प्रचार के दौरान वार्ड के लोगों से जो ज़्यादातर आर्थिक पिछड़े हैं, वादा किया था कि उन्हें पाइप से पानी की आपूर्ति कराई जायेगी। ये लोग हमेशा से पानी के लिए टैंकरों की महँगी सप्लाई पर आश्रित थे। 1996 में पार्षद निर्वाचित होने के बाद लीलावती का मिशन था अपने वार्ड में पाइप पानी लाना। उनका मिशन सफल हुआ—पाइप डाली गयी और पानी सप्लाई का परीक्षण किया गया। पर पाइप पानी की आपूर्ति के औपचारिक उद्घाटन से एक दिन पहले लीलावती की हत्या हो गयी। मदुरई और तमिलनाडु के कई हिस्सों में इस हत्या के विरोध में रैलियाँ आयोजित हुईं।[40]

हाल के सालों में कई अकादमिक अध्ययनों में लिंग के साथ—साथ पानी की दुनिया में जाति और दलित के पर्यावरणीय अनुभवों और विवरणों पर भी ध्यान दिया गया है। विविध रूपों, पाठ्यों और अभिलेखों में व्यक्त ये अध्ययन ऐतिहासिक तौर पर पानी के पर्यावरणीय अनुभव व्यक्त करते हैं जो कई प्रकार से जातीय, सामाजिक, स्थानीय और क्षेत्रीय सम्बन्धों से निर्धारित होते हैं। वे दलितों के रोज़मर्रा के पर्यावरणीय अनुभवों की खोज करते हैं—कई बार उनके अपने शब्दों और बिम्बों में। यहाँ यह उजागर होता है कि किस प्रकार वर्चस्वशाली सत्ता और संस्थान और प्रभावी अर्थव्यवस्था और राजनीति पानी और दलितों को प्रदर्शित और प्रस्तुत करते हैं। जब पानी के 'प्राकृतिक' उपयोग की जगह पवित्र—अपवित्र, शुद्ध—अशुद्ध हमारा केन्द्रीय पर्यावरणीय अनुभत होता है, तो क्या घटित होता है? किस प्रकार बेगार, बलिदान और पीड़ा जो कई जलाशयों से अभिन्न जुड़े हैं, हमारे अनुभवों को जटिल और मुश्किल बनाते हैं? किस प्रकार जाति वर्गीकरण, स्थानीय सत्ता, अनुशासन और आधिपत्य पानी के बारे में हमारी समझ और विचार—विमर्श को प्रभावित करते हैं? जाति एक महत्त्वपूर्ण, लगभग निर्णायक तत्त्व है पानी की समझ, उपयोग और प्रबन्ध में। पानी हमारे जाति समाज का एक निशान है। कुछ क्षेत्रों में लोग दो श्रेणियों में बाँटे/पहचाने जाते हैं—'पानी चालने जाति' (जिन जातियों से पीने का पानी ग्रहण किया जा सकता है) और

'पानी न चालने जाति' (जिन जातियों से पीने का पानी ग्रहण नहीं किया जा सकता है)।[41] पानी से वंचना और पानी तक पहुँच में अवरोध दलितों के लिए जाति प्रकोप है, और इन जीवन्त मुद्दों के इर्द–गिर्द दलितों की अनगनित कहानियाँ और विवरण उपलब्ध हैं। पानी के स्रोतों और संसाधनों से अधिकांश समय वंचित दलित पानी के साथ एक अलगाव या विराग की स्थिति में भी जीते रहे हैं जिसमें कई बार सज़ा या जुर्माने की त्रासदायक यादें भी हैं। इसके साथ यह भी सच है कि पानी के साथ जीने, मरने, काम करने के अपने जीवन्त सम्बन्धों के कारण दलित जल जीवन और कल्पनाओं से भी ओत–प्रोत रहे हैं। पानी एक सशक्त सांस्कृतिक प्रतीक है, वह बन्धनमुक्ति की सम्भावनाएँ भी दिखाता है–यहाँ दलित अपने दमनकारी ताने–बाने से बाहर जा सकते हैं और प्राकृतिक संसाधनों के साथ अपना सकारात्मक सरोकार बना सकते हैं। पानी में जाति की सर्वव्यापकता उनकी पर्यावरणीय परिदृष्टि को ग्रसित करती है :

'खाने की फलियाँ ढूँढ़ते जीवन की प्यास बुझ गयी
और आदमी की संवेदना मृत शरीर में सिमट गयी,
पृथ्वी का मुँह खुला था भीख के कटोरे की तरह,
तुम्हारे सेक्युलर शासन की पूँछें हिलते देखना कितना सुहावना दृश्य है।
तुम नदी के ऊपर का पानी
और हम नदी के नीचे का पानी लेंगे,
वाह! वाह! कैसे तुमने पानी को भी चतुर्वर्ण सिखाई है
अपने पवित्र, परिष्कृत तरीक़ों से!'

–नामदेव धसाल, गोलपीठा, मराठी से अनुवाद दिलीप चित्रे[42]

कई दलित आत्मकथाओं में पानी और पानी स्रोतों से दलित वंचना और बहिष्कार के बारे में मार्मिक और दर्दनाक विवरण हैं। जलाशयों में ऐसे निर्मम निषेध दलितों के मानवीय अस्तित्व और ग़ैर–मानव प्रकृति और प्राकृतिक संसाधनों के साथ उनके रिश्तों की बुनियादी अवधारणाओं पर सवाल उठाती है। महार समुदाय में जन्मे, जाने–माने दलित लेखक शरणकुमार लिंबाले अपने बचपन की पीड़ा का इस प्रकार बयान करते हैं :

स्कूल के बाद हम नदी तक जाते थे और बालू पर बैठकर खाना खाते थे। उसके बाद हम तैरते थे। सवर्ण ग्रामीण नदी के ऊपरी हिस्से में घड़ों में पानी भरते थे और उनकी स्त्रियाँ अपने कपड़े भी धोती थीं। नदी के निचले हिस्से में कुनबी और चरवाहे अपने बर्तनों में पानी भरते थे और घर ले जाते थे। वे कपड़े धोते थे और नहाते भी थे। जानवर चराने वाले भी अपने कपड़े धोते और नहाते थे। वे अपनी भैंस नहलाते और स्वयं नहाते थे। नदी के बहाव का निचला हिस्सा हमारे लिए था।

मैं नदी के किनारे खड़ा होता था, अपनी हथेलियों में पानी भरकर पीता। एक दिन एक माँ ने अपने बच्चे के कपड़े धोए थे जिससे पाखाने का एक टुकड़ा बहता हुआ मेरी ओर आया, लेकिन क्या पानी से भी ज़्यादा कुछ शुद्ध होता है? नदी के ऊपरी हिस्से से बहता हुआ पानी मेरे पेट के अन्दर चला गया था। मैंने बेहद बीमार महसूस किया...

अर्जया और मैं नदी की ओर जा रहे थे। ज़मीन इतनी तप रही थी कि उस पर चलना मुश्किल था, ऐसा लग रहा था कि हमारे सीने जल रहे हैं। नदी तट के अलग–अलग हिस्से महार और मतंग के लिए आरक्षित थे। हम कहाँ से पिएँ? यहाँ तो पानी भी हमारा दुश्मन था। हमारा दिमाग़ भी अलग–अलग जलाशयों की तरह बँटा हुआ था। नहीं, हमारा दिमाग़ केवल बँटा हुआ ही नहीं था, वह मटमैला और मलिन भी था...

यहाँ तो पानी भी सवर्णों के नियन्त्रण में था। जैसे ही मैंने पानी छुआ और उसे अपनी हथेलियों में भरा, जैसे सतह पर आलोड़न हो गया। पृथ्वी के अन्दर का पानी काँपने लगा। हम सौभाग्यशाली थे कि किसी ने हमें वहाँ पानी पीते हुए देखा नहीं था, नहीं तो हमारी बुरी तरह पिटाई होती। हमारे स्पर्श में ऐसा क्या अलग और विचित्र है कि इससे पानी, भोजन, घर, कपड़ा, श्मशान, चाय की दुकान, भगवान, धर्म और यहाँ तक कि मनुष्य प्रदूषित हो जाता है?[43]

अनगिनत शब्दों और विवरणों में हमें जाति में सराबोर पानी, पानी के स्रोतों तक पहुँचने के लिए लम्बी, कठिन यात्रा, साफ़ पानी लेने से मनाही और गहरी प्यास बुझाने के लिए पानी की खोज, आदि का पता चलता है। इस सबको मिलाकर पानी को लेकर दलितों में निराशा, सवाल और ग़ुस्से की संस्कृति निर्मित होती है। पानी की दलित खोज और पुकार विभिन्न साहित्यों में भरपूर नज़र आती है। यहाँ पानी कोई प्राकृतिक सौन्दर्य नहीं है, बल्कि एक जाति बोझ है। यह प्रसन्नता का स्रोत नहीं

है, बल्कि एक सांस्कृतिक श्राप है। एक प्रसिद्ध तमिल दलित नाटककार के.ए. गुणासेकरन अपनी आत्मकथा के शुरुआती अध्याय में पानी से डर और आतंक का खुलासा करते हैं :

'हम जैसे ही कल्लूरानी में प्रवेश करते थे, हमें पधानी, खजूर के रस और खजूर गुड़ की सुगन्ध आने लगती थी। हम सनार कॉलोनी में रुकते और पाँच या दस पैसे से खजूर के पत्ते से बनाई टोकरी में पधानी लेते। हम जिस गाँव में भी पहुँचते, वहाँ पहला सवाल यही होता : कौन हो तुम? जैसे ही उन्हें हमारे पराया होने का पता चलता वे हमें किसी धातु के बर्तन की बजाय लकड़ी की कटोरी में पधानी देते...

हम रास्ते में गन्ने के खेतों से गुज़रते। जब प्यास लगती, हम घुटनों के बल थोवर नहर में झुकते और अपनी हथेलियों से पानी पीते। हम पूरी तरह सावधान रहते कि पानी गँदला न हो। यदि ऐसा होता, तो पानी से मिट्टी का स्वाद आता। साथ ही, हमें इसका भान नहीं था कि क्या नहर से पानी पीने या लेने का अधिकार किसा ख़ास जाति के लिए सुरक्षित है। यदि यह सवर्ण पानी होता, तो हमें पानी पीने के लिए रस्सियों से बाँधकर पीटा जाता। इसलिए हम जल्दी से पानी पीते और तुरन्त अपना हाथ पोंछ लेते। इलायनकुड़ी के आगे के गाँवों में तो यहाँ तक कि छोटे जलाशयों पर भी हमें जाति के नाम से डराया–धमकाया जाता था।'[44]

दलितों के ऐसे पर्या–विवरण पानी की सामाजिक दुनिया के अन्तर्गत स्थित हैं जहाँ सामाजिक शोषण और सांस्कृतिक वर्चस्व का दुहरा अनुभव दलितों और निम्न जाति को नीचे दबाता है। पानी प्रबन्ध और सिंचाई के कई उदाहरणों से यह पता चलता है कि किस प्रकार वर्चस्वशाली संस्कृति में पानी को सामाजिक दुनिया का एक अंग माना जाता था। राजस्थान राज्य में जिसे पर्यावरणविदों और संगठनों ने पानी के पारम्परिक प्रबन्ध के लिए बेहद सराहा है, पानी प्रायः जाति के ज़रिये अभिव्यक्त होता है। उदाहरण के लिए, इस क्षेत्र की दो लोकप्रिय कहावत देखिए :

'पानी पीके जात पूछ बो!'

और दूसरा उदाहरण देखिए :

'भावी नई बेटा मन्हे ई बेगार!'[45]

(एक बँधुआ अस्पृश्य मज़दूर दुःखदायी श्रम के बाद कुएँ में आत्महत्या करता है, पर यहाँ भी उसे बँधुआगिरी के लिए मजबूर किया जाता है!)

राजस्थान की लोक कथाओं और गीतों के महान अध्येता दिवंगत कोमल कोठारी के अनुसार जिन्होंने पाँच दशकों तक राज्य–भर की यात्रा करके राज्य की समृद्ध जन सांस्कृतिक और संगीत परम्पराओं की खोज की, पानी के सवाल को सामाजिक वर्गीकरण और पानी के वास्तविक बँटवारे से अलग करके देखा–समझा नहीं जा सकता है। कई सन्दर्भों में और कई प्रकार से ज़मीन, पानी, खेती, सिंचाई, पशुधन और रेगिस्तानों में इसकी विविध सांस्कृतिक अभिव्यक्तियों की व्याख्या करते हुए उन्होंने कहा :

'रेगिस्तानी इलाक़ों में सवर्ण समुदायों की कुएँ के स्रोतों तक सीधी पहुँच रहती है। उससे थोड़ी दूर पर एक कुण्डिया रखी होती है जो जाति श्रेणी में निचले पायदान के लोगों के काम आती है। इसके अलावा एक अलग पात्र भी होता है जो जानवरों और पालतू पशुओं को पानी पिलाने के काम आता है। यद्यपि इस स्थिति में थोड़ा बदलाव आया होगा, पर यही तौर–तरीक़ा जारी है। कुएँ से पानी लेने की पूरी पद्धति हमारी सामाजिक व्यवस्था में श्रेणीबद्धता और असमानता का प्रतीक है। कई बार हर जाति के लिए पानी लेने के लिए एक निश्चित समय निर्धारित किया जाता है जिसमें निम्न जाति का नम्बर सबसे आखिर में आता है।'[46]

राजस्थान राज्य का एक सबसे बड़ा शहर जोधपुर पारम्परिक कुओं, तालाबों और जलाशयों के लिए विख्यात है। पर कई कुओं की एक ख़ास जाति पहचान है जिसे एक ख़ास जाति ने निर्मित किया है, वही जाति उसकी मालिक है और कई बार केवल वही उसका उपयोग करती है। उदाहरण के लिए, कुछ कुओं का नाम, जाति और उपयोग विशिष्ट है : कुम्हरिया कुआँ, खेमका का कुआँ, टपरियों का कुआँ, भाटियों का कुआँ, दर्ज़ियों का कुआँ, शिवराम का बेरा, भाटी बेरा, मियाँ का बेरा, मालिकों का बेरा और माली कुआँ। शोधार्थी और लेखक प्रकाश पुरोहित जोधपुर शहर के कई भागों में ऐसे जाति–आधारित कुओं का विस्तृत उदाहरण देते हैं :

'शहर में शिवची गेट के बाहर हरनाथ माली ने 'हरनाथ का कुआँ' बनवाया।...शिवची गेट के ही बाहर मिठ्ठूशाह ने एक कुआँ बनवाया जो आज भी मौजूद है और इसका नाम 'मिठ्ठूशाह का बेरा' है...भाट जाति के लोगों ने नागौर के रास्ते में एक नदी बनायी जिसे 'भाटिया नदी' कहते हैं...इससे दलितों के पानी लेने पर प्रतिबन्ध था और वे केवल शिवची गेट के नज़दीक नदी से कुछ पानी ले सकते थे। इसलिए यहाँ इसे 'मेहतर नदी' कहते हैं।'[47]

दक्षिण भारत में पारम्परिक सिंचाई व्यवस्था पर गम्भीर शोध हुआ है जिसमें तालाब से सिंचाई और जाति, समाज और पानी के बहाव की पारिस्थितिकी के अन्तःसम्बन्धों की बेहद गहराई से जाँच–पड़ताल की गयी है। एक स्मरणीय और स्थानीय रूप से प्रचुर समृद्ध शोध पर आधारित अध्ययन में डेविड मॉस ने दिखाया है कि गाँव के तालाब और सम्बन्धित सिंचाई व्यवस्था किस प्रकार सामाजिक सम्बन्ध, जाति स्थिति, सम्मान और प्रतिष्ठा व्यक्त करने वाले सार्वजनिक संस्थान हैं।[48] तमिलनाडु में पूर्व–औपनिवेशिक और ज़मींदारी शासन में रामनाड और शिवगंगा में तालाब सिंचाई का सामाजिक संगठन तत्कालीन श्रेणीबद्ध सम्बन्धों और राजा के शासन की नैतिकता दर्शाता था। मॉस का तर्क है : 'आमतौर पर तमिलनाडु में तालाब के पानी का बँटवारा और अधिकार सामाजिक विशेषाधिकार और स्थानीय प्रभावशाली कुल या जाति समूह से जुड़ा हुआ था।'[49] सघन सर्वेक्षण और मौखिक साक्ष्यों के ज़रिये मॉस वायालूर में पानी के बँटवारे की व्यवस्था का विस्तृत विवरण देते हैं : नवम्बर 1994 में तालाब से जुड़े सारे मसलों पर विचार–विमर्श के लिए एक ग्रामीण सभा में सभी मारावार, कोनार और अन्य सवर्ण जातियाँ पेड़ के नीचे एक तरफ़ बैठे थे, नाटार एक समूह में उनके बग़ल में बैठे थे, पालार थोड़ी दूर पर सड़क किनारे बैठे थे, जबकि परियार और चक्कलीयार एकदम अलग–थलग सड़क के साथ बैठे थे। सवर्ण अपनी जगह पर बैठे–बैठे बोलते थे जबकि पालार बोलते हुए खड़े होते थे। पानी के बँटवारे की व्यवस्था वंशानुगत निर्धारित थी जो ग्रामीण स्तर पर श्रम के जाति विभाजन पर आधारित थी। दस्तकार और अस्पृश्य जाति–पालार और पेरियार समेत–निचले दर्जे का सेवक रूपी काम करते थे। उन्हें कम मज़दूरी मिलती थी, कई बार मज़दूरी के तौर पर कुछ अनाज और कपड़ा मिलता था। ये काम ग्रामीण नौकरों के दर्जे का, अधीनस्थ और आदेश का पालन करने वाला होता था। यहाँ जल प्रबन्ध और इसमें 'निरपासी' की भूमिका सवर्णों और दलितों के बीच के असमान और श्रेणीबद्ध सम्बन्ध बताते थे। सु–संगठित तालाब व्यवस्था और पानी के नियमित बँटवारे के ज़रिये प्रदर्शित ग्रामीण एकता के लिए 'कट्टूपट्टू' कहा जाता था जिसका मतलब है अनुशासन और आदेश। इससे ताक़तवर जाति सत्ता और इससे जुड़े कर्तव्य और अधीनता, साथ–ही–साथ एकता और सहयोग के विचार का बोध होता था।[50]

ईशा शाह के अन्य बेहद प्रभावशाली मानवशास्त्रीय अध्ययन में कर्नाटक राज्य में तालाब सिंचाई की तकनीक और कृषि पद्धतियों के सर्वेक्षण में दिखाया गया है कि किस प्रकार तालाब का डिज़ाइन प्रभावशाली हितों और समूहों के हिसाब से प्रणालीबद्ध है जिससे एक विशेष प्रकार से पानी का बँटवारा होता है और इससे सामाजिक संहिता/श्रेणी बरक़रार रहती है। सामाजिक व्यवस्था के निर्माण या नियमन की ज़िम्मेवारी तकनीकी डिज़ाइन और इससे जुड़े सामाजिक प्रबन्ध को सौंप दिया जाता है, या ख़ास प्रकार के डिज़ाइन के ज़रिये पानी के वितरण को लेकर सामाजिक प्रणाली निर्मित–पुनर्निर्मित की जाती है। शाह एक उदाहरण के ज़रिये अपनी बात स्थापित करती हैं :

'यह बेहद आम बात है कि ऐतिहासिक और आर्थिक रूप से सत्ता सम्पन्न समूहों के किसान तालाब के पास की ज़मीन के मालिक होते हैं। इसी प्रकार निम्न और सेवक जाति के किसानों के पास तालाब के दूर के खेत होते हैं। एक खेत से दूसरे खेतों में तालाब से नहर से सिंचाई की व्यवस्था और डिज़ाइन में नज़दीकी खेतों को एक रणनीतिक लाभ होता है, क्योंकि जब तक नज़दीकी खेतों से पानी नहीं छोड़ा जाता है, वो दूर के खेतों तक नहीं पहुँचता। इस प्रकार एक–से–दूसरे खेत में सिंचाई व्यवस्था नज़दीकी और दूर के खेतों में पानी के वितरण का निर्णायक होती है, यही व्यवस्था ऐतिहासिक रूप से विशेषाधिकार और वंचित समूहों के बीच पानी वितरण तय करती है।[51]

काफ़ी समय बाँध निर्माण में भी जाति की निर्णायक भूमिका होती है। बाँध निर्माण के लिए काफ़ी संख्या में श्रमिकों की ज़रूरत होती थी और ये श्रमिक कई बार स्वैच्छिक श्रम नहीं करते थे। कैथलीन मॉरीसन ने अपने एक उल्लेखनीय अध्ययन में वेदना की ऐतिहासिक स्मृति का विश्लेषण करते हुए तालाब खोदने के विशेषज्ञ वोडा के दर्द का बयान किया है। उनका अध्ययन उत्तरी कर्नाटक के बारे में है जहाँ लगभग हर जलाशय में मानव बलिदान की कहानी निहित है। ये मानव बलिदान ज़्यादातर स्त्रियों और निम्न जाति के पुरुषों के हैं और उन्होंने जलाशय में टूट या दरार से बचाव या सूखे से मुक्ति के लिए बलिदान किया है।[52] गुजरात राज्य में औपनिवेशिक काल से कुएँ से सिंचाई और मोटरपम्पों का इस्तेमाल पारम्परिक वर्गीकरण और सत्ता से जुड़े थे जिसमें जाति और धन–दौलत की बड़ी भूमिका थी। हाल के सालों में, 1976 में खेड़ा

ज़िले के एक सर्वेक्षण से यह पता चला कि बंकर–अस्पृश्यों की एक बस्ती ने जब अपना ट्यूबवेल ख़रीदा, तो उनके पास अपनी ज़रूरत से ज़्यादा पानी था। वहाँ नज़दीक में पटेलों की ज़मीन थी जिन्हें अपने खेतों के लिए पानी की ज़रूरत थी। पटेलों ने अस्पृश्यों के ट्यूबवेल का पानी ख़रीदने से मना कर दिया क्योंकि उनके अनुसार पानी 'प्रदूषित' था।[53]

ये कई उदाहरण स्थापित करते हैं कि पानी के प्रबन्ध की विभिन्न व्यवस्थाओं में दलितों की स्थिति और भूमिका पर्यावरण संरक्षण की मुख्यधारा में दर्शायी तस्वीर से अलग है। पर्यावरणवादियों द्वारा पारम्परिक सिंचाई व्यवस्थाओं का आमतौर पर गुणगान करने की प्रवृत्ति दलितों को अखरती है। दलित तालाब और कुएँ, बाँध और जलाशय को जाति से अलग करके नहीं देख सकते हैं। उनके लिए ये जल स्रोत केवल धर्म और संस्कृति के प्रतीक नहीं हैं, बल्कि इनका उल्लेखनीय सामाजिक–ऐतिहासिक आयाम है। पानी बाह्य परिवेश का एक महत्त्वपूर्ण हिस्सा हो सकता है, पर यह अन्तर में बहता है, यह जीवन या मरण का सवाल है जो किसी की जाति से जनित है और समाज में व्याप्त बाह्य वर्गीकरणों से सम्बन्धित है। दलितों के लिए पानी उनका जीवन और कर्म है, और एक आधार है उनकी संस्कृति और अस्तित्व के लिए। पानी से जुड़ी हैं उनकी सामूहिक स्मृतियाँ जहाँ पानी उत्सव और अभिशाप है, पानी प्रकृति की देन है, पर वेदना का एक नियमित स्रोत है, पानी जीवन देता है, पर मौत का भी कारण बनता है।

दलित बुद्धिजीवी एजहिल एलेनगोवन ने तमिलनाडु के एक बड़े दलित समुदाय अरुंधतियार के इतिहास पर शोध किया है। उन्होंने 1625 और 1659 के बीच मदुरई साम्राज्य में तिरूमल्लई नायकर के 34 साल के राज–काज की खोज करके पाया कि उस दौर में बाँध, पुल, मन्दिर और महल बनाते हुए उसकी मज़बूती और सुरक्षा सुनिश्चित करने के लिए दलितों का बलिदान दिया गया। कई इतिहासकारों और अभिलेखागारों का सन्दर्भ देते हुए उन्होंने कहा :

'बकरी या मुर्गी का नहीं बल्कि यहाँ मानव बलिदान दिया गया। हाँ, अरुंधतियारों को पकड़ा गया, कारावास में डाला गया और जब भी किसी मन्दिर, पुल, बाँध या महल का निर्माण होता था, उन्हें वहाँ लाया गया और बलिदान किया गया।[54]

निम्न जातीय चक्कीलीयार को भी बाँध निर्माण के समय पकड़ा

जाता था और उनकी बलि दी जाती थी। इतिहासकारों ने यह दर्ज किया है कि चक्कीलीयार हमेशा अपनी जान के लिए डरे रहते थे, डर से यहाँ–वहाँ भागते–फिरते थे। दलित समाज वैज्ञानिक सनल मोहन ने केरल में दासता पर अपने नये शोध कार्य में दलित पुलाया और परया मज़दूरों के गीतों और कहानियों में औपनिवेशिक त्रावनकोर में अप्रवाही जलीय क्षेत्रों में भूमिकरण के दौरान हाड़–तोड़ श्रम की सामूहिक यादें संचित की हैं। श्री मुलम प्रजा सभा (त्रावनकोर आम सभा) में दलित प्रतिनिधियों के भाषणों का अभिलेखागार आधारित अध्ययन भी यह बताता है कि दलित श्रमिक अप्रवाही जलीय क्षेत्र, बाढ़ अवरोध और तटबन्धों के निर्माण में कठोर श्रम और पीड़ा से गुज़रते थे।[55]

कर्नाटक में पूर्व–आधुनिक काल के तालाबों के इर्द–गिर्द बुने गये कहानियों, गीतों और किंवदन्तियों का गहन अध्ययन करके ईशा शाह हमें तालाबों का एक वैकल्पिक इतिहास बताती हैं। वोडाओं और दलित स्त्रियों की स्मृति और विवरणों के अनुसार दक्षिणी कर्नाटक के अर्द्ध–सिंचित क्षेत्र के लगभग हर तालाब के साथ बलिदान की कोई कहानी या गीत है। तालाब बनाने के लिए मज़दूर मुख्यतः वोडा जाति से आते थे और उनकी अभिव्यक्तियों में विभिन्न प्रकार की बेगारी की झलक मिलती है। इनमें वोडा बार–बार कम मज़दूरी, बेगार या नक़द के बदले में वस्तु, आदि की शिकायत करते हैं। एक लोक गीतगाथा में एक स्त्री की कहानी है जो एक तालाब की कमियों–पर्याप्त पानी नहीं होना या बाढ़ से तालाब टूटना–के निदान के लिए बलि चढ़ने वाली है। कुछ लोकगीतों में बलि चढ़ा दी गयी स्त्री की स्तुति है। एक लोकप्रिय कहानी है जिसमें भारी वर्षा के दौरान एक तटबन्ध की दरार रोकने के लिए निम्न जाति के पुरुष के बलिदान की तैयारी हो रही है। कोलार और बेल्लारी ज़िलों के कुछ हिस्सों में लगभग हर तालाब की एक कहानी है जिसमें किसी–न–किसी कारण से–सूखे से बचाव, तालाब के टूटने के निराकरण या तटबन्ध की सुरक्षा–दलितों की बलि चढ़ाई गयी है।[56]

पानी के साथ जाति और दलित गठबन्धन अस्पृश्यता, बहिष्कार, प्रदूषण, डर, सज़ा, दबाव सत्ता के जटिल ताने–बाने बुनता है। गोपाल गुरु का मानना है कि अस्पृश्यता के पुराशिल्प में पानी एक निर्णायक तत्त्व है :

'उच्च जाति, मनु संहिता के आधार पर, पानी का उपयोग एक

शाश्वत विभाजन के लिए करते हैं जिसके तहत कुछ शरीर कार्मिक तौर पर पवित्र और कुछ सनातन तौर पर अपवित्र होते हैं। ऐसे लोग समुद्र के पानी को कर्मकाण्डी रूप से अपवित्र मानते हैं। इस समझदारी के अनुसार पानी, पृथ्वी से अलग, एक ऐसा मानक है जिसके ज़रिये यह मापा जा सकता है कि जाति का सार कितना गहरा गया है और जातियों के बरक्स सामाजिक रिश्ता कितना भ्रष्ट हुआ है। पानी, पृथ्वी से अलग, हर जाति को उपलब्ध होता है जो इसका उपयोग अस्पृश्यता विकसित करने के लिए करते हैं। इससे कर्मकाण्डी वर्गीकरण के स्तर पर सामाजिक प्रधानता बनी रहती है। इस प्रकार पानी अस्पृश्यता का पैमाना निर्धारित करता है। वास्तव में पानी अस्पृश्यता के लिए जीवनप्राण प्रदान करता है या अस्पृश्यता के अस्तित्व के लिए सबसे महत्त्वपूर्ण पूर्व–शर्त है।[57]

पानी को लेकर दलित दर्द और वंचना पर्यावरणीय तस्वीर का आधा पहलू–भर है। इसके साथ ही, दलितों के अनुभव पानी पर उनके नये पहलों का भी आधार बनाते हैं। कुछ मामलों में पानी के सवाल पर अपने संघर्षों और हस्तक्षेप के ज़रिये दलितों ने शोषण और दमन के दायरे से बाहर निकलकर अपने सशक्त शब्दों, बिम्बों, सांस्कृतिक प्रतीकों को ज़मीन पर उतारा है। अगले भाग में हम बिहार के ऐसे दो मौक़ाई उदाहरण लेते हैं जहाँ दलितों ने पानी पर अपनी सामूहिक पर्यावरण दृष्टि विकसित की है और इसके लिए अपने समृद्ध धार्मिक–सांस्कृतिक और सामाजिक संसाधनों से लैस होकर सांगठनिक सफलताएँ हासिल की हैं।

II. जाति, पर्यावरण और पानी : दलित जलक्षेत्रों में दीना, भद्री और एकलव्य

यह कहा जा सकता है कि पृथ्वी पर उपलब्ध किसी भी प्राकृतिक संसाधन से कहीं ज़्यादा पानी ने दलितों के लिए एक महत्त्वपूर्ण धुरी बनाई है जिसके आधार पर उन्होंने प्रभुत्वशाली सत्ता सम्बन्धों को कई प्रकार से मज़बूत चुनौती दी है। समूची उन्नीसवीं और बीसवीं सदी के दौरान देश के विभिन्न हिस्सों में पानी, जलाशय, नदी, उन तक पहुँच, उपयोग, स्वामित्व, प्रबन्ध के मुद्दे दलितों और वर्चस्वशाली ताक़तों के बीच सामाजिक और सांस्कृतिक संघर्ष के महत्त्वपूर्ण स्थल रहे हैं। दलितों ने अपनी तरफ़ से पानी पर अपने रोज़ाना के वजूद को स्थापित करने

की कोशिश की है। इसके लिए एक तरफ़ तो सवर्णों के आधिपत्य को चुनौती दी गयी है, तो दूसरी तरफ़ दलितों ने अपनी जल गतिविधियों को ग़ैर–अभिजात और समावेशी बनाने की कोशिश की है।

पिछले कोई तीस सालों से पानी के मुद्दों पर दलितों की अभिव्यक्ति और दृढ़ता मज़बूत हुई है। साथ–ही–साथ पानी की बढ़ती माँग और प्रतियोगिता के कारण प्रभुत्वशाली वर्ग ने पानी पर कब्ज़ा करने और इससे दलितों को वंचित करने के नये रास्ते भी अख़्तियार किये हैं। 1980 के दशक के अन्तिम हिस्से में पानी पर दलित आन्दोलन और अत्याचार की कई घटनाएँ सामने आयी हैं जिसने राष्ट्रीय स्वरूप भी लिया है। उदाहरण के लिए, जुलाई 1986 में बिहार के जहानाबाद ज़िले के कनसारा के कहार टोला में तालाब में मछली मारने के अधिकार के सवाल पर भूमिहार भूस्वामियों ने राइफल और बन्दूक से हमला करके दस दलित भूमिहीन मज़दूरों की हत्या कर दी जिसमें छह स्त्रियाँ और दो बच्चे थे।[58] सन् 2000 में बिहार के लक्खीसराय में पिछड़ी जाति के भू–स्वामियों ने गंगा और सोन नदी तल के अधिकार, ख़ासकर इन नदियों से बालू निकालने के सवाल पर 11 दलित बालू मज़दूरों की निर्मम हत्या कर दी। दिसम्बर 2001 में राजस्थान में जयपुर से 50 किलोमीटर दूर चकवारा यकायक चर्चित हो गया। दलित बैरवा समुदाय के दो लोगों ने गाँव के एक तालाब में एक ऐसे घाट में स्नान कर लिया जो परम्परा से दलितों के लिए प्रतिबन्धित था। इससे नाराज़ होकर गाँव के भू–स्वामियों और पंचायत ने बैरवा समुदाय को चेतावनी दी, उन पर ज़ुर्माना और बहिष्कार का फ़ैसला किया। जब बैरवाओं ने ऐसे फ़ैसले के ख़िलाफ़ विरोध प्रदर्शन आयोजित किया, तो उन्हें फिर गम्भीर रूप से डराया–धमकाया गया। कई महीनों तक यह तनाव की स्थिति, बहिष्कार और परेशानी का सिलसिला जारी रहा।[59] 2003 में महाराष्ट्र के रायगढ़ ज़िले के मनगाँव ताल्लुका के कई गाँवों में पानी पर जाति विभाजन और दबाव को लेकर दलितों और सवर्णों के बीच कई बार द्वन्द्व और टकराव उभरकर आये। ये सभी गाँव महाड़ से 20–30 किलोमीटर के आस–पास थे जहाँ अम्बेडकर ने दलितों के जल अधिकारों के लिए ऐतिहासिक संघर्ष का आह्वान किया था।[60] यह भी उल्लेखनीय है कि चवदार तालाब जिस पर अम्बेडकर का महाड़ सत्याग्रह हुआ, अभी भी दलित–सवर्ण द्वन्द्व–स्थल है जहाँ महाड़ सत्याग्रह के 89वें सालगिरह पर मार्च 2016 में स्थानीय शिवसेना विधायक

और हिन्दू राष्ट्रवादी नेता ने तालाब के शुद्धिकरण के लिए पूजा–अर्चना आयोजित की।[61]

जलाशयों और सार्वजनिक जल–स्थलों पर दलित संघर्षों में बड़े उभार के साथ–साथ दलित संगठनों ने भी नियमित और सोचपूर्ण तरीक़ों से पानी–जाति–दलित के अन्तःसम्बन्धों पर विचार–विमर्श शुरू किया। उदाहरण के लिए, 2003 में एशिया सोशल फोरम में लोक शक्ति संगठन ने इस मुद्दे पर एक कार्यशाला आयोजित की जिसमें दलित अधिकारों पर सक्रिय सामाजिक नेता दीपक भारती ने अपनी एक विशेष प्रस्तुति में बिहार राज्य में तालाबों पर दलित अधिकारों की विस्तृत चर्चा की।[62] 2012 में नेशनल कनफेडरेशन ऑफ़ दलित ऑर्गनाइजेशन (नैकडोर) ने वाटर ऐड के साथ मिलकर इस विषय पर एक सम्मेलन आयोजित किया।[63] दलितों और प्राकृतिक संसाधनों के अन्तःसम्बन्धों पर चर्चा करते हुए सम्मेलन में पानी और स्वच्छता पर फ़ोकस किया गया जिसमें ग़रीबी, टोलियों का सामाजिक–जातीय विभाजन, शुद्धता और प्रदूषण के विचार, सरकारी कार्यक्रमों की कमज़ोर पहुँच और सार्वजनिक जल स्थलों के उपयोग में भेदभाव, जैसे, तत्त्व निर्धारक पाये गये। नैकडोर ने पानी, स्वच्छता और स्वास्थ्य पर दलित मुद्दों की अभिव्यक्ति के लिए एक नया मंच बनाया। इसके साथ ही अपने परिष्कृत और तीव्र तरीक़ों से दलितों ने परम्परागत पानी प्रबन्ध व्यवस्थाओं से अपना मुँह मोड़ा; जैसे, उत्तराखण्ड राज्य के दलितों ने कहा कि वे परम्परागत तौर पर धारा से पानी एकत्रित और उपयोग करने की बजाय पाइप से पानी की आपूर्ति की योजनाओं का समर्थन करते हैं जिससे उन्हें पानी के उपयोग में सम्मान और ग़ैर–भेदभाव मिलता है। गढ़वाल के गाँवों में जहाँ दलितों और सवर्णों की मिली–जुली आबादी है, दलितों को पानी हासिल करने में कई प्रकार की वर्जनाओं और बहिष्कारों का शिकार होना पड़ता है। जब तक सवर्ण घर धारा से पानी लेते हैं तब तक दलितों को इन्तज़ार करना पड़ता है। कुछ मामलों में गाँव जाति–आधारित दो धाराएँ रखता है–सवर्णों और दलितों के लिए अलग–अलग।[64] इस सन्दर्भ में हम पाइप पानी के लिए दलितों की प्राथमिकता का औचित्य समझ सकते हैं।

पानी के मुद्दों पर अपनी आवाज़ उठाते हुए दलितों और उनके संगठनों ने बेहद सृजनात्मक तरीक़ों से अपने मिथ, सांस्कृतिक रूपक, पूर्वज, आदि उभारे हैं जिससे उनके संघर्षों को बल मिला है। 1980 के

दशक के आख़िरी सालों में महाराष्ट्र के सांगली ज़िले के खानपुर तालुके के बालावाड़ी और तंदुलवाड़ी गाँवों के मज़दूरों और किसानों के एक प्रेरक संघर्ष से यह अनूठी मिसाल मिलती है। यह संघर्ष वेराला नदी के एक सूखे हिस्से से बालू निकालने और बेचने के अधिकार को लेकर हुआ। मज़दूर और किसान अपनी ज़मीन की सिंचाई के लिए ख़ुद अपने श्रम और पूँजी से एक छोटा बाँध बना रहे थे और इसी मक़सद से बालू निकालना चाहते थे। उनके श्रम और पूँजी, साथ ही संघर्ष से अर्जित बालू से बनाये छोटे बाँध का नाम 'बली राजा बन्धरा' रखा गया था जो दलितों के पर्यावरणीय और सांस्कृतिक पराक्रम का मिला–जुला प्रतीक था। ब्राह्मणवादी हिन्दू धार्मिक परम्परा में राजा बली एक असुर था जिसके गौरव को एक ब्राह्मण लड़के वामन–भगवान विष्णु के अवतार ने परास्त किया था। जबकि महाराष्ट्र के किसान, मज़दूर और दलित परम्परा में बली को एक आदर्श किसान राजा के रूप में याद किया जाता है। मराठी में लोकप्रिय कहावत है, 'बली राजा का राज आये। सारे दुःख दूर जाएँ।' इस परम्परा में बली राजा का कई प्रकार से महिमामण्डन किया गया है। शूद्र राजा बली को पसन्द करते हैं क्योंकि उन्होंने वामनों और ब्राह्मणों के ख़िलाफ़ शूद्रों का साथ दिया था। इस क्षेत्र में दशहरा समारोहों में निम्न जाति के समूह बली राजा के वापसी की कामना करते हैं। यद्यपि बली राजा बाँध निर्माण केवल दलित आन्दोलन नहीं था, पर आन्दोलन के प्रणेता संगठन मुक्ति संघ ने बाँध का नामकरण करने और आन्दोलन का विस्तार करने के क्रम में क्षेत्र के कई जाति और सांस्कृतिक मिथ और स्मृति को पुनर्जीवित किया था।[65] दलितों के जल संघर्षों के कई ऐसे उदाहरण हैं जिसमें उन्होंने अपनी पर्यावरण हक़दारी के लिए मिथकीय पात्रों और पूर्वजों का जीवन्त सन्दर्भ दिया। महाराष्ट्र के मराठवाड़ा क्षेत्र में जालना ज़िले के मूर्तिगाँव में दलितों की हैंडपम्प से पानी लेने के लिए निर्मम पिटाई हुई। इसके प्रतिरोध में दलितों ने एक 12 फुट की ईंट और ग्रेनाइट से बनी मूर्ति स्थापित की। यह मूर्ति सूर्य और उसकी रोशनी, उनके पारम्परिक योद्धा–वीर की प्रतीक थी।[66]

उत्तरी भारत में दलित समुदायों के लिए मछली और नाव, आजीविका के दो महत्त्वपूर्ण साधन हैं जिससे वे अपनी भौतिक और पोषण बेहतरी कर सकते हैं, अपने लिए कुछ अतिरिक्त खाद्य और अर्थ का जुगाड़ करते हैं, साथ ही इस आजीविका के सामूहिक परिवेश, समय और स्थान में एक

प्रकार की साझेदारी और बिरादराना विकसित करते हैं। दलित एकजुटता के सामाजिक आलेख में नाव खेना और मछली पकड़ना दलितों के बीच एक आज़ादी का भाव भरता है—यही भाव दलितों और जल स्वामियों के बीच के श्रेणीबद्ध रिश्ते के ख़िलाफ़ विरोध की ज़मीन तैयार करता है। यहाँ मैं ऐसे दो अध्ययन प्रस्तुत करता हूँ जिसमें दलितों ने अपने जल क्षेत्रों में ख़ुद के सांस्कृतिक प्रतीक और मिथ निर्मित किये हैं, एक प्रकार की सामूहिक उपकरणपेटी जिसके आधार पर उन्होंने मछली मारने के अधिकार के लिए आवाज़ उठाई है और अपने को अतीत, स्थान और संसाधनों के साथ गहरा जोड़ा है। यहाँ दलितों के मिथ और प्रतीक उनकी पर्यावरणीय परिकल्पनाएँ और प्रतिज्ञाएँ हैं जिससे न केवल उनके अतीत की परतें खुलती हैं बल्कि हिन्दू ब्राह्मणवादी मिथकों और जाति पद्धतियों की सम्यक् आलोचना भी होती है। ये एक साथ ही नकारात्मक और सकारात्मक शैलियाँ हैं जिसकी निर्माण और विध्वंस, दोनों भूमिकाएँ हैं।

1. उत्तरी बिहार में जलाशय और जाल : दीना-भद्री की महिमा और भक्ति

बिहार में मधुबनी—मिथिला अंचल का मर्म क्षेत्र—की एक अलग, ख़ास पहचान है—उत्तर में नेपाल के पहाड़ी क्षेत्र जो सुदूर दक्षिण तक फैले हुए हैं, पश्चिम में सीतामढ़ी और पूरब में सुपौल। यहाँ से गुज़रती हैं कई नदियाँ—कमला, करेह, बालान, भूतही बालान, गेहुअन, सूपेन, त्रिशूला, जीवच, कोशी और अछवारा। मधुबनी में अलग—अलग तरह के, कई बार एक—दूसरे से विपरीत प्राकृतिक परिदृश्य हैं। एक तरफ़ बेहद समतल, पठारी परिदृश्य जहाँ किसी तरह का उतार—चढ़ाव नहीं, तो दूसरी तरफ़ धान के खेतों का विशाल विस्तार। यहीं, नेपाल के तराई क्षेत्रों से निकलती और धीमे तेज़ बहती हुई नदियाँ और झरने। यह इलाक़ा हर तरफ़ तालाबों से भी भरा हुआ है और ऐसा भी प्रतीत होता है कि सारा क्षेत्र पानी में तैर—सा रहा है।[67] दरभंगा का ज़िला गज़ेटियर जिसमें पहले मधुबनी भी शामिल था, इस क्षेत्र की जल समृद्धता बताता है : अनगिनत तालाब, झील, पानी के अस्थायी जमाव, आदि। क्षेत्र में मछली और पानी की फ़सलें प्रचुर थीं—मखाना, सिंघाड़ा, आदि और ये बिहार का सर्वप्रमुख मछली उत्पादक क्षेत्र था।[68] पोखरी, माछ और मखाना इस क्षेत्र का पर्याय

हैं जो रोज़ाना की ज़िन्दगी, रोज़गार, खान–पान और बाज़ार को गहरे प्रभावित करते हैं। कई गाँवों में काफ़ी तालाब हैं और कई बार गाँव तालाब के नाम से जाने जाते हैं। जलाशयों के स्थानीय नाम भी हैं–चौर, मौन, डाबर, खट्टा, आदि। कई गाँव तो आश्चर्यजनक रूप से तालाबों से समृद्ध हैं; जैसे–अंधराठाढ़ी गाँव जिसमें छह दर्जन तालाब हैं, इनमें से 27 तालाब एक सुन्दर गोल माला की शक्ल में खुदे हुए हैं। ये तालाब एक–दूसरे से जुड़े हैं और साथ ही नदी से भी जुड़े हैं। इससे बाढ़ के पानी का संयोजन भी होता है।[69] इस क्षेत्र के महत्त्वपूर्ण अध्ययन में कॅरोलीन ब्राउन का कहना है :

'ये तालाब सम्पूर्ण चन्द्रमा में चमकते हैं, कई जीव चन्द्रमा की रोशनी से भरे अनोखी रात में ज़ोरों से गाते हैं। मई और जून की गर्मी में ज़मीन से नमी ऊपर उठती है, हवा को सूखा बनाती है जिसमें साँस लेना भी कष्टकारी होता है, और सबका शरीर चिपकते हुए पसीने से परेशान रहता है। इन तालाबों में स्नान करने या बड़े ताँबे का बर्तन धोने के लिए गहरे कीचड़ को पार करना पड़ता है और मिथिला के ज़्यादातर तालाबों में पूरी तरह भरे हुए कमल पत्तों को हटाना होता है। कीचड़ और कमल को हटाकर पानी की गहराई में हमें वही मिलता है जो यहाँ के नागरिकों के कोहबरा घर की दीवारों पर भी चित्रित रहता है : मछली, कछुआ और जल सांप।[70]

मिथिला क्षेत्र के लिए तालाब इतने आन्तरिक और अभिन्न हैं कि वे महिलाओं के चित्रों, मधुबनी चित्रकारी और लोक कथाओं में बार–बार दिखते हैं। कैरोलिन डेविस का कहना है कि मैथिल स्त्रियों की लोक कथाओं में, उनकी चित्रकारी की तरह, तालाबों का चित्रण उनकी अपनी कल्पनाशीलता और अनुभवों के आधार पर बदलता रहता है। साथ ही, यह मैथिली समाज में स्त्रियों की अवस्था, ज्ञान और भूमिका के बदलते स्वरूप के आधार पर भी बदलता है। तालाब और स्त्रियों की कहानियाँ कई बार मुख्यधारा से अलग वैकल्पिक मूल्यों और प्रवृत्तियों की बानगी देती है–आधिकारिक की बजाय सक्रियता और हस्तक्षेप के नये सिद्धान्त। डेविस मिथिला की स्त्रियों की कहानी को 'तालाब की कहानियाँ' क़रार करती हैं : 'स्त्रियाँ (या लड़कियाँ) या तो तालाब से बेहद क़रीब हैं या उसमें समाहित हैं।' तालाब स्त्रियाँ पुरुषों को जन्म देती हैं। वे वास्तव में ख़ुद को बार–बार जन्मती हैं। तालाब स्त्रियाँ अपने नज़रिये से पुरुषों की

समस्या देखती हैं और इसके आधार पर दुनिया की चीज़ें दुरुस्त करने के लिए अपना हस्तक्षेप करती हैं।[71] ब्राउन के अनुसार स्त्रियों की चित्रकारी का लगभग पूरा हिस्सा मिथिला के तालाबों की छवियों से भरा हुआ है : चिड़िया, मछलियाँ, फूल–पत्ते, चीटें, कीड़े–मकोड़े, साँप, गोजर, कछुआ, मेंढक और टोड। यद्यपि इसमें चित्रित सभी पेड़–पौधे और पशु केवल तालाबों के लिए नहीं हैं, पर इसमें तालाबों में मिलने वाले जीवन रूपों की बहुतायत मार्के की बात है।[72]

तालाबों से जुड़ी कहानियाँ और अन्य विवरण कई बार हिन्दू धर्म के मिथकों और देवी–देवताओं के क़रीबी हैं। यह विश्वास है कि सीता–विदेह के राजा जनक की बेटी–आज के मधुबनी, मुज़फ़्फ़रपुर, सीतामढ़ी, समस्तीपुर और दरभंगा ज़िले की वासी थी। जनकपुर, राजा जनक की राजधानी और जहाँ राम और सीता का विवाह हुआ था, आस–पास ही स्थित है। महाभारत, रामायण और पुराण बेहद आदर से सन्दर्भित होते हैं जिसमें तालाबों, नदियों और इनके तटों पर बेहद पवित्र, शुद्ध और दैवी माने जाने वाले हिन्दू और वैदिक अनुष्ठान और कर्मकाण्ड आयोजित होते हैं।[73] मिथिला क्षेत्र में तालाबों के संरक्षण, पुनरुद्धार और विकास के पर्यावरणीय पहलों में ऋग्वेद और 'समाज और सभी प्रजातियों की बेहतरी के लिए इससे जुड़े यज्ञों की प्रतिष्ठा' के प्रति गौरव और आस्था व्यक्त की जाती है। एक ऐसे महत्त्वपूर्ण अभियान 'तालाब बचाओ आन्दोलन' ने अपने एक माँगपत्र में तालाबों के धार्मिक महत्त्व पर ज़ोर देते हुए लिखा है :

'त्रिदेव (तीन देव–ब्रह्मा, विष्णु और महेश) की उपस्थिति में (तालाब निर्माता) इन तालाबों को सभी जीवित प्रजाति (जैसे–मनुष्य, पशु, पक्षी और कीड़े–मकोड़े) के लिए उनकी पानी की विभिन्न ज़रूरतों–पीना, नहाना, अस्तित्व, शक्ति–की पूर्ति के लिए प्रस्तुत करता हूँ। धार्मिक अनुष्ठानों के दौरान मछलियाँ, घोंघा, केकड़ा, कछुआ, साँप, घड़ियाल–सभी इन नव–निर्मित तालाब में इस प्रार्थना के साथ समा जाते हैं कि इसके पानी–निर्मल जल–की शुद्धता संरक्षित की जाये।'[74]

पर मिथिला अंचल के दलित और दलित संगठन तालाबों के बारे में अलग विवरण और माँगें रखते हैं। वे मिथिला भू–प्रदेश के प्राकृतिक दृश्य के सौन्दर्य और जाति अन्याय की कुरूपता की तुलना करते हैं और उनके अनुसार, यह कुरूपता भी समान रूप से तालाब को प्रभावित करती है। पानी, तालाब और मछली के स्वामित्व के अधिकार के लिए

संघर्षों में दलित बार–बार स्वाधीनता और न्याय और प्रकृति के साथ एक नये सम्बन्ध के पक्ष में आवाज़ उठाते हैं। उनका तर्क है कि अन्यायपूर्ण पानी व्यवस्था दलितों को प्राकृतिक पानी परिदृश्य से निष्कासित करती है और ख़ुद जल संसाधनों को विनष्ट करती है जिसमें दलित तालाबों के प्रति कोई लगाव नहीं महसूस करते हैं। यह व्यवस्था उन्हें पानी के साथ किसी भी प्रकार का रागात्मक, सुरक्षित और सृजनात्मक रिश्ता बनाने में बड़ी रुकावट पेश करती है। तालाबों के किसी गौरवशाली अतीत वर्णन से दूर दलित यह ज़ोर देते हैं कि किस प्रकार प्रभावी नियम-क़ानून, सामाजिक–आर्थिक व्यवस्था और सत्ता–सम्पत्ति सम्बन्ध दलितों की स्वतन्त्र पर्यावरण एजेंसी को बाधित करते हैं। पानी और तालाबों के इर्द–गिर्द दलितों के संघर्ष और संगठन सम्पत्ति अधिकारों, व्यक्तिगत आधारों और सामूहिक एजेंसी की नयी व्यवस्था स्थापित करने की कोशिश करते हैं। पानी की सामाजिक–आर्थिक और सांस्कृतिक राजनीति का एक नया आधार प्रस्तुत करते हुए दलितों का यह तर्क है कि पानी के साथ अपने नये और सृजनात्मक सम्बन्धों के ज़रिये (तालाबों और मछली पर अपने अधिकार की स्थापना) वे न केवल जाति दमन का प्रतिकार करने में समर्थ होंगे बल्कि दलितों का स्व–ज्ञान भी विकसित कर पायेंगे।

मधुबनी ज़िले में ज़मीन और जाति संघर्षों का लम्बा इतिहास है। 2011 की जनगणना के अनुसार, ज़िले की आबादी 4,487,379 है जिसमें बहुसंख्या–4,325,884–ग्रामीण है और 161,495 शहरी हैं। इस क्षेत्र के लोग मुख्यतः कृषि पर निर्भर हैं और ज़िले में 1,110 गाँव हैं। आबादी में 13.08 प्रतिशत–587,158 अनुसूचित जाति और 0.09 प्रतिशत –3,990–अनुसूचित जनजाति के हैं। यहाँ 396,880 (24.25 प्रतिशत) कृषक, 940,642 (57.46 प्रतिशत) कृषि मज़दूर, 54,934 (3.36 प्रतिशत) घरेलू उद्योग मज़दूर और 244,482 (14.94 प्रतिशत) अन्य दिहाड़ी मज़दूर हैं।[75] दलितों में मुसहरों की आबादी सबसे ज़्यादा है। इसके बाद हैं चमार, मल्लाह, धोबी, पासी, कंजर, बंतर, चौपल, डोम, तूरी और धांगड़। ज़िले में ज़मीन और कृषि सम्बन्धी रोज़गार काफ़ी संकुचित हैं। यह कहते हैं कि मुसहर अतीत से मिट्टी काटने में माहिर हैं–गहरे और तेज़। वे पीढ़ियों से मिट्टी की गुणवत्ता परखने और खुदाई नापने की कला में दक्ष रहे हैं। पर उनके काम की माँग तेज़ी से घटती गयी है। इस क्षेत्र में ख़ासकर 1990 के दशक से ग्रामीणों का बड़े पैमाने पर पलायन शुरू हुआ है।

कई गाँवों में कृषि के महीनों में कोई भी नौजवान मज़दूर नज़र नहीं आता है। दलितों के पलायन और प्रवास से उनकी जान बची है, पर गाँव के सूदख़ोर अभी भी भयंकर शोषक और क्रूर हैं। दलित स्त्रियाँ अब सार्वजनिक स्थलों में–खेत, गाँव, बाज़ार, संगठन, संघर्ष–पहले से बहुत ज़्यादा नज़र आती हैं। कृषि मज़दूरों ने कई बार न्यूनतम मज़दूरी अधिनियम के अमल के लिए आन्दोलन किया है, पर उन्हें शायद ही कभी सफलता मिली है। खेत मज़दूर आमतौर पर अपनी आजीविका को लेकर असुरक्षित रहते हैं–एक तो भू–स्वामियों की आक्रामकता और दूसरे, भू–स्वामियों द्वारा न्यूनतम मज़दूरी देने से इन्कार।[76] दलितों ने कई भूमि संघर्षों में सरकारी, भूदानी, हदबन्दी वाली ज़मीन पर अधिकार हासिल करने की कोशिश की है, और उन्हें कई बार भू–स्वामियों का दबाव, हमला और बहिष्कार झेलना पड़ा है।[77] इन कारणों से अब क्षेत्र के सामाजिक और सांस्कृतिक परिदृश्य में मुसहरों के अपने प्रतीक और अन्य अभिव्यक्तियाँ पहले से काफ़ी ज़्यादा दिखती–सुनाई पड़ती हैं। वे सामाजिक प्रक्रियाओं पर सवाल उठाने के विविध व्यक्तिगत–सामाजिक माध्यमों को आज़माने–मज़बूत करने की कोशिश कर रहे हैं, और अतीत और आज की सामाजिक व्यवस्था के बरअक्स समानान्तर ढाँचे भी प्रस्तुत कर रहे हैं। एक नयी प्रतीकात्मक व्यवस्था का उदय नज़र आता है जहाँ पहले के हाशिये, भूले–बिसरे प्रतीक अब उपासना और आदर के पात्र हैं और अब तक शुद्ध समझी गयी बातों को नकारा और तिरस्कृत किया जाता है। इन सामाजिक–सांस्कृतिक वातावरण में मुसहरों की संचेतना, अन्तर्द्वन्द्व और विरोधाभास वास करते हैं। ये जिस प्रकार मुसहरों की रोज़ाना ज़िन्दगी में प्रकट होते हैं और उनकी संस्कृति और सामूहिकता को स्थानीय सन्दर्भों में दिशा देते हैं, वही मिथिला अंचल में सत्ता के बदलते हुए समीकरण, वितरण और स्थल की मज़बूत अभिव्यक्ति है।[78]

1990 के दशक में मिथिला क्षेत्र में कई तीव्र संघर्ष हुए जिनके केन्द्र में दलित थे। ये संघर्ष पारम्परिक तालाबों, नालों, जलमग्न क्षेत्रों के स्वामित्व और इनमें मछली पकड़ने के अधिकारों से सम्बन्धित थे। कौन इस क्षेत्र के हज़ारों तालाबों, झीलों और जलमग्न क्षेत्रों का स्वामी है–यह एक गहरे विवाद का मुद्दा बन गया। मधुबनी ज़िले में जल संसाधनों के आस–पास या उस पर आजीविका के लिए निर्भर रहने वाले पारम्परिक मछुआरा

समुदाय मल्लाह, मुसहर और दलितों ने तालाबों पर अपने अधिकार के लिए ज़ोरदार आन्दोलन किये। वंचित समुदायों का तर्क था कि तालाबों और अन्य सार्वजनिक पारम्परिक जलस्रोतों पर उनका स्वामित्व होना चाहिए। पर ऐसे ज़्यादातर सार्वजनिक जलस्रोत सवर्ण भू–स्वामियों और सूदख़ोरों के कब्ज़े में थे जिन्होंने दलित आन्दोलनों पर हिंसक और निर्मम प्रतिक्रियाएँ की। काग़ज़ी तौर पर बिहार सरकार सार्वजनिक तालाबों या सरकारी ज़मीन पर निर्मित तालाबों की स्वामी है। सरकारी नियम–क़ानून के अनुसार इन तालाबों, नालों और जलमग्न क्षेत्रों में मछली मारने का अधिकार विशेषकर मल्लाहों और उनकी सहकारी समितियों या इसके आस–पास की दलित बस्तियों के हाथों में होना चाहिए। ये जल संग्रह, पारम्परिक या सरकारी, केवल जल संरक्षण के लिए नहीं बल्कि मछली और अन्य उपयोग, उत्पादन और मुनाफ़े के मक़सद से भी निर्मित किये गये थे। पर ये चाहे शहर में हों या गाँव में, मुख्यतः सवर्ण भू–स्वामियों और ताक़तवर लोगों ने कई प्रकार से पानी स्रोतों और जलाशयों का शोषण किया है। सामाजिक संगठन और दलितों के आन्दोलनकारी समूह लोक शक्ति संगठन के प्रणेता दीपक भारती कहते हैं :

'यह गहरी बिडम्बना है कि मल्लाह, मुसरह और अन्य दलित और ग़रीब जिन तालाबों के मालिक होने चाहिए थे, वहीं मज़दूरी करते थे। हम इस अन्यायपूर्ण स्थिति को चुनौती दे रहे थे। मधुबनी ज़िले के केवल एक प्रखण्ड झंझारपुर में एक साल में मल्लाह और मुसहर ने 32 सरकारी तालाबों पर अपना अधिकार क़ायम किया। इस प्रखण्ड में कोई 100 तालाबों के स्वामित्व और उपयोग को लेकर विवाद है। हम इस क्षेत्र में केवल भूमि सुधार नहीं चाहते हैं; यहाँ तत्काल जल सुधारों की भी ज़रूरत है।'[79]

लोक शक्ति संगठन की स्थापना 1992 में हुई। दिवंगत समाजवादी महानेता जयप्रकाश नारायण के आदर्शों के आधार पर संगठन ने मिथिला क्षेत्र में कई भूमि और जल संघर्षों का सूत्रपात किया। एक रिपोर्ट के अनुसार अकेले मधुबनी ज़िले में 1500 से ज़्यादा छोटे–बड़े तालाब हैं। यह क्षेत्र हर साल बाढ़ प्रभावित है, इसलिए तालाबों, नालों, झीलों में भरपूर पानी जमा हो जाता है जो साल भर मछलियों, मछली–पालन और शिकार के लिए उपलब्ध रहता है। इसके अलावा, कोसी, कमला और बागमती नदियाँ नियमित तौर पर अपनी धाराएँ बदलती रहती हैं जिससे कई क्षेत्रों

में गहरा पानी भर जाता है। ऐसे क्षेत्र मछलियों से भरपूर रहते हैं। इस क्षेत्र से सारे बिहार, यहाँ तक कि पश्चिम बंगाल और असम में मछली की आपूर्ति होती है। यहाँ दलितों द्वारा तालाबों और जलाशयों पर स्वामित्व के अधिकार पर आन्दोलन पुराना है। ख़ासकर मल्लाह अपनी सदियों पुरानी कहानियों, लोक गीत और पारम्परिक पद्धतियों के आधार पर तालाब के स्वामित्व का दावा करते हैं। अन्तर्देशी मत्स्य उद्योग में स्त्रियों की भूमिका पर एक अध्ययन में मधुबनी ज़िले के अधराठारी प्रखण्ड के तालाबों के बारे में यह कहा गया है :

'आजादी से पहले ये तालाब दरभंगा के महाराज के नियन्त्रण में थे। पर पारम्परिक मछुआरों और मल्लाहों के बीच प्रचलित मिथक और रामायण के हवाले से यह दावा किया जाता है कि तालाबों के वास्तविक स्वामी मछुआरे और मल्लाह थे। इतिहास में मल्लाहों का राज ख़त्म हुआ और महाराज के हाथों में चला गया। आज़ादी के बाद महाराज ने इसे जमींदारों को सौंप दिया। आज़ादी के कुछ सालों बाद कुछ तालाब राजस्व विभाग को सौंप दिये गये और धीरे–धीरे कोई तीन–चौथाई तालाब राजस्व विभाग के सुपुर्द हो गये। 1980 में फिश फार्म्स डेवलपमेंट एजेंसी अस्तित्व में आयी। जो तालाब अच्छी स्थिति में थे, उन्हें प्रखण्ड विकास कार्यालय को सौंप दिया गया। बेकार हालवाले तालाबों को एजेंसी को दिया गया कि वह इन तालाबों का सुधार करके पारम्परिक मछुआरों को पट्टे पर दे। पर यह कभी लागू नहीं हुआ।'[80]

मधुबनी ज़िला प्रशासन के अनुसार सरकारी तालाबों में मछली शिकार का अधिकार लीज प्रणाली के तहत आवंटित होता है। ये लीज मछुआरों की सहकारी समितियों को दिये जाते हैं जो सरकार द्वारा निर्धारित दर पर अपने मछुआरे सदस्यों को तालाब आवंटित करती है। उनका दावा है कि क्षेत्र के सारे तालाब मल्लाह, ग़रीब और दलितों को आवंटित किये जाते हैं। मधुबनी ज़िले में मछुआरों की 20 सहकारी समितियाँ हैं जिनमें अंधराठारी प्रखण्ड में केवल एक सहकारी समिति है।[81] इस प्रकार मछुआरों की कथित सहकारी समिति मछुआरों की एकमात्र क़ानूनी प्रतिनिधि है, पर वास्तव में ये समितियाँ कई ताक़तवर, प्रभावी और भ्रष्ट तन्त्र के शिकंजे में रहती हैं। राज्य की अन्य सरकार चालित सहकारी समितियों की तरह मछुआरों की सहकारी समिति का संगठन और प्रबन्ध भी घोर संकट में है। अंधराठारी में क़रीब 200 सरकारी तालाब

और 400 मल्लाह परिवार हैं, पर इनमें से केवल 75 मछुआरों की सहकारी समिति के सदस्य हैं। ज़्यादातर तालाबों पर भू–स्वामियों का कब्ज़ा है और कई बार क़ानूनी तौर पर मल्लाह या मुसहर को काग़ज़ पर तालाब के आवंटन के बावजूद उस पर स्थानीय भू–स्वामियों और सम्पन्न लोगों का कब्ज़ा रहता है।

हरि नारायण हर्ष, क्षेत्र के एक विश्वसनीय सामाजिक कार्यकर्ता, बताते हैं कि एक तालाब पर कब्ज़ा करने के कई खुले–छिपे तरीक़े हैं। क्षेत्र के ताक़तवर और सम्पन्न लोग जैसे अब तक हदबन्दी से ज़्यादा ज़मीन पर सालों–साल से कब्ज़ा करते आये हैं, वैसे ही वे सार्वजनिक या सरकारी तालाब पर कब्ज़ा रखते हैं, भले ही तालाब का पट्टा किसी और के नाम हो। ऐसा भी होता है कि भू–स्वामी सहकारी समितियों और सरकारी एजेंसी के आधिकारिक व्यक्तियों की मिलीभगत से अपने किसी वफ़ादार रिश्तेदार के नाम तालाब का पट्टा करा लेते हैं। पर सबसे प्रचलित तरीक़ा यह है कि भू–स्वामी ऐसे किसी मल्लाह या मुसहर के नाम तालाब का पट्टा करा लेते हैं जो उनके कर्ज़/एहसानों में दबा है। इस प्रकार वास्तव में भू–स्वामी और उसके लोग पूरी तरह तालाब का नियन्त्रण करते हैं–पट्टे से लेकर मछली की ख़रीद–फ़रोख़्त करने तक। इस स्थिति में मल्लाह केवल एक जल मज़दूर की तरह काम करता है और उसे मछली के शिकार का एक–चौथाई हिस्सा मिलता है। कभी–कभी एक ग़रीब मल्लाह पट्टा मिलने के बाद भी भू–स्वामी/सूदख़ोर की शरण में जाने के लिए मजबूर होता है क्योंकि उसके पास सरकारी राजस्व, बीज, खाद्य, आदि के लिए पर्याप्त नक़द नहीं होता है और इस प्रक्रिया में वह जल मज़दूर बन जाता है।[82] यह तरीक़ा इतना प्रचलित है कि मधुबनी में मत्स्य पालन और विकास विभाग के अधिकारी भी यह स्वीकार करते हैं। एक अधिकारी गोपनीयता के बिनाह पर कहते हैं :

'मल्लाहों को सहकारी समितियों से कोई ख़ास लाभ नहीं होता है। यहाँ मछुआरों के नाम पर सहकारी गिरोह काम करता है। मल्लाहों की ग़रीबी, अशिक्षा, कर्ज़ और भूमिहीनता का आलम ऐसा है कि वे स्थानीय और बाहरी बाज़ार में मछलियों के भारी उत्पादन और बिक्री के बावजूद लुटे–पिटे ही रहते हैं।'[83]

लोक शक्ति संगठन ने इस स्थिति पर सवाल उठाना और इसे चुनौती देना शुरू किया और कई गाँवों–टोलों में संगठन और प्रतिरोध

की शुरुआत हुई। मधुबनी ज़िले के लखनौर प्रखण्ड में मल्लाह, मुसहर और कुम्हार का एक गाँव है सोहराय ब्रह्मोतर। यहाँ के सभी 250 परिवार भूमिहीन हैं–उनके पास वहीं ज़मीन है जो सरकार से घर बनाने के लिए वितरित हुई है। गाँव की एक कृषि मज़दूरिन सोमानी देवी कहती हैं : 'हम सभी यहाँ या तो खेत मज़दूरी या मच्छमारी पर निर्भर हैं। गाँव के पुरुष पंजाब, हरियाणा और दिल्ली मज़दूरी के लिए प्रवास कर गये हैं।'[84] तिवारी तालाब सात एकड़ का एक सरकारी तालाब है जो गाँव को एक तरफ़ से छूता है। गाँववाले सहकारी समिति के पट्टे के ज़रिये इस तालाब को सालों–साल से इस्तेमाल कर रहे थे। 1990 के दशक के अन्तिम सालों में एक बड़े भू–स्वामी ने अपने प्रभाव का इस्तेमाल करके किसी बाहरी व्यक्ति अज़ीज मियाँ के नाम तालाब का बन्दोबस्त करा लिया। गाँव की अमेरिकी देवी बताती हैं :

'एक दिन अज़ीज मियाँ कई लोगों के साथ आये और हमें तालाब से मछली मारने से मना किया। हमने मछली पकड़ना रोक दिया, पर हमारे बच्चे तालाब में छोटी मछली पकड़ने, तैरने और खेलने के लिए जाते थे। एक दिन बच्चों को बुरी तरह पीटा गया। हमने प्रशासन से शिकायत की, पर कोई नतीजा नहीं निकला।'[85]

मार्च 2009 में गाँव की स्त्रियों ने तालाब के विवाद पर अपना हस्तक्षेप शुरू किया। सोमानी देवी, अमेरिकी देवी और फुलिया ने मिलकर गाँव के लोगों और ख़ासकर स्त्रियों की एक बैठक बुलायी। यह फ़ैसला हुआ कि बाहरी लोगों और उनके मज़दूरों को तालाब से मछली मारने या ऐसी किसी भी गतिविधि से रोका जायेगा। अगले दिनों में, अज़ीज मियाँ और उसके लोगों को तालाब जाने से रोका गया। कई दिनों तक क्षेत्र में तनाव बना रहा। कुछ दिनों बाद भू–स्वामी और ठेकेदारों ने अपने हथियारबन्द लोगों के साथ तालाब क्षेत्र पर धावा बोला, गाँववालों को डराया–धमकाया, हवा में गोलियाँ बरसायीं और ख़ासकर स्त्रियों के साथ गाली–गलौज की। उन्हीं महीनों में क्षेत्र में बाढ़ आयी और कमला नदी का तटबन्ध टूट गया जिससे पूरा गाँव बह गया और तालाब भी भर गया। गाँववालों को नये सिरे से अपना जीवन शुरू करना था। अपना घर जोड़ने के बाद गाँव की स्त्रियों को फिर तालाब की सुध आयी। पर गाँव के पुरुष हमले के डर से इस मामले में हाथ डालने के लिए तैयार नहीं थे। इस बीच भू–स्वामी, ठेकेदार और उनके लोग ग्रामीणों को लगातार

डरा–धमका रहे थे और पुलिस–कचहरी की भी धमकी दे रहे थे। 'यह शेर के मुँह से उसका शिकार छीनने जैसा था। हम वास्तव में बेहद डरे हुए थे[86], एक ग्रामीण सुशील ने स्वीकार किया। डर और ख़ौफ़ के कारण ग्रामीणों ने तो सोमानी देवी का बहिष्कार करने का निर्णय किया, क्योंकि वह तालाब पर आन्दोलन चलाने के लिए उतारू थी। सोमानी देवी के पति और बेटे तक ने ग्रामीणों के बहिष्कार का समर्थन किया। आख़िरकार, धीरे–धीरे ग्रामीण अपने डर से बाहर निकल पाये और 2009 के अन्त में उन्होंने स्थानीय प्रशासन से लिखित और सामूहिक माँग की कि तालाब की नये सिरे से नाप–जोख कराई जाये। नाप–जोख हुई। इसके बाद ग्रामीणों ने एक नया कार्यक्रम शुरू किया–2010 में सबने मिलकर चालीस दिनों तक तालाब की खुदाई की। इसके बाद उन्होंने तालाब पर अपना अधिकार क़ायम किया। अब तिवारी तालाब सोहराय गाँव के नियन्त्रण में है और तालाब का नाम बदलकर इसे दीना–भद्री तालाब बनाया गया है। मल्लाहों और मुसहरों की एक नौ–सदस्यीय समिति बनाई गयी है जो तालाब के बारे में सारे फ़ैसले करती है। तालाब के उपयोग को लेकर नये नियम बनाये गये हैं। समिति ने निर्धारित किया है कि एक मौसम में कौन–कौन और कितना मछली का शिकार करेगा। यदि कोई समिति की स्वीकृति के बग़ैर मछली पकड़ता है तो उसे 500 रुपये जुर्माना देना होता है। केवल बड़ी मछलियों का शिकार किया जा सकता है। यदि मछली के शिकार से 100 रुपये मिलते हैं तो 75 रुपये ग्राम कोष और 25 रुपये मछुआरे के लिए होते हैं। यदि किसी व्यक्ति को त्योहार या विशेष मौक़ों पर ज़्यादा मछली की ज़रूरत होती है, तो उसे अतिरिक्त भुगतान करना पड़ता है। सितम्बर–अक्टूबर 2010 में जब तालाब का पुनरुद्धार हुआ, तो ग्रामीणों ने केवल बीज डाला और अप्रैल–मई 2011 में उन्होंने मछली का शिकार किया। सब ख़र्चे निकालकर उन्होंने ग्राम कोष में 5200 रुपये जमा किये। अगस्त 2011 में उन्होंने हर घर से 25 रुपये जमा किये जिससे तालाब के लिए और बीज ख़रीदे जा सकें और तालाब में मछलियाँ बराबर बनी रहें।[87] सोहराय गाँव के नज़दीक तीन और सरकारी तालाब थे जो बड़े भूस्वामियों और उनके आदमियों के कब्ज़े में थे। इनमें से दो तालाब अनगरगिया और सोहराय भी भर गया था, पर भू–स्वामी इन पर सब्ज़ी उगा रहे थे। तीसरा तालाब दुर्गा पर एक सवर्ण भू–स्वामी का कब्ज़ा था और तालाब की मछलियाँ केवल भागवत पूजा के लिए इस्तेमाल होती थीं।

मधुबनी ज़िले के झंझारपुर शहर के उत्तर–पूर्व में पाँच किलोमीटर पर मुसहरों का एक गाँव है सिरपुर मुसहरी। यहाँ एक बड़ा सरकारी तालाब सिरपुर गाँव के बीचोबीच स्थित है। यह तालाब कई सालों से एक नज़दीकी गाँव के ब्राह्मण भू–स्वामी के कब्ज़े में था। गाँव के अशर्फ़ी सदाय बताते हैं :

'हमारे बच्चों तक को तालाब पर जाने की मनाही थी। यह देखना कितना पीड़ाजनक था कि हमारे बच्चों की थोड़ी–सा भी मछली पकड़ने के कारण पिटाई होती थी। जब 1990 के दशक की शुरुआत में संगठन अस्तित्व में आया, तो हमने सबसे पहले तालाब पर अधिकार जताने का फ़ैसला किया। पहले 1993–94 में हमने भू–स्वामी के मज़दूरों से जो तालाब में मछली मारते थे, कहा कि वे हमारे साथ समान रूप से तालाब की मछली साझा करें। उन्होंने मना किया तो हम ज़िले के तमाम सरकारी कार्यालयों और अधिकारियों के पास गये। हमें तब यह पता चला कि भू–स्वामी के पास तालाब का कोई पट्टा है ही नहीं। सहकारी समिति के एक अधिकारी को रुपये खिलाकर वह इतने सालों से तालाब की मछलियाँ खा रहा था।'[88]

उसी गाँव की गर्वी देवी संघर्ष के अनुभवों को याद करती हैं :

'हमने तालाब पर अधिकार करने का फ़ैसला किया और भू–स्वामी के लोगों को तालाब पर आने से मना किया। एक दिन हम सभी गाँव की सारी स्त्रियों और बच्चों तालाब को चारों तरफ़ से घेर लिया और भू–स्वामी के लोगों को ज़बर्दस्ती तालाब पर जाने से रोका। कुछ हाथापायी हुई, पर हम अन्ततः सफल हुए। इस सबके बाद हमने अपनी जीत के प्रतीक के तौर पर तालाब पर दीना–भद्री का झण्डा फहराया।'[89]

1994–95 से सिरपुर तालाब सिरपुर मुसहरी गाँव के अधिकार में है, पर अब तक क़ानूनी तौर पर तालाब का पट्टा मछुआरों की सहकारी समिति के नाम नहीं हुआ है। ग्रामीण दिन–रात तालाब की पहरेदारी करते हैं। उन्होंने मछलीमारी से 10,000 रुपये बचाये हैं। 1998 में मछली की फ़सल अच्छी हुई और उन्होंने और 5000 रुपये बचाये। उन्होंने इस बचत से स्कूल भवन की मरम्मत करायी और एक पेट्रोमेक्स ख़रीदा। उन्होंने यह भी फ़ैसला लिया कि मछली की बचत से जमा ग्राम कोष का इस्तेमाल बीमार और वृद्ध लोगों के लिए भी किया जायेगा। सिरपुर मुसहरी गाँव से केवल दो किलोमीटर आगे है हरभंगा गाँव जहाँ 2012 में 2.5 एकड़ के सरकारी तालाब के स्वामित्व के लिए संघर्ष जारी था।

गाँव के एक मुसहर हरिलाल सदाय जो संघर्ष का नेतृत्व कर रहे हैं, कहते हैं :

'2011 में हम पर भू–स्वामियों का शारीरिक हमला हुआ। विरोध में, हमने सड़क जाम कर दी और धरना दिया। पुलिस आयी। पर बाद में विवादित मुद्दा सुलझाने के लिए कोई आधिकारिक कार्रवाई नहीं हुई।'[90]

झंझारपुर प्रखण्ड के हैतीवारी गाँव की दलित स्त्रियों को यह श्रेय जाता है कि उन्होंने 2000 से अपनी समिति गठित की है और अपने गाँव और उसके आस–पास के 31 तालाबों को अवैध कब्ज़े से मुक्त कराया है। ग्रामीणों के अनुसार ये तालाब मल्लाहों और मुसहरों के छह गाँवों में थे और 7 से 11 एकड़ में फैले थे। यहाँ के स्थानीय सम्पन्न परिवारों ने पिछले सालों में तालाब के अवैध कब्ज़े से काफ़ी सम्पत्ति इकट्ठा की है।[91]

मल्लाहों और मुसहरों के जितने गाँवों का मैंने सर्वेक्षण किया, वहाँ एक शिकायत सामान्य थी–जल संघर्ष के दौरान प्रशासन का असहयोगपूर्ण रवैया। प्रशासन के रवैये का ख़ुलासा इस तथ्य से भी होता है कि जलाशयों की मुक्ति के बाद भी अब तक ज़्यादातर का पट्टा दलितों या उनकी सहकारी समितियों के नाम नहीं हुआ है। इस क्षेत्र के सैकड़ों तालाब अभी भी भू–स्वामियों और सूदख़ोरों के कब्ज़े में हैं, पर इस पर कोई आधिकारिक पहल नहीं है। इस स्थिति में कई जगहों–कई तालाबों पर हिंसक माहौल है; जैसे–मधुबनी ज़िले में मधेपुर प्रखण्ड के प्रसाद गाँव में 2700 एकड़ का एक जलमग्न क्षेत्र जो पानी स्रोतों से भरपूर है, मछलियों से भरा था। मल्लाहों और मुसहरों की एक कोयली टोली साल–भर अपनी आजीविका के लिए इस जलमग्न क्षेत्र पर निर्भर रहती थी। पर प्रसाद गाँव के बड़े भू–स्वामी इस जल क्षेत्र पर कब्ज़ा चाहते थे। अप्रैल–मई 2010 में इस क्षेत्र में कई घटनाएँ घटित हुईं। कोयली टोली के सूरत सदाय और मोंगिया देवी ऐसी एक घटना की जानकारी देती हैं :

'दर्जनों हथियारबन्द लोग तालाब में शिकार करने की जगह पर धमक गये। उन्होंने हमारी छोटी नावें तोड़ दीं, हमारे जाल और अन्य उपकरण लूट लिए। हमें वहाँ से भागने या जान से मारने की धमकी दी। हमारे लोग भी भागते हुए मौक़े पर पहुँचे। जो भी उनके हाथ आया, उसे लेकर उन्होंने हमले का मुक़ाबला करने की कोशिश की।'[92]

दीपक भारती मिथिला क्षेत्र में जल संघर्षों का व्यापक परिप्रेक्ष्य रखते हैं :

'एक क्षेत्र जहाँ तालाबों, जलाशयों और पानी संग्रह और संरक्षण की समृद्ध परम्परा रही है, वहाँ हमने यह पाया कि दलित पानी के लिए कराह रहे हैं और जलाशयों पर अपना हक़ चाहते हैं। मल्लाह और मुसहर अपने संगठनों समेत न केवल तालाबों और जल स्रोतों का पुनरुद्धार चाहते थे, बल्कि उस पर अपना अधिकार भी चाहते थे। तालाबों का पुनरुद्धार और हक़ हासिल करने की प्रक्रिया में वे अपने प्राकृतिक और भौतिक पर्यावरण से आन्तरिक रूप से क़रीब होकर अपनी सांस्कृतिक और आध्यात्मिक ज़रूरतों को भी समझ रहे थे। इस प्रकार उनका संघर्ष जल संसाधनों के सामाजिक–सांस्कृतिक और पारम्परिक एवं राजनीतिक पहलुओं को एक–दूसरे से जोड़ रहा था जिसकी आमतौर पर मुख्यधारा के पर्यावरण विमर्श में अनदेखी होती है।'[93]

मिथिला क्षेत्र में तालाबों और अन्य जलाशयों पर दलितों की कई अन्य पहल साकार हुईं, कई अन्य संगठन उभरकर सामने आये। जैसे, झंझारपुर प्रखण्ड के एक बड़े गाँव रियम में गंगिया देवी के नेतृत्व में मल्लाहिनों के एक समूह ने एक सरकारी तालाब पर कब्ज़ा किया। उन्होंने मछली का शिकार शुरू किया जो अब तक मुख्यतः पुरुषों का कार्यक्षेत्र रहा है। इसके साथ–साथ उन्होंने अपना पारम्परिक काम–जाल बुनना, मछली बेचना, आदि भी जारी रखा। एक सामाजिक कार्यकर्ता मीरा मिश्रा द्वारा समर्थित मल्लाहिनों ने 42 सदस्यीय महिला मछुआरिन सहकारी समिति बनायी। इसका नाम रखा 'रियम महिला औद्योगिक सहयोग समिति।' उन्होंने अपने को एक औद्योगिक सहकारी समिति के रूप में संगठित किया, क्योंकि प्रखण्ड में पहले से ही मछुआरों की सहकारी समिति मौजूद थी। मछुआरिन समिति ने 28 एकड़ के मनीसर तालाब का बन्दोबस्त कराया। उन्होंने महिला घाट और अन्य सरकारी एजेंसियों से तालाब के बीज, जाल, तटबन्ध निर्माण, आदि के लिए कर्ज लिया। मल्लाहिनों को अपनी पहल की सफलता के लिए कई मोर्चों पर संघर्ष करना पड़ा : पहले तालाब को काम के लायक़ बनाया, फिर पूँजी का जुगाड़ किया, साथ ही बाज़ार तक पहुँच बनाना। साथ ही मल्लाहिन के रूप में सामाजिक वर्जनाओं और संकीर्णताओं का मुक़ाबला करना और प्रखण्ड के जमे–जमाये मछुआरा सहकारी समिति के विरोध का सामना करना। पर उनकी यात्रा जारी रही और अंचल में 1993 में मल्लाहिनों और मछुआरिनों का एक संगठन मधुबनी महिला मत्स्यपालक संगठन अस्तित्व में आया।

मुसहरों के जल जीवन ने एक नया सांस्कृतिक परिदृश्य भी प्रस्तुत किया है जिसमें उनके अपने प्रतीक और बिम्ब सामने आये हैं–ये सब मुख्यधारा के पर्यावरण विमर्श में अनुपस्थित थे। तालाबों और जलाशयों पर अपना हक़ जताते हुए उन्होंने सामाजिक अस्वीकार और सवाल की प्रक्रिया को मज़बूत करने के लिए विविध माध्यम अपनाये हैं और मिथिला अंचल के अतीत और वर्तमान की सांस्कृतिक व्यवस्था के समानान्तर अपनी धारा मज़बूत की है। इस सामाजिक–सांस्कृतिक फ़लक के अन्दर हम प्राकृतिक संसाधनों पर मुसहरों की संचेतना, द्वन्द्व और विरोधाभासों की पहचान कर सकते हैं। कई मुक्त और मुसहर–मल्लाह नियन्त्रित तालाबों पर हमें दीना और भद्री का सांस्कृतिक बिम्ब मिलता है। ऐसे प्रतीकों/बिम्बों से मुसहरों के जीवन और संघर्षों को मज़बूती मिली है, साथ ही उनके स्थानीय संस्कृति और सन्दर्भों को नयी शक्ल मिली है। ये प्रतीक मिथिला के दलित समाज में पानी की बदलती समझ और स्थिति का भी उदाहरण हैं। सिरपुर मुसहरी गाँव में आयोजित एक सभा में मैंने देखा कि मुसहर दो लम्बे बाँस पर फहराये दो झण्डों के नीचे बैठे हैं। ये दो झण्डे मुसहरों के दो देव–दीना और भद्री के प्रतीक हैं जो एक–दूसरे के भाई थे। मुसहरों में यह आस्था है कि इन दोनों भाइयों ने समुदाय के लिए अपना जीवन न्योछावर किया था। अशर्फ़ी सदाय समझाते हैं :

'हर साल जून में हम बाक़ायदा धूमधाम से दीना–भद्री को याद करते हैं। हम छोटे–छोटे दल के रूप में घर–घर जाकर चावल और गेहूँ जमा करते हैं जिससे उनकी स्मृति जीवित रहे। उनकी याद और पूजा–अर्चना होती है क्योंकि वे हमारे सच्चे रक्षक हैं जिन्होंने प्राकृतिक संसाधनों पर हमारे संघर्षों में दुख उठाये और अपना बलिदान दिया। वही हमारे देवी–देवता हैं। उनका बलिदान हमारा है।'[94]

जल संघर्षों के क्रम में उभरे और आजमाये मुसहरों के मिथक, पूर्वज और देवी–देवता कई बार हिंसा, युद्ध, हत्या, मृत्यु, दर्द में आकण्ठ डूबे हैं। उनका पर्यावरणीय परिदृश्य बलिदान और मृत्यु की घटनाओं से भरा हुआ है जो उन्होंने लोगों के जल अधिकारों की स्थापना के संघर्षों में झेला है। पानी, ज़मीन और श्रम के लिए उनकी लड़ाई पीड़ा का पर्यावरण प्रस्तुत करती है। साथ–ही–साथ, यहाँ मिथ और पूर्वज एक पर्यावरण सृजन और विवरण का साकार रूप लेते हैं। इस प्रकार दलितों की पीड़ा

उनके नायकों के निर्माण और उत्सव के रू–ब–रू व्यक्त होती है–यही दलितों की पर्यावरण दुनिया और अन्तर्दृष्टि दिखाती है। दीना और भद्री की कहानियाँ, प्रतीक और लोकोक्ति इस क्षेत्र के मुसहरों में सर्वत्र व्याप्त है।[95] सिरपुर मुसहरी में हम एक बार फिर दो वीर भाइयों–दीना और भद्री की कहानी सुनते हैं जो देवी, तालाब, श्रमिक और किसान के साथ–साथ प्रकट होते हैं। यहाँ दीना और भद्री की कहानी अपने विस्तार में कुछ अलग है। रवि सदाय वर्णन करते हैं :

'दीना और भद्री ने देवी बागेश्वरी का सपना देखा। देवी ने उन्हें आदेश दिया कि वे लारी लखर जायें जहाँ मुसहर तालाब खोद रहे थे, पर दो कुटिल और बलशाली आदमी–हंसराज और वंशराज उन्हें परेशान कर रहे थे और मुसहर मज़दूरों को ज़मीन में दफ़ना देना चाहते थे। देवी ने दीना और भद्री को किसान के वेश में जाकर मुसहरों को मुक्त कराने का आदेश दिया। अन्ततः दीना और भद्री वहाँ पहुँचे और हंसराज और वंशराज को मारकर उन्होंने मज़दूरों को मुक्ति दिलायी।'[96]

सोहराय ब्रह्मोतर गाँव में दीना और भद्री को वीर पुरुष कहा जाता है जिनका जन्म मधुबनी ज़िले के उत्तर–पूर्व में हुआ था। यहाँ दीना और भद्री की एक और दिलचस्प कथा है :

'दीना छोटा भाई था और पिता–माता का नाम था कालू और निरसौन। वे अपने बचपन से ही लड़ाकू और वीर थे। 12 साल की उम्र आते–आते उन्होंने अमीर भू–स्वामियों के शोषण से ग़रीब मज़दूरों को मुक्त करने के लिए कई लड़ाइयाँ लड़ीं। उनकी पहली प्रमुख लड़ाई थी धमिया कनक सिंह के ख़िलाफ़ जो शासक भू–स्वामी रूचौली महाराज का लठैत था। उन्होंने एक ठेकेदार कंगलिया दुसाध के ख़िलाफ़ भी जमकर लड़ाई लड़ी जिसने सैकड़ों मुसहरों को बँधुआ मज़दूर बना रखा था। उन्होंने ज़ंगल और नदियों के लिए कई लड़ाइयाँ लड़ीं।'[97]

मुसहर गाँव और घर अपने जल संघर्षों के दौरान अपने सांस्कृतिक प्रतीकों को लगातार प्राणवान करते रहते हैं। हमें कई बार कई जगहों पर मिट्टी का एक छोटा, ऊँचा चबूतरा मिलता है जिस पर दो लम्बे बाँस, और बाँस के ऊपर रंग–बिरंगा झण्डा फहरा रहा होता है। यह दीना–भद्री स्थल है–वह जगह जहाँ से मुसहर अपनी जल यात्रा शुरू करते हैं और प्रतिकूल परिस्थितियों में भी अपना पर्यावरणीय संघर्ष जारी रखते हैं। यह स्थल मुसहरों को आन्तरिक, आध्यात्मिक और बौद्धिक ताक़त देता है।

यह एक प्राकृतिक वास है–प्रकृति के संसर्ग में, विपरीत परिस्थितियों में भी सीधा तना हुआ। अमेरिकी देवी दावा करती हैं :

'हम जहाँ भी, जैसे भी पानी के लिए कहीं जाते हैं, दीना–भद्री हमारे साथ होते हैं। वे तालाबों और ज़मीन पर हमारे संघर्षों में हमारे साथ खड़े होते हैं। वे हमें ताक़त देते हैं और कभी भी हिम्मत नहीं हारने का हौसला बढ़ाते हैं। वे हमारे पर्यावरण प्रेरक, हमारे पर्यावरण पूर्वज हैं।'[98]

दीना–भद्री की स्मृति जीवित करने के साथ–साथ मुसहर मिथिला अंचल में वर्चस्वशाली हिन्दू देवगाथाओं के भारी चलन पर भी अपना रोष ज़ाहिर करते हैं–ऐसा क्षेत्र जहाँ शायद ही ग़ैर–ब्राह्मण और दलितों की देवगाथाओं का अस्तित्व नज़र आता है। क्षेत्र में हिन्दू धर्म के ब्राह्मण–आच्छादित रूप का भारी बोलबाला है जिससे दलित इतिहास और नायक हाशिये पर रहे हैं। दीना–भद्री जैसे प्रतीकों के ज़रिये मुसहर वर्चस्वशाली छवियों की निरन्तरता और सर्वस्वीकृति भंग करते हैं। उदाहरण के लिए, दीना और भद्री इस क्षेत्र में हिन्दू त्रिदेवों का पर्यावरण बोझ हल्का करने में मदद करते हैं। वे शोषणकारी मानवीय व्यवस्थाओं के ख़िलाफ़ संघर्ष में मुसहरों के बलिदान और योगदान की तस्वीर सामने लाते हैं, और दलितों की पर्यावरण हक़दारी स्थापित करते हैं।

2. दक्षिण बिहार में नदी अधिकार : एकलव्य एक पर्यावरण योद्धा

बिहार राज्य में भागलपुर एक जाना–पहचाना पुराना ज़िला है–राज्य के दक्षिण–पश्चिम भाग में, गंगा घाटी में स्थित। भागलपुर ज़िले की आबादी है 3,037,766 जिसमें 2,435,234 ग्रामीण और 602,532 शहरी हैं। अनुसूचित जाति और अनुसूचित जनजाति क्रमशः हैं : 318,569 (10.49 प्रतिशत) और 67,180 (2.21 प्रतिशत)। दलितों में चमार सबसे बड़ी संख्या में हैं। क्षेत्र की और दलित जातियाँ हैं : मुसहर, धोबी, पासी, हरि, डोम, धांगड़, घासी, कुरियार और तूरी। यहाँ 135,161 (13.74 प्रतिशत) कृषक, 475,228 (48.32 प्रतिशत) खेत मज़दूर, 60,461 (6.15 प्रतिशत) घरेलू उद्योग मज़दूर और 312,678 (31.79 प्रतिशत) अन्य मज़दूर हैं।[99] गंगा नदी ज़िले के बीच से बहती है और यहाँ काफ़ी विशाल दियारा क्षेत्र है–गंगा और उसकी सहायक नदियों की धाराओं के बीच आने वाला मैदानी,

ज़मीनी क्षेत्र। दियारा क्षेत्र में हर साल बाढ़ और भूस्खलन होता है और हर साल लोग विस्थापित होते हैं। दियारा क्षेत्र का कोई पूरा भूमि सर्वेक्षण नहीं हुआ है। जब कभी कोई आधिकारिक सर्वेक्षण हुआ, तो इससे नये भूमि विवाद ही पैदा हुए हैं क्योंकि सर्वेक्षण अधूरा, दोषपूर्ण और अनियमित रहा है। बाढ़ के बाद नदी की धाराओं में बदलाव, भूस्खलन और नयी ज़मीन के उदय से ये सारी समस्याएँ और गम्भीर हुई हैं। ज़िले में कई नरसंहार हुए हैं–शंकरपुर, गलवा, मेदनी, शम्बो और तौफ़ीर जिसकी जड़ में है भूमि विवाद और इनमें दलितों की निर्मम हत्याएँ हुई हैं। कई अपराधी समूहों ने दियारा ज़मीन पर कब्ज़ा किया है और आम लोगों, ग़रीबों, स्त्रियों के जीवन और आजीविका के लिए नयी मुश्किलें पैदा की हैं। मैंने अपने एक लेख में इस प्रकार स्थिति का वर्णन किया है :

'आज दियारा क्षेत्र का अशान्त अस्तित्व है, उसका निरन्तर विसर्जन और बिखराव लोगों को और अपराध, हत्या, मुक़दमेबाज़ी के लिए प्रेरित कर रहा है। नदी के बढ़ते लपेट में फँसा यह क्षेत्र पानी के दबाव से चूर–चूर हो रहा है। हर क्षेत्र में अस्थिरता और अशान्ति दीखती है, हर गाँव अपने अस्तित्व में आने वाले आसन्न संकट से आशंकित है...पीड़ा और संकट रोज़ाना की घटना है। मौत धीमी आती है, और यह हमेशा ही बचे हुए लोगों को आच्छादित करती है, क्योंकि वे हर पल बाढ़ की आशंका से ग्रस्त रहते हैं। अपने जीवन पर कोई भी नियन्त्रण रखने में असमर्थ दियारा के लोग पराजित मन से जीते हैं–न केवल अन्धाधुन्ध प्रकृति के क़हर के कारण बल्कि भू–स्वामियों, अपराधियों और सरकारी एजेंसियों के भेदभावी दमन के कारण भी। उनकी रोज़ाना ज़िन्दगी में निरन्तर अपमान की पीड़ा निहित है जो उन्हें अपने कमतर–निम्नतर अस्तित्व का भान कराता है।'[100]

गंगा नदी के तट पर कहलगाँव प्रखण्ड प्राकृतिक दृश्यों का भव्य उत्सव है : पानी के सुन्दर स्रोत, पेड़–पौधे, मन्दिर, नदी की बहती धार के बीच में पहाड़ी उच्च स्थल जिसकी धार्मिक महत्ता है, और नदी के किनारे के पर्वत शिखर। सन् 2011 की जनगणना के अनुसार भागलपुर ज़िले में कहलगाँव में सबसे ज़्यादा गाँव (209) हैं। इस क्षेत्र में मछली आजीविका का एक प्रमुख स्रोत है। इस क्षेत्र में भू–स्वामियों और अपराधी गिरोहों का भारी दबदबा है और वही कई तरीक़ों से मछली पकड़ने का व्यवसाय चलाते हैं। मछुआरे लगातार यह शिकायत करते हैं कि भू–स्वामियों से मछली शिकार का पट्टा ख़रीदने के बाद भी उन्हें अपराधी

गिरोहों को 'टैक्स' देना पड़ता है, अन्यथा उनकी मछली लूट ली जाती है और उन्हें कई हिंसक हमलों का शिकार होना पड़ता है। 1990 और 2000 के दशक में इस क्षेत्र में पानी और मछली के अधिकारों को लेकर कई संघर्ष और टकराव हुए हैं। यहाँ पूर्व–ज़मींदारों और भू–स्वामियों के नियन्त्रण से गंगा घाटों को मुक्त कराने के लिए एक सशक्त आन्दोलन उभरा जिसका नेतृत्व नाविकों, किसानों और मछुआरों के हाथ में था। इस आन्दोलन को निर्ममता से कुचलने की कोशिश हुई : नाविकों और मछुआरों को मारा–पीटा गया, उनकी हत्याएँ हुईं, कार्यकर्ताओं पर हमले हुए और उनका अपहरण किया गया। नावों पर हमला करके उन्हें डूबा दिया गया।[101]

यहाँ काग़ज़ी टोला मछुआरों की एक बस्ती है। सभी मछुआरे निषाद जाति के हैं। यही टोला 1980 और 90 के दशक में मछुआरों के सशक्त और प्रसिद्ध आन्दोलन का केन्द्र बिन्दु बना था। गंगा मुक्ति आन्दोलन गंगा की मुक्ति–जलकर ज़मींदारी के उन्मूलन–का आन्दोलन था जो सुल्तानगंज से पीरपैती तक 80 किलोमीटर के गंगा तट को ज़मींदारों के कब्ज़े से निकालने का आह्वान कर रहा था। अपने एक दशक की संघर्ष यात्रा में आन्दोलन ने स्थानीय और प्रान्तीय स्तर पर जुलूस, धरना, जमघट, जुटान, नौका जुलूस, शोभा यात्रा, जैसे कई कार्यक्रम आयोजित किये जिसमें मछुआरे, नाविक, किसान, मज़दूर, लेखक, बुद्धिजीवी एक साथ आये। इस आन्दोलन की विभिन्न प्रक्रियाओं और कार्यक्रमों में धीरे–धीरे एकलव्य की छवि और कहानी उभरी और दलितों के लिए अपनी सांस्कृतिक दुनिया की जड़ें पोषित करने का एक महत्त्वपूर्ण प्रतीक बन गयी। आन्दोलन का एक व्यापक चरित्र क़ायम रखते हुए भी दलित मछुआरे और नाविकों ने एकलव्य के प्रतीक के ज़रिये अपनी विशेष ऐतिहासिक पहचान के विचारों और उत्पीड़न के कारकों की पहचान पुख़्ता की, और इस सबको अपने पर्यावरणीय और दलित दुनिया के साथ जोड़ा। एकलव्य के मिथक के समकालीन उपयोग का निर्माण और विध्वंस, दोनों पक्ष था जिसने एक सकारात्मक दलित पहचान बनाने में अहम भूमिका निभायी। आन्दोलन ने स्थानीय सामाजिक वास्तविकताओं से जुड़कर पर्यावरण और प्राकृतिक संसाधनों को अलग अर्थ दिये। इस प्रकार एकलव्य एक पर्यावरण नायक के रूप में उभरा जिसने मुश्किल परिस्थितियों में दलितों के पर्यावरण आन्दोलन को प्रेरित और संरक्षित किया।

भागलपुर ज़िले में गंगा नदी का एक लम्बा हिस्सा ज़मींदारों के अधीन था। इस हिस्से में नाव चलाने और मछली पकड़ने का सारा अधिकार केवल ज़मींदारों और उनके कारिन्दों के हाथों में था। 1950 के दशक में ज़मींदारी उन्मूलन के बाद भी यह प्रथा जारी रही। पीरपैंती से बरारी तक की ज़मींदारी को पूर्वी क्षेत्र जलकर ज़मींदारी कहा जाता था जिसका नियन्त्रण मुर्शिदाबाद के मुशर्रफ़ हुसैन के हाथों में था। दूसरी ज़मींदारी बरारी से सुल्तानगंज तक के गंगा की धार में था जिसे पश्चिमी क्षेत्र चानन जलकर ज़मींदारी कहा जाता था जिसका नियन्त्रण महाशय घोष के हाथों में था। ये ज़मींदार गंगा के विभिन्न हिस्से को ठेके पर देते थे। ठेकेदार अपने ठेकेवाले हिस्से का पट्टा मछुआरों को देते थे और इसके लिए काफ़ी रुपये वसूलते थे। साथ ही, जितने नाव और जाल होते थे, उसके लिए अलग–अलग राशि वसूल की जाती थी। कई अध्ययनों और प्रकाशनों के अनुसार यह पद्धति मुग़ल शासनकाल से जारी थी। ज़मींदारों के एकछत्र अधिकार और राज के अलावा कई माफ़िया और अपराधी समूह भी इस क्षेत्र में सक्रिय थे और ज़ोर–ज़बर्दस्ती मछुआरों से रुपये और मछली वसूलते थे। गंगा मुक्ति आन्दोलन 22 फ़रवरी, 1982 को कहलगाँव के कागज़ी टोले की ज़मीन से शुरू हुआ। इसी दिन 'जल श्रमिक सम्मेलन' के झण्डे तले उन्होंने ज़मींदारी के ख़िलाफ़ आवाज़ उठाई और संसाधनों पर अधिकार की माँग की। अप्रैल 1982 में एक संगठन 'निषाद जल श्रमिक संघ' का गठन किया गया, और जल्दी ही आन्दोलन भागलपुर के आस–पास के कई गंगाई क्षेत्रों में फैल गया। यद्यपि उनकी मुख्य माँग थी गंगा ज़मींदारी का उन्मूलन, पर साथ–ही–साथ उन्होंने कई अन्य मुद्दे उठाये, जैसे–कपड़े के जाल के उपयोग पर पाबन्दी की ज़रूरत, मछली के अण्डों के शिकार पर रोक, गंगा नदी के किनारे स्थित कारख़ानों की बन्दी और फरक्का बाँध एवं कहलगाँव सुपर थर्मल पावर स्टेशन के विध्वंसकारी पर्यावरण प्रभावों का मूल्यांकन और ज़रूरी कार्रवाई। 1991 में आन्दोलन को एक महत्त्वपूर्ण विजय हासिल हुई। बिहार सरकार ने एक अधिनियम के ज़रिये 80 किलोमीटर के गंगा की धारा पर जलकर ज़मींदारी समाप्त कर दी।[102]

कहलगाँव का कागज़ी टोला गंगा तट पर स्थित मुख्यतः निषाद जाति के मछुआरों की जानी–पहचानी बस्ती है। कुछ घर गंगोत और यादव जाति के मछुआरों के भी हैं। 600 घर, 10,000 की आबादी और

100 छोटे नाव, बस्ती में हर तरफ़ जाल, नाव, मछली मारने के उपकरण, मछलियों के अवशेष भरे दिखते हैं। गंगा मुक्ति आन्दोलन का जन्म स्थल यह टोला अपने आन्दोल ा, जीवट और सफलता के लिए देश–विदेश में प्रसिद्ध हुआ, पर इसकी ऐतिहासिक पहचान जीवित है। टोला के लगभग सारे परिवार आन्दोलन से जुड़े रहे हैं और आन्दोलन की ज़्यादातर गतिविधियाँ यहीं से सृजित हुई हैं। आन्दोलन अब लगभग समाप्त हो गया है, फिर भी यहाँ आन्दोलन की स्मृतियाँ जीवित हैं, आन्दोलन के कई शीर्ष लोगों के दिल–दिमाग़ में काफ़ी कुछ गहरे बसा हुआ है।

योगेन्द्र, गंगा मुक्ति आन्दोलन के एक अग्रणी कार्यकर्ता और निषाद जल श्रमिक संघ के प्रान्तीय संयोजक, याद करते हैं :

'1982 में संघ का गठन एक प्रकार का मील का पत्थर था जिसमें 19 गाँवों के मछुआरे शरीक हुए थे। इसके बाद पहली बार मार्च 1983 में एक बड़ा कार्यक्रम आयोजित हुआ जिसमें 40–50 नाव सजाकर मछुआरों ने उसमें गंगा की धारा के विरुद्ध यात्रा की और भागलपुर में आदमपुर घाट पर प्रदर्शन किया। आन्दोलन कई नज़दीकी क्षेत्रों में–बटेश्वरनाथ, सुल्तानगंज और पीरपैती में फैल गया। 1984 में एक उल्लेखनीय मछुआ–नाविक सम्मेलन आयोजित किया गया जिससे आन्दोलन और व्यापक हुआ। हर साल फ़रवरी में काग़ज़ी टोला में आन्दोलन की याद में और हमारी सांस्कृतिक अस्मिता के लिए उत्सव होता था। इस उत्सव के दौरान कई गतिविधियाँ–एकलव्य मेला, नौका जुलूस, दीप दान, प्रदर्शनी और नाटक होते हैं जिनमें कई इलाक़ों के लोग शामिल होते हैं।'[103]

काग़ज़ी टोला के योगेन्द्र, राजकुमार साहनी, फेकिया देवी, शिवपूजन साहनी और अमर गंगा मुक्ति आन्दोलन के दौरान एक़लव्य के स्मरण और आह्वान के साक्षी और भागीदार रहे हैं। यह गंगा मुक्ति आन्दोलन के एक लोकतान्त्रिक पर्यावरण आन्दोलन के निर्माण और विकास का भी प्रमाण प्रस्तुत करता है। इसके उलट, इससे हमें यह पता चलता है कि देश के कई मुख्यधारा के पर्यावरण आन्दोलन की प्रकृति और संस्कृति एकल है जो प्रायः दलित नायकों और छवियों का प्रतिनिधित्व नहीं करती है। यह निश्चित है कि भागलपुर ज़िले में गंगा और मछली का इतिहास जातिवाद और भेदभाव के इतिहास से जुदा नहीं है। इसलिए गंगा मुक्ति आन्दोलन में सक्रिय दलित और निम्न जाति के लोगों के संघर्ष के लिए एकलव्य की छवि ख़ास और महत्त्वपूर्ण बन गयी। उनके लिए एकलव्य पर्यावरण प्रतीक,

उनके पूर्वजों का एक प्रतिष्ठित प्रतिनिधि और उनकी सामूहिक पहचान की अभिव्यक्ति का एक मुकम्मल पड़ाव बन गया। वे ज़ोर देकर दर्ज करते हैं कि अपने दलित पूर्वज और नायक की स्मृति उनके आन्दोलन का एकमात्र तो नहीं, पर बेहद महत्त्वपूर्ण चिह्न था। यह उनके सामूहिक रिवायत का एक हिस्सा था जिसके ज़रिये आन्दोलन का बोध प्रकट हुआ। अपने पूर्वजों को सम्मानित करने की ज़रूरत पर ज़ोर देते हुए कागज़ी टोला के मछुआरे कहते हैं कि उनके कुछ अन्य पूर्वज–मिथकीय चरित्र–जैसे बाबा अमर सिंह और कानू धीवर भी गंगा मुक्ति आन्दोलन के दौरान सम्मानित किये गये। गंगा मुक्ति आन्दोलन के नेता स्वीकार करते हैं कि इन प्रतीकों की स्वीकृति और प्रशंसा ज़्यादातर दलितों और निम्न जाति के लोगों के बीच थी। पर्यावरणीय पूर्वजों के बहु–जातीय समूह की अनुपस्थिति में जहाँ हमारी पर्यावरणीय संवेदनाएँ मुख्यतः राम, लक्ष्मण और सीता की छवियों और मिथ से आच्छादित हैं, एकलव्य की याद, गूँज और आह्वान ने दलितों और निम्न जातीय समूहों में आन्दोलन और गंगा मुद्दे के प्रति ज़्यादा आत्मीय सम्बन्ध स्थापित किया।[104]

एकलव्य मेला[105] सबसे पहले 24–26 मई, 1983 को लगातार तीन दिनों के लिए आयोजित किया गया–कागज़ी टोला के नज़दीक गंगा नदी के बीच एक बड़े पहाड़ी भू–भाग पर। मेले में दलित नायक के मिथ और कहानी का उत्सव मनाया गया और इस तरह दलित पर्यावरण वीरों की कमी दूर करने की कोशिश की गयी। एकलव्य, बाबा अमर सिंह और कालू धीवर की स्मृति और उत्सव में मछुआरों और दलितों ने अपने समकालीन पर्यावरण अनुभवों को अतीत और वर्तमान के सामाजिक और प्राकृतिक असमानता और अन्याय से जोड़ा और इन स्थितियों से मुक्ति के लिए प्राकृतिक संसाधनों की जानकारी, ज्ञान, मूल्यांकन और हस्तान्तरण की बात की। एकलव्य प्रकृति, निष्ठा, अनुराग, दृढ़ता, शिक्षा और असमानता की प्रतिमूर्ति था। मेले में अतीत को बदलने का संकल्प किया गया : 'एकलव्य अब अपना अँगूठा नहीं काटेगा।'[106] यद्यपि एकलव्य मेला एक उत्सव के रूप में केवल कुछ सालों तक ही आयोजित हो पाया, पर कागज़ी टोला के निवासियों के अनुसार मेला काफ़ी आनन्दपूर्ण अनुभव था। मेला गंगा नदी के बीच की पहाड़ी पर था, तो गाँव के काफ़ी लोग वहाँ नाव से पहुँचे। मेले में मनोरंजन की कई गतिविधियाँ थीं–धार्मिक गीत–गाने, खाद्य पदार्थों की फुटकर दुकानें, अन्य दुकानें, खेल–कूद,

नाटक और प्रदर्शनी। पर आयोजक संगठन—गंगा मुक्ति आन्दोलन ने मेले का फ़ोकस प्रकृति, प्राकृतिक संसाधन, मछुआरे और एकलव्य पर क़ायम किया और लाउडस्पीकर और माइक के ज़रिये लगातार घोषणाओं और भाषणों से इसके महत्त्व पर ज़ोर देते रहे। गंगा मुक्ति आन्दोलन के प्रान्तीय संयोजक योगेन्द्र के अनुसार :

'गंगा नदी के बीच में पहाड़ियों का नाम गोवर्धन पहाड़ी और बंगाली पहाड़ी था। यहीं एकलव्य मेला आयोजित किया गया था। आन्दोलन की इच्छा थी कि एक पहाड़ी का नाम बदलकर एकलव्य पहाड़ी किया जाये जिससे दलितों और पानी एवं नदी पर उनके संघर्ष को एक दीर्घजीवी सामाजिक और सांस्कृतिक प्रतीक और व्यापक मान्यता मिले। आख़िरकार हम सदियों से इस ज़मीन, नदी, पहाड़—पर्वत और जंगल में रह रहे हैं। पर इनमें से कोई भी हमारे या हमारे पूर्वजों के नाम पर नहीं है। आन्दोलन की विरासत के लिए हम नदी और पहाड़, दोनों को दलित मार्ग पर लाना चाहते थे। दुर्भाग्यपूर्ण कि विभिन्न बाधाओं के कारण यह सम्भव नहीं हुआ और इसे अभी भी बंगाली पहाड़ी कहते हैं।'[107]

महाभारत से एकलव्य की कहानी की रेखा खींचते हुए कागज़ी टोला के दलितों ने संवेदी और सूक्ष्म तरीक़ों से कुछ ख़ास पहलुओं पर ज़ोर दिया। एकलव्य को निम्न जाति का, अश्वेत, कीचड़ और पानी से सना, चिथड़े में लिपटा और हिरण छाल पहना बताया—दिखाया गया। वह प्रकृति के हाशिये पर जीता हुआ कठोर परिश्रमी और प्रतिबद्ध था जो शिक्षा और ज्ञान के सपने देखता था। उसकी इच्छा थी द्रोण से तीरन्दाज़ी सीखने की जैसे पाण्डव और कौरव सीखते थे। एकलव्य की नीच जाति के कारण द्रोण ने उसे शिक्षित करने से इनकार कर दिया। एकलव्य जंगल जाने के लिए मजबूर हुआ जहाँ द्रोण की मिट्टी की मूर्ति बनाकर उसने मूर्ति के सामने तीरन्दाज़ी का अभ्यास किया। एकलव्य ने पाण्डव के भौंकते हुए कुत्ते की जीभ में सात तीर मारकर अपना विलक्षण और अद्भुत तारन्दाजी कौशल साबित किया। जंगल की सघनता और अँधेरे में भी एकलव्य की बेहतर तीरन्दाज़ी से द्रोण और अर्जुन में डर समा गया। द्रोण ने गुरु दक्षिणा के रूप में एकलव्य के दायें हाथ का अँगूठा माँगा। एकलव्य ने अपना अँगूठा काटा और द्रोण को सौंप दिया। जैसे ही एकलव्य ने अपना अँगूठा काटा, वैसे ही बिजली चमकी, बादल गरजे और बारिश आयी—प्रकृति ने इस कुरूप और भयंकर कृत्य के

ख़िलाफ़ अपना कोप व्यक्त किया।[108] दलित मछुआरे एकलव्य की कथा में अपने प्राकृतिक परिवेश से कई उदाहरण लेते हैं। वे अपने कौशल, उपकरण, रोज़गार, स्थिति को एकलव्य के साथ जोड़कर देखते हैं। वन में अकेले, अलग–थलग रहने वाला एक प्राणी, अपनी साधना में निर्भीक और डरविहीन, बलिदान और त्याग में असीम एकलव्य एक पर्यावरण वीरनायक में परिवर्तित हो जाता है। द्रोण और अर्जुन की निर्दयता, एक जानवर की कंटक और उत्पाती उपस्थिति, जंगल का घनघोर अँधेरा, अन्याय और समूचे पर्यावरण में अशान्ति–सब एक–दूसरे में घुल–मिल गये। यहाँ प्रकृति अस्थिर, छली और कपटी है; और एकलव्य की अपने कौशल को तरासने की आज़ादी–प्राकृतिक और सामाजिक, दोनों पृष्ठभूमि और परिवेश से टकराती है। एकलव्य एक श्रमसंगत, जीवन का प्रतीक है और मानवीय और ग़ैर–मानवीय प्रकृति और प्रजाति से मछुआरों के सम्बन्ध और संघर्ष के लिए मछुआरों और दलितों को व्यक्तिगत और सामाजिक एजेंसी प्रदान करता है। दलितों के जीवन–वृत्तान्त और अनुभव में सना एकलव्य गंगा मुक्ति आन्दोलन की एक खोज है पर्यावरण पूर्वजों की पहचान के लिए। यह एक खोज है दलितों को पर्यावरणकर्ता और प्रतिनिधित्व देने के लिए। यद्यपि आन्दोलन के क्रम में एकलव्य की खोज और उत्सव की आयु अल्प थी, फिर भी देश के पर्यावरण स्मृति में इसके प्रवेश की दस्तक सुनाई पड़ती है।[109]

दलित मछुआरों के जल आन्दोलन में एकलव्य के साथ–साथ अन्य दलित पूर्वजों की स्मृति भी ताज़ी हुई और उन्हें पर्यावरण नायक के रूप में चित्रित किया गया। उदाहरण के लिए, एक हैं तूफ़ानी बाबा जिन्हें गंगा पुत्र माना जाता है और वे अतीत में मछुआरों की ज़िन्दगी और संसाधनों के जुझारू संरक्षक रहे हैं। क्षेत्र में प्रचलित कहावत है : अहो बाबा तूफ़ानी, रक्षा करना तूफ़ानी।[110] अमर सिंह एक दूसरा पर्यावरण नायक है जिसकी शत्रुओं के ख़िलाफ़ पराक्रम और युद्ध और निषाद समुदाय की रक्षा के लिए बहादुरनामा संघर्षों की कहानी कई प्रकार से एक से दूसरे क्षेत्रों में तैरती रही है। उसके जन्म स्थान और उत्पत्ति के बारे में अनिश्चित निषाद समुदाय के लोग यह मानते हैं कि वह हर समय–हर जगह उनकी ज़रूरत और विपत्ति के वक़्त मौजूद है। वह घोड़े पर सवार हवा की गति से आता है और संकट का निस्तार करके वापस लौट जाता है। क्षेत्र में मछुआरों के बीच एक लोकप्रिय कहावत है : 'कहाँ गलनी, कहाँ

से अलनी, का सरणी, हे बाबा अमर।'[111] दलितों का तर्क है कि एकलव्य, तूफ़ानी बाबा और अमर सिंह मानवीय भेदभाव के तलछट से उभरे हैं और उन्होंने समुदाय के सामाजिक और पर्यावरण मुद्दों का परचम फहराया है। कुछेक ने गंगा क्षेत्र में सवर्णों और शोषित जातियों के बीच महान लड़ाइयों में अपनी जानें गँवाई हैं। दलित मछुआरों में यह विश्वास भी है कि उनके पर्यावरण नायक और पूर्वज उन्हें आशीर्वाद देते हैं, पर्यावरण की रक्षा करते हैं और ब्रह्माण्ड में सहभागी रहते हैं। ऐसे नायकों के निर्माण और उनके प्रति निरन्तर आग्रह से दलित मछुआरे न केवल उन्हें अपने सामूहिक सांस्कृतिक संचेतना का अभिन्न हिस्सा बताते हैं बल्कि उन्हें अपने मुकम्मल पर्यावरण मूल्यों का प्रतिनिधि और प्रणेता समझते हैं। ये पर्यावरण पुरजन आन्दोलन के अलग–अलग, पर पूरक विषयों–जातिवाद का प्रतिरोध, अन्याय और हिंसा, प्राकृतिक संसाधनों की मुक्ति; प्रकृति, ज्ञान और स्थानीय धार्मिक–सांस्कृतिक मूल्यों के उत्सव, आदि के बीच जीवन्त यात्रा करते रहते हैं।

निष्कर्ष

पानी का हृदय उदार है और वो पहुँचता है हमारी जड़ों तक
उसके एक स्पर्श से सूख जाता है हज़ार पपड़ियों का दर्द
कैसी दीवार, कितनी दीवारें तुम खड़ा कर सकते हो
पानी के इर्द–गिर्द
तुम बहते पानी को कैसे करोगे सींकचों में क़ैद
पानी के अन्तहीन स्टेशन हैं।

–नामदेव ढसाल, मराठी कवि और दलित कार्यकर्ता[112]

जैसे स्त्रीवादी पर्यावरण विमर्श से हमारा पर्यावरण साहित्य समृद्ध और जटिल हुआ और हम लिंग विभाजनों के प्रति ज़्यादा संवेदनशील होने के लिए प्रेरित हुए, उसी प्रकार यह बेहद ज़रूरी है कि हम प्रकृति और प्राकृतिक संसाधनों को लेकर दलित और निम्न जातियों के पर्यावरण विमर्श को समझें। इस अध्याय में पानी के उदाहरण से यह पता चलता है कि किस प्रकार जाति को शामिल करने से पर्यावरण पर जाति–मुक्त/अन्ध विमर्श बदल जाता है। पानी पर दलितों का ऐतिहासिक, सांस्कृतिक और पर्यावरणीय परिप्रेक्ष्य जताता है कि पानी केवल सामान्य रूप में

दलितों के जीवन में उपस्थित (या अनुपस्थित) नहीं रहा है, बल्कि यह एक सामाजिक–सांस्कृतिक परिदृश्य में निर्मित–पुनर्निर्मित होता है जहाँ वर्चस्वशाली हिन्दूवाद और मुख्यधारा के पर्यावरणवाद, दोनों के ही जल–सम्बन्धी समझदारी में दलित 'दूसरे' और 'बाहरी' माने जाते हैं। पानी पर दलित पर्यावरण संचेतना न केवल हिन्दू धर्मशास्त्रों की समझ और मुख्यधारा की पर्यावरण संवेदनाओं को चुनौती देती है, बल्कि साथ ही अपनी स्वायत्त पर्यावरण सोच भी संगठित एवं प्रसारित करती है। दलितों की जल संस्कृति दलितों की नये पर्यावरणीय अन्तर्वस्तु और रूप के उदय की भी झलक देती है। पानी के क्षेत्र में भाँति–भाँति के विशाल सांस्कृतिक उपकरण–कविता, कहानी, गीत, नायक, मिथक, पूर्वज–सामने उभरते हैं जो ब्राह्मणवादी वर्चस्व के साथ ताल–मेल नहीं बनाते हैं, बल्कि प्रभावशाली संस्कृति के बराबर अपनी अलग धारा बहाते हैं। दलित पर्यावरण प्रतीकों के रूप में राजा बली, दीना–भद्री, एकलव्य, बाबा अमर और तूफ़ानी के उदय को कई प्रकार से देखा–समझा जा सकता है : एक अलग संस्कृति, एक सृजनात्मक कृति, जातिवादी मिथ के बरअक्स एक वैकल्पिक दलित मिथ का निर्माण, वैकल्पिक जल–स्थल जहाँ विभेदों और विवादों को शब्द और वाणी दी जा सकती है और दूसरों और ख़ुद पर सवाल उठाये जा सकते हैं। ये पर्यावरण प्रतीक दलितों को प्रतिरोध और शोषण से मुक्ति की भाषा देते हैं।

वर्चस्वशाली सामुदायिक विमर्श में 'धार्मिकता' और 'पवित्रता' की अवधारणाओं और उदाहरणों पर सवाल उठाते हुए दलित पानी के आस–पास पवित्रता की अपनी अलग कहानियाँ बुनते हैं। दलितों के विवरण पानी का लोकतान्त्रिकरण करते हैं और यह भी बताते हैं कि समुदाय की कोई भी परिभाषा अन्दर से खण्डित है। इससे ज़ाहिर होता है कि भारत के पर्यावरण प्रतिरोध आन्दोलनों के और जटिल अध्ययन की ज़रूरत है। दलितों का पर्यावरण पानी में जाति पर सवाल उठाने के नये रास्ते निकालता है और पानी परिवेश को एक आज़ाद और समान परिवेश के रूप में परिभाषित करता है। यह पर्यावरण राजनीति एक समानधर्मी पर्यावरण परिवेश पर भी ज़ोर देती है जिसमें दलितों की प्रेरक और सक्रिय भूमिका है न केवल अपने अधिकारों की अभिव्यक्ति के लिए बल्कि सारे समाज के अधिकारों की स्वीकृति के लिए। उदाहरण के लिए, गंगा माई दलितों के जल विमर्श और संघर्ष में एक अलग अर्थ अख़्तियार कर लेती

है जो कहलगाँव में गंगा मुक्ति आन्दोलन के एक नारे में ज़ाहिर होता है :

'गंगा को गंगा रहने दो! गंगा को अविरल बहने दो!!'

यह नारा गंगा मुक्ति आन्दोलन का मर्म था और इसके बहुआयामी अर्थ थे–गंगा की मुक्ति न केवल निजी नियन्त्रण और औद्योगिक प्रदूषण से बल्कि एक निर्बाध बहने वाली जाति–मुक्त गंगा जो पवित्रता–प्रदूषण की जाति वर्जनाओं और चिह्नों से भी आज़ाद हो। दलित समतामूलक पानी–पर्यावरण दृष्टि के केन्द्र में है यह विचार और सपना। दलितों की पर्यावरण संवेदनाओं से हमें पर्यावरण की प्रभावशाली संस्कृति को रूपान्तरित करने में मदद मिल सकती है क्योंकि यहाँ जाति के प्रति सचेत और सक्रिय सकारात्मक पर्यावरण नीति और आचार–विचार उभरते हैं। यह बदलाव केवल पानी तक सीमित नहीं है बल्कि अब प्राकृतिक पर्यावरण के कई मुख्य क्षेत्र–सामूहिक संसाधन, पर्वत–पहाड़, ज़मीन–दलितों के पर्यावरण हस्तक्षेप और आन्दोलन के दायरे में आ गये हैं। सामूहिक प्राकृतिक संसाधनों के बारे में दलित समझ जो दशरथ माँझी के व्यक्तित्व और कृतित्व में साकार होती है, उन संसाधनों के नये समताकरण और सार्वजनीनकरण के रास्ते तैयार कर सकती है। अगला अध्याय दशरथ माँझी के अद्भुत पर्यावरण हस्तक्षेप की चर्चा करता है।

सन्दर्भ

1. Challapalli Swaroopa Rani, 'Water', अनुवाद : Uma Bhrugubanda, in K. Satyanarayana and Susie Tharu (eds.), *Steel Nibs are Sprouting : New Dalit Writings from South India*, Harper Collins, Noida, 2013, pp. 701-2.
2. पानी और सांस्कृतिक विविधता पर उत्कृष्ट विश्लेषण के लिए : Irene J. Klaver, 'Placing Water and Culture', in B.R. Johnson (ed.), *Water, Cultural Diversity, and Global Environmental Change: Emerging Trends, Sustainable Futures?*, UNESCO, Paris, 2012, pp. 9-29.
3. A. Vaidyanathan, 'Forward', in K.J. Joy, Biksham Gujja, Suhas Paranjape, Vinod Goud, Shruti Vispute (eds.), *Water Conflicts in India: A Million Revolts in the Making, Routledge*, New Delhi, 2008, p. xv.
4. सेंटर फ़ॉर साइंस एंड एनवायरमेंट ने भारत के पर्यावरण की स्थिति पर कई रिपोर्टें प्रकाशित की हैं। जैसे : Anil Agarwal, Kalpana Sharma, Ravi Chopra, *The State of India's Environment : The First Citizens' Report*, Center for Science and Environment, New Delhi, 1982; Centre for

Science and Environment, The State of India's Environment 1984-85: The Second Citizens' Report, Centre for Science and Environment, New Delhi, 1985; Anil Agarwal, Neeraj Labh, V.A. Nambi, Mukul Sharma, Ajit Chak, Sangeeta Synghal, *State of India's Environment : A Citizens' Report: Floods, Flood Plains and Environmental Myths*, Centre for Science and Environment, New Delhi, 1991.

5. Amita Baviskar (ed.), *Waterlines*, Penguin Books, New Delhi, 2003, p. x.
6. Sanjay Sangvai, *The River and Life : Story of the Narmada Bachao Andolan*, Earthcare Book, Kolkata, 2002, p. 8.
7. कृष्ण मूर्ति गुप्ता (सं.), गंगा : *एक प्राकृतिक तथा सांस्कृतिक धरोहर, हिमालय सेवा संघ*, नयी दिल्ली, 1991.
8. Bhim Subba, *Himalayan Waters : Promise and Potential, Problems and Politics*, Panos South Asia, Kathmandu;s 2001.
9. Jean Dreze, Meera Samson and Satyajit Singh (eds.), *The Dam and the Nation : Displacement and Resettlement in the Narmada Valley*, Oxford University Press, New Delhi, 1997.
10. Satyajit Singh, *Taming the Waters : The Political Economy of Large Dams in India*, Oxford University Press, New Delhi, 1997.
11. Sanjeev Khagram, *Dams and Development : Transnational Struggles for Water and Power*, Oxford University Press, New Delhi, 2004.
12. Amita Baviskar, *In the Belly of the River : Tribal Conflicts over Development in the Narmada Valley*, Oxford University Press, Delhi, 1997.
13. कुछेक उदाहरण हैं : INTACH, *The Tehri Dam : A Prescription for Disaster*, INTACH, New Delhi, 1987; Bharat Dogra, *A Colossal Risk : Social, Ecological and Safety Aspects of Tehri Dam* (और, *Large Dam Projects in Himalayan Region*, Bharat Dogra, 1990.
14. Charu Gupta and Mukul Sharma, *Contested Coastlines : Fisherfolk, Nations and Borders in South Asia*, Routledge, New Delhi, 2008.
15. Mukul, 'Aquaculture Boom : Who Pays?', *Economic and Political Weekly*, 3 December 1994, pp. 3075-8.
16. गाँधी शान्ति प्रतिष्ठान, नयी दिल्ली, 1995.
17. Mukul, 'Water Crisis : Solutions from a Parched State', *Down To Earth*, 15 October, 1995, pp. 58-9.
18. Anil Agarwal, Sunita Narain, *Dying Wisdom : Rise, Fall and Potential of India's Traditional Water Harvesting Systems*, Centre for Science and Environment, New Delhi, 1997, p. iv.
19. हेमन्त और राज़ीव, जब नदी बँधी, जय प्रभा अध्ययन एवं अनुसन्धान केन्द्र, मधुपुर, 1991.

20. S.K. Das, *Watershed Development and Livelihoods : People's Action in India*, Routledge, New Delhi, 2008.
21. Vandana Shiva, *Water Wars : Privatization, Pollution, and Profit, India Research Press,* New Delhi, 2002, p. 19.
22. Neema Pathak and Vivek Gour-Broome, *Tribal Self-Rule and Natural Resource Management : Community Based Conservation at Mendha-Lekha, Maharashtra, India*, Kalpavriksh and International Institute of Environment and Development, New Delhi, 2001.
23. गरुड़ पुराण में स्नान के महत्त्व की व्याख्या है। इसमें शरीर और मस्तिष्क की शुद्धता के लिए स्नान मन्त्रों का भी उल्लेख है।
24. उपनिषद् में पंच तत्त्व और उसके मूल्यों का उल्लेख है।
25. F. Baartmans, *Apah, the Sacred Water : An Analysis of a Primordial Symbol in Hindu Myths*, B.R. Publishing, Delhi, 1990.
26. Deepa Joshi and Ben Fawcett, 'Water, Hindu Mythology and an Unequal Social Order in India', Paper presented at the Second Conference of the International Water History Association, Bergen, August 2001, p. 4-5.
27. David L. Haberman, 'River of Love in an Age of Pollution', in Christopher Key Chapple and Mary Evelyn Tucker (eds.), *Hinduism and Ecology: The Intersection of Earth, Sky and Water*, Oxford University Press, New Delhi, 2000, p. 349. इसी किताब में एक अन्य लेख : Chris Deegan, 'The Narmada: Circumambulation of a Sacred Landscape', pp. 389-99.
28. B.B.S. Kapoor, *Bhartiya Sanskriti, Dharma evam Paryavaran Sanrakshan* (Indian Culture, Religion and Environment Conservation), Madhu Publications, Bikaner, 2001, p. 51.
29. भगवती प्रसाद नौटियाल, 'गंगा : आकाश से सागर तक', कृष्ण मूर्ति गुप्ता (सं.), गंगा : एक प्राकृतिक तथा सांस्कृतिक धरोहर, हिमालय सेवा संघ, नयी दिल्ली, 1991, पृ. 131-45.
30. Ashok Dilwali and Pushpesh Pant, *The Garhwal Himalayas : Ramparts of Heaven*, Lustre Press, New Delhi, 1987, pp. 11-9.
31. उमेश राठौर, पर्यावरण एवं वैदिक संस्कृति, जन प्रकाशन, दिल्ली, 1999, पृ. 80-9.
32. David L. Gosling, *Religion and Ecology in India and Southeast Asia*, Routledge, London, 2001, pp. 22-3.
33. Shiva, *Water Wars*, p. 136.
34. Anil Agarwal et.al., *The State of India's Environment*, p. 28.
35. Mukul Sharma, *Green and Saffron : Hindu Nationalism and Indian Environmental Politics*, Permanent Black, Ranikhet, 2012, pp. 95-145.
36. उदाहरण के लिए : Kuntala Lahiri-Dutt (ed.), *Fluid Bonds : Views on Gender and Water*, Australian National University, Canberra, 2006; Tina Wallace and Anne Coles and Tina Wallace (eds.), *Gender, Water*

and Development, Berg, Oxford, 2005; Aidan A. Cronin, Pradeep K. Mehta and Anjal Prakash (eds.), *Gender Issues in Water and Sanitation Programmes : Lessons from India*, Sage, Delhi, 2015; Sara Ahmed, *Flowing Upstream: Empowering Women through Water Management Initiatives*, Centre for Environment Education, Ahmedabad, 2005. एक अन्तरराष्ट्रीय नेटवर्क है 'The Gender and Water Alliance' (GWA, www.genderandwater.org), यह जल संसाधन प्रबन्ध में स्त्रियों की भागीदारी पर केन्द्रित है।

37. Maithreyi Krishnaraj, 'Women and Water : Issues of Gender, Caste, Class and Institutions', *Economic and Political Weekly*, 30 April, 2011, p. 37.
38. Margreet Zwarteveen, 'Questioning Masculinities in Water', *Economic and Political Weekly*, 30 April, 2011, p. 47.
39. Seema Kulkarni, 'Women and Decentralised Water Governance : Issues, Challenges and the Way Forward', *Economic and Political Weekly*, 30 April, 2011, p. 64.
40. S. Viswanathan, 'A Tribute to a Fighter', *Frontline*, 23 May, 2003, pp. 82-3.
41. Martin Macwan, *Dalit Rights*, National Human Rights Commission, New Delhi, 2006, p. 24.
42. Infochange Agenda, *The Politics of Water*, 3, October, 2005.
43. Sharankumar Limbale, *The Outcaste : Akkarmashi*, Oxford University Press, New Delhi, 2003, pp. 7-81.
44. K.A. Gunasekaran, 'Scar', in K. Satyanarayana and Susie Tharu (eds.), *No Alphabet in Sight : New Dalit Writing from South India*, Penguin Books, 2011, p. 160.
45. ये उदाहरण मुझे जोधपुर में दिवंगत विजयदान देथा ने दिया। वह एक प्रसिद्ध लेखक थे जिन्होंने राजस्थान के लोकगीत, कला, संगीत पर विशद् अध्ययन और संग्रह किया। उनकी किताब कहावती कथाएँ : राजस्थानी की 332 कहावती कहानियाँ, राजस्थानी ग्रन्थागार, जोधपुर, 2001, में भी ऐसी कई लोककथाएँ हैं।
46. Rustom Bharucha, Rajasthan, *An Oral History : Conversations with Komal Kothari, Penguin*, Delhi, 2003, p. 69.
47. विस्तार के लिए : प्रकाश पुरोहित, आज भी प्रासंगिक हैं परम्परागत जल स्रोत, महाराजा मानसिंह पुस्तक प्रकाश शोध केन्द्र, जोधपुर, पृ. 73-98.
48. David Mosse, *The Rule of Water : Statecraft, Ecology, and Collective Action in South India*, Oxford University Press, Delhi, 2003.
49. वही, पृ. 161.
50. वही, पृ. 132–84.

51. Esha Shah, *Social Designs : Tank Irrigation Technology and Agrarian Transformation in Karnataka, South India*, Orient Longman, Delhi, 2003, pp. 269-70.
52. Kathleen D. Morrison, 'Dharmic Projects, Imperial Reservoirs, and New Temples of India : An Historical Perspective on Dams in India', *Conservation and Society* 8(3), 2010, pp. 186-7.
53. David Hardiman, 'Well Irrigation in Gujarat : Systems of Use, Hierarchies of Control', *Economic and Political Weekly*, 20 June, 1998, pp. 1533-44.
54. Ezhil. Elangovan, 'The Murder of Madurai Veeran and the Palace of Thirumalai Nayakkar', in Satyanarayana and Tharu (eds.), No *Alphabet in Sight*, pp. 136-7.
55. Sanal Mohan, 'Narrativizing the History of Slave Suffering' in Satyanarayana and Tharu (eds.), *No Alphabet in Sight*, pp. 541-2.
56. Esha Shah, 'Telling Otherwise : A Historical Anthropology of Tank Irrigation Technology in South India', *Technology and Culture*, 49 (3), July 2008, pp. 652-74.
57. Gopal Guru, 'Archaeology of Untouchability', *Economic and Political Weekly*, XLIV (37), 12 September, 2009, pp. 51-2.
58. Ghanshyam Shah (ed.), *Dalits and the State*, Center for Rural Studies, Lal Bahadur Shastri National Academy of Administration, Mussoorie, 2002, p. 287.
59. Praful Bidwai, 'Dalits under Seige', *Hindustan Times*, 4 October, 2002; National Campaign on Dalit Human Rights, 'Memorandum and Report on the Dalits of Chakwara village and the Surrounding Villages of Jaipur District', Jaipur, date not give.
60. Suhas Paranjape, Raju Adagale and Ravi Pomane, 'Mahad to Mangaon : Eighty Years of Caste Discrimination, What Caste is Water?', in K.J. Joy et.al. (eds.), *Water Conflicts in India*, pp. 110-4.
61. इसके ख़िलाफ़ दलितों ने तालाब तक एक जुलूस निकाला और एक मूक दाह संस्कार किया। यह मामला महाराष्ट्र विधानसभा में भी उठाया गया : Siddharthya Swapan Roy, 'The Lake of Liberation', *Outlook*, 18 April, 2016, pp. 38-9.
62. Deepak Bharti, 'Dalit Water Rights and Social Justice', Paper presented at the Asia Social Forum, Hyderabad, 4-5 January, 2003.
63. 'Assessing the Access of Dalit Communities to Water, Sanitation and Hygiene Services/Rights', Consultation and Conference organized by NACDOR and Water Aid, Constitution Club, Delhi, 30 March, 2012.
64. Amitangshu Acharya, 'Managing "Water Traditions" in Uttarakhand,

India : Lessons Learned and Steps Towards the Future', in Johnson (ed.), *Water, Cultural Diversity*, pp. 411-32.

65. Gail Omvedt, 'Of Sand and King Bali', *Economic and Political Weekly*, 28 February, 1987, pp.365-6; Satyapriya Rout, 'Revisiting the Baliraja Dam Struggle : A Study of an Environmental Movement in Maharashtra', *Sociological Bulletin*, 58(3), September-December, 2009, pp. 325-45.
66. Sandeep Unnithan, 'Clash of Castes', *India Today*, 11 August 2003, pp.38-9.
67. Sharadini Rath, 'A Journey through Madhubani', http://www.phalanx.in/pdf/dini.pdf, accessed on 12 February, 2015.
68. P.C. Roy Chaudhury, *Bihar District Gazetteers : Darbhanga*, Superintendent Secretariat Press, Patna, 1964, pp. 91-160.
69. Vidyanath Jha, 'Sustainable Management of Biotic Resources in the Wetlands of North Bihar, India', Paper presented at the Symposium 'Lake 2002 : Conservation, Restoration and Management of Aquatic Ecosystems', Indian Institute of Science, Bangalore, 9-13 December, 2002.
70. Carolyn Henning Brown, 'Contested Meanings : Tantra and the Poetics of Mithila Art', *American Ethnologist*, 23(4), 1996, p. 728.
71. Caralynn V. Davis, 'Pond-Women Revelations : The Subaltern Registers in Maithil Women's Expressive Forms', *The Journal of American Folklore*, 121 (481), 2008, pp. 286-318.
72. Brown, 'Contested Meanings', p. 719.
73. Roy Chaudhury, *Bihar District Gazetteers : Darbhanga*, pp. 20-38.
74. Talab Bachao Abhiyan, 'Memorandum for Restoration, Reclamation and Conservation of Ponds for Protection of Customary Rights of Community, Environment, Ecology & Livelihood in Darbhanga District of Bihar', Submitted to DM/Collector, Darbhanga, Bihar, date not given.
75. विस्तार के लिए : *Census of India 2011, Bihar : District Census Handbook Madhubani*, Directorate of Census Operations, Patna, 2011.
76. मैंने मधुबनी ज़िले के मुसहरों का सघन सर्वेक्षण किया है और इस पर कई रिपोर्ट और लेख प्रकाशित किये हैं। उदाहरण के लिए : मुकुल शर्मा, 'दीना–भद्री का बलिदान हमारा है : उत्तर बिहार के मुसहरों की दैनिन्दनी', श्रमजीवी, वर्ष 1, अंक 3, जुलाई–सितम्बर 1998, पृ. 3–2।
77. मैंने ज़िले के भूमि विवादों और संघर्षों पर काफ़ी अध्ययन किया है। उदाहरण के लिए : Mukul Sharma, *No Borders : Journeys of an Indian Journalist*, Daanish Books, Delhi, 2006, pp. 191-5.

78. Mukul Sharma, 'The Untouchable Present : Everyday Life of Musahars in North Bihar', in Surinder S. Jodhka (ed.), *Village Society*, Orient Blackswan, Hyderabad, 2012, pp. 101-2.
79. दीपक भारती से साक्षात्कार, झंझारपुर, 2 अप्रैल, 2012.
80. Frances Sinha, K.A. Srinivasan, Rajiv Kumar Singh and Viji Srinivasan, *The Blue Revolution : Case-Study of Women in the Inland Fisheries Sector*, Har-Anand Publications, New Delhi, 1994, p. 99.
81. ब्लॉक कार्यालय में साक्षात्कार, झंझारपुर, 3 अप्रैल, 2012.
82. हरि नारायण हर्ष से साक्षात्कार, झंझारपुर, 3 अप्रैल, 2012.
83. ब्लॉक कार्यालय में साक्षात्कार, झंझारपुर, 3 अप्रैल, 2012.
84. सोमानी देवी से साक्षात्कार, सोहराय ब्रह्मोतर गाँव, 5 अप्रैल, 2012.
85. अमेरिकी देवी से साक्षात्कार, सोहराय ब्रह्मोतर गाँव, 5 अप्रैल, 2012.
86. सुशील से साक्षात्कार, सोहराय ब्रह्मोतर गाँव, 6 अप्रैल, 2012.
87. ग्रामीणों से साक्षात्कार, सोहराय ब्रह्मोतर गाँव, 5–7 अप्रैल, 2012.
88. अशर्फ़ी सदाय से साक्षात्कार, सिरपुर मुसहरी गाँव, 8 अप्रैल, 2012.
89. गर्वी देवी से साक्षात्कार, सिरपुर मुसहरी गाँव, 8 अप्रैल, 2012.
90. हरिलाल सदाय से साक्षात्कार, हरभंगा गाँव, 8 अप्रैल, 2012.
91. ग्रामीणों से साक्षात्कार, हथीवाडी, 9 अप्रैल, 2012.
92. सूरत सदाय और मोगिया देवी से साक्षात्कार, कोइली टोला, 10 अप्रैल, 2012.
93. दीपक भारती से साक्षात्कार, 2 अप्रैल, 2012.
94. अशर्फी सदाय से साक्षात्कार, 8 अप्रैल, 2012.
95. दलित लेखकों ने दीना–भद्री पर कई कहानियाँ और लेख लिखे हैं जिनमें भूमि, श्रम, कृषि, जंगल और पानी की मुक्ति और अधिकार के लिए उनके पराक्रमी योगदान की चर्चा है। उदाहरण के लिए : प्रफुल्ल कुमार सिंह 'मौन', अश्विनी कुमार आलोक (सम्पादित), दीना–भद्री : मुसहरों की समग्र संस्कृति, सम्यक प्रकाशन, नयी दिल्ली, 2015.
96. रवि सदाय से साक्षात्कार, सिरपुर मुसहरी गाँव, 8 अप्रैल, 2012.
97. हरि से साक्षात्कार, सोहराय ब्रह्मोतर गाँव, 6 अप्रैल, 2012.
98. अमेरिकी देवी से साक्षात्कार।
99. विस्तार के लिए : *Census of India 2011, Bihar : District Census Handbook Bhagalpur*, Directorate of Census Operations, Patna, 2011.
100. Mukul Sharma, 'Diara Diary', in Mahesh Rangarajan (ed.), *Environmental Issues in India : A Reader,* Pearson Longman, New Delhi, 2007, pp. 275-87.
101. विस्तार के लिए : Mukul Sharma, *Landscapes and Lives : Environmental Dispatches on Rural India*, Oxford University Press, New Delhi, 2001, pp. 11-6.

102. योगेन्द्र और सफ़दर इमाम कादरी (सम्पादक), गंगा को अविरल बहने दो, गंगा मुक्ति आन्दोलन, भागलपुर, 1990. Charu Gupta, 'Search for Alternatives : Ganga Mukti Andolan in the Last Two Years', Report Submitted to Centre for Science and Environment, New Delhi, 1993.
103. योगेन्द्र से साक्षात्कार, कागज़ी टोला, 6 अक्टूबर, 2014.
104. ग्रामीणों से साक्षात्कार, कागज़ी टोला, 7 अक्टूबर, 2014.
105. योगेन्द्र और कादरी (सं.), गंगा को अविरल बहने दो, पृ. 105.
106. राजकुमार साहनी से साक्षात्कार, 7 अक्टूबर, 2014.
107. योगेन्द्र से साक्षात्कार, 6 अक्टूबर, 2014.
108. फेकिया देवी से साक्षात्कार, कागज़ी टोला, 8 अक्टूबर, 2014.
109. गेल ऑमवेतट 1980 के दशकों में पर्यावरण आन्दोलनों में दलितों के उभार की चर्चा करते हुए गंगा नदी पर दलितों के आन्दोलन और इसमें एकलव्य के प्रतीक के महत्त्व का विशेष सन्दर्भ देती हैं : Gail Omvedt, *Dalit Visions : The Anti-Caste Movement and the Construction of an Indian Identity*, Orient Longman, Delhi, 2006, p. 84.
110. शिवपूजन साहनी से साक्षात्कार, कागज़ी टोला, 8 अक्टूबर, 2014.
111. योगेन्द्र से साक्षात्कार।
112. Namdeo Dhasal, *A Current of Blood*, Navayana, New Delhi, 2011, p. 18.

दलित पर्वत पुरुष और नये सामूहिक स्थल

मेरी ही तरह, सड़क भी दलित है
अपने सीने पर पैरों के निशान महसूस करता
हमें अतीत में घुमाता–फिराता
क्या यह डर है? या अविश्वास?
या हृदय के तारों से जुड़ी भीगी पलकों का संगीत?
यदि तुम अपने कानों को हृदय पर रखो
तुम सुन सकते हो पिघलते हुए कोलतार की आवाज़।[1]

सामूहिक/सार्वजनिक स्थल, जो प्रायः प्राकृतिक संसाधन हैं–ज़मीन, जंगल, जलाशय, तालाब, वन झाड़ियाँ, सड़क, पार्क, फुटपाथ, हवा, पृथ्वी–विभिन्न प्रकार के पर्यावरणवाद और पर्यावरण हस्तक्षेपों की धुरी रहे हैं। सामूहिक स्थलों को कई प्रकार से परिभाषित और निर्मित किया गया है–सामूहिक सम्पत्ति संसाधन, सामाजिक स्थल, सार्वजनिक स्थल जो लोग साझे तौर पर बनाते और काम में लाते हैं, आदि। सामूहिक स्थलों की अवधारणा समय के साथ काफ़ी अस्थिर, परिवर्तनशील और विवादपूर्ण भी रही है। 1960 के दशक से लेकर सामूहिक स्थलों के प्रति पर्यावरणीय सरोकार अब कई ग़ैर–पारम्परिक क्षेत्रों में फैल गया है और इसमें अर्थशास्त्र, भूगोल, दर्शनशास्त्र, तकनीक और डिज़ाइन जैसे विषय भी जुड़ गये हैं। सामूहिक स्थलों को लेकर कई चिन्ताएँ उभर गयी हैं–सामूहिक स्थलों पर अधिकार और उन पर बढ़ता नियन्त्रण, उनका ह्रास और निजीकरण, सामाजिक परम्पराएँ और उसके इर्द–गिर्द द्वन्द्व, सामूहिक स्थलों पर संघर्ष, आन्दोलन और स्वामित्व, सामूहिक स्थलों की परिकल्पना, डिज़ाइन और विकास की अवधारणाओं में ऐतिहासिक बदलाव, पारम्परिकता और आधुनिकता के बीच वाद–विवाद, आदि। दलितों ने सामूहिक/सार्वजनिक स्थलों को निरन्तर आलोचनात्मक

नज़रिये से देखा है। उनके परिप्रेक्ष्य से हमें सामूहिक स्थलों को एक विशिष्ट, स्थानीय भूपरिदृश्य के रूप में देखने–समझने में मदद मिलती है जिसमें व्यापक सामाजिक और सांस्कृतिक प्रक्रियाएँ समाहित रहती हैं। दलितों के नज़रिये से सामूहिक/सार्वजनिक स्थलों का बहुआयामी और जटिल सामाजिक, आर्थिक और पर्यावरणीय महत्त्व है। ये सामाजिक एकता, सांस्कृतिक विविधता और आर्थिक उपयोग के तनावों और द्वन्द्वों की निशानदेही करते हैं, साथ ही समाज के सामाजिक–स्थानिक रूपान्तरण की अभिव्यक्ति और प्रयासों के लिए भी निर्णायक है। सामूहिक स्थलों को लेकर दलितों की अवधारणा, ज़मीनी निर्माण और डिज़ाइन और उसके व्यापक असर को देखते हुए हम इसे समाज, स्थल और जाति के बीच की क्रिया–प्रतिक्रिया के रूप में देख सकते हैं जिसका दलितों की ज़िन्दगी पर उल्लेखनीय असर पड़ता है। इस प्रकार दलितों के लिए सामूहिक स्थल एक विशेष निर्माण और संयोजन स्थल है जिसकी ज़मीन पर उनके सामाजिक संघर्ष और राजनीतिक आन्दोलन, वर्चस्व और उसका प्रतिरोध, विध्वंस और निर्माण घटित होते हैं। वे वहीं बहिष्कार और अलगाव, लगाव और नज़दीकी, डर और उसका प्रतिकार, क़ैद और उससे मुक्ति की विभिन्न प्रक्रियाओं से गुज़रते हैं।

पर्यावरणीय, सामाजिक और राजनीतिक सरोकारों के मुहाने पर स्थित यह अध्याय यह जानने की कोशिश करता है कि किस प्रकार प्रभावी पर्यावरण विमर्शों में सामूहिक स्थलों की अवधारणा समाज और अर्थव्यवस्था में प्रभावी जाति विचारधाराओं के साथ मेल–जोल करती है। यह अध्याय ऐसे वर्चस्वशाली चलन के समानान्तर सामूहिक/सार्वजनिक स्थलों को देखने–समझने के दलित नज़रिये पर प्रकाश डालता है। इसके लिए दशरथ माँझी जिन्हें जन–जन में पर्वत पुरुष कहा जाता है, का गहरा अध्ययन करता है जिन्होंने अकेले 22 सालों तक एक पहाड़ की कटाई करके सड़क बनायी और अपने गाँव को बाक़ी जगहों से जोड़ा। इस अध्याय में यह भी खोजा गया है कि किस प्रकार दलितों के सामूहिक स्थलों को लेकर अपने ख़ास अनुभव ने उनकी सामाजिक पहचान और पर्यावरण सक्रियता को अलग शक्ल दी। इस अध्याय में दशरथ माँझी को एक पर्यावरण व्यक्तित्व के रूप में देखने–समझने का आग्रह किया गया है जो बाक़ी पर्यावरण हस्तियों से अलग है, जिसका सामाजिक और पर्यावरण ज्ञान और सामूहिक स्थल की परिकल्पना में हस्तक्षेप ख़ासकर

जाति, वर्ग, सामाजिक और आर्थिक व्यवस्था के तहत निर्मित और घटित हुआ था।

I. सामूहिक स्थल, पर्यावरण राजनीति और दलित

सामूहिक स्थल सबसे पहले सार्वजनिक, सामूहिक और सामान्य है। दूसरा, यह प्रत्यक्ष, प्रकट, संसाधनमुक्त और उपयोगी हैं। तीसरा, सामूहिक स्थल वे हैं जो खुले, समावेशी और सभी की पहुँच में होते हैं। सामूहिक स्थल, सम्पत्ति अधिकारों और अभिशासन के अन्तःसम्बन्धों पर कई महत्त्वपूर्ण अकादमिक अध्ययन हुए हैं।

राजनीतिक अर्थशास्त्री और नोबल पुरस्कार विजेता इलिनॉर ऑस्ट्रॉम ने अपनी विश्व प्रसिद्ध पुस्तक 'गवर्निंग द कॉमन्स' में कई देशों और स्थलों के सर्वेक्षण के ज़रिये सामूहिक संसाधनों के सक्षम प्रबन्ध और अभिशासन के बारे में एक बृहद् सिद्धान्त विकसित करने की कोशिश की है।[2] सामूहिक संसाधनों की प्राकृतिक बनावट और इसके धीरे–धीरे अनवरत बर्बादी की प्रक्रिया को अलग–अलग प्रकार से–'सामूहिक स्थलों का दुर्भाग्य', 'सामूहिक कार्रवाई जनित समस्याएँ', 'क़ैदी की दुविधा', 'संसाधनों में बिना रोक–टोक प्रवेश', 'सामूहिक सम्पत्ति संसाधन'–सन्दर्भित किया गया है। एक अन्य प्रमुख राजनीतिक अर्थशास्त्री राबर्ट वेड ने विस्तार से उन परिस्थितियों का वर्णन किया है जिनमें ग्रामीण मिल–जुलकर सामूहिक सम्पत्ति संसाधनों का संरक्षण करते हैं और ऐसी वस्तुओं और सेवाओं का उपयोग करते हैं जो वे ख़ुद हासिल नहीं कर सकते हैं। वेड के अनुसार ग्रामीण ऐसी निम्न व्यवस्था भी बनाते हैं जिससे सम्भावित 'सामूहिक स्थलों के दुर्भाग्य' से बचा जा सके।[3] अमेरिका में सामूहिक भूमि पर्यावरण संरक्षण के केन्द्र में रही है जिसमें 'निर्जनता' की समाज से रक्षा पर ज़ोर है।[4] उदाहरण के लिए, पिछले कई दशकों से अमेरिका की वाइल्डरनेस सोसायटी ने देश के पुराने निर्जन वन क्षेत्रों और भूमि को, साथ ही साथ निर्जनता के विचार को पुरानी और नयी पीढ़ी के बीच प्रचारित और स्वीकृत कराने का ज़ोरदार अभियान चला रखा है।

पश्चिमी देशों में सामूहिक स्थलों पर विमर्श के अलावा हमें अफ़्रीकी देशों में भी इस पर, ख़ासकर सामूहिक ज़मीन और जंगल पर काफ़ी

जीवन्त विवाद मिलता है। कई अध्ययनों में यह दर्शाया गया है कि अफ्रीका के सामूहिक/सार्वजनिक स्थलों पर यूरोपीय औपनिवेशिक शासन में कब्ज़ा किया गया और यहाँ भी सामूहिक स्थलों के प्रबन्ध का अमेरिकी मॉडल अपनाया गया जिसमें मानवीय आनन्द और तृप्ति के लिए बड़े निर्जन क्षेत्र बनाये–विकसित किये जाते हैं। कुछ अध्ययनों में सामूहिक ज़मीन और जंगलों में वन्य जीव, लकड़ी और अन्य संसाधनों के ह्रास का भी उल्लेख है। कुछ अन्य अध्ययनों में दक्षिणी अमेरिकी देशों में–ब्राजील के अमोजोन, मैक्सिको, कैमरून आदि में सामूहिक वनों और भूमि के सवाल पर राजनीतिक उभार और आन्दोलनों की चर्चा की गयी है। यहाँ सामूहिक स्थलों में सम्पत्ति सम्बन्धों पर ज़ोर है–जो इन स्थलों का स्वामित्व रखता है, वही संसाधनों के संग्रह और उपयोग और पर्यावरण परिवर्तन की प्रक्रिया को भी संचालित करता है।

भारत के पर्यावरण विमर्श में भी सामूहिक/सार्वजनिक स्थलों की सकारात्मक और विस्तृत चर्चा है। उन्हें पर्यावरण संरक्षित विकास के लिए महत्त्वपूर्ण और प्राकृतिक संसाधनों के प्रबन्ध के लिए एक बेहद ज़रूरी सन्दर्भ बताया गया है। भारतीय अध्येताओं और पर्यावरणकर्मियों का कहना है कि सामूहिक स्थल, भूमि और सामूहिक स्थलों के सम्पत्ति सम्बन्ध लोगों, पर्यावरण और ग्रामीण जीवन के अस्तित्व, संरक्षण और विकास के लिए अनिवार्य है। सामूहिक स्थलों के ऐसे समृद्ध वर्णन के साथ ही हमें इन दशकों में सामूहिक स्थलों पर राज्य या उद्योगों के कब्ज़े और इन स्थलों के औद्योगिक और व्यावसायिक उपयोग के बारे में भी कई विवरण मिलते हैं। सामूहिक स्थलों पर तीखे द्वन्द्व और संघर्ष के बारे में कई दस्तावेज़ हैं।

नियमित तौर पर सामाजिक–आर्थिक सर्वेक्षण करने वाले भारत सरकार के नेशनल सैम्पल सर्वे ऑर्गेनाइजेशन ने अपने 54वें दौर के सर्वेक्षण में सामूहिक सम्पत्ति सम्बन्धों वाले प्राकृतिक संसाधनों का देशव्यापी अध्ययन किया है। यह अध्ययन 1999 में सामने आया और राष्ट्रीय एवं प्रादेशिक स्तर पर सामूहिक स्थलों के आकार, उपयोग और योगदान का अब तक का सबसे बड़ा और प्रामाणिक दस्तावेज़ है।[5] इस अध्ययन में सामूहिक स्थलों की विस्तृत परिभाषा है : सामूहिक सम्पत्ति सम्बन्धों वाले ऐसे सभी प्राकृतिक संसाधन जिनका ग्रामीणों के लिए सामान्य उपयोग होता है। इस परिभाषा में ग्रामीण चरागाह और चराई की अन्य ज़मीन, वन गाँव और वन क्षेत्र की ज़मीन, संरक्षित और गैर–वर्गीकृत सरकारी वन/

वन भूमि, बंजर भूमि, जल संग्रहित क्षेत्र, तालाब, नदी, झील, जलाशय, नहर, सिंचाई स्रोत, आदि शामिल हैं।

यद्यपि पश्चिमी और भारतीय पर्यावरण विशेषज्ञों और अन्य अध्येताओं ने सामूहिक/सार्वजनिक स्थलों और सामूहिक सम्पत्ति सम्बन्धों वाले प्राकृतिक संसाधनों के बारे में काफ़ी जानकारी मुहैया करायी है, पर इन सभी अध्ययनों में प्रायः नस्ल और जाति सम्बन्धों की कोई झलक नहीं मिलती है। भारतीय पर्यावरण विमर्श में हमें सामूहिक स्थल, पर्यावरण, जाति और दलित के अन्तःसम्बन्धों के बारे में शायद ही कोई सर्वेक्षण और विश्लेषण मिलता है। कभी–कभी यह ज़रूर स्वीकारा गया है कि सामूहिक स्थलों पर दलितों को उचित अधिकार नहीं मिलता है और इसके प्रबन्ध में न्याय और समानता के सिद्धान्तों का पालन होना चाहिए। पर मुख्यधारा के पर्यावरणवाद में इस तथ्य का कोई भान नहीं है कि दलित सामूहिक स्थलों की अलग, भिन्न परिकल्पना भी करते हैं या कर सकते हैं। पर दलित लेखकों और विचारकों ने सामूहिक स्थल, भूमि, सामूहिक प्राकृतिक संसाधनों को अलग अर्थ और कल्पनाएँ दी हैं। उनके विचार प्रतिवादात्मक और वैकल्पिक, दोनों स्तर पर विकसित हुए हैं। वे 'सामूहिक' की समझदारी को सामाजिक और संरचनात्मक असमानताओं के साथ संयुक्त करते हैं। यह भी दावा किया गया है कि इस प्रक्रिया में दलितों ने भारतीय राजनीति में 'सामूहिक' शब्द के विचित्र स्वरूप का खुलासा किया है। एक जाने–माने दलित लेखक रवि कुमार दर्ज करते हैं :

'एक 'सामूहिक कुएँ' का मतलब है वह कुआँ जिससे कोई अस्पृश्य पानी नहीं ले सकता है, एक 'सार्वजनिक' श्मशान का मतलब है वह ज़मीन जहाँ एक अस्पृश्य के शव का अन्तिम संस्कार नहीं किया जा सकता है, एक 'सामूहिक' बाज़ार वह है जहाँ एक अस्पृश्य बैठ भी नहीं सकता है।[6]

भारतीय जीवन का यह एक सामान्य, पर कटु सच रहा है कि गाँव के वर्चस्वशाली सवर्ण ही सामूहिक ज़मीन और जलस्रोतों पर अपना आधिपत्य रखते हैं और इन सामूहिक स्रोतों पर दलितों के अधिकार की माँगों और हस्तक्षेपों से बौखला जाते हैं। किसी सामाजिक स्थल पर समानता का अधिकार 'अनिवार्यतः सार्वजनिक स्थलों में प्रवेश और इसके उपयोग का अधिकार'[7] है जिसे दलितों के नये अधिकारों की माँग कहा जा सकता है। दलित लेखकों ने औपनिवेशिक काल में भी सामूहिक/सार्वजनिक स्थलों पर दलितों के अनेक संघर्षों का हवाला दिया है।

सामूहिक स्थान जो रोज़ाना की ज़िन्दगी में जीवनदायी गतिविधियों का आधार होता है, स्थान जो सबके सामान्य या सार्वजनिक उपयोग के लिए होता है, वह अपने–आप में दलितों के अतीत और वर्तमान के द्वन्द्व का भी जीवन्तकाय होता है। वह स्थान जाति असमानता और सामाजिक एकीकरण के बीच के तनावों का भी वाहक रहता है। साथ–ही–साथ, सामूहिक संसाधनों का कथित महती उद्देश्य–उनका सार्वजनिक, समावेशी और लोगों के जीवन और आजीविका को समर्थन देने वाला चरित्र–भी दलितों के लिए भौतिक और सामाजिक क्षेत्रों के समान विभाजन की खोज में इसे हस्तक्षेप का एक आदर्श स्थल बनाता है। दलितों के जीवन और सोच में जगह और स्थान का अत्यधिक महत्त्व है। यह महत्त्व इतना ज़्यादा है कि यह तर्क दिया गया है कि अम्बेडकर और यहाँ तक कि गाँधी के सन्दर्भ में स्थान ने उनके विचारों का उदय और प्रभाव निर्धारित करने में महत्त्वपूर्ण भूमिका निभाई थी। प्रमुख राजनीतिक सिद्धान्तकार गोपाल गुरु का मानना है कि अम्बेडकर की भाषा में भेदभाव, अपमान और अलगाव की ध्वनियों का एक कारण था उनका स्थान और ठिकाना, एक सामाजिक अन्धेरबस्ती जो ऐतिहासिक तौर पर निर्मित–पुनर्निर्मित हुई थी। अम्बेडकर के पास इस अन्धेर, कूप–स्थल से निकलने और एक नये स्थल में प्रवेश करने का कोई मौक़ा नहीं था। जबकि गाँधी के पास निर्बाध, अन्तहीन स्थल था, काफ़ी अतिशय और सकारात्मक–वह किसी स्थल के यहाँ तक कि 'भंगी' कॉलोनी के भी अन्दर और बाहर हो सकते थे। उनके पास यह विकल्प था कि वह पुराना स्थान त्याग सकते थे और नये का सृजन कर सकते थे। प्रोफ़ेसर गोपाल गुरु का निष्कर्ष है :

"भौतिक स्थल जो अन्यथा ख़ाली होते हैं, नकारात्मक और सकारात्मक अर्थों में निर्मित किये जाते हैं और यह अर्थ उसे देने वालों की मंशा पर निर्भर करता है। भारत में, सामाजिक रूप से शक्तिशाली लोगों ने औपनिवेशिक आधुनिकता के आगमन से पहले स्थलों को अपना अर्थ प्रदान किया–अपने निवास स्थलों को 'अग्रहारा' और जिन स्थलों में वे नहीं रहते थे, पर उन्हें घोर वितृष्णा के नज़रिये से देखते थे, उसे 'चेरी', 'हलग़ैरी', 'महारवाड़ा' या 'चमार टोला' का नाम दिया। पर औपनिवेशिक आधुनिकता के सक्षमता और समर्थ बनाने वाले पक्ष ने अस्पृश्यों को सशक्त बनाकर उन्हें अपने भौतिक स्थल को नया अर्थ देने के लिए प्रेरित किया (भीमनगर, बुद्धावाड़ा, रमाबाईनगर, सिद्धार्थनगर)।"[8]

दलित विमर्श में गाँव को एक विशिष्ट जाति स्थल के रूप में बेहद स्पष्ट और तीखे रूप से चित्रित किया गया है। इस जाति स्थल में प्रभुत्वशाली जातियाँ केन्द्र में और दलित हाशिये पर रहते हैं। यहाँ हाशिये में दलित हर तरह के संसाधनों–प्राकृतिक, भौतिक, सामाजिक, सांस्कृतिक, राजनीतिक और वैचारिक–तक पहुँच और उसके उपयोग के मामले में काफ़ी नुक़सान में रहते हैं। अखण्डित और दबदबे वाले जाति स्थल का प्रायः व्यावहारिक मतलब है सामूहिक प्राकृतिक संसाधनों–जंगल, भूमि, तालाब, रास्ते, आदि पर भी एकमात्र अधिकार। अधिकार के अलावा ये कई अन्य प्रकार का वर्चस्व भी बताते हैं, जैसे–प्राकृतिक संसाधनों का शोषण, सामूहिकता और एकजुटता दूसरों के ख़िलाफ़; कब्ज़ा, आक्रामकता और जाति–अपमानित भाषा और शब्द जिससे दूसरों का असम्मान होता है। ऐसे सामूहिक स्थलों में लगातार कमज़ोर और दबते हुए दलित निरन्तर हिंसा का शिकार होते हैं।

दलितों और उनके संगठनों ने सामूहिक–सार्वजनिक स्थलों की नयी परिकल्पना और निर्मिति की चुनौती भी उठाई है, जिसकी भिन्न–भिन्न स्थानिक अभिव्यक्तियाँ स्थापित सत्ता ढाँचों के विरुद्ध दलितों के सांस्कृतिक धरोहर, स्थानीय परम्पराओं और आन्दोलनों का एक महत्त्वपूर्ण अंग बन गया है। सामूहिक स्थलों के भौतिक और प्राकृतिक पहलुओं से दलितों के व्यक्तिगत और सामाजिक सम्बन्धों ने उनकी पहचान और अधिकारों के संघर्ष के उतार–चढ़ाव और कौल–क़रार में महत्त्वपूर्ण भूमिका निभाई है। सामूहिक स्थलों पर दलितों की ये जद्दोजहद राजनीतिक सत्ता, धर्म और क्षेत्रों पर उनके संघर्षों के साथ जुड़ती गयी है। छोटे टोले और गाँवों, ग्रामीण रास्तों और चौराहों, शहरी मुहानों, बस स्टैंडों, सड़क किनारे और गलियों के कोनों, स्कूल–कॉलेजों के अन्दर और बाहर, सरकारी और पंचायती ज़मीन और ऐसे अनेक सामूहिक–सार्वजनिक स्थलों पर अम्बेडकर की मूर्ति की स्थापना इसका एक बेहद जीवन्त और दिलचस्प उदाहरण है। इन स्थलों पर अपने नायकों और पुरखों की मूर्तियों और छवियों की स्थापना करके दलित सामूहिक स्थलों में अपने अस्तित्व के पहचान और स्वीकार की अधिकार पर ज़ोर दे रहे हैं।

इस अध्याय में दशरथ माँझी के विशेष अध्ययन से यह दीखता है कि किस प्रकार उनका सामाजिक स्थल और जाति भेदभाव अस्पृश्यता और सामूहिक संसाधन के बीच एक जटिल रिश्ता बनाता था। यद्यपि

दलित अपने नज़दीकी सामूहिक, प्राकृतिक दुनिया के अन्तरंग थे, पर कई गम्भीर अर्थों में वे इससे विलग भी थे, इसलिए इन संसाधनों को लेकर असन्तुष्ट, आन्दोलित और आहत भी थे। जाति, बहिष्कार, सामूहिक संसाधन और पर्यावरण की एक संयुक्त कलाकारी के ज़रिये माँझी सामूहिक प्राकृतिक संसाधनों को लेकर दलितों के बहुस्तरीय, कई बार गोपनीय और बारीक़ अनुभव सामने लाते हैं जिससे भी इन संसाधनों को एक अलग सामाजिक, राजनीतिक, नैतिक और पर्यावरणीय अर्थ मिलता है। माँझी के प्रतीक से यह भी ज़ाहिर होता है कि दलित किस प्रकार एक विशेष सामूहिक प्राकृतिक संसाधन पर अपना हक़ जमाते हैं; इससे हम दलितों की पर्यावरण परम्परा पर अपनी समझ भी पुख़्ता कर सकते हैं।

II. दशरथ माँझी : पर्वत की ऊँचाइयों तक

दशरथ माँझी (जनवरी 1929–अगस्त 2007)–एक मुसहर, एक कबीरपन्थी, एक कमिया, एक बाबा, एक कर्मयोगी, पर्वत पुरुष, गया के महापुरुष, बिहार के पर्वत पुरुष, ग़रीबों के शाहजहाँ, आधुनिक भागीरथ, 1999 लिम्का बुक्स के रिकॉर्डधारी–ऐसा व्यक्ति जिसने स्वतन्त्र रूप से, अकेले 360 फ़ीट लम्बे और 25 फ़ीट ऊँचे पहाड़ को काटकर उसके बीच 16 फीट लम्बा रास्ता बनाया। एक प्राकृतिक, पहाड़ी, सख़्त और लगभग दुर्गम सामूहिक स्थल को चीरता हुआ रास्ता। राष्ट्रीय स्तर पर विख्यात माँझी को कई–कई तरह से वर्णित किया गया है–एक अपूर्व, दिव्य चरित्र, एक आदर्श व्यक्तित्व, एक मिथकीय हस्ती–जिसने अपने जीवन और काम में अदम्य साहस और अद्भुत कौशल दिखाया। जाने–माने हिन्दी लेखक निलय उपाध्याय के अनुसार जिन्होंने दशरथ माँझी के जीवन पर उपन्यास 'पहाड़' लिखा है, माँझी ने प्रकृति और समाज को एक साथ स्वीकार किया और मनुष्य और पर्यावरण के बीच नये सम्बन्धों और अन्तर्दृष्टि विकसित करने की सम्भावनाएँ बनायी।[9] माँझी कभी एक ठेठ, सुपरिचित छवि के पर्यावरणवादी नहीं थे। वास्तव में, उनके अपने उपयोग या संरक्षण के लिए अपना कोई घर, ज़मीन, पेड़ या बाग़वानी भी नहीं था। फिर भी, वह 22 सालों तक, दिन और रात, पहाड़ों के बीच सड़क काटने का अनथक श्रम करते रहे। मुख्यधारा की संस्कृति से विलग और एक नकारात्मक, दुरूह पर्यावरण में जीते हुए माँझी ने सामूहिक स्थल का एक

वैकल्पिक स्थानिक और भौगोलिक रूपक गढ़ा। इस प्रक्रिया में उन्होंने एक सकारात्मक व्यक्तिगत, सामाजिक और पर्यावरणीय पहचान का बोध कराया। माँझी ने एक अलग तरीक़े से यह दिखाया कि किस प्रकार सामूहिक स्थल के तीन प्रमुख पहचान–भूमि, पर्वत और सड़क–लोगों के सामाजिक और सांस्कृतिक पुनर्जीवन के लिए उत्प्रेरक हो सकते हैं। उनकी यात्रा में दलितों की पर्यावरण कल्पनाओं के विविध प्रकार दिखते हैं। स्थानों, छवियों, कहानियों, गीतों, गाँव, भू–स्वामी, श्रम, परिवार के बीच की यात्राओं से गुज़रते हुए माँझी ने सामूहिक स्थल पर हक़दारी और इसके स्वरूप परिवर्तन की उत्कट आकांक्षा साकार की।

1. एक सामूहिक स्थल में दुस्साहसी माँझी

राज्य : बिहार, ज़िला : गया, प्रखण्ड : अटारी, गाँव : गहलौर–दशरथ माँझी यहाँ जन्मे, जिये और 78 साल में मर गये। माँझी एक सरल, आध्यात्मिक मानस थे–सृजनात्मक, स्वार्थहीन, सामाजिक। कई सालों तक वह कमिया थे–एक बँधुआ मज़दूर। वह लगातार अपनी बन्धुआ ज़िन्दगी से जूझते और अपमानजनक ज़िन्दगी से मुक्त होने का जतन करते थे। एक बेहद दमनकारी, सामन्ती माहौल में सम्मान के लिए और अपनी ग़रीबी, निम्नता, असुरक्षा और डर से बाहर निकलने के लिए वह एक दलित के जीवन के घनघोर उतार–चढ़ाव से गुज़रते रहे। उन्होंने ज़िन्दगी की तुलना प्रकृति के साथ की : 'ज़िन्दगी प्रकृति है–एक निरन्तर गतिशील, साँसों से भरी। यह एक से दूसरे रूप में बदलती जाती है। रूपान्तरण का मतलब है एक रूप से परे जाना।'[10] उन्होंने एक कर्मठ और विकट ज़िन्दगी बितायी–कई उतार–चढ़ाव के बीच।

गहलौर एक अलग–थलग गाँव हुआ करता था क्योंकि बोधगया से राजगीर तक ऊँचे पहाड़ों की शृंखलाएँ गाँव को एकदम सामने से बाधित करती थीं। गाँव के दलित मज़दूरों को नज़दीकी खेतों और बाज़ारों में मज़दूरी पर जाने के लिए घण्टों–घण्टों पहाड़ों की चढ़ाइयाँ और मुश्किल रास्ते पार करने पड़ते थे। बच्चों को आठ किलोमीटर दूर अपने स्कूल पहाड़ियों के बीच से जाना पड़ता था। नज़दीक के प्रखण्ड शहर वज़ीरगंज और अतरी भी कई किलोमीटर की दूरी पर थे। बुनियादी स्वास्थ्य सुविधाओं के लिए 70–80 किलोमीटर की दूरी पार करनी पड़ती

थी। ग्रामीण कई सालों से यह माँग कर रहे थे कि सरकार पहाड़ों के बीच से एक सड़क बनाये जिससे वे मज़दूरी और आजीविका हासिल कर सकें, साथ ही स्कूल, अस्पताल, बाज़ार और शहर की इतनी लम्बी दूरी भी पाट सकें। पर इसका कोई नतीजा नहीं निकला। माँझी की उपलब्धि के बाद गहलौर गाँव और वज़ीरगंज के बीच की दूरी केवल 13 किलोमीटर रह गयी है, और पहाड़ के बीच से निकलती सड़क ने गाँव को आसानी से खेतों, स्कूल, अस्पताल और अन्य ज़रूरी मुक़ामों से जोड़ दिया है। गहलौर गाँव, ख़ासकर मुसहरों की टोली, ग़रीब और टूटा–फूटा नज़र आता है। कृषि मज़दूरों की मज़दूरी काफ़ी कम है और शायद ही कभी मज़दूरी न्यूनतम मज़दूरी दर के बराबर होती है। मेरे सर्वेक्षणों के दौरान मुसहरों ने यह बार–बार कहा कि उनकी मज़दूरी का मुद्दा वास्तव में गाँव में भू–स्वामियों और शक्तिशाली लोगों की पारम्परिक सत्ता के वर्चस्व से जुड़ा है। यहाँ भू–स्वामियों की सत्ता, मज़दूरों की जाति हैसियत, उनकी निर्भरता और मजबूरी और क्षेत्र का पर्यावरण और प्राकृतिक संसाधनों की स्थिति, आदि के मिले–जुले असर से भी मुसहरों की रोज़ी–रोटी तय होती है। मुसहरों के लिए रोज़गार और आजीविका के अवसर बेहद सीमित हैं। वे दिहाड़ी मज़दूर, रिक्शा चालक, निर्माण मज़दूर के रूप में भी काम करते हैं। गाँवों से बड़ी संख्या में पलायन होता है–वे अब बहुत ज़्यादा शहरों में रोज़गार ढूँढ़ते हैं जो एक दशक पहले से काफ़ी अलग है। स्थानीय, नज़दीकी शहरों तक पहुँचने वाले रास्ते, सड़क और आवागमन की कुछ सुविधाओं के कारण मुसहरों का जीवन बचा रहता है, और इससे कुछ हद तक उन्हें अपनी अपमान और कठोर ज़िन्दगी से भी निजात मिलती है।

गहलौर के मुसहर अपने अलग तरीक़ों से मिट्टी, ज़मीन और जंगल को याद करते हैं। यद्यपि वे गाँव की ज़मीन जोतते हैं, पर उनका न तो ज़मीन पर मालिकाना हक़ है, न ही उस पर कोई नियमित अधिकार। फिर भी वो ज़मीन के संरक्षण और फ़सलों के भविष्य को लेकर सम्बद्ध रहते हैं, और पकी हुई फ़सल से आह्लाद अनुभव करते हैं। यदि उनका कोई सगा–सम्बन्धी अतीत में खेत का कोई काम करते हुए मौत का शिकार हुआ है, तो उसे पवित्र पुरखे के रूप में याद किया जाता है और फ़सल पकने पर पुरखे की पूजा की जाती है। ज़मीन और फ़सल की बेहतरी के लिए सवर्ण भू–स्वामी समेत सारा गाँव दलित कृषि देवी–देवता की पूजा

करता है। जैसे, साल में एक बार सवर्ण भूस्वामी अपने घर में कोल्हा बाबा की पूजा करते हैं जिससे उनकी फ़सल सुरक्षित रहे और कीटाणुओं से उनकी रक्षा हो। कोल्हा बाबा की कहानी यह है कि वह एक माँझी, दलित खेत मज़दूर थे और दिन–रात एक बड़े किसान के खेत में काम करने के बावजूद अपना पेट भरने में असमर्थ रहते थे। वह खेत की चौकसी करते हुए मर गये। उनकी मौत के बाद गाँव में सूखा पड़ा। पहले तो सूखे को एक प्राकृतिक विपदा माना गया। पर कुछ समय में गाँव भ्रमण करते हुए एक भगत ने गाँववालों को कहा कि कोल्हा बाबा मौत के बाद देव बन गये हैं, उन्होंने गाँव और उसकी फ़सल को श्राप दिया है और श्रापमुक्ति के लिए भोज और अनुष्ठान करने की ज़रूरत है। इसलिए गाँव में भू–स्वामी हर साल कोल्हा बाबा को पूजते हैं। गाँव में जंगलों के इर्द–गिर्द भी लोक कथाएँ हैं कि किस प्रकार जंगलों में मुसहर अपने देव गोरैया बाबा के साथ रहते थे और गोरैया बाबा ने मुसहरों को जंगल काटने वालों के ख़िलाफ लड़ने के लिए प्रेरित किया। कहानी यहाँ अन्त होती है कि आज के दौर में गोरैया बाबा को मजबूर होकर जंगल त्यागना पड़ा और इसलिए क्षेत्र को कभी अपने जंगल और पेड़ वापस नहीं मिले। कहानी समकालीन सन्दर्भों में समाप्त होती है :

'पहाड़ों का ऐश्वर्य ख़त्म हुआ और यह आज तक लौटकर नहीं आया।'[11]

माँझी ने क्यों और कैसे पहाड़ काटना और सड़क बनाना शुरू किया, इस बारे में विविध दिलचस्प कहानियाँ और विवरण हैं। माँझी के परिवार के सदस्यों और कई गाँववालों के अनुसार यह 1960 के दशक के साल थे, माँझी गाँव में एक कमिया थे। कमियाँ गाँव में सालों–भर हाड़–तोड़ मेहनत करते थे–भू–स्वामी का खेत जोतना, घर का काम करना, जानवर चराना, ईंधन लाना या घर–खेत का कोई भी काम। खेती के मौसम में माँझी की नियमित दिनचर्या थी सुबह मुँह–अँधेरे पहाड़ के दूसरी तरफ़ भू–स्वामी के खेत में मज़दूरी के लिए पहुँच जाना और शाम में अँधेरे के बाद घर लौटना। उपन्यास 'पहाड़' में इस पर माँझी और मुसहरों की सोच को शब्द दिया गया है :

'गाँव में माँझियों का कुछ नहीं। जंगल में भी माँझियों का अब कुछ नहीं। गाँव ज़मींदारों का है, जंगल सरकार का। अब क्या करें माँझी? कहाँ जाये? क्या इस दुनिया में उनके लिए कोई जगह नहीं? जानवर की तरह

किसी मुखिया, किसी मलिकान और किसी ठेकेदार के खूँटे से बँध जाना उनकी मजबूरी है।"[12]

एक दिन दोपहर माँझी की पत्नी फागुनी देवी उनके काम की जगह खाना–पानी लेकर आ रही थी। यह बेहद गर्म, सूखा दिन था जब फागुनी पहाड़ी पार करते हुए फ़िसली, गम्भीर रूप से घायल हुई और उसके हाथ का पानी का मटका भी चूर–चूर हो गया। माँझी भूखे, प्यासे, गुस्से में चिन्तित इन्तज़ार कर रहे थे। जब उन्हें पत्नी की दुर्घटना और गम्भीरता की जानकारी मिली, तो वह उसे पहाड़ की दुर्गमता के कारण अस्पताल भी नहीं ले जा सके। फागुनी गम्भीर पीड़ा में थी और माँझी उदास, सदमे में। उनकी पीड़ा का कोई अन्त नहीं था और न ही इस पीड़ा का कोई उपचार था। उन्हें अपनी ज़िन्दगी पहाड़ जैसी भारी लगी थी और इस पहाड़ से पार पाने का भी कोई उपाय नहीं था। उनके परिवार के सदस्य याद करते हैं कि उस समय माँझी प्रायः लगातार कुछ–न–कुछ बड़बड़ाते रहते थे :

कितने मटके और फूटेंगे!
कितना पानी और सूखेगा!!
कितने इन्सान और टूटेंगे!!!
यह पहाड़ ही हमारी भूख और प्यास के लिए ज़िम्मेदार हैं।
हमें इस पहाड़ ने बौना बनाया है,
हमें इस पहाड़ को बौना बनाना है।[13]

कुछ समय बाद दशरथ माँझी ने अपनी बकरियाँ बेच दीं और उससे हथौड़ा और छेनी ख़रीदा–पहाड़ काटने के उनके एकमात्र उपकरण। उन्होंने पहाड़ तोड़ना और काटना शुरू कर दिया। उनका श्रम उन्हें लगातार उत्साहित और ऊर्जावान बनाता था, तभी वह लगातार 22 सालों तक इस काम में जुटे रहे। वह एक बँधुआ मज़दूर थे, तो उन्हें पहले अपने मालिक का काम निबटाना पड़ता था। उसके बाद ही वह हर रोज़ कुछ घण्टों के लिए पहाड़ पहुँचते और अपने हथौड़े–छेनी से काम शुरू कर देते। उनके श्रम का मज़ाक़ उड़ाया गया, उसे दबाया और चुप कराया गया। उन्हें 'पागल', 'विक्षिप्त', 'झक्की', 'मूर्ख', 'सनकी' और न जाने कितने विशेषण दिये गये, पर इससे उनके श्रम और इच्छा–शक्ति पर शायद ही प्रतिकूल प्रभाव पड़ा। उन्होंने कभी अपने श्रम का साथ नहीं छोड़ा, न ही आत्मसमर्पण किया। गहलौर के उस्मान मियाँ बताते हैं :

'शुरू के पाँच–छह सालों तक वह अकेले ही पत्थरों के विशाल

जमावड़ों के बीच हथौड़ा–छेनी चलाते रहते थे। तब यहाँ के लोगों को यह लगता था कि माँझी पागल हो गये हैं। रोज़–ब–रोज़ अपना काम निबटाने के बाद वह दो–चार घण्टे पहाड़ काटने में लगाते थे। कुछ समय बाद उन्हें कभी–कभार गाँव के कुछ और दलित मज़दूरों से थोड़ा साथ और सहयोग मिलने लगा।'[14]

दशरथ माँझी कई बार कठिन श्रम, हताशा और असन्तोष के बीच हिलोरें ले रहे होते थे। पर उनका ध्यान पहाड़ काटने पर टिका रहता था और वह शायद ही कभी अपने काम से विचलित होते थे। कई बार उनका जवाब होता था : 'छोड़ दो मुझे अकेला। हाँ, मैं पागल हूँ।' कई बार वह अनायास ही गुनगुनाने लगते थे :

'सब कोई कहे मुझे पगला,
दशरथ है पगला,
का होई ई दशरथ है पगला,
सारा जहान हो गईल पगला।'[15]

दशरथ के पास फूटी कौड़ी भी नहीं थी क्योंकि वह भू–स्वामी के काम की बजाय अपना ज़्यादा समय पहाड़ काटने में लगाने लगे थे। कुछ समय बाद भू–स्वामी ने उसे खाना, कपड़ा, मज़दूरी देने से मना कर दिया। दशरथ के भू–स्वामी राम प्रवेश सिंह और उनके परिवार के सदस्य तरुण सिंह, रामचन्दर सिंह, आदि बताते हैं :

'वह हमारा कमिया था, पर अपना काम अच्छी तरह नहीं कर रहा था। इसलिए हमने उसकी छुट्टी कर दी। पर जब वह पूरे समय पहाड़ काट रहा था, तो हमने बीच–बीच में उसकी मदद की। हम कभी–कभार उसे कुछ रुपये और खाना दे देते थे।'[16]

वन विभाग ने माँझी के ख़िलाफ़ नोटिस जारी किया और उसे पहाड़ काटने से रोकने का आदेश दिया। सरकार का दावा था कि पहाड़–सामूहिक/सार्वजनिक स्थल–वन विभाग की मिल्कियत है। वन विभाग ने अपने नोटिस में आरोप लगाया कि माँझी पहाड़ काटकर उसके पत्थर बाज़ार में बेच रहा है। माँझी ने वन विभाग के नोटिस की अवहेलना की और गिरफ़्तारी की आशंका से भी परेशान रहा। इस बीच माँझी आग के जलने से गम्भीर रूप से घायल हुए और इस दुर्घटना में उसका बेटा भागीरथ भी जल गया जिसका एक पैर काटना पड़ा। माँझी बेटे की पीड़ा से बेहद आहत हुए। यह दुर्घटना इस प्रकार हुई :

'माँझी सबेरे–सबेरे पहाड़ काटने चला गया। पत्नी फागुनी चूल्हे पर खाना पका रही थी। बेटे भागीरथ का पैर चूल्हे में आ गया और बुरी तरह जल गया। कई घण्टों की यात्रा के बाद वह बेटे को वज़ीरपुर के अस्पताल पहुँचा सके। वहाँ डॉक्टर नहीं था और कम्पाउंडर ने भागीरथ का इलाज किया। चाहे देरी या लापरवाही के कारण, भागीरथ का एक पैर काटना पड़ा।'[17]

दशरथ माँझी ने इसके कुछ समय बाद अपनी पत्नी फागुनी को खो दिया जो एक बार फिर बेटे की तरह समय पर पर्याप्त चिकित्सा सुविधा से वंचित रही। फागुनी जब 12 साल की थी, तभी उनकी माँझी से शादी हो गयी थी। फागुनी की मौत ने माँझी को तोड़ दिया था। इसके बाद वह पहले से कहीं ज़्यादा समय पहाड़ों में गुज़ारने लगे और पहाड़ काटने में दिन–रात लगे रहते। उन्होंने पहाड़ के नीचे ही अपनी एक छोटी झोंपड़ी बना ली और वहीं रहने–सोने लगे। ऐसा लगता था कि माँझी के लिए अपनी ज़िन्दगी जीने का एकमात्र मतलब यही था कि वो सबेरे–सबेरे उठते और रूटीनी दिनचर्या के बाद पहाड़ काटना शुरू कर देते। तभी उन्होंने कबीरपन्थी साधु बनने का भी फ़ैसला कर लिया और मांसाहारी खाना और तम्बाकू त्याग दिया। वह प्रायः गुनगुनाया करते थे :

'मिट्टी की मेरी काया
मिट्टी में वापस समाया
तुम बनाओ महल
एक दिन वो भी शेष हो जाया
तुम्हारा रुपया, तुम्हारी ताक़त भी शेष
काहे तुम भागते हो सगुना।'[18]

दशरथ माँझी प्रायः पहाड़ों में अकेले थे जहाँ उनके पास केवल उनका हथौड़ा–छेनी थे। कुछ समय कुछ मुसहर और अन्य दलित मज़दूर उनके उपक्रम में शामिल होते और निकल पड़ते। एक ग्रामीण ने बताया :

'दलित मज़दूरों ने यह फ़ैसला किया कि वे हर सबेरे अपनी मज़दूरी पर जाने से पहले रोज़ एक घण्टा माँझी के साथ पहाड़ काटने का काम करेंगे। कुछ दिनों तक यह चला, फिर नहीं क्योंकि यह काम इतना कठिन और हाड़–तोड़ था कि लोग धीरे–धीरे छँट गये।'[19]

माँझी के पास अपने श्रम, पसीने, आँसू, दर्द, गीत और शब्द के अलावा और कुछ नहीं शेष था। कभी–कभी गाँववाले उन्हें कुछ खाना,

कपड़ा देते रहते थे जिससे उनकी जान बची रहती थी। अन्ततः उन्होंने एक सामूहिक स्थल और सामूहिक प्राकृतिक संसाधन काटकर 'गहलौर पथ' बनाया। उन्होंने अपनी सारी ज़िन्दगी सामूहिक स्थल के लिए समर्पित कर दी–चट्टानों की चढ़ाइयों और ढलानों के बीच रास्ता बनाते, जंगलों और जानवरों से जूझते, पहाड़ के शिखर पर चढ़ते–गिरते उन्होंने एक सार्वजनिक सड़क बनायी। यह सड़क न केवल मुसहरों के लिए बल्कि सारे गाँव के लिए जीवन रेखा है। वह एक अद्वितीय व्यक्तित्व थे जिसने अनवरत–अनथक, साहस के साथ गाँव के सामूहिक संसाधन को अपनाया और सुधारा। दशरथ माँझी ने कभी अपने जीवन में किसी पुरस्कार या सरकारी–ग़ैर सरकारी मान्यता के लिए काम नहीं किया, यद्यपि उनका काम तमाम मान्यताओं के क़ाबिल है। उनका सारा श्रम समाज द्वारा उनके श्रम और मानवीय अस्तित्व के नकार के ख़िलाफ़ एक सकारात्मक हस्तक्षेप था। उनका श्रम पहाड़ के विरुद्ध रोज़ाना प्रतिरोध था। यह ऐसा श्रम था जिससे उनके अस्तित्व को गरिमा मिलती थी। उनका श्रम सामूहिक–सार्वजनिक स्थलों पर दलितों की हक़दारी का वक्तव्य था। आज गाँव में स्थापित हर सरकारी संस्थान और सरकारी गतिविधियों–स्कूल, स्वास्थ्य केन्द्र, सड़क, आदि पर दशरथ माँझी का नाम है। ग्रामीण दशरथी टोपी पहनते हैं और बेहद सम्मान और श्रद्धा से उनका नाम याद करते हैं। बिहार सरकार ने उन्हें पुरस्कृत करके और आर्थिक अनुदान देकर उनका अप्रतिम योगदान स्वीकार किया। ग्रामीण याद करते हैं कि बिहार सरकार ने पुरस्कार के तौर पर उन्हें नज़दीकी गाँव करजनी में पाँच एकड़ ज़मीन आवंटित की। ज़मीन की नपाई के समय एक स्थानीय राजपूत भू–स्वामी ने आपत्ति की कि आवंटित ज़मीन सामूहिक सरकारी संसाधन है जिसे ग्रामीण चरागाह के रूप में उपयोग करते हैं। माँझी ने इस ज़मीन का कब्ज़ा लेने से मना कर दिया। उनका कहना था, 'मैं क्यों इस विवादित ज़मीन को हाथ लगाऊँ, जबकि मैं एक भाईचारे और प्यार का समुदाय बनाने की कोशिश कर रहा हूँ।'[20] पहाड़ों की शृंखलाओं के बाद गाँव के प्रवेश–द्वार पर जहाँ गहलौर पथ ख़त्म होता है, वहीं बाबा दशरथ की एक छोटी समाधि निर्मित है। यह गाँव के लोगों की वो जगह है जहाँ वे जमा होते हैं, प्रार्थना करते हैं और दशरथ माँझी को याद करते हैं। समाधि की ओर इंगित करते हुए जिसका मुँह पहाड़ की ओर है, बलदेव माँझी कहते हैं, 'बाबा को पहाड़ में अपना घर मिल गया है, क्या आप देख सकते हैं?'[21]

मुसहर समुदाय द्वारा दशरथ माँझी को याद करने के लिए निर्मित स्मारक और इसके साथ–साथ अशरफ़, राज्य और मीडिया द्वारा माँझी की बनायी छवि में कुछ सामान्य और एक–दूसरे के विरोधी तत्त्व हैं। इन कई स्मृतियों में उनके लिए एक विशेषण–अद्वितीय, अलौकिक, अपवाद आम है। ऐसे स्मारक और स्मृति निर्माण में दुहराव और अतिरेक भी सामान्य है जो 1990 के दशक में बिहार में दलित राजनीति के उभार के बाद काफ़ी सामने आया है। पर इन विवरणों में कुछ असमानताएँ और विभिन्नताएँ भी उभरती हैं। गाँव के अशरफ़ों, भू–स्वामियों के लिए माँझी एक 'बाहरी' था और वह हमेशा उनसे 'दूर' ही बना रहा। एक भू–स्वामी कहते हैं :

'वह हमारा कमिया था और फिर हमें छोड़कर पहाड़ में काम करने चला गया। हमने उससे अपने काम और घर–परिवार पर ध्यान देने के लिए कहा, पर हमें सुनने के लिए तैयार नहीं था। वह गाँव का होकर भी गाँव और हमसे दूर था।'[22]

एक कमिया और दलित का ख़ुद्दार होना गाँव के भू–स्वामियों को क़तई स्वीकार नहीं होता है। माँझी ने ख़ुद अपने जीवन का रास्ता चुना, इसे गहलौर के भूस्वामी पचा नहीं पाये थे। माँझी पहाड़ काटे, यह वन और राजस्व विभाग को भी मंज़ूर नहीं था, इसलिए उन्हें बार–बार वन विभाग से लड़ना पड़ता था। कोई दो दशक तक किसी सरकारी विभाग या अधिकारी ने उनके श्रमिक व्यक्तित्व को सकारात्मक रूप से नहीं स्वीकारा, उलटे उनके ख़िलाफ़ कार्रवाई की गयी। अब कुछ समय से उनकी सरकारी स्तुति शुरू हुई है उन्हें एक दिव्य, महानायक, दलित नेता के रूप में चित्रित करके। जैसे, गया ज़िले के डिस्ट्रिक्ट मजिस्ट्रेट संजय अग्रवाल ने लम्बा विवरण दिया कि किस प्रकार ज़िले के विभिन्न आधिकारिक स्थल–सड़क, अस्पताल, स्तम्भ, पुस्तकालय आदि–दशरथ माँझी के नाम से जाने जाते हैं और सरकार ने मृत्यु के बाद उन्हें कई पुरस्कार दिये हैं।[23] माँझी के सामाजिक सन्दर्भों, ऐतिहासिक जड़ों और सांस्कृतिक प्रकृति को हाशिये पर डालकर राज्य और सरकार ने उन्हें सड़क और इससे जुड़ी विकास गतिविधियों के नाम पर विकास का एक प्रतीक बनाने की कोशिश की है। माँझी जैसे पहाड़ से यकायक अवतरित होकर सड़क निर्माण और इसके भविष्य का निर्माता है। इससे अलग, मुसहर अपने दशरथ माँझी को एक ऊँचे क़द और सोच वाला व्यक्तित्व मानते हैं जो अपने परिवार, समुदाय और प्रकृति के साथ एकरूप था। वे

एक दलित का अपने कठोर सूखे प्राकृतिक–सामाजिक माहौल में पीड़ा और असन्तोष के साथ काम करना और जीना और भूख–प्यास और गुस्से में रहना याद करते हैं। उनके लिए, माँझी सतत संघर्षशील थे और उनकी महानता पहाड़ और जंगल को चुनौती देने में निहित थी।

2. माँझी से पर्वत पुरुष : एक सामूहिक शोभा

फालगू नदी के तट पर बसे गया शहर का पौराणिक और ऐतिहासिक महत्त्व है। यह तीन तरफ़ से छोटे पहाड़ी विस्तारों से घिरा है जिसे मंगला–गौरी, शृंगा–स्थान, राम–शिला और ब्रह्मयोनी पुकारते हैं। एक तरफ़ पूर्व में नदी बहती है। नदियों, पहाड़ों, ज़मीन और पुराने भवनों से शहर और क्षेत्र का प्राकृतिक परिदृश्य बनता है। बौद्ध, जैन और हिन्दू धर्म के तीर्थयात्रियों के लिए गया का विशेष महत्त्व है। यहाँ की नदियाँ और पर्वत हिन्दू धार्मिक मिथकों, आस्था और अनुष्ठानों के साथ गहरे जुड़े हुए हैं। गया ज़िले के पहाड़ लोगों, पर्यटकों, अनुसन्धानकर्मियों और लेखकों के लिए भी दिलचस्पी के केन्द्र रहे हैं। गया ज़िले के गज़ेटियर में इन पर्वत शृंखलाओं का उल्लेख है : छोटी पर्वत शृंखलाएँ जो छोटा नागपुर पठार से निकली हैं; सबसे उल्लेखनीय और लम्बी पर्वत शृंखलाएँ जिन्हें गंजा, भूंदास और जतमन कहते हैं; पहाड़ जो बिखरे और अलग–थलग हैं–जिन्हें भराभर, पहड़ा, चिटकी और ब्रह्मयोग कहते हैं।

गया ज़िले के 24 प्रखण्ड हैं। इनमें एक प्रखण्ड है मोहरा जिसमें गहलौर समेत नौ पंचायत हैं। गहलौर पंचायत में 17 गाँव हैं जिसमें एक गाँव का नाम है गहलौर–दशरथ माँझी का गाँव। यह गया शहर से 40 किलोमीटर दूर है और वज़ीरगंज प्रखण्ड शहर से दस किलोमीटर पर है। मिट्टी का नव–निर्मित रास्ता, बीच–बीच में पत्थर और कंकड़, हमें स्थानीय बाज़ार, गाँव, पहाड़ की तरफ़ और दशरथ माँझी के घर तक पहुँचाता है। दशरथ माँझी का पारम्परिक घर कच्चा है, मिट्टी से पुता हुआ, फूस का छप्पर और घर के आगे एक छोटा आँगन। घर के आस–पास कुछ फलदार वृक्ष और झाड़ियाँ हैं, बाँस के झुरमुट, कुछ बकरियाँ और खेलते–कूदते कुछ बच्चे। यहाँ आस–पास सारे घर मुसहरों के हैं, पर एक–दूसरे से दूरी पर, कुछ अलग–थलग। गहलौर पंचायत की आजीविका का मुख्य स्रोत है कृषि–भू–स्वामी, बटाईदार, छोटे किसान,

भूमिहीन मज़दूर, हर तरह की कृषि आजीविका में संलग्न हैं गाँव के लोग। ज़्यादातर मुसहर भूमिहीन मज़दूर हैं।

दशरथ माँझी सारी ज़िन्दगी भूमिहीन कृषि मज़दूर थे, मुख्यतः अशरफ़ों की ज़मीन पर काम करते। पहाड़ काटने की शुरुआत से पहले जब खेती का काम न हो, तो वह गाँव के बाहर भी मज़दूरी करने जाते थे। दशरथ गहलौर के भू–स्वामी राम प्रवेश सिंह के कमिया थे। जब मैंने राम प्रवेश सिंह से बात की तो उन्होंने पिछले कुछ दशकों में पहाड़ के जंगलों के विनाश, भू–स्खलन, जलस्रोतों के सूखने पर चिन्ता ज़ाहिर की। उनका और उनके परिवार के अन्य सदस्यों की दशरथ माँझी के बारे में मिश्रित स्मृतियाँ हैं :

'वह रोज़ सबेरे–सबेरे अपना काम शुरू करता और इसके पहले रात का कुछ बसिया खाना खा लेता। दिनभर खेत में काम करता और प्रायः दिन के भोजन के लिए घर नहीं जाता था। उसकी पत्नी या परिवार का कोई सदस्य दिन में सत्तू या चावल–सब्जी ला देते थे। वह रात में भजन सुनना पसन्द करता था और जल्दी ही सो जाता था।'[24]

पुत्र भागीरथ माँझी याद करते हैं :

'जब भी दशरथ माँझी गाँव से बाहर मज़दूरी के लिए जाते थे, तो वह सुबह मुँह अँधेरे कुछ भी खाकर घर से निकल जाते थे और साथ में दिन के लिए कुछ चपाती रख लेते थे। कद में छोटे थे, पर काठी मज़बूत थी। वह आमतौर पर एक स्वस्थ परिश्रमी और ऊर्जाशील व्यक्तित्व थे।'[25]

बलदेव माँझी, रामदास, हरिहरण माँझी और भागीरथ माँझी कई प्रकार से वर्णन करते हैं कि किस प्रकार यहाँ पूरे क्षेत्र में गर्मी बहुत ज़्यादा और ठण्ड भी विकराल होती है। गर्मी के महीनों में दोपहर से लेकर आधी रात तक गर्म हवा–लू–बहती है। रातें भी कष्टकारी होती हैं। जून आते जब लू कम होती है, तब हवा थोड़ी नम और कमज़ोर पड़ती है, तब भी गर्मी प्रचण्ड रहती है। धूल की आँधी आती है। वे यह भी याद करते हैं कि किस प्रकार अतीत में पहाड़ में अलग वनस्पतियाँ थीं–काँटेदार झाड़ियाँ, कैक्टस और जंगली बेलबूटे जिनके बीच रास्ता बनाना मुश्किल था। कुछ फूलों की झाड़ियाँ और लतिकाएँ भी होती थीं। पहाड़ के कुछ हिस्सों में काफ़ी जंगल–झाड़ भी थे जिससे एक बड़ा हिस्सा जंगल जैसा नज़र आता था। इससे ईंधन भी मिलता था। सबई घास से भरा हुआ बड़ा क्षेत्र था जिससे मज़बूत रस्सियाँ बनती थीं। महुआ

के बहुत सारे पेड़ थे–पहाड़ के कई हिस्सों में भरे हुए जिससे ग्रामीणों को खाद्य, लकड़ी, तेल और पेय मिलता था। जंगल से वक़्त–ज़रूरत जीवन–यापन के लिए कुछ–न–कुछ मिल जाता था। पहाड़ों और जंगलों में चीता, भालू, लकड़बग्घा, जंगली कुत्ते, भेड़िये और साँप भी थे। कमिया और मज़दूरों को कई बार जानवरों के ख़तरे, मुक़ाबले, हमले, चोट और नुक़सान का सामना करना पड़ता था। लकड़बग्घे से हमेशा ही अहित और आघात होता था–वे बकरियाँ उठाकर ले जाते थे। कई बार भालुओं ने मज़दूरों पर हमला किया था और उन्हें घायल किया था। कुछ पहाड़ों में जंगली सूअर थे जो रात में खेतों में घुसकर फ़सल का काफ़ी नुक़सान करते थे। जंगली कुत्तों के हमलों का ख़तरा दिन–रात रहता था। साँप के काटने से कुछ लोगों की मौत हुई थी और इससे अस्पताल का चक्कर तो नियमित ही रहता था। खेत मज़दूरों को तो अपनी जान के लिए हमेशा नील गाय और साँभर से जूझना पड़ता था। इन हालातों में मुसहर ज़मीन, जंगल, पहाड़ के प्रति उदासीन प्रवृत्ति ज़ाहिर करते हैं। कई बार उनकी प्रतिक्रिया नकारात्मक है क्योंकि इस ज़मीन, जंगल, पहाड़ पर उनका श्रम अपमानजनक, कमरतोड़ और जीवन जोख़िम डालने वाला है। इसलिए भागीरथ माँझी कहते हैं :

'हम आख़िरकार क्यों ज़मीन और जंगल में जाना चाहेंगे? हमें वहाँ एक जानवर की तरह दिन में दो बार अपना पेट भरने के अलावा कुछ और ह्रासिल नहीं होता है। ज़मीन और जंगल कभी भी हमारे नहीं थे।'[26]

दशरथ माँझी भी गाँव से मीलों दूर और गाँव के दूसरी ओर पहाड़ों में गये थे। जंगल जाना और भू–स्वामी या अपने घर के लिए ईंधन की लकड़ी लाना उसका रोज़ाना का काम था। हर रोज़ का, रुटीनी, उबाऊ और जोख़िम भरा काम जिससे जीवन और रोज़गार की बुनियादी ज़रूरतें पूरी हो सकें।[27] उसे सूखी ज़मीन, सख़्त पहाड़ और डरावने जंगल से भरी प्राकृतिक दुनिया और दमन, श्रेणीबद्धता और बहिष्कार से भरी सामाजिक दुनिया मिली थी। भौतिक और सामाजिक, प्राकृतिक और देशी जीवन के बीच की अन्तःक्रिया से दशरथ माँझी की प्रकृति और पर्वत के बारे में अपनी समझदारी बनी थी। जब वह पहाड़ नहीं काट रहे थे या सड़क नहीं बना रहे थे, तब भी प्रकृति के शारीरिक/भौतिक पहलू जो भूमिहीन मज़दूरों को सबसे ज़्यादा प्रभावित करते थे, उन्हें प्रकृति का अपना अलग एहसास कराते थे। साथ ही, मुसहरों, उनकी जाति और जाति के लोगों

की इतिहास, संस्कृति, सपने, इच्छाएँ भी प्रकृति के कई सारे उपादानों के ज़रिये माँझी के संघर्ष, अस्तित्व, यात्रा, खोज के बिम्ब बन गये थे। प्रकृति के कई पहलू उनके और उनके समुदाय के 'स्व', स्वाभिमान और उपलब्धि की अभिव्यक्ति के माध्यम हो गये थे। माँझी कई बार ऐसी कहानियाँ और गीत सुनाते थे जिनमें समुद्र, नदी, ज़मीन शारीरिक और आध्यात्मिक मुक्ति के प्रतीक के रूप में उभरकर आते थे। प्रकृति और सामूहिक स्थल अपने खुद की ख़ुशी और उत्सव मनाने या अपनी पीड़ा से मुक्ति पाने का मंच बन गया था। माँझी के लिए, वर्षा और पानी अपने जीवन की पीड़ा और तकलीफ़ों की अभिव्यक्ति के कारण बन गये थे। साथ–ही–साथ, पानी एक ऐसा संसाधन भी था जो उनकी बारहमासा मुश्किल–भरी ज़िन्दगी में दमक और सम्मान लाता था। उनके एक सम्बन्धी बूढ़े बलदेव माँझी एक गाना गाते हैं, जो उनके अनुसार दशरथ का पसन्दीदा था :

'सारी रात भर–भर बरसा है पानी
सब कुछ–सबको डुबाता है पानी
तुम उठते हो तुम गिरते हो, सगुणा!
होते हो पानी–पानी तुम एक दिन
पानी बिन बेपानी
बेपानी से एक दिन बचना हो सगुणा![28]

दशरथ के लिए पानी ज़िन्दगी का प्रतीक था–विध्वंसकारी, साथ ही सर्वोच्च और शक्तिशाली। कई प्रकार से पानी ने दशरथ माँझी को परिभाषित किया और सामूहिक संसाधनों के प्रति उनकी आशा का प्रतीक बन गया। उन्हें पानी के बिम्बों से बेहद लगाव था, और वह पानी को कई बार 'एक पोरसा पानी'[29] कहते थे, यानी पानी सबसे बड़ा, सबसे महान और हम सबके ऊपर है। पानी किसी ऊँचाई मापने का अन्तिम पैमाना था–सीमाहीन, समयहीन और हमारी समझ से परे। वह कई बार मनुष्य की तुलना नारियल से करते थे। नारियल की खाल–बाहरी पटल जैसे मनुष्य का शरीर भी कड़े अंगों से निर्मित है। नारियल के अन्दर का मीठा पानी मनुष्य के अन्दर की नाज़ुक भावनाओं की तरह है जो केवल कड़े अंगों की दीवार लाँघने के बाद ही पाया जा सकता है। उनके अनुसार पान का पत्ता एक सुन्दर मानवीय जीवन की निशानी है। पान के पत्ते का हरा रंग जीवन की एक अच्छी शुरुआत का प्रतीक है, और उत्साह और सकारात्मक रूप से जिया जीवन पान की तरह सुन्दर लाल रंग में बदल

जाता है। दशरथ माँझी ने रामायण के शबरी प्रसंग को प्रकृति वर्णन के लिए इस्तेमाल किया, अपने विशिष्ट अर्थों में। एक निम्न जातीय शबरी को रामायण में राम को बेर देते हुए दर्शाया गया है। माँझी के लिए शबरी प्रकृति के प्रति प्रेम और आसक्ति का रूपक थी। शबरी के साथ–साथ जंगल, पहाड़, पठार, फूल, पत्ते, फल, पानी, जानवर एकरूप हो जाते हैं और इन सबको प्राकृतिक परिदृश्य में इस प्रकार व्यवस्थित/संयोजित किया जाता है कि माँझी प्रकृति के ज़रिये अपने देव तक पहुँचना चाहते हैं। वह प्रकृति में अद्भुत घटनाओं से मुग्ध हो जाते थे कि 'कैसे एक पेड़ का पत्ता दोने की शक्ल में अवतरित होता है, कैसे एक पेड़ को प्रकृति का ऐसा वरदान मिलता है कि वह अपने पत्ते इस प्रकार ढाल लेता है।'[30] माँझी गाँव में शबरी का मन्दिर भी बनाना चाहते थे।

दशरथ माँझी और उनका परिवार प्रकृति से जुड़े कई धार्मिक त्योहारों में भी संलग्न रहे जिसके अनुभव बँधुआगिरी, भूमि और भूमि दासता, श्रम और मुक्ति की दुनिया से भी निकलते थे। ये त्योहार अलग–अलग रूपों और समय में उन्हें रूपान्तरित करते थे। माँझी ख़ुद और कभी अपने परिवार के साथ एक पर्यावरणीय आध्यात्मिकता के पुरोधा बन गये थे जहाँ प्रकृति और उसके विविध बिम्ब व्यक्तिगत और सामूहिक ऊर्जा और उत्साह के लिए तीव्रता से याद किये जाते थे। प्रकृति अपनी विशाल शक्ति और महिमा, अपनी ताक़त और प्रकोप, निर्माण और विध्वंस के लिए याद की जाती थी, उसकी पूजा होती थी जिससे सबका कल्याण हो सके। माँझी ज़मीन के साथ बँधे हुए थे जो आध्यात्मिक, नैतिक और भौतिक रूप से उनके जीवन का स्रोत थी। वह हर साल भू–स्वामी का खेत जोतने से पहले मानसून में दिहवाल पूजा करते थे। किसी त्योहार की तरह यह गौरैया देवता, एक छोटी चिड़िया की पूजा थी जिससे कई प्रतिकूलताओं के विरुद्ध ज़मीन और जीवन की रक्षा हो सके। एक चिड़िया–ज़मीन और आसमान में प्राणवान, विचरती और पोषित होते हुए–ज़मीन और सृजनात्मकता की रूपक थी जो कृषि का भी सार है।[31] दशरथ माँझी प्राकृतिक बिम्बों और प्रतीकों के सहज प्रयोग और आज़माइश से पर्यावरण का अर्थ, साथ ही पर्यावरण और मनुष्य के बीच का रिश्ता रूपान्तरित कर रहे थे और उसे नया अर्थ और वाणी दे रहे थे। उनके सहज, सरल रूपक प्राकृतिक तो ज़रूर थे, पर वह एक विशिष्ट सामाजिक निर्मिति भी थे। वे रूपक, शब्द और भाषा

सामाजिक और सांस्कृतिक परिदृश्य के निरन्तर संघर्षों और समझौतों की लम्बी प्रक्रिया से निकले थे। वह प्रायः चिड़ियों, समुद्र और घर की एक लोक कथा सुनाते थे। ऐसा प्रतीत होता था कि माँझी चिड़ियों के साथ एकरूप हो गये हैं और अपने–आप को विलीन कर रहे हैं। यह एक ऐसा सुन्दर वर्णन है सामूहिक प्राकृतिक संसाधनों में समस्याओं के उभरने और समाधान के उपायों का जिससे ख़ुद अपने और पर्यावरण पर हमारा एक भरोसा क़ायम होता है, और आख़िरकार दलितों के लिए प्राकृतिक और सामाजिक पर्यावरण की पुनर्स्थापना होती है :

'एक चिड़िया थी, बहुत मेहनती और कर्मठ! वह समुद्र के विराट रूप से खुश भी होती थी और गौरवान्वित भी। उसे लगता था कि समुद्र का हृदय बहुत विशाल होगा और उसके साथ रहना काफ़ी उपयोगी। इसलिए उसने समुद्र के किनारे ही अपना घरौंदा बनाया।

हर दिन वह दाने की तलाश में दूर चली जाती और शाम को अपने घरौंदे में लौट आती। इस तरह उसका दैनंदिन जीवन चल रहा था। एक दिन जब वह घर लौटी तो उसने देखा कि उसका घरौंदा ग़ायब है। उसे यह समझने में थोड़ा वक़्त लगा कि यह समुद्र की करतूत है। उसने समुद्र से गुज़ारिश की कि वह उसका घरौंदा लौटा दे, लेकिन समुद्र के पास इस छोटी–सी चिड़िया की गुहार सुनने का वक़्त नहीं था।

इस पर उस चिड़िया को गुस्सा आया। उसने समुद्र को धमकाया, 'मेरा घरौंदा लौटा दो, नहीं तो मैं तुम्हारे समूचे पानी को सुखा दूँगी।' उसकी बात सुनकर समुद्र ज़ोर से हँसा। चिड़िया ने अपनी धमकी दोहरायी तो समुद्र ने भी ज़ोरदार ठहाका लगाया। उसे लगा कि चिड़िया का दिमाग़ी सन्तुलन गड़बड़ा गया है।

अब चिड़िया ने तय किया कि वह समुद्र का समूचा पानी निकालकर बाहर फेंक देगी और समुद्र को सुखा देगी। इसलिए उसने अपनी चोंच में पानी का एक घूँट लिया और उसे दूसरी तरफ़ फेंक आयी। वह बार–बार चोंच भरती और पानी निकालकर दूसरी तरफ़ फेंक आती। यह सिलसिला उसने जारी रखा। जब बाक़ी पक्षियों ने उसे यह करते हुए देखा, तो उन्होंने पूछा, 'तुम यह क्या कर रही हो?'

'मैं समुद्र सुखा रही हूँ। उसने मेरे घरौंदे को छिपाकर रखा है और मेरी बार–बार गुहार के बावजूद वह उसे लौटा नहीं रहा है।'

चिड़िया की मासूमियत पर सभी ज़ोर से हँसे और उन्होंने उसे

कहा कि क्या ऐसा कभी सम्भव है कि समुद्र को सुखाया जा सका हो? 'ऐ पगली चिड़िया! यह तुम्हारे हक़ में है। अब तुम उस घरौंदे को भूल जाओ।'

'क्या मैं तुम्हें मदद करने के लिए कह रही हूँ? मैं अपना काम कर रही हूँ। फिर तुम क्यों नाहक़ परेशान हो रहे हो?' चिड़िया ने जवाब दिया।

चिड़िया की इस बात पर बाक़ी पक्षी कुछ न कह सके और मौन रहे। उसके बाद कई दिनों तक उन्होंने उस चिड़िया को लगातार वही काम करते हुए देखा। तब उन्हें इस बात का एहसास हुआ कि समुद्र ने वाक़ई अन्याय किया है। अगर चिड़िया को उसको अपना घरौंदा नहीं मिला, तो यह मात्र उस एक चिड़िया का ही नहीं बल्कि समूचे पक्षी समुदाय का अपमान होगा। इसलिए सारे पक्षी समुद्र के पास गये और उन्होंने उससे घरौंदा लौटाने की प्रार्थना की, लेकिन समुद्र ने उनकी बातों पर कोई ध्यान नहीं दिया। तब सभी पक्षियों ने एक स्वर में समुद्र से कहा, 'घमण्ड मत करो। हम सब मिलकर तुम्हारा पानी सुखा देंगे।'

इस बात पर भी समुद्र टस–से–मस नहीं हुआ। अब यह तो पानी के सर से ऊपर गुज़रने की बात थी। सभी पक्षियों ने तत्काल अपनी–अपनी चोंच को समुद्र में डाला और थोड़ा पानी लेकर उसे समुद्र के बाहर फेंक आये। कई दिनों तक यह सिलसिला चलता रहा। एक दिन पक्षियों के राजा गरुड़ को किसी ने इस समूचे घटनाक्रम के बारे में बताया। वह पक्षियों के पास गया और उसने उन्हें बताया, 'तुम लोग अपना वक़्त एक ऐसे काम में व्यर्थ गँवा रहे हो, जो नामुमकिन है।'

'महाराज! हम एक चुनौती का सामना कर रहे हैं। आपको चाहिए कि आप इस काम को अंजाम देने में हमारी मदद करें। इसके विपरीत आप हमारी राह में बाधाएँ खड़ी कर रहे हैं। कृपया, यहाँ से चले जाइये। अब आप हमारे राजा नहीं हैं।'

पक्षियों द्वारा की गयी यह भर्त्सना पक्षियों के राजा गरुड़ को काफ़ी चुभी। इसलिए वह भी उनके साथ उस काम में जुट गया। पक्षियों का राजा गरुड़ विष्णु का वाहन है। इसलिए यह मामला विष्णु के पास भी पहुँचा। विष्णु गरुड़ के पास पहुँचे और उन्होंने कहा, 'मेरे प्रिय गरुड़, अचानक ऐसा क्या हुआ कि तुम इतने मूर्ख हो गये? कृपया मुझे बताओ, क्या समुद्र को कभी सुखाया जा सकता है?'

पक्षियों के राजा गरुड़ ने विनम्र स्वर में कहा, 'महाराज! आप बिल्कुल ठीक हैं, लेकिन आप तो जानते हैं कि मैं पक्षियों का राजा हूँ। मैंने यह प्रतिज्ञा की है कि मैं उनके साथ जियूँगा और उनके साथ मरुँगा! अगर वे मरते हैं, तो मैं भी मरुँगा। इन पक्षियों के बिना मेरी कोई हैसियत नहीं है।'

विष्णु को किसी सभा में जाना था, लेकिन उनके पास अपना वाहन नहीं था। उन्हें लगा कि यह उनके लिए बेहद अपमानजनक स्थिति होगी कि वे अपने वाहन के बिना वहाँ पहुँचें। इसलिए उन्होंने समुद्र को आज्ञा दी, 'उस चिड़िया के घरौंदे को लौटा दो। जल्दी करो, वर्ना तुम्हारे और मेरे बीच युद्ध हो जायेगा। अगर ऐसा हुआ तो मैं अपने बाणों से तुम्हारे पानी को सुखा दूँगा।'

'समुद्र काफ़ी चकित हुआ और भयभीत भी। उसे लगा कि समूची दुनिया उसके ख़िलाफ एकत्र हो रही है। इसलिए बिना कोई समय गँवाये उसने चिड़िया का घरौंदा लौटा दिया। इस तरह लगभग एक नामुमकिन काम सम्पन्न हुआ।'[32]

ग्रामीणों, ख़ासकर मुसहरों के लिए गहलौर पहाड़ का बेहद विकराल, अवरोधी और नकारात्मक अस्तित्व था क्योंकि वह उन्हें नज़दीकी बाज़ार वाले शहर से अलग–थलग करता था, मज़दूरों को कठिन, दुर्घटना–भरे, जानवर–डरे रास्ते से गुज़रने के लिए मजबूर करता था, उनका नज़दीकी शहरों में रोज़ाना मज़दूरी और पलायन को मुश्किल बनाता था और उन्हें ज़रूरी सामाजिक सेवाएँ, जैसे–स्कूल और अस्पताल की पहुँच से बाहर करता था। इसलिए दशरथ माँझी ने बार–बार पहाड़, इसकी वर्तमान स्थिति और भविष्य की सम्भावनाओं की चर्चा की और एक नये परिदृश्य की परिकल्पना भी की :

'मेरे भगवान, मैं पहाड़ चढ़ने के लिए बहुत तेज़ भागता हूँ। मेरे घुटने छिल जाते हैं, मेरा सर फूट जाता है। पहाड़ से कहो कि मेरी बात पर कान दे और मुझे रास्ता दे।'[33]

एक स्थानीय पत्रकार अशोक कुमार अंज को दिये एक साक्षात्कार में माँझी ने एक बार घोर वेदना और सन्ताप में कहा : यह पहाड़ तो यहाँ एकदम मेरे और मेरे गाँव के पास खड़ा है। यह हमारे दिल में खड़ा है। हम इस पहाड़ के पैरों–तले नहीं जी सकते हैं, हमें तो पहाड़ के ऊपर चढ़ना होगा।[34] एक अन्य मौक़े पर उनकी टिप्पणी थी, 'यदि पहाड़ हमें रास्ता दे सकते हैं, तो समाज क्यों नहीं समरस और सचेत

हो सकता है।'[35] पहाड़ निर्माण की प्रक्रिया लम्बी, जटिल और बहुस्तरीय है–क्षरण और भूस्खलन, तलछट के रूप में जमाव और मिट्टी का विसरण और फैलाव। पहाड़ निर्माण की प्रक्रिया और प्रत्यक्षता के आधार पर इसमें अलग–अलग तरह की हरियाली, नमी, गर्मी और सीलन होती है। माँझी पहाड़ों के बीच घण्टों–घण्टों टहलते रहते थे और बारीकी से, रुक–रुककर पहाड़ों की प्रकृति का अध्ययन करते थे। उन्होंने गहलौर पहाड़ के विभिन्न हिस्सों में ऊँचाई, चौड़ाई, ढलाव, समतलता, उखड़ेपन, आदि की विस्तृत जानकारी जमा की थी। कई बार वह पहाड़ काटने से पहले पानी से पहाड़ के हिस्सों को नम बनाते थे, तो कभी उनमें हल्की आँच लगाते थे। जब उनके पहाड़ काटने के काम को कुछ स्वीकृति मिली, तो कुछ लोगों ने विस्फोटकों के ज़रिये पहाड़ उड़ाने और रास्ता बनाने का सुझाव दिया, पर माँझी इसके विरोधी थे और उन्होंने चेतावनी दी कि यदि विस्फोटक लाये जायेंगे, तो वह उस स्थल पर आमरण अनशन पर बैठ जायेंगे। माँझी की इस आवाज़ को आत्मकथात्मक उपन्यास 'पहाड़' में इस प्रकार व्यक्त किया गया है :

'पहाड़ों की ख़ासियत है कि जब तक इनके पत्थर ख़ुद कटने के लिए तैयार न हों, तुम उनको नहीं काट सकते। इसलिए तुमको पहाड़ काटने के बारे में नहीं, विनम्रता से रास्ता माँगने की बात सोचनी चाहिए...। इसलिए, तुमको उनकी भाषा समझनी होगी...।'[36]

कई प्रकार से सामूहिक/सार्वजनिक स्थल–पहाड़, गाँव, सड़क–प्राकृतिक पर्यावरण के भिन्न–भिन्न रूप हैं, पर माँझी की दृष्टि में उसका मतलब मानव समाज की अर्थवत्ता और उसके भविष्य की परिकल्पना से जुड़ा हुआ था। पृथ्वी और जीवन के बारे में उनकी अवधारणा का केन्द्रीय तत्त्व था श्रम का नैतिक मूल्य और यह उनके तमाम विचारों में लगातार व्याप्त रहा था। दशरथ माँझी के जीवन के इर्द–गिर्द श्रम के अनगिनत विवरण और कहानियाँ हैं। कोई यह पूछता, 'ओ दशरथ! तुम ये क्या कर रहे हो?' और दशरथ एक भारी, सपाट आवाज़ में उत्तर देते, 'क्या तुम्हें दिखायी नहीं देता? मैं पहाड़ तोड़ रहा हूँ।' सैकड़ों लोगों ने सैकड़ों बार यही सवाल किया और दशरथ माँझी ने अपना वही पुराना जवाब दुहराया जो आज भी ग्रामीण याद करते हैं। ग्रामीण उनको लगातार सलाह देते रहते थे : 'एक अकेला आदमी कभी पहाड़ नहीं तोड़ सकता है!'; 'तुम अपने परिवार की देखभाल भी नहीं कर सकते हो, तो तुम पहाड़ तोड़ने के बारे

में क्या सोचते हो।'; 'तुम अपनी मिहनत क्यों बरबाद कर रहो हो माँझी? इसके बजाय तुम्हें अपने बच्चों और परिवार की देखभाल करनी चाहिए।' माँझी का सारा ध्यान अपने श्रम पर लगा रहता–किसी वाद–विवाद या कहा–सुनी में पड़े बग़ैर।[37] उनका श्रम कई प्रकार से आजीविका, प्राकृतिक परिदृश्य की परिकल्पना और मनुष्य के चरित्र निर्माण से सम्बन्धित था। अपने जीवन श्रम से उन्होंने नया प्राकृतिक परिदृश्य बनाया और नयी पर्यावरण नैतिकता और विशेषता का बीज बोया। दशरथ माँझी का श्रम नैतिक रूप से महत्त्वपूर्ण था, क्योंकि वो भौतिक और सामाजिक दुनिया को एक–साथ जोड़ता था। यहाँ श्रम ने एक कल्पनाशील और सृजनात्मक व्यक्तित्व निर्मित किया और श्रम ही प्रकृति, सामाजिक स्थल और समुदाय के बीच एक अनूठे सम्बन्ध का माध्यम बना। श्रम से एक सकारात्मक व्यक्तित्व और पहचान की खोज शुरू हुई और श्रम ने ही एक मुकम्मल, शानदार व्यक्तित्व सृजित किया। श्रम एक औसत, साधारण ग़रीब स्तर से शुरू हुआ, ऊँचाई तक पहुँचते शिखर तक आ गया। माँझी ने कभी अमीर और ताक़तवर भू–स्वामियों की शिकायत नहीं की जो अपने अनेक संसाधनों से पहाड़ काटने या रास्ता बनाने का काम शुरू कर सकते थे, या कम–से–कम उसका सक्रिय समर्थन कर सकते थे। माँझी का सहज वक्तव्य था : 'उनके पास सम्पत्ति है, पर कोई आत्मा नहीं है। इसलिए पहाड़ जहाँ था, वहीं रहा, बग़ैर किसी खरोंच के। वास्तव में, यदि आपको पहाड़ काटना है, तो आपको पहाड़ से छह फुट ऊँचा होना होगा। यदि आपको समुद्र की गहराई मापनी है, तो आपको अपने–आप में समुद्र से भी गहरा होना होगा। असली सम्पत्ति है आत्मा का संकल्प और इच्छा।' वह आगे कहते हैं : 'पहाड़ मुझे कभी भी उतना ऊँचा नहीं लगा जितना उसे बताया जाता है। मनुष्य से ऊँचा कोई भी नहीं है।' उनकी मान्यता थी, आत्मा और हमारे हाथ–हमारे ताना और भरनी की तरह हैं। यदि कोई मनुष्य इन दोनों को विकसित कर लेता है, तो उसके लिए कुछ भी असम्भव नहीं है।[38] माँझी का पर्वत पर्यावरण शिल्प अलग जज़्बा और प्रवृत्ति का प्रतिनिधित्व करती है–एक नयी मानवीय ऊँचाई, एक विशिष्ट इमारत, आत्मा की मुक्ति की ओर एक बड़ी छलाँग।

काफ़ी लम्बे समय माँझी का जीवन अकेला था जिसमें पराजय, तनाव, संकट, परेशानी का आलम था। द्वन्द्वों और अन्तर्विरोधों से भरे गहलौर गाँव समुदाय में किसी भी प्रकार के सामूहिक मूल्यों का विकास बेहद मुश्किल

प्रक्रिया थी जो लम्बे समय में क्रमिक रूप से ही हासिल हो सकता था। अपने श्रम से लथ–पथ जीवन के दौरान माँझी ने मुसहरों और ग्रामीणों की सामूहिकता बनाने की भी जद्दोजहद की जिससे गाँव और आस–पास के पर्वत, नदी, पानी, जंगल का पुनर्विकास और संरक्षण हो जाये। पहाड़ काटने से निकले छोटे–छोटे पत्थर के टुकड़ों को लेकर वो समर्थन और कुछ आर्थिक संसाधन जुटाने के लिए गाँव के घर–घर, किसानों, स्कूल, शिक्षक, छात्र, सरकारी कर्मचारी और मज़दूरों के पास गये, पर उन्हें सीमित सफलता ही मिली। आख़िरकार माँझी की कहानी उनके व्यक्तिगत प्रयासों, न कि सामूहिक उपक्रम की है। माँझी अपने जीवन के विभिन्न दौरों में ज़मीन, जंगल और पहाड़ के बीच ही रहे और प्राकृतिक और सामाजिक सामूहिक संसाधनों के बीच ही अपने जीवन की सम्बद्धता और सार्थकता तलाशते रहे। फिर भी, सामाजिक न्याय और संघर्ष का प्रतीक बनने की बजाय वह क्रमशः विकास की विचारधारा के प्रतीक बना दिये गये जिसे राज्य ने अपने हितसाधन का माध्यम बनाया।[39] कैंसर से पीड़ित और मृत्यु से जूझते हुए भी माँझी अपनी शेष ज़िन्दगी में नदी के पानी के संरक्षण और विकास से जूझना चाहते थे जिससे गाँव नियमित बाढ़ और सूखे के प्रकोप से मुक्त हो सके। अपनी मृत्युशय्या पर वह कह रहे थे : 'पहाड़ और नदी–दोनों में परिवर्तन ज़रूरी है जिससे हम ज़िन्दा रहे। सड़क मेरा अन्त नहीं है, मैं एक नये रास्ते पर सफ़र करना चाहता हूँ।'

निष्कर्ष

दशरथ माँझी, उनका अनथक प्रयास, एक 'सामूहिक संसाधन' के इर्द–गिर्द उनकी ज़िन्दगी और श्रम अद्भुत मानवीय प्रतिबद्धता और तन्मयता के उत्सव की कहानी के रूप में वर्णित हो सकता है, पर साथ ही इस पूरे उपक्रम को एक पर्यावरणीय सन्दर्भ में भी रखने–समझने की ज़रूरत है जिसके गहरे प्राकृतिक, सामाजिक और भौतिक मायने हैं। माँझी का जीवन अनुभव बताता है कि दलितों की बँधुआ और श्रमिक ज़िन्दगी प्रकृति के बारे में उनकी समझ और प्राकृतिक दुनिया में उनकी पहुँच के लिए निर्णायक तत्त्व हैं। माँझी का प्रकृति सम्बन्ध बहु–स्तरीय था जो कि एक जटिल सामाजिक व्यवस्था के ज़रिये निर्धारित हुआ था और इससे सामूहिक संसाधन के प्रति उनकी सक्रियता भी निर्देशित हुई। दुर्गम

पर्वत वास्तव में उनकी दुर्गम ज़िन्दगी का भी एक निरन्तर संवाहक था, क्योंकि वो एक कमिया के रूप में रोज़ाना अपने कार्यस्थल की यात्रा के क्रम में उसे झेलते थे। पर्वत, उसकी विशालता और दुरूहता आर्थिक, पर्यावरणीय और भौतिक चुनौतियाँ पेश करता था। वो उनके कई निजी नुक़सानों और पीड़ाओं का कारण था। इसके बावजूद पहाड़ काटते हुए उन्होंने उस सामूहिक संसाधन को अपने तरह से अंगीकार किया जिसे श्रम के ज़रिये अपनाया जा सकता है और पुनःकल्पित भी किया जा सकता है। एक मुसहर के रूप में वह अपने गाँव में एक पर्यावरणीय 'दूसरा' या अजनबी थे जिसे पहाड़, सामूहिक जंगल और ज़मीन पर लगभग कोई अधिकार नहीं था और साथ ही इस सब पर जाति वर्चस्व और असमान संसाधन वितरण अपने चरम पर था। इसके साथ–ही–साथ जातिवाद और अस्पृश्यता के उनके अनुभव पर्यावरणीय अनुभवों के साथ गुत्थम–गुत्था होते थे जो प्रकृति के प्रांगण में घटित होने वाले व्यक्तिगत और सामाजिक भावनाओं से भी प्रभावित होते थे। दशरथ माँझी एक असाधारण, साहसी और निस्वार्थ व्यक्ति थे जिन्होंने रोज़ाना के पर्यावरणीय दबावों और सामूहिक संसाधनों के साथ बेहिसाब मुश्किलों का अदम्य इच्छाशक्ति और श्रम के साथ सामना किया। वह एक सामूहिक संसाधन में घनीभूत कई प्रकारों, प्रभावों और अभिव्यक्तियों से बेहद बेचैन थे, क्योंकि उसमें बहिष्कार, अलगाव, डर, बँधुआ, पीड़ा, प्यास, भूख और जाति अन्याय निहित था। पर उन्होंने निरन्तर पर्यावरणीय प्रतीकों, रूपकों, अर्थों, माध्यमों–पानी, समुद्र, पर्वत, पक्षी, वर्षा, आदि के ज़रिये अपने को ज़ाहिर किया, क्योंकि वह प्रकृति से आन्तरिक जुड़ाव महसूस करते थे। भारतीय पर्यावरणवाद के औपचारिक उभार और अभिव्यक्ति से पहले ही दशरथ माँझी एक ख़ास पर्यावरणीय संवेदना और सक्रियता के वाहक थे। उन्होंने ऐसे नये सामूहिक संसाधन को चाहा, प्यार किया और अपना जीवन न्योछावर किया जो पुराने के बोझों से मुक्त हो। माँझी के श्रम से निर्मित नया सामूहिक संसाधन और उसकी परिकल्पना पर्यावरण पर दलित सोच का एक शान्त, पर सशक्त प्रदर्शन है। माँझी की कोशिश स्थान के सार्वजनिकीकरण और सामूहिकीकरण की माँग है जो दलित संगठन और विचार बार–बार हमारे सामने रखते हैं। दलितों के लिए स्थानिक सम्बन्धों से भय, पीड़ा और प्रदूषण की मुक्ति स्थान और संसाधन को सार्वजनिक और सामूहिक बनाने की एक अनिवार्य शर्त है जिससे

वह सभी की समान पहुँच में हो और इस प्रकार सबके द्वारा साझा किया जा सके। नया सामूहिक संसाधन–पर्वत और पर्वत के बीच में सबकी सड़क–वह है जो दलित के लिए भविष्य के पर्यावरण की परियोजना है।

सन्दर्भ

1. Kalekuri Prasad, 'The Road', trans. N. Bhanutej. in K. Satyanarayana and Susie Tharu (eds.), *Steel Nibs are Sprouting : New Dalit Writings from South India*, Harper Collins, Noida, 2013, p.603.
2. Elinor Ostrom, *Governing the Commons : The Evolution of Institutions for Collective Action*, Cambridge University Press, USA, 1990.
3. Robert Wade, 'The Management of Common Property Resources: Collective Action as an Alternative to Privatization of State Regulation', *Cambridge Journal of Economics*, 11, 1987, pp. 95-6.
4. The Wilderness Society, *Membership Appeal*, The Wilderness Society, Washington D.C., 1998, p. 3.
5. National Sample Survey Organization, *Common Property Resources in India*, NSS 54th Round January 1998 June 1998, Report No. 452(54/31/4), Government of India, December 1999.
6. Ravi Kumar, *Venomous Touch: Notes on Caste, Culture and Politics*, trans. R. Azhagarasan, Samya, Kolkata, 2007, p.246.
7. D.R. Nagaraj, *The Flaming Feet and Other Essays : The Dalit Movement in India*, Permanent Black, Ranikhet, 2010, p.133.
8. Gopal Guru's, '*The Idea of India : Derivative, Desi and Beyond'*, *Economic and Political Weekly*, XVI (37), 10 September 2011, p. 41.
9. निलय उपाध्याय, *पहाड़*, राधाकृष्ण प्रकाशन, नयी दिल्ली, 2015.
10. भागीरथ माँझी, दशरथ माँझी के पुत्र, से साक्षात्कार, गहलौर, 2 अक्टूबर, 2014.
11. रामवृक्ष दास से साक्षात्कार, गहलौर, 1 अक्टूबर, 2014.
12. उपाध्याय, पहाड़, पृ. 133।
13. भागीरथ माँझी, मिथुन माँझी, बिन्दा माँझी, लक्ष्मी, सत्येन्द्र व्यास, रामवृक्ष दास, तरुण कुमार सिंह, परिवार के सदस्यों और ग्रामीणों से साक्षात्कार, गहलौर, 1–7 अक्टूबर, 2014.
14. उद्धृत है : Radheshyam Mangolpuri, 'Dashrath Manjhi : From Manjhi to Das', Hemant Joshi and Sanjay Kumar (eds.), *Asserting Voices : Chang-*

ing Culture, Identity and Livelihood of the Musahars in the Gangetic Plains, Deshkal Publication, Delhi, 2002, p.127.

15. रामवृक्ष दास से साक्षात्कार, गहलौर, 5 अक्टूबर, 2014.
16. राम प्रवेश सिंह और उनके परिवार के सदस्यों से साक्षात्कार, गहलौर, 1 अक्टूबर, 2014.
17. यह कहानी विस्तार से बताई गयी है : सुभाष गताडे, दशरथ माँझी : पहाड़ से ऊँचा आदमी, राष्ट्रीय शैक्षणिक अनुसन्धान और प्रशिक्षण परिषद्, नयी दिल्ली, 2010, पृ. 20-1.
18. शिबू मिस्त्री और अशोक कुमार अंज से साक्षात्कार, वज़ीरगंज, 6 अक्टूबर, 2014.
19. अशोक कुमार अंज से साक्षात्कार, 6 अक्टूबर, 2014.
20. नकुल देव चौहान से साक्षात्कार, 6 अक्टूबर, 2014.
21. बलदेव माँझी से साक्षात्कार, गहलौर, 5 अक्टूबर, 2014.
22. राम प्रवेश सिंह से साक्षात्कार, गहलौर, 1 अक्टूबर, 2014.
23. ज़िलाधिकारी संजय अग्रवाल से साक्षात्कार, 15 अक्टूबर, 2014.
24. राम प्रवेश सिंह से साक्षात्कार।
25. भागीरथ माँझी से साक्षात्कार।
26. भागीरथ माँझी से साक्षात्कार।
27. Rajiv Mani, 'Baba's Labour of Love', *Forward Press*, September 2014, p. 57.
28. बलदेव माँझी से साक्षात्कार.
29. लक्ष्मी देवी, दशरथ माँझी की पोती से साक्षात्कार, गहलौर, 3 अक्टूबर, 2014.
30. Mani, 'Baba's Labour of Love', p. 58.
31. लक्ष्मी देवी और बिन्दा माँझी, दशरथ माँझी के क़रीबी सम्बन्धी से साक्षात्कार, गहलौर, 3 अक्टूबर, 2014.
32. अक्टूबर 2014 में गहलौर में अपनी यात्रा के दौरान मैंने कई ग्रामीणों से इस कहानी के अलग–अलग वर्णन सुने। दशरथ माँझी पर प्रकाशित विभिन्न लेखों में भी इस कहानी को विस्तार से संकलित किया गया है। मैंने यहाँ गताडे का सन्दर्भ लिया है : गताडे, दशरथ माँझी, पृ. 1-3.
33. बलदेव माँझी से साक्षात्कार.
34. अशोक कुमार अंज से साक्षात्कार.
35. गताडे, *दशरथ* माँझी, पृ. 8.
36. उपाध्याय, *पहाड़*, पृ. 288.
37. गताडे, *दशरथ* माँझी, पृ. 12-3.
38. Mangolpuri, 'Dashrath Manjhi', p. 129.
39. नकुल देव चौहान से साक्षात्कार, मोहरा, वज़ीरगंज, 6 अक्टूबर, 2014.

फ़ौरी निष्कर्ष

दलित मुक्ति मोर्चा, छत्तीसगढ़ ने सितम्बर 2011 में 'जाति भेदभाव और प्राकृतिक संसाधनों पर दलित अधिकार पर राष्ट्रीय सम्मेलन' आयोजित किया। छत्तीसगढ़ राज्य देश में वनों और प्राकृतिक संसाधनों में अग्रणी है। यहाँ हर तरफ़ घुमावदार नदियाँ, पहाड़, पठारी क्षेत्र और विविध प्राकृतिक परिदृश्य हैं। दलितों और आदिवासियों की जनसंख्या काफ़ी है। 2011 की जनसंख्या के अनुसार राज्य की कुल आबादी 25,545,198 में अनुसूचित जाति और अनुसूचित जनजाति क्रमशः 3,274,269 और 7,822,902 हैं। सम्मेलन में छत्तीसगढ़ के अलावा उड़ीसा, केरल, मध्य प्रदेश, पंजाब, झारखण्ड, उत्तर प्रदेश, बिहार, महाराष्ट्र, दिल्ली और राजस्थान से आये दलितों ने संकल्प किया कि वे प्राकृतिक संसाधनों पर दलित हक़ों और जाति भेदभाव पर अपनी समझ विकसित और संचारित करेंगे जो उनके अनुसार एक नया सवाल नहीं है, फिर भी एक बेहद जटिल सवाल है। उनके सामने इतिहास के वर्तमान पड़ाव में ये सवाल उठाने के विशेष कारण और सन्दर्भ हैं, क्योंकि धोखा खाये लोगों को धोखा देना सदियों से जारी है जिसका उन्हें अब तक पता नहीं है। उन्होंने यह भी दर्ज किया कि यह मुद्दा देश के सवर्णों की साज़िश से जुड़ा हुआ है जिसका जवाब देने के लिए वे निश्चित तौर पर ज़िम्मेवार हैं।[1] छत्तीसगढ़ के दलित लेखक और कार्यकर्ता ने इस सम्मेलन की पृष्ठभूमि पर शोधपत्र में लिखा :

'आज ज़मीन, जंगल और अन्य प्राकृतिक संसाधन सार्वजनिक बहसों से मुक्त नहीं हैं। पर जब जाति सत्ता की धुरी और मुख्य निर्धारक तत्त्व होता है, तो वह संसाधनों के नियन्त्रण और प्रबन्ध की एक सामाजिक व्यवस्था के रूप में भी विकसित होता है।'[2]

एक अलग जगह और अलग मंच पर सेंटर फ़ॉर पीपुल्स फ़ॉरेस्टरी,

सेंटर फ़ॉर वर्ल्ड सॉलिडेटरी और नेशनल दलित फोरम ने 14–16 दिसम्बर, 2004 को हैदराबाद में संयुक्त वन प्रबन्ध/सामुदायिक वन प्रबन्ध में दलितों की भागीदारी, वन–आधारित दलितों की आजीविका और वन नीतियों एवं वन प्रबन्ध पर दलित परिप्रेक्ष्य विषय पर एक राष्ट्रीय सम्मेलन आयोजित किया। उनका उद्देश्य था 'वनों में दलित सरोकारों के समावेश पर विचार और कार्यक्रम।'[3] सम्मेलन में वन अधिकार अधिनियम 2006 की परिकल्पना और अमल में वन में रहने और काम करने वाले दलित समुदाय के समावेश और बहिष्कार के विभिन्न पहलुओं की चर्चा की गयी। एक अन्य शोध में रेखांकित किया गया है कि वन अधिकार अधिनियम के निर्माण में जाति के सवाल पर पर्याप्त ध्यान नहीं दिया गया। अस्पृश्यता, अत्याचार के मुहाने पर वन अधिकारों के उभार के कारण ऐसी नयी स्थितियाँ बन रही हैं जिससे दलित वन क्षेत्रों में व्याप्त असमानता और अन्याय को क़ानूनी रूप से चुनौती दे सकते हैं। यह निष्कर्ष निकाला गया :

'वन क्षेत्रों में दलितों का अपवर्जन और अलगाव जटिल है। यह वन स्थलों की राजनीति से निर्मित हुआ है और इस पर खननकारी उद्योगों, विकास परियोजनाओं से लेकर दक्षिणपन्थी हिन्दू संगठनों का भी असर है। यह ज़रूरी है कि हम भिन्न–भिन्न सन्दर्भों में व्यक्त होने वाले इन विवरणों को सिलसिलेवार तरीक़े से समझें जिससे वन क्षेत्रों में दलितों के बारे में सम्यक समझदारी विकसित हो सके।'[4]

चर्चित 'भोपाल दस्तावेज़' में दलितों का एजेंडा प्रस्तुत किया गया है और देश में पर्यावरणवाद, स्त्रीवाद और धर्मनिरपेक्षतावाद की प्रकृति और कामकाज पर सवाल उठाये गये हैं। उनकी प्रकृति अभिजातपूर्ण बताई गयी है जो 'अस्पृश्यों/निम्न जातियों के संघर्ष में शिरकत करने की बजाय अन्य आन्दोलनों में शरण लेते हैं।' पर्यावरणवादियों, पशु प्रेमियों और स्त्रीवादियों की आलोचना की गयी है :

'भारत में इस प्रकार के लोग, शातिर तरीक़े से, शासक वर्गों का पक्षपोषण करते हैं। समाज में वर्ण/जाति की प्रकृति को ध्यान में रखते हुए हम इस तबक़े से अनुसूचित जाति/जनजाति का पक्षपोषण करने की उम्मीद नहीं कर सकते हैं, पर हम इस तबक़े को तटस्थ करने की उम्मीद कर सकते हैं। हमें यह कोशिश ज़रूर करनी चाहिए कि यदि यह तबक़ा अनुसूचित जाति/जनजाति के साथ खड़ा नहीं होता है, तो यह

शासक गठबन्धन के साथ भी नहीं जाये, और वास्तविक पर्यावरणवादी, स्त्रीवादी, पशुप्रेमी बने।[5]

कोई तीन दशकों से कुछ विचारक, अध्येता और अध्ययन यह सवाल उठा रहे हैं कि आख़िरकार दलित क्यों पर्यावरणवाद और उसके विमर्शों से अलग है जबकि ये उनके जीवन के इतने क़रीब है। उन्होंने वर्तमान पर्यावरणवाद से दलितों की 'विभिन्नता' और 'दूसरेपन' की भावना की ओर संकेत किया था और यहीं से पर्यावरणवाद की दलित अन्तर्दृष्टि की परिकल्पना भी शुरू की थी। यह अध्ययन ऐसे प्रयासों में एक और कड़ी का काम करने की कोशिश करता है और व्यक्तियों, क्षेत्रों, सर्वेक्षणों, प्रतीकों और आन्दोलनों के ज़रिये दलित और पर्यावरण के बीच के सम्बन्धों को मूर्त रूप देता है। मेरे अध्ययन और दलित बुद्धिजीवियों और कार्यकर्ताओं के साथ निरन्तर विचार–विमर्श से मैं यह निष्कर्ष निकालना चाहता हूँ कि प्रकृति और जाति, पर्यावरण और दलित के बीच के अन्तःसम्बन्ध गतिशील हैं और अकादमिक शोध, दलित और पर्यावरण अध्ययन, दोनों में ख़ासा योगदान कर सकते हैं। इन सबके बीच की अन्तःक्रियाओं के अध्ययन से दोनों ही क्षेत्रों में नयी अन्तर्दृष्टि और ज्ञान मिल सकता है।

भारत में 'पारम्परिक' पर्यावरणवाद और पर्यावरण पर सामयिक अकादमिक अध्ययनों ने प्रायः, कई बार बेहद आसक्ति से, हमारे कथित गौरवशाली अतीत, परम्परा, समुदाय, संस्कृति, धर्म, उपनिवेशवाद, टकराव और संरक्षण पर ज़ोर दिया है। पर अधिकांश राष्ट्रीय, क्षेत्रीय और स्थानीय पर्यावरण विमर्शों में प्रायः दलित छूट गये हैं। पर्यावरण शोध के लिए हमारे अतीत की जानकारी और उसका मूल्यांकन महत्त्वपूर्ण है, पर हमें इस सोच से आगे और बाहर जाने की भी ज़रूरत है। नये पर्यावरण सवालों की पीढ़ी एक नये 'पर्यावरणवाद' की माँग करती है जो विशेषकर जाति, दलित, पहचान, अस्मिता, जातीयता, अल्पसंख्यक, लोकतन्त्र और विकास के सन्दर्भों मे अर्थवान हो सकती है। पारम्परिक पर्यावरणवाद और पर्यावरण राजनीति ने समुदाय और राष्ट्र–राज्य के आधार पर अपनी राजनीतिक बुनियाद बनाई है। इसकी सम्भावना नहीं है कि पारम्परिक पर्यावरणवाद के सरोकार पूरी तरह बदलेंगे। पर नयी पीढ़ी के पर्यावरण हस्तक्षेप और अध्ययन ने अदृश्य लोगों और अनसुनी आवाज़ों पर ध्यान देना शुरू किया है जिसमें कई विरोधाभास और अन्तर्द्वन्द्व भी निहित हैं। फिर भी, इस अध्ययन के सर्वेक्षण और विश्लेषण से यह साफ़ है कि

दलितों और जाति विरोधी कार्यकर्ताओं के विचारों और कार्यक्रमों को गम्भीरता से नहीं लिया गया है, न ही पर्यावरण सिद्धान्तों और राजनीति में उनके विचारों के लिए कोई जगह बनाई गयी है। साथ ही, एक तरफ़ पारम्परिक पर्यावरणवाद, और दूसरी तरफ़ दलित अध्ययन ने प्रायः एक–दूसरे से बात करने की बजाय एक–दूसरे के ख़िलाफ ही बोला है।

इस अध्ययन में आधुनिक भारत में कुछ प्रमुख पर्यावरण सोचों में व्याप्त पर्या–जातिवरण और बेशर्म ब्राह्मणवाद का आलोचनात्मक मूल्यांकन करने की कोशिश है। इससे ज़्यादा महत्त्वपूर्ण यह है कि हमने दलित विचार, लेखन, नेतृत्व, इतिहास, स्मृति, मिथक, प्रतीक और कार्यक्रमों के अध्ययन के ज़रिये प्रकृति के प्रति जातिगत नज़रिये और पहुँच की बहुआयामी दलित अवधारणाओं और अनुभवों को खोज–खोजकर बाहर निकाला है। जाति और पर्यावरण पर दलित सोच दलित पर्यावरणवाद के लिए महत्त्वपूर्ण सैद्धान्तिक आधार बना सकते हैं और इससे सम्पूर्ण तौर पर भारतीय पर्यावरण इतिहास के लिए भी नयी अवधारणाएँ, सवाल और परिप्रेक्ष्य मिल सकता है। हमारे पास दलित पर्यावरण अनुभवों, ज्ञान और संस्कृति का विशाल ख़ज़ाना है। अध्ययन में, उदाहरण के लिए, यह तर्क दिया गया है कि दलित पर्यावरणवाद की एक बेहद सशक्त और विकसित अभिव्यक्ति है–नये सामूहिक स्थान–सम्पत्ति का बोध जो स्थान/सम्पत्ति का सावर्जनीकरण और सार्वभौमिकरण है और 'पर्यावरण–एक स्थानिक समानता' की एक नयी अवधारणा परिकल्पित करता है।

साथ ही, यह मानने का भी पर्याप्त आधार है कि दलित संस्कृति ने भी अन्य प्रचलित संस्कृतियों के साथ अपनी शक्ल अख़्तियार की है, और इन सबने सकारात्मक रूप से भी एक–दूसरे को रूपान्तरित किया है। प्रकृति के प्रांगण में दलित–ब्राह्मण का आमना–सामना विरोधी रहा है, पर इनके बीच कुछ आन्तरिक समानताएँ भी हो सकती हैं–जटिल स्तरों पर एक–दूसरे की पूरक और विभिन्नताओं को पाटने वाली। यह नया पर्यावरणीय सैद्धान्तिक विमर्श कई प्रवृत्तियों का संकलन हो सकता है–यह सम्पूर्णता में परम्परा से उत्सर्जित होता है और उसके दायरे से अलग भी होता है। डी.आर. नागराज इसे 'तात्विक विभिन्नता' कहते हैं, यानी विभिन्नता को स्वीकार करना और उसका मूल्यांकन करना जिससे हम एक गतिबोधक एकता की सच्चाई तक पहुँचते हैं। नागराज एक उदाहरण देकर कहते हैं :

'गाँधी का सम्पूर्ण ग्रामीण उत्थान के ज़रिये हरिजन सरोकार बेहद प्रासंगिक है, पर उनके उत्साह को दलित नज़रिये से ज़रा बदलने की ज़रूरत है... ग्रामीण भारत की गाँधीवादी स्वीकृति को अम्बेडकरवादी संशयवाद का सान चढ़ाना चाहिए।'[6]

मेरे शोध से यह ज़ाहिर है कि दलित इतिहास और राजनीति में पर्यावरण के उल्लेखनीय तत्त्व हैं, यद्यपि यह भी सच है कि दलित इतिहास बोध–लेखन में इस पहलू पर ज़्यादा ध्यान नहीं दिया गया है। फूले के कृषि, उत्पादकता, बन्ध, पानी और अन्य प्राकृतिक संसाधन सम्बन्धी विचार उन्नीसवीं सदी के शोषणकारी आर्थिक व्यवस्था और इसके विरुद्ध शूद्रातिशूद्रों का आन्दोलन विकसित करने के प्रयासों से जुड़े थे जिसके केन्द्र में था–ग्रामीण परिदृश्य में परिवर्तन। देश के विभिन्न भागों में भूमिहीन, कृषि मज़दूरों के अनगिनत भूमि संघर्ष उपनिवेशवाद, शोषण और प्राकृतिक संसाधनों के ख़िलाफ़ आन्दोलनों के अभिन्न अंग थे। अम्बेडकर का महाड़ संघर्ष पानी की मुक्ति और तालाब के अधिकार के लिए प्रेरित था। इन अर्थों में, प्रचलित पर्यावरण आन्दोलनों में पारम्परिक पर्यावरणवाद ढूँढ़ने की बजाय हमें दलितों की राजनीतिक और सामाजिक परम्परा पर ध्यान देना चाहिए–जहाँ पर्यावरणवाद के सशक्त तार दिखते हैं।

राष्ट्रीय मानव अधिकार आयोग की एक ताज़ा विस्तृत रिपोर्ट 'अनुसूचित जातियों के ख़िलाफ़ अत्याचार पर नियन्त्रण : नीति और व्यवहार' में, जिसके सूत्रधार के.बी. सक्सेना थे, प्राकृतिक संसाधनों पर दलितों की स्थिति और पर्यावरण सरोकारों से उनके द्वन्द्व की छानबीन की गयी है। काफ़ी संख्या में दलितों पर संगठित हिंसा की घटनाएँ ज़मीन, पानी, ज़ंगल और स्वच्छता के मुद्दों से सम्बन्धित हैं। दलित श्रमिकों पर नियमित हमला होता है और शोषणकारी ग्रामीण और जाति व्यवस्था के तहत उनका श्रम कुचला जाता है। रिपोर्ट के अनुसार बँधुआ मज़दूरों की मुक्ति के रास्ते में कई रुकावटें हैं। ग्रामीण भारत में आर्थिक सम्पत्ति और प्राकृतिक संसाधनों के वितरण में भीषण असमानता है। ऐसे कई उदाहरण हैं जिनमें वन अधिकार अधिनियम के तहत वनों में दलितों के अधिकारों में कटौती हुई है और वन विभाग दलितों पर हिंसा का कारक है। इसलिए पर्यावरण समानता और न्याय दलित पर्यावरण ज्ञान और विवेक के मुख्य स्तम्भ हैं।

प्राकृतिक संसाधनों पर दलितों की पहुँच, स्वामित्व, अधिकार, भागीदारी–देश में पर्यावरण और सामाजिक न्याय के कुछ बुनियादी

मुद्दे—निश्चित तौर पर सबसे ज़्यादा और पहले उभरकर आते हैं। पर मेरे अध्ययन से यह भी पता चलता है कि पर्यावरण में दलित अधिकार के अलग—अलग मायने हो सकते हैं—विकास, आधुनिकता, प्रगति और समृद्धि जो अनिवार्यतः दलितों या पर्यावरण के लिए न्याय की गारंटी नहीं कर सकती है। जाति और प्रकृति कई प्रकार से और कई समय में एक सामान्य विभाजक का काम करते रहते हैं। पर विकास के अर्थ, तरीक़े और असर में भारी परिवर्तन आये हैं। यह स्थापित करने के लिए पर्याप्त शोध और अनुभव नहीं है कि विकास, पर्यावरण और न्याय एक—दूसरे के मुआफ़िक़ हैं और इनके आपसी मेल से दलितों का अपने प्राकृतिक परिदृश्य से मानवीय रिश्ता बन सकता है। पर्यावरण में असमानता और जाति आधिपत्य पर सवाल उठाना दलितों की जीवन्त परम्परा का हिस्सा है। इसे सामाजिक न्याय से जोड़ना अपने—आप में उपयुक्त है। जाति, दलित और प्रकृति दोनों के प्रति अन्याय है, क्योंकि यह मानव और संसाधन को अधीन और गुलाम बनाती है।

दलित और जाति—विरोधी बुद्धिजीवियों और विचारकों की पर्यावरण विरासत कैसे दर्ज होगी? क्या दशरथ माँझी को एक पर्यावरण हस्ती माना जायेगा? क्या भविष्य के पर्यावरण आन्दोलनों की ऊर्जा और प्रतिबद्धता के नवीनीकरण के लिए जाति एक उत्प्रेरक बन सकती है? क्या अद्वैतवाद में विश्वास—लोगों, साथ—ही—साथ लोगों और प्रकृति के बीच विभाजन—से एक गम्भीर श्रेणीबद्ध समाज के निर्माण में मदद पहुँची है? क्या 'परमार्थ सच' और 'व्यावहारिक सच' के बीच दार्शनिक अन्तर के कारण प्रकृति में जाति गढ़ने का रास्ता तैयार हुआ? किस प्रकार किसानों, ज़मीन और ज़ंगल की सुरक्षा कभी दलितों को आघात पहुँचाती है? क्या यह संयोग है कि दलित अलग—अलग स्थानों और समय में अपने पर्यावरण आन्दोलनों और हस्तक्षेपों में कबीर की स्मृति जीवित करते हैं? क्यों भारत के मुख्यधारा के पर्यावरण आन्दोलनों में कबीर या उनके शब्दों की ध्वनि कभी सुनाई नहीं पड़ती है? क्या कबीर जैसी शख़्सियत के ज़रिये, बग़ैर भेदभाव और बहिष्कार के, प्रकृति और मानवता के बीच एकता की अवधारणा स्थापित की जा सकती है? यह पुस्तक प्रत्यक्ष तौर पर इन सवालों का जवाब नहीं देती है, पर ऐसे नये सवालों से जूझने के दरवाज़े खोलती है। यहाँ अलग—अलग चित्र और दृश्य उभरते हैं जिसकी विभिन्न व्याख्याएँ हो सकती हैं। यह किताब इस चित्र पहेली को पूरी तरह सुलझाने की

कोशिश नहीं करती है और उम्मीद है कि भविष्य के शोध ऐसे सवालों पर ध्यान देंगे।

हमारी राजनीति, अर्थनीति और समाज में पर्यावरण सरोकार संज्ञान और कार्य के स्तर पर रिस–रिस कर पहुँच रहा है। पर्यावरण, संरक्षण, सन्तुलित विकास की अवधारणाएँ विभिन्न ताक़तों के बीच तीखे द्वन्द्व और कामकाजी समझौते के बीच शक्ल ले रही है जहाँ दोस्त और दुश्मन, शोषक और शासित, ताक़तवर और कमज़ोर एक साझी दुनिया के लिए कई बार एक साथ काम करते नज़र आते हैं। पर यहाँ भी दलित इस विशाल समागम के बाहर हैं जिसमें अन्य सभी शामिल हो रहे हैं। मानव को प्राकृतिक दुनिया से जोड़ने के दलितों के अनुभव, परम्परा, स्मृति, भाषा और हित के ज्ञान से हमारी पर्यावरण दुनिया समृद्ध हो सकती है। इतना ही महत्त्वपूर्ण यह है कि ऐसी कोशिश एक साझी ज़मीन तैयार कर सकती है जहाँ मुख्य/प्रभावी धारा और इसके प्रबल प्रतिरोधियों के बीच एकसमान लेन–देन और नवोन्मेष हो सकता है।

सन्दर्भ

1. Dalit Mukti Morcha Chhattisgarh, *Press Release : National Convention on Caste Discrimination and Dalit Rights over Natural Resources,* Raipur, 15 September, 2011.
2. Goldy M. George, *Caste Discrimination and Dalit Rights over Natural Resources,* Dalit Mukti Morcha Chhattisgarh, Raipur, September 2011.
3. National Conference on Dalit Concerns in Forestry, *Invitation*, 15 November, 2004.
4. Arpitha Kodiveri, *Narratives of Dalit Inclusion and Exclusion in Formulating and Implementing the Forest Rights Act, 2006*, The Hindu Centre for Politics and Public Policy, Chennai, 2016, p. 71.
5. Government of Madhya Pradesh, *The Bhopal Document : Charting a New Course for Dalits for the 21st Century*, Bhopal, 2002, p. 31.
6. D.R. Nagaraj, *The Flaming Feet*, p. 57.
7. National Human Rights Commission, *Prevention of Atrocities against Scheduled Castes : Policy and Performance,* New Delhi, 2004.

सन्दर्भ

हिन्दी और अन्य भारतीय भाषाएँ

चातक, गोविन्द, *पर्यावरण परम्परा और अपसंस्कृति*, तेज़ प्रकाशन, नयी दिल्ली, 2000.

देथा, विजयदान, *कहावती कथाएँ : राजस्थानी की 332 कहावती कहानियाँ*, राजस्थानी ग्रन्थागार, जोधपुर, 2001.

गताडे, सुभाष, *दशरथ माँझी : पहाड़ से ऊँचा आदमी*, राष्ट्रीय शैक्षिक अनुसन्धान और प्रशिक्षण परिषद्, नयी दिल्ली, 2010.

घोष, शैलेन्द्रनाथ, 'आधुनिकीकरण का अभिशाप : पर्यावरण विध्वंस', *मन्थन*, 18(3).

गुप्ता, कृष्णमूर्ति और बी.पी. नौटियाल (सं.), *गंगा : एक प्राकृतिक तथा सांस्कृतिक धरोहर*, हिमालय सेवा संघ, नयी दिल्ली, 1991.

हेमन्त और राजीव, *जब नदी बँधी*, जय प्रभा अध्ययन एवं अनुसन्धान केन्द्र, मधुपुर, 1991.

कपूर, बी. बी.एस., *भारतीय संस्कृति, धर्म एवं पर्यावरण संरक्षण*, मधु प्रकाशन, बीकानेर, 2001.

मौन, प्रफुल्ल कुमार सिंह, अश्विनी कुमार आलोक (सं.), *दीना-भद्री : मुसहरों की समग्र संस्कृति*, सम्यक प्रकाशन, नयी दिल्ली, 2015.

मिश्रा, अनुपम, *राजस्थान की रजत बूँदें*, गाँधी शान्ति प्रतिष्ठान, नयी दिल्ली, 1995.

मिश्रा, नित्यानन्द और शिवचरण पाण्डेय (सं.), *पर्यावरण संस्कृति, प्रदूषण एवं संरक्षण*, अल्मोड़ा बुक्स, अल्मोड़ा, 1998.

पटवा, शुभु, *पर्यावरण की संस्कृति*, वाग्देवी प्रकाशन, बीकानेर, 2003.

पुरोहित, प्रकाश, *आज भी प्रासंगिक है परम्परागत जल स्रोत*, महाराजा मान सिंह पुस्तक प्रकाश शोध केन्द्र, जोधपुर, 2008.

राज, राहुल, *बौद्ध पर्यावरण और सामाजिक जीवन*, सम्यक प्रकाशन, नयी दिल्ली, 2012.

राठौर, उमेश, *पर्यावरण एवं वैदिक संस्कृति*, जन प्रकाशन, दिल्ली, 1999.

आर.जे.ए., *हिन्दू संस्कृति और पर्यावरण*, सुरुचि प्रकाशन, दिल्ली, 2000.

श्रीमाली, दलपतभाई, *हरिजन सन्त और लोक साहित्य*, गुजरात ग्रन्थरत्न कार्यालय, अहमदाबाद, 1988.

सुलभ इंटरनेशनल सोशल सर्विस ऑर्गेनाइजेशन, *एक बहुआयामी व्यक्तित्व : डॉ. बिन्देश्वर पाठक*, नयी दिल्ली, तिथि नहीं.

सुलभ इंटरनेशनल सोशल सर्विस ऑर्गेनाइजेशन, *अलवर की नयी राजकुमारियाँ:* नयी मंज़िलें, नये रास्ते, नयी दिल्ली, 2009.

सुलभ इंटरनेशनल सोशल सर्विस आर्गेनाईजेशन, *सुलभ स्वच्छता आन्दोलन*, नयी दिल्ली, तिथि नहीं.

सुमन, बनवारी लाल और मंजु सुमन, *कृषि, वन-वृक्ष, पर्यावरण और बौद्ध धम्मा*, सम्यक प्रकाशन, नयी दिल्ली, 2010.

उपाध्याय, निलय, *पहाड़*, राधाकृष्ण प्रकाशन, नयी दिल्ली, 2015.

व्यास, किशोरीलाल, 'पर्यावरण संरक्षण', *मन्थन*, 4, अक्टूबर–दिसम्बर 1998.

योगेन्द्र और सफ़दर इमाम कादरी (सं.), *गंगा को अविरल बहने दो*, गंगा मुक्ति आन्दोलन, भागलपुर, 1990.

अंग्रेज़ी

Abraham, P, 'Notes on Ambedkar's Water Resources Policies', *Economic and Political Weekly*, 30 November, 2002.

Abraham, Saja Roy, *Singing Women : Gender and Ecology*, https://www.inter-disciplinary.net/wp-content/uploads/2011/08/abrahamgpaper.pdf.

Agarwal, Anil and Sunita Narain, *Towards Green Villages : A Strategy for Environmentally Sound and Participatory Rural Development*, Centre for Science and Environment, Delhi, 1989.

Agarwal, Anil, Darryl D'Monte, Ujwala Samarth, *The Fight for Survival : People's Action for Environment*, Centre for Science & Environment, New Delhi, 1987.

Agarwal, Anil, Kalpana Sharma, Ravi Chopra, *The State of India's Environment : The First Citizens' Report*, Center for Science and Environment, New Delhi, 1982.

Agarwal, Anil, Neeraj Labh, V.A. Nambi, Mukul Sharma, Ajit Chak, Sangeeta Synghal, *State of India's Environment : A Citizens' Report : Floods, Flood Plains and Environmental Myths,* Centre for Science and Environment, New Delhi, 1991.

Agarwal, Anil, Sunita Narain, *Dying Wisdom : Rise, Fall and Potential of India's Traditional Water Harvesting Systems*, Centre for Science and Environment, New Delhi, 1997.

Agarwal, Bina, *A Field of One's Own : Gender and Land Rights in South Asia*, Cambridge University Press, Cambridge, 1994.

Agarwal, Bina, *Gender and Green Governance : The Political Economy of Women's Presence Within and Beyond Community Forestry,* Oxford University Press, New Delhi, 2010.

Ahmed, Sara, *Flowing Upstream : Empowering Women through Water Management Initiatives*, Centre for Environment Education, Ahmedabad, 2005.

Aiyar, Swaminathan A, 'Harness the Caste System', *The Times of India,* 4 June, 2000, http://swaminomics.org/harness-the-caste-system/.

Amar Ujala, Agra, 27 June, 1997.

Ambedkar, B.R., *The Untouchables : Who Were They and Why They Became Untouchables?*, Amrit Book Company, New Delhi, 1948.

Ambedkar Writings and Speeches (21 Vols.), Government of Maharashtra, Bombay, 1979-2006.

Arnold, David and Ramachandra Guha (eds.), *Nature, Culture, Imperialism : Essays on the Environmental History of South Asia,* Oxford University Press, Delhi, 1996.

Aryan Code of Toilets – 1500 BC : Ancient India Manusmriti Vishnupuran, http://www.sulabhtoiletmuseum.org/old/fact.htm.

Baartmans, F., *Apah, the Sacred Water : An Analysis of a Primordial Symbol in Hindu Myths,* B.R. Publishing, Delhi, 1990.

Baby, Dona & Kalyani Suresh, 'Voices of the "People of the Field": Reflections About Oppression in the Pulaya Agrarian Folk Songs of Kerala, India', *Communicator*, XLVIII (1), January-December 2013.

Banwari, *Pancavati : Indian Approach to Environment*, Shri Vinayaka Publications, Delhi, 1992.

Basu, Tapan (ed.), *Translating Caste,* Katha, New Delhi, 2002.

Baviskar, Amita (ed.), *Waterlines*, Penguin Books, New Delhi, 2003.

Baviskar, Amita, *In the Belly of the River : Tribal Conflicts over Development in the Narmada Valley,* Oxford University Press, Delhi, 1997.

Bharti, Deepak, 'Dalit Water Rights and Social Justice', Paper presented at the Asia Social Forum, Hyderabad, 4-5 January, 2003.

Bharucha, Rustom, *Rajasthan, An Oral History : Conversations with Komal Kothari*, Penguin, Delhi, 2003.

Bidwai, Praful, 'Dalits under Seige', *Hindustan Times*, 4 October, 2002.

Brown, Carolyn Henning, 'Contested Meanings : Tantra and the Poetics of Mithila Art', *American Ethnologist*, 23 (4), 1996.

Brueck, Laura R., *Writing Resistance : The Rhetorical Imagination of Hindi Dalit Literature,* Columbia University Press, New York, 2014.

Cederlof, Gunnel & K. Sivaramakrishnan (eds.), *Ecological Nationalisms : Nature, Livelihoods, and Identities in South Asia,* Permanent Black, Delhi, 2005.

Centre for People's Forestry, *National Conference on Dalit Concerns in Forestry,* Hyderabad, 14-16 December, 2004, www.cpf-india.org.

Centre for Science and Environment, *The State of India's Environment 1984-85 : The Second Citizens'* Report, Centre for Science and Environment, New Delhi, 1985.

Chakravarti, Uma, *Gendering Caste : Through a Feminist Lens,* Stree, Calcutta, 2003.

Chapple, Christopher Key and Mary Evelyn Tucker (eds.), *Hinduism and Ecology : The Intersection of Earth, Sky, and Water*, Oxford University Press, New Delhi, 2000.

Chatterjee, Partha, *The Nation and its Fragments : Colonial and Postcolonial Histories*, Oxford University Press, Delhi, 1994.

Chatterjee, Partha, *The Politics of the Governed : Reflections on Popular Politics in Most of the World,* Columbia University Press, New York, 2004.

Chaudhury P.C. Roy, *Bihar District Gazetteers Gaya,* Superintendent Secretariat Press, Patna, 1957.

Chaudhury, P.C. Roy, *Bihar District Gazetteers : Darbhanga,* Superintendent Secretariat Press, Patna, 1964.

Chouhan, APS and Niraj Kumar Jha, 'Periyar : Persona, Principles, Praxis', *The Indian Journal of Political Science,* LXVI (3), July-September 2003.

Cottlieb, Roger S. (ed.), *This Sacred Earth : Religion, Nature, Environment,* Routledge, London, 1996, p. 159.

D'Monte, Darryl, *Temples or Tombs? Industry versus Environment : Three Controversies*, Centre for Science & Environment, New Delhi, 1985.

D' Souza, Rohan, 'Why Ambedkerites Should be Against Large Dams', *Seminar*, http://www.india-seminar.com/2000/496/496%20 comment. htm.

Dantwala, M. L., Harsh Sethi and Pravin Visaria (eds.), *Social Change through Voluntary Action,* Sage, Delhi, 1998, pp. 79-81.

Das, Bhagawan, (ed.), *Thus Spoke Ambedkar,* Vol. 4, Ambedkar Sahithya Prakashana, Banglore, n.d.

Das, Gurcharan, *India Unbound from Independence to the Global Transformation Age*, Penguin Books, New Delhi, 2002.

Das, S.K., *Watershed Development and Livelihoods : People's Action in India,* Routledge, New Delhi, 2008.

Dasan, M., V. Pratibha, Pradeepan Pampirikunnu, and C.S. Chandrika (eds.), *The Oxford India Anthology of Malayalam Dalit Writing*, Oxford University Press, New Delhi, 2012.

Datta, Pradip Kumar, *Carving Blocs : Communal Ideology in Twentieth-Century Bengal*, Oxford University Press, Delhi, 1999.

Davis, Caralynn V., 'Pond-Women Revelations : The Subaltern Registers in Maithil Women's Expressive Forms', *The Journal of American Folklore*, 121 (481), 2008.

Deshpande, Ashwini, *The Grammar of Caste : Economic Discrimination in Contemporary India*, Oxford University Press, New Delhi, 2011.

Deshpande, G.P. (ed.), *Selected Writings of Jotirao Phule*, LeftWord, Delhi, 2010.

Dhasal, Namdeo, *A Current of Blood,* Navayana, New Delhi, 2011.

Dilwali, Ashok and Pushpesh Pant, *The Garhwal Himalayas : Ramparts of Heaven*, Lustre Press, New Delhi, 1987.

Directorate of Census Operations, *Census of India 2011, Bihar : District Census Handbook Bhagalpur*, Directorate of Census Operations, Patna, 2011.

Dixon, Melvin, *Ride Out the Wilderness : Geography and Identity in Afro-American Literature*, University of Illinois Press, Urbana, 1987.

Dogra, Bharat, *A Colossal Risk : Social, Ecological and Safety Aspects of Tehri Dam (and other Large Dam Projects in Himalayan Region*, Bharat Dogra, 1990.

Doniger, Wendy, *On Hinduism*, ALEPH, New Delhi, 2013.

Dreze, Jean, Meera Samson and Satyajit Singh (eds.), *The Dam and the Nation : Displacement and Resettlement in the Narmada Valley*, Oxford University Press, New Delhi, 1997.

Du Bois, W.E.B., *Darkwater : Voices From Within The Veil*, Dover Publications, New York, 1999 [1920].

Dube, S.C., *Indian Village*, Routledge, London, 1955.

Dube, Saurabh, *Untouchable Pasts : Religion, Identity and Power among a Central Indian Community, 1780-1950*, State University of New York Press, Albany, 1998.

Friends of Vrindavan, *1998 Newsletter*, London.

Frontline magazine, 1990-91, www.flonnet.com.

Gadgil, Madhav and Ramchandra Guha, *This Fissured Land : An Ecological History of India*, Oxford University Press, New Delhi, 1992.

Gadgil, Madhav, Ramachandra Guha, *Ecology and Equity : The use and abuse of nature in contemporary India*, Penguin Books, New Delhi, 1995.

Gautam, C. (ed.), *Dr. Ambedkar Birth Centenary Souvenir, Vol. I, II, III*, ACCC, UK, 1989, 1990, 1991.

Geetha, V. and S.V. Rajadurai, *Towards a Non-Brahmin Millennium : From Iyothee Thass to Periyar*, Samya, Kolkata, 2011.

George, Goldy M., *Caste Discrimination and Dalit Rights over Natural Resources*, Dalit Mukti Morcha Chhattisgarh, Raipur, September 2011.

Ghosh, Sailendranath, 'Development Strategy for a Better Quality of Life', *Manthan*, XI (5), May 1990.

Glave, Dianne D., *Rooted in the Earth : Reclaiming the African American Environmental Heritage*, Lawrence Hill Books, Chicago, 2010.

Gold, Anna Grodzins, 'Grains of Truth : Shifting Hierarchies of Food and Grace in Three Rajasthani Tales', *History of Religions*, 38 (2), November 1998.

Goldman, Michael, (ed.), *Privatizing Nature : Political Struggles for the Global Commons*, Pluto Press, London, 1998.

Gorringe, Hugo and D Karthikeyan, 'The Hidden Politics of Vegetarianism : Caste and *The Hindu* Canteen', *Economic & Political Weekly, (XL IX)* (20), 17 May, 2014.

Gosling, David L., *Religion and Ecology in India and Southeast Asia*, Routledge, London, 2001.

Government of Madhya Pradesh, *The Bhopal Document : Charting a New Course for Dalits for the 21st Century*, Bhopal, 2002.

Goyal, Sonu and Vikas Gupta, 'Sulabh International – Social Transformation through Sanitation', *Vikalpa*, 34(1), January-March 2009.

Greider, Thomas and Lorraine Garkovich, 'Landscapes : The Social Construction of Nature and the Environment', *Rural Sociology*, 59 (1), 1994.

Griffith, Ralph T.H., *The Complete Rig Veda*, Classic Century Works, Barnes & Noble, New York, 2012.

Guha, Ramachandra & Juan Martinez-Alier, *Varieties of Environmentalism : Essays North and South,* Oxford University Press, Oxford, 1997.

Guha, Ramachandra (ed.), *Makers of Modern India,* Penguin Books, Gurgaon, 2012.

Guha, Ramachandra (ed.), *Social Ecology,* Oxford University Press, Delhi, 1994.

Guha, Ramachandra, *India After Gandhi : The History of the World's Largest Democracy,* Picador, Basingstoke, 2007.

Guha, Ranajit, *Elementary Aspects of Peasant Insurgency in Colonial India,* Oxford University Press, Delhi, 1983.

Gundimeda, Sambaiah, 'Democratisation of the Public Sphere : The Beef Stall Case in Hyderabad's *Sukoon* Festival', *South Asia Research*, 29 (2), 2009.

Gupta, Ashok Das, 'Is Caste System a Kind of Indigenous Knowledge System', *Antrocom Online Journal of Anthrology*, 8 (1), 2012.

Gupta, Charu and Mukul Sharma, *Contested Coastlines : Fisherfolk, Nations and Borders in South Asia*, Routledge, New Delhi, 2008.

Gupta, Charu, *The Gender of Caste : Representing Dalits in Print,* Permanent Black, Ranikhet, 2016.

Gupta, Charu, 'Search for Alternatives : Ganga Mukti Andolan in the Last Two Years', Report Submitted to Centre for Science and Environment, New Delhi, 1993.

Guru, Gopal, 'Archaeology of Untouchability', *Economic and Political Weekly, (XLIV)* (37), 12 September, 2009.

Guru, Gopal, 'Freedom of Expression and the Life of the Dalit Mind', *Economic and Political Weekly,* XLVIII (10), 9 March, 2003.

Guru, Gopal, 'The Idea of India : Derivative, Desi and Beyond', *Economic and Political Weekly*, XVI (37), 10 September, 2011.

Guru, Gopal, *Food as a Metaphor for Cultural Hierarchies*, CASI Working Paper Series, No. 09-01, University of Pennsylvania, Philadelphia, 2009.

Guru, Gopal, Public Lecture on 'Moral Significance of Justice : Foregrounding environmentalism in India', Nehru Memorial Museum and Library, New Delhi, 26 September, 2013.

Hanumanthaiah, N K, 'Eating cow, becoming one', English transcreation by Nanjundan, *the Dalit*, March-April 2003.

Hardiman, David, 'Well Irrigation in Gujarat : Systems of Use, Hierarchies of Control', *Economic and Political Weekly*, 20 June, 1998.

Human Development Report 2003 : Millennium Development Goals : A compact among nations to end human poverty, UNDP & Oxford University Press, New York, 2003.

Human Rights Watch, *Cleaning Human Waste : 'Manual Scavenging', Caste, and Discrimination in India,* Human Rights Watch, USA, 2014.

Ilaiah, Kancha, Buffalo Nationalism : *A Critique of Spiritual Fascism,* Samya, Kolkata, 2007.

Ilaiah, Kancha, *Post-Hindu India : A Discourse on Dalit-Bahujan, Socio-Spiritual and Scientific Revolution,* SAGE, New Delhi, 2009.

Ilaiah, Kancha, *Why I am not a Hindu : A Sudra Critique of Hindutva Philosophy, Culture and Political Economy,* Samya, Calcutta, 1996.

Infochange Agenda, *The Politics of Water*, 3 October, 2005.

INTACH, The *Tehri Dam : A Prescription for Disaster*, INTACH, New Delhi, 1987.

Jadev, Narendra (ed.), *Ambedkar Speaks : 301 Seminal Speeches*, Konark Publishers, New Delhi, 2013.

Jadhav, Praveen K., *Ambedkarism : Essays on Select Economic and Cultural Issues*, Rawat Publications, Jaipur, 2013.

Jaffrelot, Christophe, *Dr. Ambedkar and Untouchability : Analysing and Fighting Caste*, Permanent Black, Delhi, 2004.

Jalki, Dunkin, 'Animal Rights and minority rights', *the Dalit,* March-April, 2003.
Jha, Vidyanath, 'Sustainable Management of Biotic Resources in the Wetlands of North Bihar, India', Paper presented at the Symposium 'Lake 2002 : Conservation, Restoration and Management of Aquatic Ecosystems', Indian Institute of Science, Bangalore, 9-13 December, 2002.
Jodha, N.S., 'Common Property Resources and Rural Poor in Dry Regions of India', *Economic and Political Weekly*, XXI (27), 5 July, 1986.
Jodhka, Surinder S., *Village Society,* Orient Blackswan, Hyderabad, 2012.
Johnson, B.R. (ed.), *Water, Cultural Diversity, and Global Environmental Change : Emerging Trends, Sustainable Futures*?, UNESCO, Paris, 2012.
Johnson, Cassandra Y. and J.M. Bowker, 'African-American Wildland Memories', *Environmental Ethics*, 26, Spring 2004.
Joshi, Deepa and Ben Fawcett, 'Water, Hindu Mythology and an Unequal Social Order in India', Paper presented at the Second Conference of the International Water History Association, Bergen, August 2001.
Joshi, Hemant and Sanjay Kumar (eds.), *Asserting Voices : Changing Culture, Identity and Livelihood of the Musahars in the Gangetic Plains,* Deshkal Publication, Delhi, 2002.
Joy, K.J., Biksham Gujja, Suhas Paranjape, Vinod Goud, Shruti Vispute (eds.), *Water Conflicts in India : A Million Revolts in the Making, Routledge,* New Delhi, 2008.
Juergensmeyer, Mark, *Religious Rebels in the Punjab : The Ad Dharm Challenge to Caste,* Navayana, New Delhi, 2009.
Kandasamy, Meera, 'A Cowed-Down Nation', *Outlook*, 30 April, 2012.
Kanvalli, Sadanand, *Quest for Justice : An account of a people's struggle for reclaiming their village common lands taken-over by a joint-sector company of an industrial giant and a state government,* Samaj Parivartana Samudaya, Dharwad, 1990.
Karashima, Noburu, 'The Village Community in Chola Times : Myth or Reality', *Journal of the Epigraphical Society of India*, III, 1981.
Karthikeyan, D. and H. Gorringe, 'Rescuing Ambedkar', Frontline, 29 (19), http://www.flonnet.com/fl2919/stories/20121005291913600.htm.

Kavoori, Purnendu S., 'The Varna Tropic System : An Ecological Theory of Caste Formation', *Economic and Political Weekly*, 37 (12), 23-29 March, 2002.

Keer, Dhananjay, *Dr. Babasaheb Ambedkar : Life and Mission, Popular* Prakashan, Bombay, 2009.

Keer, Dhananjay, *Mahatma Jyotirao Phooley : Father of the Indian Social Revolution*, Popular Prakashan, Mumbai, 2013.

Kent, Eliza F., *Sacred Groves and Local Gods : Religion and Environmentalism in South India,* Oxford University Press, New York, 2013.

Khagram, Sanjeev, *Dams and Development : Transnational Struggles for Water and Power,* Oxford University Press, New Delhi, 2004.

Khare, R.S. (ed.), *The Eternal Food : Gastronomic Ideas and Experiences of Hindus and Buddhists*, State University of New York Press, New York, 1992.

Khoshoo, T.N., *Mahatma Gandhi : An Apostle of Applied Human Ecology,* Tata Energy Research Institute, New Delhi, 1995.

Kodiveri, Arpitha, *Narratives of Dalit Inclusion and Exclusion in Formulating and Implementing the Forest Rights Act, 2006,* The Hindu Centre for Politics and Public Policy, Chennai, 2016.

Krishnaraj, Maithreyi, 'Women and Water : Issues of Gender, Caste, Class and Institutions', *Economic and Political Weekly*, 30 April, 2011.

Kulkarni, Seema, 'Women and Decentralised Water Governance : Issues, Challenges and the Way Forward', *Economic and Political Weekly*, 30 April, 2011.

Lahiri-Dutt, Kuntala (ed.), *Fluid Bonds : Views on Gender and Water,* Australian National University, Canberra, 2006.

Lal, Shyam and K.S. Saxena (eds.), *Ambedkar and Nation-Building,* Rawat Publications, Jaipur, 2009.

Limbale, Sharankumar, *The Outcaste : Akkarmashi*, Oxford University Press, New Delhi, 2003.

Loynd, Maxine, 'Understanding the Bahujan Samaj Prerna Kendra : Space, Place and Political Mobilisation', *Asian Studies Review,* 33, December 2009.

Luke, Timothy W., 'The Wilderness Society : Environmentalism as Environationalism', *Capitalism, Nature, Socialism*, 10(3), December 1999.

Lynch, Owen M., *The Politics of Untouchability : Social Mobility and Social Change in a City of India,* Columbia University Press, New York, 1969.

Macwan, Martin, *Dalit Rights,* National Human Rights Commission, New Delhi, 2006.

Malagatti, Aravinda, 'The she-buffalo on heat and the he-buffalo that followed her', *the Dalit,* March-April, 2003.

Mallya, H.B., 'Rape of the Western Ghats', *Organiser,* 15 February, 1987.

Mani, Rajiv, 'Baba's Labour of Love', *Forward Press*, September, 2014.

McNeill, John, Jose Augusto Padua and Mahesh Rangarajan (eds.), *Environment History as if Nature Existed,* Oxford University Press, New Delhi, 2009.

Menon, Dilip M., *The Blindness of Insight : Essays on Caste in Modern India, Navayana,* Pondicherry, 2006.

Moore, D.S. J Kosek and A Pandian (eds.), *Race, Nature and the Politics of Difference*, Duke University Press, Durham, 2003.

Moose, David, *The Rule of Water : Statecraft, Ecology, and Collective Action in South India,* Oxford University Press, New Delhi, 2003.

Morrison, Kathleen D., 'Dharmic Projects, Imperial Reservoirs and New Temples of India : An Historical Perspective on Dams in India', *Conservation and Society*, 8 (3), 2010.

Morrison, Kathleen D., *The Human Face of the Land : Why the past matters for India's environmental future,* Public Lecture delivered at the Nehru Memorial Museum and Library, New Delhi, 11 February, 2013.

Mukul, 'Aquaculture Boom : Who Pays?', *Economic and Political Weekly*, 3 December, 1994.

Mukul, 'Water Crisis : Solutions from a Parched State', *Down To Earth*, 15 October, 1995.

Nagaraj, D.R., *The Flaming Feet and Other Essays : The Dalit Movement in India*, Permanent Black, Ranikhet, 2010.

Nagendra, Harini, Rucha Ghate and Jagdeesh Rao, 'Governing the Commons', *Seminar*, http://www.india-seminar.com/2013/641/641_harini_nagendra_et_al.htm.

Nair, Manoj, 'Recognition for the Language of My People is the Biggest Award I Can Win', Interview with Bama, *Outlook*, http://www.outlookindia.com/article/recognition-for-the-language-of-my-people -is-the-biggest-award-i-can-win/211431.

Namala, Annie & N Paul Divakar, 'Battle for Liberation, Then and Now', *Labour File*, 3(6), November-December 2005.

Nanda, Meera, *Breaking the Spell of Dharma and Other Essays,* Three Essays Collective, Gurgaon, 2007.

Nandy, Ashis, *An Ambiguous Journey to the City : The Village and Other Odd Ruins of the Self in the Indian Imagination,* Oxford University Press, Delhi, 2001.

Narayan, Badri and A.R. Misra (eds.), *Multiple Marginalities : An Anthology of Identified Dalit Writings*, Manohar, Delhi, 2004.

Narayan, Badri, *The Making of the Dalit Public in North India : Uttar Pradesh, 1950-Present*, Oxford University Press, New Delhi, 2011.

National Dalit Watch of National Campaign on Dalit Human Rights & Society for Promotion of Wasteland Development, *Impact of Climate Change on Life & Livelihood of Dalits : An exploratory study from disaster risk reduction lens,* New Delhi, December 2013.

National Dalit Watch of National Campaign on Dalit Human Rights, *Ensuring inclusion of Biodiversity-dependent communities in all Preparedness, Adaptation and Mitigation measures*, www.ncdhr.org.in, 15 October 2012.

National Human Rights Commission, *Prevention of Atrocities against Scheduled Castes: Policy and Performance,* New Delhi, 2004.

National Sample Survey Organisation, Common Property Resources in India, NSS 54th Round January 1998-June 1998, Report No. 452 (54/31/4), Government of India, December 1999.

Nelson, Lance E. (ed.), *Purifying the Earthly Body of God : Religion and Ecology in Hindu India,* State University of New York Press, Albany, 1998.

Nigam, Aditya, *The Insurrection of Little Selves : The Crisis of Secular-Nationalism in India,* Oxford University Press, New Delhi, 2006.

Nilsen, Alf Gunvald, *Dispossession and Resistance in India : The River and the Rage,* Aakar Books, Delhi, 2013.

O'Hanlon, Rosalind, *Caste, Conflict, and Ideology : Mahatma Jotirao Phule and Low Caste Protest in Nineteenth-Century Western India*, Permanent Black, Ranikhet, 2002.

O'Malley, L.S.S., *Bengal District Gazetteers : Gaya*, Logos Press reprinted, New Delhi, 2007 [1906].

Olsen, Jonathan, *Nature and Nationalism : Right-Wing Ecology and the Politics of Identity in Contemporary Germany,* Macmillan, Hampshire, 1999.

Omvedt, Gail, 'Of Sand and King Bali', *Economic and Political Weekly*, 28 February, 1987.

Omvedt, Gail, 'Why Dalits Dislike Environmentalists', *The Hindu*, 25 June, 1997.

Omvedt, Gail, *Dalit Visions : The Anti-Caste Movement and the Construction of an Indian Identity*, Orient Longman, Delhi, 2006.

Omvedt, Gail, *Jyotirao Phule & the Ideology of Social Revolution in India*, Critical Quest, New Delhi, 2004.

Oommen, G., 'Dalit Conversion and social Protest in Travancore, 1854-1890', *Bangalore Theological Forum*, XXVII (3 & 4), September-December, 1996.

Ostrom, Elinor, *Governing the Commons : The Evolution of Institutions for Collective Action*, Cambridge University Press, USA, 1990.

Palshikar, Suhas, 'Gandhi-Ambedkar Interface.... when shall the twain meet?', *Economic and Political Weekly*, 3 August, 1996.

Pandian, M.S.S., *Brahmin & Non-Brahmin : Genealogies of the Tamil Political Present*, Permanent Black, Delhi, 2007.

Pathak, Bindeshwar, 'Sulabh Sanitation and Social Reform Movement', *International NGO Journal*, 6 (1), January 2011.

Pathak, Bindeshwar, *Road to Freedom : A Sociological Study on the Abolition of Scavenging in India*, Sulabh Foundation, New Delhi, 1995.

Pathak, Bindeshwar, *Sulabh Shauchalaya : A Simple Idea that worked*, Sulabh International, Patna, 1987.

Pathak, Neema and Vivek Gour-Broome, *Tribal Self-Rule and Natural Resource Management : Community Based Conservation at Mendha-Lekha, Maharashtra, India,* Kalpavriksh and International Institute of Environment and Development, New Delhi, 2001.

Phuley, Jyotirao, *Slavery*, Critical Quest, New Delhi, 2008.

Pillai, Mary, 'The Non-Brahmin Movement and Desacralization', *Social Compass*, XXIX (4), 1982.

Prakash, Aseem, *Dalit Capital : State, Markets and Civil Society in Urban India*, Routledge India, New Delhi, 2015.

Prakash, Gyan, *Bonded Histories : Genealogies of Labor Servitude in Colonial India*, Cambridge University Press, Cambridge, 1990.

Prasad, Chandrabhan, 'A Dalit food festival', *the Dalit*, March-April 2003.

Prasad, Chandrabhan, 'The New Life Movement versus Narmada Bachao Andolan', *The Pioneer*, 22 October, 2000.

Prashad, Vijay, *Untouchable Freedom : A Social History of a Dalit Community*, Oxford University Press, New Delhi, 2000.

Prime, Ranchor, *Hinduism and Ecology : Seeds of Truth, Cassell*, London, 1992.

Prime, Ranchor, *Vedic Ecology : Practical Wisdom for Surviving the 21st Century*, Mandala Publishing, CA, 2002.

Raheja, Gloria Goodwin, *The Poison in the Gift : Ritual, Presentation and the Dominant Caste in a North Indian Village,* University of Chicago Press, Chicago, 1988.

Ramachandran, K, 'Satisfying Solution for a Compelling Need Makes Sulabh an Entrepreneurial Success', *Vikalpa*, 34(1), January-March, 2009.

Raman, Anuradha, 'Put My View on the Table', *Outlook*, 14 May, 2012.

Raman, Anuradha, 'The Majority is Hungry', *Outlook,* 25 August, 2014.

Ramasami, Periyar E.V., *March Towards Peace, Prosperity and Progress,* trans. A.S. Venu, Periyar Self-Respect Propaganda Institute, Madras, 1983.

Ramasami, Periyar E.V., *Rural Development (Village Reform),* trans. A.S. Venu, Periyar Self-Respect Propaganda Institution, Madras, 1983.

Rammohan, K. T., *Tales of Rice : Kuttanad, Southwest India*, Centre for Development Studies, Thiruvananthapuram, 2006.

Rangarajan, Mahesh (ed.), *Environmental Issues in India : A Reader, Pearson,* New Delhi, 2007.

Rangarajan, Mahesh, 'Striving for a Balance : Nature, Power, Science and India's Indira Gandhi, 1917-1984', *Conservation and Society*, 7 (4), 2009.

Rangarajan, Mahesh, *Nature & Nation : Essays on Environmental History,* Permanent Black, Ranikhet, 2015.

Rao, Anupama (ed.), *Gender and Caste,* Kali for Women, New Delhi, 2003.

Rao, Anupama, *The Caste Question : Dalits and the Politics of Modern India*, Permanent Black, Ranikhet, 2009.

Rao, D.V. & P. Lakshmi, *Dalits and Environment : A Critical Analysis*, Sunrise Publications, New Delhi, 2008.

Rath, Sharadini, 'A Journey through Madhubani', http://www.phalanx.in/pdf/dini.pdf.

Ravikumar, *Venomous Touch : Notes on Caste, Culture and Politics*, trans. R. Azhagarasan, Samya, Kolkata, 2007.

Rawat, Ramnarayan S., *Reconsidering Untouchability : Chamars and Dalit History in North India*, Permanent Black, Ranikhet, 2012.

Rege, Sharmila, *Against the Madness of Manu; B.R. Ambedkar's Writings on Brahmanical Patriarchy*, Navayana, Delhi, 2013.

Rege, Sharmila, Deepa Tak, Sangita Thosar, Tina Aranha (eds.), *Isn't This Plate Indian?: Dalit Histories and Memories of Food*, Krantijyoti Savitribai Phule Women's Studies Center, Pune, 2009.

Rege, Sharmila, *Writing Caste/Writing Gender: Reading Dalit Women's Testimonies*, Zubaan, New Delhi, 2006.

Rekha, Neel, 'Salhesa Iconography in Madhubani Paintings : A Case of Harijan Assertion', *Folklore and Folklorists*, 4(2), December 2011.

'Report on National Conference on Sociology of Sanitation', *Sulabh India*, 25(1), January 2013.

Richman, Paula (ed.) *Questioning Ramayans : A South Asian Tradition*, Oxford University Press, New Delhi, 2000.

Rodrigues, Valerian (ed.), *The Essential Writings of B.R. Ambedkar*, Oxford University Press, New Delhi, 2002.

Roe, Dilys, Fred Nelson and Chris Sandbrook (eds.), *Community Management of Natural Resources in Africa : Impacts, Experiences and Future Directions*, International Institute for Environment and Development, London, 2009.

Rout, Satyapriya, 'Revisiting the Baliraja Dam Struggle : A Study of an Environmental Movement in Maharashtra', *Sociological Bulletin*, 58(3), September-December, 2009.

Roy, Arundhati, 'Introduction : The Doctor and the Saint', in *Annihilation of Caste : The Annotated Critical Edition*', Navayana, Delhi, 2014.

Saberwal, Vasant & Mahesh Rangarajan (eds.), *Battles Over Nature : Science and the Politics of Conservation,* Permanent Black, Delhi, 2003.

Saini, Vasudha, 'Hindu Population Going Down', *Organiser*, 20 July, 1997.

Sangvai, Sanjay, *The River and Life : Story of the Narmada Bachao Andolan,* Earthcare Book, Kolkata, 2002.

Satyanarayana, K. and Susie Tharu (eds.), *No Alphabet in Sight : New Dalit Writing from South India*, Penguin Books, New Delhi, 2011.

Satyanarayana, K. and Susie Tharu (eds.), *Steel nibs are sprouting : New Dalit Writing from South India*, Harper Collins, India, 2013.

Sehgal, S.R., 'In Vedic Lore Ten Sons were Equal to One Tree', *Organiser*, 29 June, 1986.

Seshadri, H.V., 'Ralegana Sindi : A Name for Social Metamorphosis', *Organiser*, 15 February, 1987.

Seshadri, H.V., 'The Village that Reminds Us of Ramarajya', *Organiser*, 8 February 1987.

Shah, Esha, 'Telling Otherwise : A Historical Anthropology of Tank Irrigation Technology in South India', *Technology and Culture*, 49 (3), July, 2008.

Shah, Esha, *Social Designs* : *Tank Irrigation Technology and Agrarian Transformation in Karnataka, South India*, Orient Longman, New Delhi, 2003.

Shah, Ghanshyam (ed.), *Dalit Identity and Politics : Cultural Subordination and the Dalit Challenge,* Sage, New Delhi, 2001.

Shah, Ghanshyam (ed.), *Dalits and the State,* Center for Rural Studies, Lal Bahadur Shastri National Academy of Administration, Mussoorie, 2002.

Shah, Ghanshyam (ed.), *Political Identity of Dalits, Sage*, New Delhi, 2000.

Shaikh, Juned, 'Imaging Caste : Photography, the Housing Question and the Making of Sociology in Colonial Bombay, 1900-1939', *South Asia : Journal of South Asian Studies,* 37 (3), September 2014.

Sharma, Mukul, (ed.), *Unquiet Worlds : Dalit Voices and Visions*, Heinrich Boll Foundation-India, New Delhi, 2004.

Sharma, Mukul, 'Deena-Bhadri's Sacrifice Is Ours : Everyday Life of Musahars in North Bihar', *Labour File*, 4 (5 & 6), May-June, 1998.

Sharma, Mukul, 'Where are Dalits in Indian Environmentalism', National Seminar on Dalit Studies and Higher Education : Exploring Content Material for a New Discipline, Delhi, 28 February, 2004.

Sharma, Mukul, *Green and Saffron : Hindu Nationalism and Indian Environmental Politics*, Permanent Black, Ranikhet, 2012.

Sharma, Mukul, *Landscapes and Lives : Environmental Dispatches on Rural India*, Oxford University Press, New Delhi, 2001.

Sharma, Mukul, *No Borders : Journeys of an Indian Journalist*, Daanish Books, Delhi, 2006.

Shiva, Vandana, *Staying Alive : Women, Ecology and Survival in India*, Kali for Women, New Delhi, 1988.

Shiva, Vandana, *Water Wars : Privatization, Pollution and Profit,* India Research Press, New Delhi, 2002.

Shrivastava, Aseem and Ashish Kothari, *Churning the Earth : The Making of Global India*, Penguin, New Delhi, 2012.

Siddalingaiah in conversation with Chandan Gowda, 'Village Deities', *Seminar*, 612, 2010, http://www.india-seminar.com/cd8899/cd_frame8899.html.

Singh, Bhasha, *Unseen : The Truth about India's Manual Scavengers*, Penguin Books, New Delhi, 2014.

Singh, S.P., *Sulabh Sanitation Movement : Vision-2000 Plus*, Sulabh International Social Service Organisation, New Delhi, 2005.

Singh, Satyajit, *Taming the Waters : The Political Economy of Large Dams in India,* Oxford University Press, New Delhi, 1997.

Singh, Savita, *Global Concern with Environmental Crisis and Gandhi's Vision*, APH Publishing Corporation, New Delhi, 1999.

Singhvi, L.M., 'Environment and Vedic Heritage', *Manthan*, XIX (3), July-September 1998.

Sinha, Frances, K.A. Srinivasan, Rajiv Kumar Singh and Viji Srinivasan, *The Blue Revolution : Case-Study of Women in the Inland Fisheries Sector*, Har-Anand Publications, New Delhi, 1994.

Sinha, Subir, Shubhra Gururani and Brian Greenberg, 'The "New Traditionalist" Discourse of Indian Environmentalism', *Journal of Peasant Studies*, 24(3), April 1997.

Srinivas, M.N. (ed.), *Indian Villages*, Asia Publishing House, London, 1955.

Srivatsan, R., 'From Ambedkar to Thakkar and Beyond : Towards a Genealogy of Our Activisms', *Economic and Political Weekly*, 27 September, 2008.

Subba, Bhim, *Himalayan Waters : Promise and Potential, Problems and Politics*, Panos South Asia, Kathmandu, 2001.

Sulabh India, August 2009.

Sulabh India, 23(7), July 2011.

Sulabh India, 24(3), March 2012.

Sulabh India, 25(11), November 2013.

Sulabh India, 26(1), January 2014.
Sulabh International, http://www.sulabhinternational.org
Sulabh, *Sulabh International Museum of Toilets,* Sulabh, New Delhi, 1991.
Sunani, Basudev (ed.), *Buddhism and Dalit Vision of Modern India*, Kaliga Bouddha Mahasagha Trust, Odisha, November 2014.
Sunani, Basudev, 'Cultural History of Dalit & Their Relationship with Natural Resources', *Lokaratna*, V & VI, 2013.
Tartakov, Gary Michael (ed.), *Dalit Art and Visual Imagery*, Oxford University Press, New Delhi, 2012.
The Gender and Water Alliance, GWA, www.genderandwater.org.
The Wilderness Society, *Membership Appeal*, The Wilderness Society, Washington D.C., 1998.
The Wilderness Society, *Strategic Issues in Conservation, 1996*, The Wilderness Society, Washington D.C., 1996.
The Wilderness Society, *Sustaining the Community of Life,* The Wilderness Society, Washington D.C., n.d.
Thorat, Sukhadeo and Aryama (eds.), Ambedkar in Retrospect : *Essays on Economics, Politics & Society*, Rawat Publications, Jaipur, 2007.
Thorat, Sukhadeo, *Ambedkar's Role in Economic Planning, Water and Power Policy*, Shipra Publications, Delhi, 2006.
Unnithan, Sandeep, 'Clash of Castes', *India Today*, 11 August, 2003.
Vaidyanathan, R, 'India Growth : The Untold Story Caste as Social Capital', *India Behind the Lens (IBTL)*, 19 October, 2012, http://www.ibtl.in/column/1309india-growth-the-untold-story-caste-as-social-capital/.
Vijayabaskar, M. and A. Kalaiyarasan, 'Caste as Social Capital : The Tiruppur Story', *Economic and Political Weekly*, XLIX (10), 8 March, 2014.
Viswanathan S., 'A Tribute to a Fighter', *Frontline*, 23 May, 2003.
Viswanathan, S., *Dalits in Dravidian Land : Frontline Reports on Anti-Dalit Violence in Tamil Nadu (1995-2004)*, Navayana, New Delhi, 2007.
Wade, Robert, 'The Management of Common Property Resources : Collective Action as an Alternative to Privatization or State Regulation', *Cambridge Journal of Economics*, 11, 1987.
Wallace, Tina and Anne Coles and Tina Wallace (eds.), *Gender, Water and Development*, Berg, Oxford, 2005. Cronin, Aidan A., Pradeep

K. Mehta and Anjal Prakash (eds.), *Gender Issues in Water and Sanitation Programmes : Lessons from India,* Sage, Delhi, 2015.

White, Barbara Harriss with Elisabetta Basile, Anita Dixit, Pinaki Joddar, Aseem Prakash, and Kaushal Vidyarthee, *Dalits and Adivasis in India's Business Economy : Three Essays and an Atlas*, Three Essays Collective, Gurgaon, 2014.

WWF India, *Vrindavan Forest Revival Project (Brochure 1),* Delhi, 1993.

WWF India, *Vrindavan Forest Revival Project (Brochure 2),* Delhi, n.d.

Zelliot, Eleonor, *Ambedkar's World : The Making of Babasaheb and the Dalit Movement*, Navayana, New Delhi, 2014.

Zwarteveen, Margreet, 'Questioning Masculinities in Water', *Economic and Political Weekly*, 30 April, 2011.

साक्षात्कार

अग्रवाल, संजय, 15 अक्टूबर, 2015.

अंज, अशोक कुमार, वज़ीरगंज, 5 अक्टूबर, 2014.

अठवाल, गुड्डी, अलवर, 18 अगस्त, 2014.

वाल्मीकि, चौधरी भगवान दास, वृन्दावन, 18 अगस्त, 1999.

भारती, दीपक, झंझारपुर, 2 अप्रैल, 2012.

चमरी, शकुन्तला, अलवर, 18 अगस्त, 2014.

चौहान, नकुल देव, वज़ीरगंज, 6 अक्टूबर, 2014.

चौमर, अमन, अलवर, 16 अगस्त, 2014.

चौमर, उषा, अलवर, 16 अगस्त, 2014.

दास, रामवृक्ष, गहलौर, 5 अक्टूबर, 2014.

देवी, अमेरिकी, सोहराई ब्रह्मोतर गाँव, 5 अप्रैल, 2012.

देवी, फेकिया, कागज़ी टोला, 8 अक्टूबर, 2014.

देवी, गर्वी, सिरपुर मुसहरी गाँव, 8 अप्रैल, 2012.

देवी, लक्ष्मी, गहलौर, 3 अक्टूबर, 2014.

देवी, सोमानी, सोहराई ब्रह्मोतर गाँव, 5 अप्रैल, 2012.

दोंडिवा, लक्ष्मण, रालेगाँव सिद्धि, 15 अक्टूबर, 1999.

हरि, सोहराई ब्रह्मोतर गाँव, 6 अप्रैल, 2012.

हर्ष, हरि नारायण, झंझारपुर, 3 अप्रैल, 2012.

हजारे, अण्णा, रालेगाँव सिद्धि, 9–10 अक्टूबर, 1999.

जाटव, चरणदास, वृन्दावन, 18 अगस्त, 1999.
कैलाश, रालेगाँव सिद्धि, 15 अक्टूबर, 1999.
कुटप्पन, सी.जे., दिल्ली, 10 सितम्बर, 2003.
लोहरा, नरेश, अलवर, 18 अगस्त, 2014.
माँझी, बलदेव, गहलौर, 3 अक्टूबर, 2014.
माँझी, भागीरथ, गहलौर, 2 अक्टूबर, 2014.
माँझी, मिथुन बिन्दा माँझी, लक्ष्मी, सत्येन्द्र व्यास, रामवृक्ष दास, तरुण कुमार सिंह, परिवार के सदस्य और ग्रामीण, गहलौर, 1–7 अक्टूबर, 2014.
मिस्त्री, शिबू, वज़ीरगंज, 6 अक्टूबर, 2014.
निन्दानिया, लक्ष्मी, अलवर, 16 अगस्त, 2014.
निन्दानिया, ललिता, अलवर, 16 अगस्त, 2014.
निन्दानिया, मीरा, अलवर, 18 अगस्त, 2014.
पोटे, कैलाश, रालेगाँव सिद्धि, 8 अक्टूबर, 1999.
सदाय, अशरफ़ी, सिरपुर मुसहरी गाँव, 8 अप्रैल, 2012.
सदाय, हरिलाल, हरभंगा गाँव, 8 अप्रैल, 2012.
सदाय, रवि, सिरपुर मुसहरी गाँव, 8 अप्रैल, 2012.
सदाय, सूरत, और मोंगिया देवी, कोइली टोला, 10 अप्रैल, 2012.
साहनी, राजकुमार, काग़ज़ी टोला, 7 अक्टूबर, 2014.
साहनी, शिवपूजन, काग़ज़ी टोला, 8 अक्टूबर, 2014.
सिंह, महेश कुमार, अलवर, 16 अगस्त, 2014.
सिंह, राज़ीव कुमार, अलवर, 16 अगस्त, 2014.
सिंह, राम प्रवेश और उनके परिवार के सदस्य, गहलौर, 1 अक्टूबर, 2014.
सुनानी, बासुदेव, भुवनेश्वर, 28 जून, 2015.
सुशील, सोहराई ब्रह्मोतर गाँव, 6 अप्रैल, 2012.
ग्रामीण, हैथीवादी, 9 अप्रैल, 2012.
ग्रामीण, काग़ज़ी टोला, 7 अक्टूबर, 2014.
ग्रामीण, सोहराई ब्रह्मोतर गाँव, 5–7 अप्रैल, 2012.
व्यास, तुषार, अहमदाबाद, 1 जून, 2015.
योगेन्द्र, काग़ज़ी टोला, 6 अक्टूबर, 2014.

□□